KB075517

NGO의 시대

NGO

non-governmental organization

의 시대

조효제 편역

지구시민사회를 향하여

창비

머리말

이 책은 원래 성공회대학교 시민사회단체학과에서 개설중인 '세계와 NGO' 강좌의 교재로 계획되었다. 국제NGO의 흐름을 살피고 그것과 한국 시민운동 간의 접합점을 찾으려고 개설한 강좌였지만, 적당한 교재가 없어 가르치는 사람과 배우는 사람이 모두 불편했기 때문이다. 그러나 글을 선정하는 과정에서 출판사측과의 논의를 통해 NGO운동에 관심이 있는 일반독자의 입장에서도 생각할 기회를 갖게 되었다. 그 결과 책의 목적이 크게 두 갈래로 정리되었고, 이 책은 그러한 모색의 산물이다. 즉 국제 NGO 현상의 배경을 일반독자에게 전달하면서 동시에 NGO학의 정립을 위한 기초작업에 벽돌 하나를 놓자는 목표를 세운 것이다. 그것을 위해 수많은 글을 검토하였고, 그중에서 가려낸 외국글 11편을 번역하고 국내글 4편과 엮은이의 권두논문을 덧붙여 책을 내게 되었다.

논문의 선정기준은 다음과 같다. 우선, NGO에 관한 다양한 시각과 다양한 분야의 글을 소개해서 NGO학이 다루어야 할 외연을 거칠게나마 그려본다. 이것을 위해 기존에 소개되지 않은 관점 또는 향후 연구의 방향을 제시하는 글을 싣기 위해 노력했다. 특히 1부에서는 각 분야에서 논쟁적 글쓰기를 마다하지 않는 필진의 글을 수록하는 데 중점을 두었다.

둘째, 지구화 경향과 지구시민사회의 대두를 NGO운동의 국제적 흐름 속에서 소개한다. 엮은이는 이 책을 통해 국내 시민운동과 국제 NGO운동이 다른 흐름 속에 있는 것이 아니며 특히 지구화 경향으로 양자의 통합적 접근이 더욱 중요해졌다는 점을 강조하고자 했다.

셋째, NGO운동의 이론적 글과 실천적 글을 균형있게 소개한다. 이것을 위해 현장운동의 이론화에 앞장서고 있는 연구자들의 글과, 지성적 시각을 견지하면서 활동가로서 글쓰기를 실천하는 필자들을 선정하기 위해 공을 들였다.

마지막으로, 되도록 광범위한 출처로부터 최신의 글을 가려 뽑는다. 이 점은 NGO운동의 소개에 특별한 의미를 지닌다. NGO활동 자체가 워낙 급변하는 정치·사회 지형에 기대어 있는데다 정보통신기술을 가장 빨리 활용하는 집단들이기 때문이다. 따라서 수록한 글 모두가 아주 최근에 나온 문헌들이며, 전문학술지뿐만 아니라 비평지, 시사잡지, 인터넷 문헌, 시민운동 간행물, NGO 내부문건 등 다양한 출처로부터 나온 글들이다. 이것과 관련해 부록으로 NGO 활동가·연구자에게 필요한 인터넷 정보와 각종 학술정보를 가려 실었다. 국내에 최초로 소개되는 중요 자료원이 적지 않을 것이라 생각한다.

따라서 엮은이는 이 책이 NGO를 조금 깊게 이해하려는 일반독자와 NGO를 학문적으로 접근하려는 학생, 그리고 현장활동에 깊이를 더하고자 하는 NGO운동가들에게 도움이 되기를 진심으로 희망한다. 아울러 NGO 현상에 관심을 갖는 정책입안자, 언론인, 관련 학계인사들에게도 이 책이 어느정도 유용성을 가진다면 더할 나위 없이 기쁠 것이다.

이 책을 준비하는 데 많은 분들의 도움을 받았다. 우선 책의 기획에 직간접적으로 도움을 주신 진영종, 임규찬, 김종엽 님께 감사를 드린다. 백영서 선생님은 출간 프로젝트를 격려하고 '공치'(governance)라는 번역어의 역사적 정당성을 인정해주셨다. 신영복, 조희연, 김동춘 님을 포함한 성공회대학교 여러 선생님들께도 감사의 말씀을 드린다. 그분들의 학문과 실천의 풍모를 가깝게 접하면서 엮은이는 깊은 감화를 받았다. 인권과 NGO운동을 인연으로 만난 허창수, 박원순, 서준식 님께도 오랫동안 느껴온 마음의 빚을 이 기회를 통해 밝힌다. 앰네스티 인터내셔널 런던본부 및 한국지부, 참여연대, 건치의 여러 동지들에게도 감사를 표한다. 원고섭외, 용어선택,

참고자료 정리 등으로 많은 신세를 진 김진아, 성웅규, 윤영모, 이근행 님, 그리고 집필시간을 확보하는 데 도움을 준 양영미님께 고마움을 전하고 싶다. 이 자리를 빌려 성공회대학교 NGO학과의 모든 학생들에게 격려의 인사를 보낸다. 한국 NGO운동의 건설을 위해 말 그대로 주경야독하는 이들의 모습에서 엮은이는 많은 것을 배우고 느꼈다.

마지막으로 지난 몇달간 휴가는커녕 휴일 한번도 없는 강행군을 인내해준(나의 착각이 아니길!) 가족들을 떠올린다. 글 선정의 의논대상이 되고 번역작업에 큰 도움을 주면서 끝까지 격려해준 아내 권은정에게 감사할 따름이다. 그새 우리 딸 명원이는 언제나 컴퓨터 앞에 앉아 있는 아빠에게 '한 선생의 일생'이라는 자서전을 써보라고 권할 만큼 어른스러워졌다. 이 책을 준비하는 도중 아버지께서 세상을 하직하셨다. 어질고, 정 많고, 가시는 길에도 책 두 권을 가슴에 품고 떠난 분이셨다. 이 조그만 책자를 아버지의 영전에, 그리고 십년도 넘게 그분의 병간호를 도맡아하시고 요즘도 늦은 밤 아들의 건강을 염려해주시는 우리 어머니께 바친다.

2000년 9월
항동골에서 엮은이

차 례

1. 여러 출처의 문헌들을 모은 글모음이라 체재, 각주 및 참고문헌 양식을 통일하는 데
   한계가 있었음을 밝힌다.
2. 엮은이의 주는 괄호 안에 처리하였다.
3. 다음 용어들은 특히 주의를 기울여 번역하였다.
   accountability(책무성, 책무)
   advocacy(주창)
   development(개발)
   empowerment(자력화)
   global(지구적, 지구), globalization(지구화)
   governance(공치)
   operational(현장활동적, 현장활동)
   supranational(초국적, 영어표기 병기)
   transnational(초국적)
   international(국제적), regional(지역적, 역내), national(국가적, 일국적, 국내적),
   local(지방, 현지), community(공동체, 지역사회)

참여의 예술, 변혁의 과학
지속 가능한 NGO운동의 모색

조효제

1. 들어가는 말

　몇년 전 국제환경단체들이 핵실험 반대운동, 고래남획 반대운동 등으로 여론의 주목을 받기 시작하던 때의 일이다. 당시 세계 외교가에는 다음과 같은 농담이 나돌았다. "NGO는 ABCD는 알지만 EFG는 모른다." NGO가 행동(action), 보이콧(boycott), 캠페인(campaign), 데모(demonstration)만 할 줄 알지, 경제(economy), 외교(foreign policy), 정부(government)에는 까막눈이라는 것이었다. 이 말에 대해 NGO활동가들은 "그러니까 우리가 비정부기구지"라고 응답하곤 했다. 그러나 요즘은 이런 농담을 하는 관리를 찾기 힘들다. 정부대표들은 NGO가 발언하면 경청하고, NGO가 제안하면 열심히 노트를 하며, NGO가 행동에 돌입하면 긴장한다.

　시민단체의 부상은 일국 내에서건(Berry 1999) 국제무대에서건(Willetts 1982; 1996a) 전통적인 통치의 양상을 크게 바꿔놓고 있다. 이들의 움직임은, 특히 1999년 말 씨애틀사건 이후 단순히 개별 단체의 활동으로서가 아니라 '국제 NGO운동'으로 불릴 만한 양상으로 나타나고 있다. NGO활동은 두 축으로 이해할 수 있다. 수직축은 통치의 내용에 대한 개입이다. 국가의 의사결정 수준을 과감하게 재규정하는 것이다. 이때 국가의 결정권은 풀뿌리사회 수준으로 내려오거나 유엔을 비롯한 각종 국제기구로 올라가게 된다. 이것을 보조성의 원리(subsidiarity)라 한다. 국가가 민중 또는 국제기구의 결정권한을 보조한다는 뜻이다. 수평축은 시민들의 활동방식을 뜻한다. 국내·국제적으로 횡적 연합을 이루어 "약한 네트워크의 강한 연결"(Granovetter 1973)로써 독자적으로는 상상도 못하던 과업을 달성한다. 이것을 연대의 원리(solidarity)라 한다.

그러나 성공한 일이 다 그렇듯 NGO운동에도 논란이 따른다(유팔무·김호기 1995). 평가가 극과 극을 달린다. 일각에서는 NGO가 세계의 양심이며(Willetts 1996a), 민주주의와 정의의 원천이어서(Tuijl 1999), 주권국가와 대등한 세력으로 성장하고 있다고(Mathews 1997) 찬양한다. 비판도 만만찮다. 우파는 NGO가 국가주권에 도전하며 대의민주주의를 약화시키고 사익을 추구하면서 책무성도 없는 집단이라고 비난한다(Carothers 1999~2000; Economist 1999; 2000). 좌파는 NGO가 무늬만 진보이며 실제로는 진정한 사회정치 변혁을 가로막고(Petras 1999), 민주주의를 민영화하는 철부지 집단(Rieff 1999)이라고 맹공한다. 국내의 한 NGO 관계자는 이같은 딜레마를 다음과 같이 표현한다. "진보좌파에서는 '자본가의 앞잡이 노릇'이라고 비난을 퍼붓고 재벌들과 우파에서는 '빨갱이가 하는 짓'이라고 매도한다"(장하성 2000). 또한 NGO활동의 장점이 공공성·자발성·다원성·연대성에 있다고 보는 반면(박상필 1999), 그것이 간헐적·단편적, 대표성 결여, 소규모, 선택적 참여 등 내재적 한계를 지닌다고 지적되기도 한다(아미타이 에치오니 1985).

NGO는 무엇을 하는가? 이 질문을 NGO의 활동영역으로 이해하면 답변이 거의 불가능해진다. '안하는 것이 없다'가 정확한 답이다. 그러나 개념적으로 국가에 대응해서 이해하고 분류할 수는 있다. NGO는 ①국가가 할 수 없는 것을 '감시'하고, ②국가가 하기 싫어하는 것을 '주창'하며, ③국가에 모자라는 부분을 '혁신'하고, ④국가가 필요성을 인정하면서도 행동할 여력이 없는 부문에 '써비스를 제공'한다(Najam 1999). 첫째·둘째 항목은 주로 '주창활동NGO'(advocacy NGO)의 영역이며, 나머지 두개 항목은 주로 '현장활동NGO'(operational NGO)와 가깝다. 여기에 하나를 덧붙이자면 정부활동에 대한 '정당성의 판별'(legitimation)이 NGO의 중요 활동이다.

NGO의 이종성(異種性)은 널리 알려져 있다. 수많은 학자들이 NGO세계의 분류와 명명법을 고안하느라 골몰한 것을 보면(Vakil 1997), 생물계의 분류에 일생을 바친 18세기 스웨덴의 학자 칼 폰 린네(Carl von Linné)를 떠올리게 된다. 인간의 상상력이 허용하는 모든 종류의 결사체가 NGO세계를 꽃피우고 있다. 유엔과 협의지위를 가진 기성 NGO 중에는 국제양봉연맹(IFBA)으로부터 국제주부교류협회(Housewives in Dialogue), 사회주의인터내셔널(SI)이 있는가 하면, 씨애틀사건에 참여한 신세대 NGO에는 아나키스트로부터 노동단체에 이어 전미스낵제과협회(Snack Food Association)까지 망라되어 있다. 말 그대로 "모든 길은 NGO로 통한다!"(Farrington et al. 1993).

NGO가 모여사는 세계를 우리는 시민사회라 부른다. 이 때문에 NGO와 시민사회는 비슷한 개념으로 이해되며 서로 연어(連語, collocation)관계를 이룬다. 그 이유는 시민사회가 근친영역(가족), 결사체영역(자발적 단체들), 사회운동, 각종 공적 의사소통 영역으로 이루어져 있어서 NGO가 시민사회 개념 내에 이미 내장되어 있기 때문이다(Cohen and Arato 1992). NGO 그리고 시민사회란 용어가 우리 삶에 가까이 다가와 있고, 사회 작동 기제의 일부 영역에서 무시 못할 영향력을 발휘하며, 담론의 수준에서는 이미 일상화되어 있음을 부정할 수 없다. 경제적으로도 1997년 현재 비영리부문은 우리 국민총생산의 2.96%를 차지하고 있다(김준기 1999). 따라서 이 글의 목적은 이같은 현실인식을 바탕으로 NGO운동의 개념사를 스케치하고 우리 NGO연구의 방향을 제안하는 데 있다. NGO의 연구만큼 실천과 이론의 통합과 긴장을 요구하는 분야가 있을까? 이 말은, NGO운동은 연구자에게 풍부한 연구과제를 제공하지만, 거꾸로 NGO운동의 실천적 정향이 그 학문의 내용을 변화시킬 수도 있다는 뜻이다(Giddens 1997, 515~16면).

2. 노예폐지운동에서 서울 아셈2000까지

도대체 지구상에 NGO가 얼마나 있을까? 이 문제만을 전문적으로 연구하는 NGO인 국제결사단체연맹(Union of International Associations, UIA)의 연감 33판에 따르면 전통적인 의미의 국제NGO가 1909년 176개에서 1956년에 1천개 가까이 되었고 1996년 현재 5,472개에 달했다고 한다. 국내NGO와 영세한 NGO를 합치면 그 수가 몇백만개가 될지 아무도 모른다. NGO를 개념적으로 파악하기 위해서는 NGO운동의 역사를 거대한 강물로 보고 그것을 이루는 여러 지류들을 나눠보는 것이 좋다. 이들은 크게 ①인도주의의 흐름, ②유엔의 흐름, ③개발의 흐름, ④사회운동의 흐름으로 가를 수 있다.

자발조직의 여명과 인도주의 정신

NGO의 기원은 안개에 싸여 있다. 메이플라워호에 탔던 청교도들이 신천지에서 생존하기 위한 공동체의 통치규정을 자발적으로 정한 '선상규약'(Social Compact of 1620)이 미국 자원봉사의 시발이 되었다는 설명이 있다(최일섭 외 1996). 교육, 사회복지, 마약, 장애, 호스피스, 에이즈, 청소년봉사, 자조 등 미국사회의 특징을 이루는, 또끄빌(A. de Tocqueville)이 경탄해 마지않았던 자발적 참여가 그때 이미 싹튼 것이다. 서구사회에서 가장 오래된 국제NGO는 캐나다 몬트리올에서 1653년 설립된 교회관련 단체 '성모의 자매회'(Les Soeurs de la Congregation de Notre-Dame)라는 설도 있다(Suzuki 1998). 그러나 세속적 NGO의 원조로는 보통 1783년 영국에서 생긴 노예무역폐지위원회, 그리고 이 위원회가 1823년 본격적 대중조직으로 재출범한 노예폐지협회(Anti-Slavery Society)를 꼽는 게 정설이다.

이후 아동노동 폐지운동 그리고 크림전쟁 당시 나이팅게일의 근대 간호운동 등 각종 사회적 캠페인이 뒤를 이었고, 1864년 제네바협정 체결로 국제적십자운동이 본궤도에 올랐다. 왜 19세기에 근대적 의미의 NGO가 탄생했을까(Seary 1996). 우선, 이 시기는 산업혁명의 비인간적 현실에 눈뜬 사람들이 그것의 시정을 위한 행동에 나선 때이다. 그리고 서구세계가 국제정치적으로 더욱 밀접해지고 이와 함께 국제주의가 태동했다(Ishay 1995). 마지막으로 통신과 교통수단의 발전으로 유럽대륙이 좁아졌다. 1840년에는 영국의 우편업무가 혁신되어 우편물이 정기적으로 배달되기 시작했다. 1851년 영국-프랑스간 해저전신이 깔리면서 전서구(傳書鳩)업계가 사양 길에 접어들었다. 철도가 발전하면서 1873년에는 침대열차까지 등장했다. 이 모든 요인이 시민들의 국내·국제 자발적 결사체를 촉진했다. 이때의 결사체는 주로 인도적 목적이 주종을 이루었고 NGO운동의 자랑스런 뿌리가 되었다. 특히 적십자의 중립·독립·보편성 원칙은 20세기 초 여타 단체들에게도 계승되었다(박재영 1998, 321면).

인도적 NGO는 1차대전 직후 까리따스(CARITAS), 국제아동구호기금 (Save the Children Fund) 등의 등장으로 활동폭이 넓어졌다. 그러나 전후 창설된 국제연맹(1920)은 자발단체들에게 무심하여 NGO의 국제활동 무대는 여전히 좁았다. 2차대전이 끝나기 직전 옥스팸(Oxfam), 가톨릭구호써비스(Catholic Relief Service), 케어(CARE) 등 중요한 국제구호단체들이 생겨나 전쟁으로 고통받는 유럽인들을 도왔다. 이들 NGO 중 일부가 1960년대부터 제3세계 원조와 개발로 활동반경을 넓혀갔다. 이 순간에도 인도적 전통의 NGO들이 코소보, 동티모르, 에티오피아, 에리트리아, 씨에라리온에서 구호의 손길을 펴고 있다.

유엔과 NGO

유엔은 여러 면에서 NGO와 인연이 깊다. NGO라는 이름을 처음 지어준 기관이기도 하다. 비정부기구란 명칭은 원래 유엔이 만들어질 때 정부 또는 정부간기구가 아닌 기타 민간단체들을 부를 목적으로 만든 것이다. 그러면 여기서 NGO 명칭의 출생기록부를 살펴보자.

성명: 비정부기구(Non-Governmental Organization, NGO)
생일: 1945년 6월 26일
부모: 유엔헌장 제정국들(NGO의 탄생을 그리 반기지 않음)
출생지: 쌘프란씨스코 페어몬트 호텔 가든룸
산파: 각국 정부대표단 특히 미국대표단에 동행했던 42개 민간단체 대표들
대부: 제임스 T. 쇼트웰(컬럼비아대학 역사학 교수)

신고서: 유엔헌장 제10장 71조

기재내용: "유엔 경제사회이사회(ECOSOC)는 그 관할범위 내에 속하는 문제에 관심을 가진 NGO와 협의할 수 있는 적절한 장치를 마련할 수 있다. 그러한 장치는 국제 NGO기구와, 그리고 적합한 경우라면 해당 유엔 회원국과 협의를 거친 후 국내 NGO기구와도 마련할 수 있다."

특이사항: 이 아이가 반세기 만에 그렇게 크게 자랄 줄 아무도 몰랐음

여기서 주목할 말은 '협의'(consultation)라는 표현이다. 당시만 해도 국가주권의 절대성에 의문의 여지가 없던 시절이라 감히 NGO에게 어떤 권한을 줄 분위기가 아니었다. 따라서 아무런 결정권, 구속력이 없는 중립적인 용어인 '협의'를 택한 것이다. 그러나 이 조항이 지니는 의미를 과소평가할 수는 없다. 예컨대 우리나라 헌법에 시민단체와의 협의를 명시한 조항이 있다고 상상해보라. 최고의 공신력을 가진 국가간기구가 시민사회의 존재를 인정해준 것이다. 물론 오늘날에는 유엔의 운용방식 자체가 절차보다는 합의를 중시하게 되어 투표권이 없어도 크게 문제가 되진 않지만(Sankey 1996), 초창기에는 71조를 적극적으로 해석하는 데 많은 어려움이 있었다. 요즘은 국제시민사회를 자연스레 이야기하지만, 유엔이라는 채널이 없었다면 국제NGO의 진화과정이 크게 달라졌을 것이 분명하다. 따라서 유엔이라는 가닥을 통해 많은 국제NGO들이 국가주권과의 교류통로를 마련해서 성장해왔다고 보면 된다.

현재 경제사회이사회는 협의자격을 일반협의지위(범주 I), 특수협의지위(범주 II), 명부기재(Roster)로 세분해서 NGO에게 부여하고 있으며(ECOSOC 결의안 1996/31), 1998년 7월 말 현재 약 1,500개 NGO가 등록되어 있다. 국제비교적 관점에서 NGO와 국제기구 사이의 교류 정도를 본다면, 협의지위 관계는 나토보다는 더 낮지만 ILO보다는 못한 것이다(Willetts 1996b, 8면). 그리고 유엔본부를 중심으로 활동하는 NGO는 현장활동형보다는 주창활동형이 더 많다(Sankey 1996).

유엔과 NGO 관계가 진화해온 경로는 대단히 다양하지만(주성수·서영진 2000), 그중에서도 인권영역(Korey 1998)은 가장 확실한 국제법체계를 형성

하면서 발전해왔다. 또한 유엔과 NGO가 협력해서 개발, 여성, 인구, 에이즈, 선거감시, 구호, 국가건설(동티모르) 등에 큰 역할을 수행하고 있다. 최근 들어 유엔 개혁(이대훈 1998)의 일환으로 유엔과 NGO 간의 관계를 재정립하려는 시도가 부척 늘었고(Commission on Global Governance 1999), 유엔을 통한 국제문제 해결을 전문으로 연구하는 NGO(Global Policy Forum)도 생겨났다. 그런 움직임이 구체적으로 표출된 것이 최근 제출된 유엔 사무총장의 보고서이다(Annan 1999). 이 보고서를 통해 코피 아난(Kofi Annan) 사무총장은 세계 모든 지역의 NGO가 유엔의 모든 활동영역에 참여해야 함을 역설하고 있다(Paul 1999).

원조와 개발NGO

대외원조란 제공국이 재화와 용역을 수혜국에 유리한 조건으로 이전하는 것으로, 무상원조와 차관 그리고 현물·써비스·기술 제공이 있다. 국가나 유엔 같은 국가간기구, 그리고 민간부문의 원조가 모두 해당되며 특히 국가가 제공하는 원조를 공식개발원조(ODA)라 한다.* 원조의 명분은 물론 인도적 구호이지만 정치적 목적도 명백하다. 대외원조의 정치적 의미는 그 원조에 딸리는 조건을 검토해보면 쉽게 알 수 있으며 본질적으로 권력관계를 반영한다(Knorr 1975). 왜 그럴까? 원조를 제공하다 중단하면 그 자체로 외교적 제재에 해당하는 효과가 발생한다. 그리고 장기 원조계획이 지속되면 종속관계가 형성되는 것은 너무나 당연하다. 2차대전 이후 대외원조의 선두에 섰던 미국은 처음부터 원조를 외교정책의 한 방편으로 구사했다. 유럽의 전후복구를 위한 마셜플랜(ERP) 당시 미국은 원조를 지렛대로 네덜란드에게 인도네시아의 민족주의 문제를 해결하도록 압력을 넣은 적이 있다.

---

* 한국정부는 1999년 공식개발원조로 총 3억 1,700만 달러를 지출했다. 이는 국민총생산(GNP)의 0.079%에 해당하며 개별 수혜대상국은 중국(2,300만 달러), 끼르끼스스딴(1,300만 달러), 방글라데시(1,200만 달러) 순이었다. 현재 OECD국가들은 GNP 대비 공식개발원조로 평균 0.24%를 지출하고 있다(*The Korea Herald*, 2000년 9월 6일).

마셜플랜이 성공을 거두자 미국은 그 여세를 몰아 제3세계에 원조개입을 시작했다(Evans and Newnham 1998). 냉전 당시 미·소 양진영은 경쟁적으로 대외원조에 나섰다. 국가간 원조는 1960년대 초에 최고도에 달했다가 그후 감소하기 시작했다. 대외원조가 원래 의도했던 대로 선진국 외교정책의 지렛대가 아니라는 점이 점차 명확해졌기 때문이다. 이른바 '제공자 피로증세'(donor fatigue)가 등장한 것이다. 목표했던 제3세계의 경제적 자립은커녕 수혜국으로부터 정치적 반발을 사기도 했다. 이와 함께 1970년대부터 불어닥친 선진산업국의 경기침체와 실업률 상승, 인플레 등으로 인해 대외원조의 효과와 효율성을 비판하는 제공국 내의 여론이 높아졌다. 이때를 전후해 득세하기 시작한 반케인즈주의 시장경제학은 대외원조의 이념적 배경에 깔려 있던 집합적 계획경제의 분위기를 싫어했다. 그 결과는 두 가지로 나타났다. 첫째 대외원조의 총액이 삭감되었고, 둘째 신공공경영(New Public Management) 기법을 원조분야에 대입해서 NGO를 활용하기 시작했다. 이와 함께 세계은행 그룹의 국제부흥개발은행(IBRD), 그리고 유네스코, 국제보건기구, 식량농업기구 등 국가간기구가 주관하는 다자간프로그램도 지속적으로 발전했다(김영래 1997b; 덴츠총연 1999, 155~70면; 이신화 1997).

여기서 한가지 짚고 넘어갈 점은 대외원조의 민영화 경향이 선진국 내 비영리부문의 증가와 함께 진전되었다는 사실이다. 흥미롭게도 좌·우파가 복지국가를 놓고 서로 다른 이유에서 시민사회와 NGO에 기대를 걸기 시작한 것이다(김영래 1998; 덴츠총연 1999; 주성수 1999; Farrington et al. 1993; Salamon 1994; 1999). 우파는 시장을 보완해서 불평등을 감소시킬 수단으로 NGO를 바라보았으며, 민간부문을 동원해서 사회써비스를 제공할 방편으로 비영리부문에 기대를 걸었다. 반면 좌파는 복지국가의 비효율·관료제·억압·인간소외에 실망해서 NGO가 민중의 자력화와 강력한 시민사회를 도와주리라는 희망을 가졌다. 그 결과 '개혁적 급진파'와 '신자유주의자'가 제3쎅터에서 어색하게 동거하는 양상이 벌어진 것이다.

북(北, 선진국) 제공국이 그전부터 제3세계 원조에 종사해온 북의 NGO

를 공식개발원조에 활용하기 시작하면서 남(南, 개발도상국)의 NGO도 급증했다. 이들 남의 '매개'NGO는 북의 NGO와 남의 현지를 이어주면서 원조의 통로와 가교 역할을 담당하기 시작했다. 북과 남의 이러한 NGO를 통틀어 개발NGO라 하며 이들은 세계적 차원의 빈부격차 해소와 구호에 큰 역할을 했다(Midgley 1997). 특히 남의 개발NGO는 1970년대부터 개발과정을 단순한 경제발전이 아니라 '해방의 과정'으로 이해하기 시작했다(Clark 1991). 빠울루 프레이리(Paulo Freire)의 사상으로 무장한 브라질 NGO들은 민중의 의식화 교육에 앞장섰다(Frantz 1987). 이와 함께 남을 '착취'하는 북의 구조적 변혁이 필요하다는 개발이론도 나타났다. 옥스팸과 같은 북의 NGO들은 구호가 아닌 개발의 관점에서 선진국을 상대로 발언수위를 높이고, 제3세계 부채문제 등 과거에 금기시되던 사안을 거론하기 시작했다(김혜경 1999; Burden 1998). 북과 남의 NGO가 연대한 국제유아식행동네트워크(IBFAN)가 성공을 거둔 것이 1970년대 말경이다. NGO학으로 불릴 만한 학문적 축적이 나오기 시작한 것도 이때부터이다. 개발분야의 권위있는 학술지 『세계개발』(*World Development*)은 1987년 NGO연구 관련 특별 별책을 발행해서 NGO연구의 국제적 봇물을 터뜨렸다(Drabek 1987). 필자가 기억하는 한 지난 20년간 『세계개발』이 특별 주제를 위해 따로 책을 펴낸 것은 이것이 유일했다.

전세계의 개발분야에서 빼놓을 수 없는 주체는 미국과 세계은행이다. 미국에서는 국제원조 민간단체를 보통 민간자발조직(Private Voluntary Organization, PVO)이라고 부르며 1990년대 후반 이들이 대외원조에 쏟은 금액은 57억 달러에 달한다(Salamon 1999). 1996년 현재 미국 민간단체의 대외원조 중 28%가 정부로부터 나왔고 특히 대형 NGO들은 예산의 2/3 정도를 정부로부터 지원받고 있다. 현재 전세계 구호시장에서 연간 5억 달러 이상을 쓰는 대형 개발NGO가 8개 단체나 있다(Simmons 1998, 92면). 유엔 등 다자간기구들도 NGO를 개발의 동반자로 취급하고 있으며, 특히 세계은행은 제3세계 각급 NGO들을 은행의 원조프로젝트에 참여시키고 있다. 이것은 다른 국제기구, 특히 IMF보다는 전향적인 태도이긴 하지만 세계은행의 근본적인 정책결정에까지 NGO 참여가 허용되는 것은 아니라고 보아야 한다(이신화 1997, 90~92면).

미국이 제3세계 NGO를 통해 남의 시민사회에 영향력을 행사하려는 시도를 여러 필자가 지적하고 있다(Petras 1999). 예를 들어 아시아 개발NGO의 상당수가 미국의 원조 영향력하에 있으며(강문규 1996, 33면), 남미의 시민사회도 1980년대 말부터 미국의 경제원조에 의해 침식당하고 있다(크리스챤 아카데미 사회교육원 1999). 그러나 페트라스(James Petras)가 비판하는 이른바 '제국주의의 이익에 복무하는 NGO쟁이들(NGOers)'의 문제는 맥락을 따져 이해할 필요가 있다. 실제 페트라스 자신도 인정하듯 이들 NGO는 대부분 통상적인 NGO가 아니라 개발원조 과정에서 특정 프로젝트를 하청받은 민간업자들로 보아야 한다(Petras 1999, 433~34, 439면). 코턴(David C. Korten)은 이들을 공공써비스 하청단체(Public Service Contractors, PSC)라고 부르며 가치관보다는 시장원리로 움직이는 민간 개발업자로 정의한다. 공공써비스 하청단체는 순수 NGO와는 달리 원조제공자를 거스르거나 논란의 여지가 될 만한 주창활동은 벌이지 않는다(Korten 1990, 102~104면). 이들은 정부주도로 설립된 경우도 있고(Government-organized NGO, GONGO), 사업성격이 강하므로(Business-initiated NGO, BINGO) NGO 연구대상에서 제외하는 학자들이 많다(이홍균 1997a; 정수복 1996). 반면 제3세계에는 여전히 '원칙에 충실한 NGO들'이 많이 있고(크리스챤 아카데미 사회교육원 1999, 25면), 약 4,5천개로 추산되는 이들 정치적 NGO들이 정치발전, 사회발전, 지속 가능한 경제발전에 헌신하고 있음을 부정할 수 없다(Fisher 1998, 10~11면).

사회운동과 NGO

비영리기구론에서는 잘 다루지 않지만 세계 NGO역사를 논할 때 빼놓을 수 없는 것이 사회운동의 흐름이다. 이 부분을 무시하면 현재 벌어지고 있는 신자유주의 반대투쟁의 맥을 짚을 수가 없다. 20세기 후반 세계 사회운동의 흐름은 인종차별 철폐운동, 민족해방운동 등으로 이어지다 1956년

헝가리 민중봉기가 소련에 의해 진압된 후 신좌파가 대두되면서 새로운 전기를 맞았다(정동근 1994). 이들은 대체로 휴머니즘에 입각한 맑스주의를 지지했으나 사회주의, 무정부주의, 쌩디깔리슴, 뜨로쯔끼주의, 마오주의, 까스뜨로주의 등이 혼재되어 있었다. 이들을 관통하는 하나의 키워드를 찾는다면 참여민주주의라 할 것이다.

신좌파의 사회운동은 미국과 북아일랜드의 민권운동, 흑인해방운동, 여성해방운동, 평화운동, 반전운동, 68학생혁명, 남아프리카 유색인종차별 반대운동 등의 가지를 뻗었다. 이 중에서 NGO적으로 조직화된 운동을 하나만 꼽는다면 핵무기 반대운동(CND)을 들 수 있다. 1958년에 창설된 CND는 사회운동형 국제NGO의 원형을 제시했다. 우선 다국적 회원구조, 지식인 지도부(버트런드 러쎌 등), 각종 산하조직(핵무기반대 언론인모임 등)이 있었다. 그리고 대규모 집회, 대량구속, 연좌농성, 대중행진 등 당시로서는 급진적인 직접행동의 특징을 모두 갖췄고 1982년경 영국에만 5만명의 회원을 둘 정도로 거대한 운동이었다(May 1983). 냉전구도하에서 CND는 급진적 NGO의 대명사로 불리면서 핵전쟁의 위험성을 대중에 각인시켰다.

이와 함께 1960년대 들어 "저항의 풍요화"(조희연)라 부를 만한 다양한 NGO가 출현해 새로운 NGO운동의 물꼬를 텄다(박재영 1998). 1961년에 앰네스티 인터내셔널(국제사면위원회)이, 같은 해에 세계야생생물기금(WWF)이, 1971년에는 그린피스가 탄생했다. 이런 NGO들은 대중의 엄청난 지지를 받으며 급성장했다. 예를 들어 그린피스가 창설되던 해 영국 노동당은 정규당원 70만을 자랑하는 제1야당이었다. 이때 노동당과 그린피스의 조직·세력을 비교하려는 사람은 아마 정신이상자 취급을 받았을 것이다. 그러나 20년도 채 안되어 그린피스 회원이 노동당원을 능가하는 놀라운 상황이 전개되었다(Clark 1991). 이들 60년대 이후 NGO는 각종 생활영역의 쟁점과 삶의 질에 근거한 목표, 탈물질주의적 가치 등으로 인해 이른바 신사회운동의 모체로 간주된다. 전문성과 국제주의(Halliday 1988)로 무장하고, 과거의 사회운동에서 주변에 속하던 인권·환경·생태·여성 등의 이슈를 다루는 이들 NGO는 주로 주창활동 영역에서 대단한 성과를 이루었다.

국제적 사회운동은 1980년대 들어 폴란드, 남아프리카, 필리핀, 한국 등
지에서 폭발적으로 증가했다(Hegedus 1990). 이들 제3세계형 사회운동은 제
1세계로 역파급되어 이들이 빈곤이나 기아 문제에 나서게 된 계기가 되었
고 또한 서구 사회운동을 국제화시키는 데 일조했다. 1980년대 말 동구권
의 현실사회주의가 붕괴하면서 시민사회에 대한 관심이 전세계적으로 높
아졌다. 게다가 일반민주주의의 경향과 급속한 정보통신기술의 발전이
NGO의 기동성과 운신의 여지를 넓혔다. 신자유주의적 지구화에 맞서는
NGO운동은 1990년대 들어 더한층 목소리를 높이고 있다.

구갑우는 지구촌 시민사회에서 가능한 세 가지 사회운동을 제시한다(구
갑우 2000). 우선 인권(Cook 1996; Ennals 1982; Korey 1998), 환경(이재곤 1996; 정
수복 1994; Wapner 1995), 평화, 민주주의 등 보편주의적 가치에 기초한 사회
운동, 둘째 신자유주의적 불평등에 도전하는 사회운동, 셋째 전통적 생산
의 영역에서 투쟁하는 노동운동 등이다. 지난 10년간 국제 NGO활동은 유
엔 또는 정부간기구의 활동과 병행해서 벌어진 적이 많다(United Nations
1998, 157면. 필자보충).

1990   세계교육대회
       유엔 저개발국회의
       세계아동정상회의
1992   제8차 유엔 무역개발회의
       리우 유엔 환경개발회의
1993   빈 세계인권대회
1994   소규모 도서국 지속 가능한 개발회의
       세계자연재해감소회의
       카이로 국제인구개발회의
1995   코펜하겐 세계사회개발정상회의
       제9차 유엔 범죄예방회의
       뻬이징 제4차 세계여성대회

1996   제9차 유엔 무역개발회의
         이스탄불 제2차 유엔 인간정주회의
         로마 세계식량정상회의
1998   버밍엄 G8정상회담

최근 국가간기구 채널과 비공식 채널을 모두 이용하는 국제시민사회의
조류가 대두되고 있다(Clark 1995). 예를 들어 리우 환경회의에는 171개국 9
천개 NGO에서 2만명의 활동가가 모여서 14일간 약 1천 건의 토론회를 가
졌다(Fisher 1993). 1994년 세계은행 창립 50주년 총회에 NGO들이 "50년이
면 족하다"라는 구호를 내걸고 반대캠페인을 해서 세계은행의 체질을 바꾸
는 데 어느정도 성공했다. 특히 1990년대 말 들어서는 지구화에 대항하는
'지구촌 운동권'의 재집결 현상이 뚜렷이 관찰되고 있다(Pollack 1999). 급진
적 사회운동과 NGO가 재결합해서 비민주적인 다국적기업과 대결하고 있
는데(Balanya et al. 2000), 이는 급진적 공화주의와 자유적 국제주의의 결합
으로 해석할 수 있다(Held et al. 1999). 특히 세계무역기구(WTO)에 대한
NGO의 저항은 오래 전부터 예견되어왔다(이병화 1995, 321면). 지구화 반대
의 탄생지라는 별명을 얻은 씨애틀 이래 노동운동을 포함한(Mazur 2000) 지
구화 반대론자들의 갈래가 정리되면서(Desai 2000; Kaldor 2000), 지구화 경향
에 대한 연쇄적인 저항이 꼬리를 물고 있다. 씨애틀 세계무역기구회의(1999
년 11월), 다보스 세계경제포럼(2000년 1월), 방콕 유엔 무역개발회의(2000년
2월), 워싱턴 세계은행/IMF회의(2000년 4월), 오끼나와 G8정상회담(2000년 7
월), 멜번 세계경제포럼 아시아지역회의(2000년 9월), 프라하 세계은행/IMF
합동총회(2000년 9월)에서 NGO의 조직된 행동이 표출되었다. 또한 2000년
10월로 예정된 서울 아시아-유럽정상회의(ASEM)에서도 NGO의 캠페인
이 관심의 초점으로 떠오르고 있다(Hopfner 2000).
  이처럼 21세기는 NGO의 활동으로 개막되고 있다고 해도 과언이 아니
다. 이것은 전통적인 국제정치의 작동원리를 크게 넘어서는 것이다. 통상
적으로 국제정치를 좌우하는 지렛대는 강제력의 사용 아니면 경제적 자원

의 배분이었다. 그러나 이제 세계시민의 자율에 근거한 정당성의 동원이 새로운 힘의 원천으로 떠올랐다(Finger 1994; Willetts 1982). 사실상 영향력에 비해 국제NGO들이 구사할 수 있는 물적 자원은 빈약한 편이다. 예컨대 대표적 국제NGO로 회자되는 앰네스티가 1999년 4월~2000년 3월 회계연도에 전세계적으로 쓴 예산총액은 인권희생자 구호를 포함해서 약 320억원에 지나지 않았다(Amnesty International 2000). 그럼에도 불구하고 지난 40년간 앰네스티가 국제인권체제(human rights regime)에 공헌한 바는 어떤 강대국 정부보다 더 큰 것이었다(Korey 1998, 159~80면). 이것은 국가의 일방적인 통치(government)가 아닌 다양한 민간주체들이 참여하는 지구적 공치(global governance)의 시대가 이미 우리 앞에 다가와 있음을 강력히 시사한다.

3. 넓어지는 지평선: NGO운동과 NGO학

현대 NGO가 잘 다룰 수 있고 또 다뤄야 할 영역은 수없이 많다. 경제적 지구화, 새로운 발전모델, 인권, 인구, 여성, 지속 가능한 환경, 평화, 유엔 개혁 등 국가와 시장의 개입만으로는 충분치 못한 모든 영역이 여기에 포함된다(이대훈 1998). 이 절에서는 지구적 공치의 시대에 우리 NGO운동이 좀더 염두에 두어야 할 방향과, NGO연구가 좀더 모색해야 할 과제를 제안하고자 한다.

"분류방식은 이해관계를 반영한다"(Julian Le Grand)
시민사회의 계급성과 민중운동, 노동운동에 대한 논의가 많이 진척되었고 앞으로도 계속될 것이다. 그러나 아직도 은연중에 시민사회를 무성적·가치중립적·비인종적이며, 국가에 대응적(responsive)인 것으로 전제하는 관점이 지배적이다. '보편적' 시민권의 이념적 허점이 여기에 있다. 이 점에서 우리의 시민사회가 실제로는 가부장제와 무성적 시민사회의 모순적 공존이라는 지적을 경청해야 할 것이다(오장미경 1997; 이영자 2000; 조주현 1998).

페미니즘 시민사회론은 단순한 이론적 수사가 아니라 현실적인 문제이다. 사적인 보살핌의 영역에 공적 복지를 제공하는 방식에는 크나큰 허점이 있을 수 있기 때문이다(Phillips 1999). 예컨대 시민사회론이 금과옥조로 여기는 자발성(voluntarism)을 사적 영역(가족)에 대입시키면 결국 여성의 무임금노동으로 귀결되곤 한다.

또한 시민사회가 과도한 국가주의의 영향을 받아 그것의 그림자제도(shadow institution) 역할을 하며 성장해온 방식을 재고할 필요가 있다. 우리 NGO의 제도·구조·운영방식 등이 국가를 무비판적으로 추종한 측면을 부인할 수 없다. 시민단체의 위계적 구조와 관료적 직책에서부터, 스스로 비판해 마지않는 박정희식 성장모델의 차용, 과도한 실적주의와 속도주의 등 국가에 대해 대안적 주도가 아닌 대응적 모방의 생존양식을 지속시키는 것이 옳은지 의문이다.

또한 NGO연구의 지향을 어디에 둘 것인지 논란의 여지가 있다. 그중에서도 '비정부'적 연구와 '비영리'적 연구 방향을 놓고 미묘한 학문의 균열선이 드러나고 있다. '비정부'의 가치적 길항성(拮抗性)과 '비영리'의 실천적 상보성(相補性)은 사실 다른 차원의 문제이므로 양자택일식 선택을 강요할 필요는 없다. 비영리적 특성이 비정부적 특성을 포괄하므로 전자의 명칭을 사용해야 한다는 주장에는 설득력이 없다. 조직의 어느 한 측면의 최대공약적 성격이 반드시 대표성을 의미하지는 않기 때문이다. 그것은, 예를 들어 탈북자의 지원 문제가 비영리·민간 차원의 과업일 수 있지만 비영리성만으로 그 문제의 뿌리원인에 접근하지 못하는 것과 마찬가지이다(김동배 1996).

비정부·비영리 두 차원의 분리된 발전양태를 연구한 루이스(David Lewis)에 따르면 이들이 다루는 주제, 내용, 연구발표 학술지가 많은 편차를 보인다고 한다(Lewis 1999). NGO연구는 개발·구호·국가와의 관계, 지역사회운동, 사회변혁, 개발과정의 국가, 제공자 역할 등을 다루는 반면, 비영리연구는 제3쎅터 자체를 설명하고 계약관계 등 정책 이슈, 써비스 전달, 복지구조, 조직구조, 관리 등을 주로 취급한다. 활동현장에서도 상황은 비슷하다. NGO영역의 활동가를 activist라 부르는 데 비해 비영리 영역에서는 practitioner라고 칭하는 게 보통이다. 그러나 두 영역을 통합적으로 이해·접근하는 것이 이상적이라는 원칙에는 누구나 공감할 것이다. 한걸음 더 나아가 지구화의 시대에 이런 구분 자체가 무의미하다는 지적도 있다(Korten 1990). 따라서 NGO는 비영리단체(NPO)의 실용성을, NPO는 NGO의 정치적 감수성을 존중할 필요가 있다.

"변화할 수단이 없는 국가는 보존할 수단도 없다" (Edmund Burke)

NGO의 기원에서부터 현재까지 가장 논란이 많은 분야는 일차적으로 국가와의 관계, 이차적으로 민간부문 내에서 시장과의 관계를 어떻게 정위(定位)시킬까 하는 것이다. 특히 정치학·행정학에서는 국가와의 관계 설정이 연구의 태반을 차지하고 있다 해도 과언이 아니다(한국행정학회 2000). 거시적으로는 시민사회가 국가의 핵심 작동기제를 어떻게 이해할 것인가라는 문제로부터(조효제 2000a), 공동선을 추구하기 위해 '사회기업가'(social entrepreneurs)와 공동체조직이 협력하는 부문간 동반자관계 모델(Sagawa 2000) 등이 논의되고 있다. 미시적으로는 주민과 경찰의 교호작용을 통해 자율방범 활동을 구축하자는 논의(김인 1997)까지 다양하게 펼쳐지고 있다.

일반적으로 NGO의 독립성을 원론적으로 전제하면서도 국가행정의 파트너, 국가–NGO 양자간의 보완관계라는 틀 속에서 이 문제가 다뤄지고 있다. 그러나 어떻게 하면 NGO가 국가와 시장으로부터 상대적으로 독립하여 자신만의 의제를 추구할 수 있을까 하는 점은 별로 관심을 끌지 못하고 있다(Edwards and Hulme 1996; Sankey 1996). 기존의 연구는, NGO에게 있어 독립성은 수단이 아닌 목적이라는 점을 간과하기 일쑤다. 이것은 NGO 연구의 중대한 오류이며 장기적으로 다수의 NGO를 자발조직이 아닌 공공써비스 하청단체로 전락시킬 위험마저 내포하고 있다. 'NGO정책' 연구도 마찬가지이다. 엄밀하게 말해, 국가중심적 관점을 유지하면서 단순히 NGO를 연구대상으로 한다고 해서 NGO정책 연구라 할 수는 없다. NGO의 관점에서, 그들의 입장에서, 공치에 기여할 수 있는 방안을 연구해야 진정한 의미의 NGO정책 연구이며, 그렇게 해야만 우회적으로 국가의 운용방식(modus operandi)을 변화시킬 여지가 생긴다.

"사회주의의 언어는 우선순위 설정에 있다"(Aneurin Bevan)

NGO의 단일의제 중심적 성격이 근시안적 활동방식을 낳는다는, 일면 타당한 비판이 많다. 이것을 '터널시야'(tunnel vision)의 문제라 한다. 종합적으로 사회문제를 보지 못하고 자기 단체의 목적만 추구하는 것이다. 단일의제 활동은 간혹 '의도하지 않은 결과'를 낳곤 한다. NGO활동 역사상 최악의 실패담으로 거론되는 미국의 금주운동을 살펴보자. 미국의 여성기독자절주연맹(Women's Christian Temperance Union)과 쌀롱폐지연맹(Anti-Saloon League)은 1913년 통합한 후 맹렬하게 금주캠페인을 벌였다. 그 결과 1920년 1월 16일 0시 1분을 기해 전국에 금주령이 발효되었다. 그러나 금주령에도 불구하고 일반서민들은 계속 밀주를 찾았고 밀주산업은 조직범죄단의 번창으로 이어졌다. 1933년 마침내 금주령이 해제되었을 때 미국사회 내에 뿌리내린 갱단의 세력은 근절이 불가능할 정도였다. 순수한 의도의 금주캠페인이 결과적으로 마피아를 제도화시킨 것이다(May 1983). 이런 문제를 극복하는 방법으로 보통 NGO간의 업무영역 조정, 연대활동, 국가와의 정보교류 등이 거론된다. 그러나 필자는 두 가지 대안적 관점을 제시하고자 한다.

첫째, 개별 NGO가 사회전체적(societal) 의제조정(그것은 국가의 몫이다)을 의식하지 말고 특유의 가치를 자유롭게 추구하되 근원적 활동방식을 택하는 관점이다. 의제의 근원성(radicality)을 추구한다는 것은 ①국가–시장활동의 '잔여적' 문제를 발굴해서 사회적 보편성의 통념에 의문을 제기하고, ②그것의 뿌리원인을 찾아내고, ③급진적인 시정방안을 모색·실천하는 것을 말한다. 여기에서 실천이 특히 중요한 의미를 가진다. 현대 NGO의 현실인식과 행동 사이에 괴리가 크기 때문이다(Hillebrandt 2000). 따라서 이 관점은 NGO들의 분절화된 개별 활동이 단기적으로 공익의 우선순위 배분을 교란시킬 가능성을 인정하면서노, 개별 NGO의 근원직 활동의 총합이 결국은 공익성의 심화된 재편으로 귀착될 것으로 낙관하는 관점이다. 이 관점은 단일의제 또는 단일 문제영역(issue area) 내에 활동하는 NGO들에게 특히 적합하다.

둘째, 한국 NGO의 사회계획(social planning)에 대한 태도를 적극적으로 해석할 필요가 있다는 관점이다. 서구에서는 풀뿌리 자원봉사가 일상적 활동이지만 우리에게는 총체적 제도주의 접근이 일종의 문화로 자리잡고 있다. 따라서 한국사회의 시민공화제적 결집 경향을 무시할 수 없으며 NGO의 대응 역시 그 현실인식 선상에 있을 수밖에 없다. 종합적 시민운동이 '백화점식' '선단(船團)식'이라는 비판을 받기도 하지만 그것은 그런 시민단체가 희구하는 경세적(經世的) 사회계획의 관점을 도외시한 비판에 지나지 않는다. 예를 들어 깨끗한 정치 실현, 경제윤리 회복, 인간교육의 실현, 생활세계의 개혁 등의 거시목표가 전환기 한국사회의 중핵과제로 제시되고 있고(대한YMCA연맹 1993), 경실련 역시 경제·사회·정부·환경·과학정보·토지 등 국정 전분야의 기본 방향, 정책목표, 주요 정책과제, 현황과 문제점, 정책대안 등을 제안하고 있다(경실련 정책협의회 2000). 또한 참여민주주의를 실현하기 위해서 입법·행정·사법·기업·지방자치 등의 분야별 개혁을 총체적으로 추동해야 한다는 견해(박원순 1999)가 시민운동 현장에서 실천되고 있음을 본다.

그리고 종합시민운동은 ① 거시적 과제를 전략적으로 확인한 상태에서, ② 실제 수행분야는 엄격하게 선별하는 활동방식을 취하고 있다. 이것은 흥미롭게도 사회계획론의 '복합탐지방식'(mixed-scanning)과 유사한 점이 많다(Etzioni 1967). 복합탐지방식은 사회문제를 완전히 이성적 계획구도하에 풀어가려는 '합리적 계획'(rational planning)과, 목전에 닥친 문제만 그때그때 해결해가는 '증분적 계획'(incremental planning) 사이의 절충적 방식이다. 에치오니(Amitai Etzioni) 자신이 명명한 대로 이른바 사회계획의 '제3의 길'이다. 이 현상은 NGO들의 연대기구 운영방식에서도 관찰된다. 2000년 가을에 발족될 예정인 '개혁연대'(가칭)는 '시민사회단체들 사이의 민주적인 토론과 합의를 통해 한 해에 2~3개씩의 중요 개혁과제를 선정해

집중적으로 연대활동을 펼칠 계획'으로 있다(『한겨레』 2000년 9월 20일). 우리의 종합시민운동이 과연 사회계획의 어떤 입장을 취할 것인지는, 시민운동의 정치세력화 논의와 더불어 주시할 필요가 있는 분야라고 생각된다.

"시민사회의 강점은 창조적 무질서에 있다"(Ralf Dahrendorf)

시민참여는 민주주의의 수단이자 목적이다. 또한 시민이 사회혁신자(Fountain 1998)가 되도록 보장하는 장치이기도 하다. 사회혁신의 궁극적 목표는 사회적 자본 또는 시민적 자본의 창출(Potapchuk and Crocker, Jr. 1999)에 있다. 시민참여는 사회적 자본 창출을 극대화할 수 있는 가장 좋은 토양이다. 평범한 시민들의 자발성이 '신뢰'(trust)에 기반한 사회적 자본을 생산하는 것이다(김광식 1999). 사회적 자본은 물질적 자본에 대응되는 의미로 19세기 이래 사회적 연결망의 의미로 쓰였다. 김일태에 따르면 사회적 자본은 구체적으로 인적 연결망에의 참여이며 호혜성, 신뢰, 사회적 규범, 공통분모의 발견, 적극성 등을 가리킨다(김일태 1999). 그렇다면 사회적 자본이 왜 중요한가? 사회문제의 해결, 정치행정의 효율성 증진과 부패방지 및 경제활동 효율성 제고에 특히 유용하기 때문이다. 우리 NGO가 떳떳한 부분이 바로 이 지점이다. 한국의 시민(사회)운동에 대한 온갖 정치적 탄압과 온갖 비판(비대표성, 비민주성, 권력지향, 이중성, 언론지향, 소시민성, 심지어 탈법성!)에도 불구하고, 1990년대 이래 우리 사회의 진보와 사회적 자본의 증식에 NGO가 기여한 바를 인정하지 않기란 대단히 힘들기 때문이다.

사회적 자본이 제대로 발전하기 위해서는 시민참여의 지지기반(constituency)이 넓어져야 한다. 선진국 자발조직의 구성은 그 시민사회를 확률적으로 대표한다. 이 점을 인식하는 것이 특히 중요하다. '시민 없는 시민운동'이라는 비판에는 두 차원의 문제제기가 있다. 첫째, NGO에 참여하는 시민의 절대수가 적다는 것이다. 이 비판은 온당하지도 정확하지도 않다. 서구 NGO 중에도 회원수가 적은 단체가 많다. 둘째, NGO에 참여하는 시민이 우리 사회의 전체 시민집단을 확률적으로 대표하느냐의 문제이다. 이것은 시민운동 지지기반의 자력화(empowerment of constituency)와 직접 연결된다. 이 비판은 시민참여 기반을 넓히고자 노력하는 NGO에게 뼈아픈 지적이 아닐 수 없다. 실제로는 전통형 사회관계만 양산하면서 사회적 자본으로 위장하고 있거나, 기형적인 공공재를 생산하고 있다는 비판이기 때문이다.

이 문제의 접근방식은 몇갈래가 있을 수 있다. 조직의 형식을 폐쇄적 위계구조에서 네트워크형으로 개방하거나, 내부조직을 급진적으로 개편해서 자주관리형(self-management) 구조로 가는 방법이 있다. 이렇게 되면 그 단체는 민주주의를 사랑하는 시민들의 '집성촌'이 될 것이다. 아니면 '과두정의 철칙'을 완화시킬 방도로서 다른 분야의 사회관계를 벤치마킹하는 방법도 있다. 이때 전문성과 시민성의 관계를 살펴봐도 좋을 것이다. 시민들이 전문 과학기술을 어떻게 대하는지(Tesh 1999), 일반시민의 삶에서 우러나온 '평범한' 지식이 과학기술에서 왜 중요한지(이영희 2000, 259~65면), 과학기술적 문제에 관한 시민참여의 근거가 무엇인지(권기창 1998, 141~42면; 허상수 1999; DeSario 1987)를 연구함으로써 근대적 전문가씨스템의 산물인 피라미드형 위계조직을 민주화시킬 아이디어를 얻을 수 있을지도 모른다.

"모든 인간은 대륙의 한 조각, 대양의 한 부분"(John Donne)

NGO운동을 국경선 밖으로 연장하면 국제적 NGO연대가 되며 처음부터 다국적 시민운동을 표방하는 단체를 국제NGO라 한다. 신자유주의적 지구화의 파문에 대항하는 여러 세력의 국제적 연결지점이 지구적 수준의 대항헤게모니 구축에 있다고 보면(구갑우 2000), NGO 국제연대의 중요성은 아무리 강조해도 지나치지 않다(김혜경 1999). 역으로 국제연대가 성공하려면 국내운동의 뿌리가 있어야 한다. 지구적 쟁점영역이 있을 때 국제NGO의 단독활동으로는 한계가 있으며, 현지 NGO들이 국제네트워크와 연계될 수 있어야 성공 가능성이 높아진다는 것이다(Burgerman 1998). 이것은 동유럽 변화과정에서 초국적 NGO네트워크의 역할을 연구한 칠턴(Patricia Chilton)의 보고에서도 확인된다(Chilton 1995).

어쩌면 일견 국내문제로 보이는 이슈가 실제로는 국제적 차원에 긴밀하게 연결되어 있음을 인식하고 지구적인 접근을 모색하는 것이, 국내NGO가 국제적으로 연대하는 것만큼이나 중요한 일인지도 모른다. 이런 관점을 뒷받침해주는 최근의 한 연구가 있다. 로스앤젤레스의 비버리힐즈 고급주택가에서 두살짜리 아이 타미를 보살피는 유모인 비키 디아즈(34세)의 예를 들어보자. 비키는 일주일에 400달러를 받는다. 비키는 그 돈을 필리핀 고향집에 보내 가족의 생계에 보탠다. 비키에게는 애가 다섯이나 있고 친정엄마가 살림을 돌봐준다. 친정엄마 혼자서 집안을 꾸려가기가 힘들어 일주일에 40달러를 주고 파출부의 도움을 받는다. 제3세계에 약간의 물질적 자본이 유입되는 대신 그곳의 사회적 자본(보살핌)이 대거 선진국으로 이동하고 있다. 비키는 이렇게 말한다. "우리 애들은 멀리 떨어져 있으니 내가 할 수 있는 거라곤 사랑을 모조리 타미에게 쏟는 길밖에 없어요." 최근 이런 현상이 세계적으로 하나의 패턴을 이루고 있다. 지구화의 영향으로 선진국과 개발도상국 사이에 '보살핌의 지구적 사슬'(global care chain)이 형성되고 있는 것이다(Hochschild 2000).

NGO운동이 국제적으로 대성공을 거둔 초기 분야는 인도적 구호, 인권과 환경이었다. 더 나아가 NGO운동은 국제 공공정책 분야(Reinicke 1999~2000), 국제 사회복지 분야(Midgley 1997), 개발분야(Deacon 1997) 등에서 유용하다는 것이 실증적으로 확인되고 있다. 현재 한국에도 해외원조 NGO단체들로부터 약 900명의 활동가가 해외에 파견되어 있고, 2000년도의 총예산규모는 297억원에 달한다(한국해외원조단체협의회 2000). 이들은 코턴이 말한 제1세대 개발NGO 활동, 즉 의식주·긴급구호·의료활동 등에 집중하고 있는 것으로 보인다(Korten 1990). 다음은 국내NGO가 처음 해외원조에 나섰던 정경을 가감없이 보여주는 증언이다.

르완다 난민촌의 경우 유엔 협력과의 사전준비나 지식 없이 파견된 1994년 8월 11일 GNI 구호대원 8명은 난민촌 변두리에 TENT CAMP를 세우고 의료진료와 식량배급, 고아를 위한 무료급식을 시작하였다.··· 난민에 대한 **유엔정책을 전혀 몰랐기 때문에** ··· 본회 CAMP를 유엔이 통제하는 기본 캠

프장 밖에 설치한 것이다. 한편 콜레라와 이질이 그때까지 남아 있어 긴급환
자가 줄을 이었기 때문에 가져간 수액이 금방 동이 났다. (이일하 1999, 167~
68면. 강조는 인용자)

이처럼 NGO운동의 국제적 조망은 향후 한국 NGO운동의 한 지류가 어
느 방향으로 흘러갈지를 암시해준다(김혜경 1997; 유재현 1996, 68~70면). 현
재의 추세로 보아 해외원조 부문의 한국 NGO도 진화와 분화과정을 거칠
것이며 그중 일부는 지구적 불평등 해소에 헌신하는 정치화된 개발NGO
로 발전해갈 것이다. 그리고 머지않은 장래에 현재 일국적 시민운동 차원
에서 전개되고 있는 다양한 이념적·실천적 논의와 쟁점의 구도가 제3세계
개발분야에 비슷하게 옮겨가 재현될 것으로 필자는 예상한다.

"세상을 이해하려면 행동에 나서라"(Jacob Bronowski)
시민운동론을 둘러싼 무수한 논의 중 한 흐름이 NGO의 무이념성·무이
론성을 문제삼거나, 또는 그것을 변호하는 것이었다. 하지만 조금 차원을
달리해서 NGO의 행동주의와 문제해결식 운동양식에 대한 고찰은 비교적
소홀하게 다루어져왔다. 그 이유는 우리의 규범주의, 이론지향, 담론숭상과
밀접하게 이어져 있다. 그러나 NGO의 가장 큰 특징은 바로 이론적인 것이
아니라 실천적이란 점이다. NGO활동은 사실 아주 단순한 발상에서 출발
하곤 한다. "말만 말고 나가서 거리의 쓰레기를 치워라"(Howard Glennerster)
라는 실천주의의 측면을 이해하지 못하면 NGO를 피상적으로 또 패권적
으로 이해할 위험마저 있다. NGO운동은 연역적이자 동시에 귀납적 운동
이며 경험주의적 전통이 강하게 깔린 운동이다. 이 말이 NGO에게 '주의'가
없다는 뜻은 아니다. 이 글 1절에서 확인했듯이 사회운동의 뿌리에 선
NGO는 대단히 진보적인 조직이 많다. 오히려 진보적이면서도 현실과제의
실천과 '작아 보이는 것'의 존중을 놓치지 않는다는 점에서 NGO의 행동주
의를 이해해야 한다.

논쟁적(polemic) 입장에서 NGO활동을 비판하는 사례는 도처에서 발견
된다. 예를 들어 국제 인권NGO의 활동을 주로 시민·정치적 권리에만 입

각한 탈정치적 활동이라고 보는가 하면(Evans 1998), 국제NGO들이 국제법의 이행 캠페인에만 열중함으로써 (운동의) 정치활동 자원을 분산시키고 그 결과 인권증진에 더 큰 해를 끼칠 수도 있다는 식의 문제제기를 한다 (Chinkin 1998, 120면). 이런 비판은 이론적으로는 수긍할 점이 있으나 다른 한편으로는 현장의 역동성을 떠난 서생(書生) 비판의 측면이 없지 않다. 프리먼(Michael Freeman)은 이것을 다음과 같이 설명한다(Freeman 1998). 즉 인권옹호의 보편적 담론이 이론적으로는 완벽하지 않을지 몰라도 인권 운동가들은 체험에서 우러나오는 인간존엄성과 자유에 대한 깊은 직관에 기반을 두고 인권을 지키기 위한 방편으로서 국제인권법이라는 담론과 장치를 이용한다는 것이다.

"입법과 쏘시지 제조 과정을 알 필요가 있는가?"(Otto von Bismarck)
2000년 봄 총선시민연대의 활동 이래 NGO의 인지도와 영향력이 크게 늘어나면서 NGO가 하나의 권력기관으로 변질되지 않을까 하는 비판의 소리가 높았다. 여기에 NGO 주변의 도덕성 시비가 더해지면서 심각한 자성(홍일표 2000), 그리고 NGO의 내적 성찰에 입각한 자율성과 책임성을 지적하는 연구가 나왔다(조희연 2000). 더 나아가 참여민주주의의 확대로 인해 과도한 이익집단 정치가 전개되거나(김영래 1997a), 정치가 '비대표적 참여자'의 수중에 떨어질 가능성을 우려하는 지적(Fiorina 1999)도 있었다. 민주주의의 비대화로 '참여 과부하'(participation overload)가 걸리면 이미 성취한 것보다 더 큰 기대치를 항상 충족시켜야 하는 불만족이 나오게 마련이라는 것이다(Sankey 1996).
이런 맥락에서 등장한 것이 NGO의 대표성, 정당성, 투명성의 문제이며 (Atack 1999), NGO의 대사회적 발언권이 커질수록 이 문제는 지속적으로 제기될 것이다. 이 중에서도 NGO가 그 회원, 기부자 및 사회에 대해 갖는 책무성(accountability)의 정의를 놓고 많은 논의가 있었다. 리트(Diana Leat)는 세 종류의 책무성이 있다고 본다(Leat 1996). 그것을 가장 약한 것부터 나열하면 ①비판을 경청하고 고려하는 책무, ②설명할 책무, ③설명으로 미흡할 때에 제재조치(예컨대 기금의 중단)까지 포함하는 책무 등이 있다. 리트는 또한 책무성의 내용에는 재정적 책무, 절차적 책무, 사업의 질에 대한 책무, 활동의 적정성에 관한 책무가 있다고 주장한다.

우리 NGO운동의 사회운동적 뿌리(김동춘 1999), 국가/시장과의 관계, 사회적 책임의식 등을 감안한 책무성의 기준을 세울 필요와 당위가 있는 것은 분명하다. 책무성과 함께 고려할 사항은 '임무'(mandate)의 개념이다. 이것은 NGO참여의 동기를 말하며, 스스로 부과한 내적 임무와 회원들의 민주적 의사결정 구조 내에서 도출돼 위임된 수임사항, 이 두 가지 뜻으로 쓰인다. 책무성보다 내향적이지만 더욱 강렬한 도덕적 함의가 있는 말이다. 마지막으로, 우리는 NGO의 책무성 문제가 어디까지나 시민에게 최대한의 참여를 보장한다는 전제에서 나오는 이차적 질문임을 기억해야 하겠다. 엄밀하게 보아 굿윈(Barbara Goodwin)의 말처럼 "책무성이 참여를 대체할 수는 없기" 때문이다(Goodwin 1992, 252면). 따라서 쏘시지를 먹고 안 먹고를 떠나 그 제조과정에 입회해서 검증을 실시하는 것이 NGO의 임무이자 권리인 점은 의문의 여지가 없다.

"분석 자체가 행동의 일부다"(H. K. Colebatch)

정치·정책과정으로서 NGO운동을 이해하고, 그것의 정책형성 과정과 정책기능확대 과정을 연구하는 경향이 대두되고 있다(김생수 1998). NGO의 존재와 공헌도 및 협력을 고려치 않고는 실제로 정부의 정책 자체가 불가능해졌다(Colebatch 1998). 이와 함께 NGO의 조직적 특성과 정책과정을 다룬 연구가 축적되고 있다(김종순 1999; 김태영 1998; 유팔무 1998, 87~100면; 이홍균 1997b; Ennals 1982; Price 1998). 국제적 이슈의 의사결정과 NGO 관계를 다룬 연구물도 나오고 있다(조효제 2000b; Spiro 1995).

NGO개입의 실효성을 측정·평가하려는 작지만 획기적인 움직임도 있다. 이른바 '증거에 입각한 캠페인'(evidence-based campaign)을 지향하는 연구네트워크를 지역적·국제적으로 결성하려는 모임이 2000년 2월 서인도제도의 바르바도스에서 개최되었다. NGO 주창활동의 영향력 평가방법

을 개발하고 보급할 목적의 NGO(Action Aid)도 생겨났다. 예를 들어 절차
나 법안과 같은 유형적 제도변화는 그 영향력 측정이 비교적 쉽다. 그러나
NGO들이 시민사회를 실제로 강화시켰는지, 얼마나 강화시켰는지를 측정
하기는 쉽지 않다. 이때 시민사회 NGO들의 연합 정도, 자체적 활동 조정
능력, 전체 시민운동의 정치적 지렛대의 증가분을 고려해 측정방법을 개발
할 수 있다. 뉴델리의 사회연구원(ISST)은 남아시아지역의 거시정책 변화
가 성별에 따라 미치는 각기 다른 효과를 측정할 준거틀을 설계하고 있다.
NGO가 더 큰 역할을 맡으면 맡을수록 NGO활동 측정의 개념틀과 영향력
평가 씨스템(Hyman and Dearden 1998)을 고안하고 활용하는 것이 향후 우리
NGO의 도약에 중요한 자극제가 될 것이다.

"시간은 가장 위대한 혁신자"(Francis Bacon)

사회문제는 뿌리가 깊고 여간해서 일거에 해결되지 않는 특징이 있다.
이 때문에 우리는 NGO의 '시간의 지평'을 길게 두어야 할 필요가 생긴다.
시간의 지평을 짧게 잡아서는 책임있게 정책의 싸이클에 참여할 수가 없
다. 그리고 진지한 NGO라면 단기적 이슈의 추구 못지않게 긴 시간틀 속의
경향을 파악할 수 있어야 한다. 예를 들어 에글란틴 젭(Eglantyne Jebb)이
1919년 국제아동구호기금을 창립한 이후 70년이 지나서야 유엔 어린이·
청소년 보호조약(1989)이 성립되었다. 또한 우리가 위에서 NGO의 기원으
로 지목한 노예폐지운동사를 보면 한가지 문제를 해결하는 데 얼마나 오랜
투쟁기간이 소요되는지 알 수 있을 것이다. 코리(William Korey)의 다음
연대기는, 크게는 노예폐지를 위한 인류의 행보, 작게는 노예폐지협회의
진화과정을 필자가 요약한 것이다(Korey 1998, 117~37면).

1783   영국 퀘이커교도들 비공식적으로 노예무역폐지위원회 결성
1807   영국 내 노예무역 폐지
1823   노예폐지협회(Anti-Slavery Society) 창립
1833   대영제국 내 노예제도 폐지

1861   미국 남북전쟁 발발
1926   국제연맹 노예폐지협정 채택
1948   유엔 ECOSOC 노예제도 조사 결의안 채택
1956   노예제도 폐지에 관한 유엔 보충협정 체결
1957   인권보호를 위한 노예폐지협회(Anti-Slavery for the Protection of
        Human Rights)로 개칭
1964   ECOSOC 내에 노예제도 특별보고관 임명
1975   ECOSOC 내에 노예제도 전문가 실무위원회 설치
1979   ECOSOC 내에 아동노동착취 특별보고관 임명
1990   인권보호를 위한 노예폐지 인터내셔널(Anti-Slavery International
        for the Protection of Human Rights)로 개칭

노예제도가 공식적으로는 지상에서 사라진 지 오래지만 오늘날에도 노예제는 형태를 달리해서 전세계적으로 지속되고 있고(Bales 1999), 그것과 싸우는 NGO의 노력 또한 계속되고 있다. 하나의 문제끈을 잡고 두 세기가 넘게 투쟁하는 이러한 NGO의 역사인식은 우리를 한없이 겸손하게 만들지만 동시에 우리를 무한히 고무시킨다.

4. 맺음말

NGO활동의 예를 단 하나만 들면서 이 글을 맺고자 한다. 그것은 매매춘의 문제이다. 매매춘은 '지불 또는 기타 대가를 받고 성적 써비스를 제공하는 행위'(Jary and Jary 1995, 529면)이다. 그것은 인간의 가장 내밀한 존재양식과 자본적 거래가 중첩되는 지점이며 철저히 소외된 사회적 이슈이기도 하다(변화순 2000). 그러나 이렇게 개인적이며 '미미하게' 취급되는 매매춘 문제만 놓고 보아도 우리가 3절에서 확인한 NGO활동의 전영역이 포함됨을 알 수 있다. 이 분야의 전문 시민단체인 '새움터'의 활동(김현선 2000)을 통해 우리 사회의 매매춘이 얼마나 장기적이고(시간), 국내외적으로 연결된(공간) 근원적인 문제인지를 정리해보자.

- 근원적 활동: 국가-시장의 잔여적 문제 발굴. 한국사회에서 거의 잊혀진 매춘여성의 인권 문제.
- 시민참여의 당위: 현대판 노예제, 윤락행위 등 방지법의 실효성 문제.
- 시민권의 무성적·비보편적 성격: 매춘여성은 의료보험, 생활보호 등 기본적 사회보장으로부터 소외.
- 총체적 사회계획에 대한 입장 필요: 주한미군 주둔 문제 등과 연관.
- 지구화와 '성적 친밀성의 지구적 사슬'을 인식: 동남아시아(필리핀, 인도네시아, 스리랑카), 동아시아(연변), 구소련(우즈베끼스딴, 러시아), 남미(볼리비아, 페루) 등지에서 여성 불법유입.
- 시민운동의 국제연대: 해외 매춘여성의 송출국 NGO와 유입국 NGO가 협력하는 귀환프로그램 제시.
- NGO의 행동주의: 매춘을 하나의 직업으로 인정할 것인지 여성에 대한 억압과 폭력으로 파악해야 하는지의 논의(이론적 논쟁)를 떠나, 매춘여성을 구조하고 학대방지 대책 마련에 우선순위.
- NGO의 정책개입 효과 측정 필요: 정부의 단속과 대책이 형식적임.
- 시간의 지평 확대: 매춘여성의 빈곤이 대를 이어 자식에게 악순환되는 구조.

이것만 보더라도 NGO운동이란 다름아닌 우리가 살고 있는 공동체에 누적된 문제의 다중성을 이해하는 사람들이 펼치는 시민적 각성의 결정화임을 알 수 있다. 시민사회의 반대자들은 여러가지 '편견의 동원' (mobilization of bias)을 통해 NGO를 비난하기 쉽고, 특히 국가와의 관계 속에서 강한 비판을 가하고 있다. 그러나 궁극적으로 NGO의 정당성은 국가와의 관계론적 대비가 아니라 시민참여를 통한 사회적 자본의 축적과 효과적인 공치에의 기여로 판가름이 나게 마련이다. 이것을 위해 NGO운동은 변혁을 위한 과학과 참여를 위한 예술로서의 운동을 지향해야 한다. 이렇게 했을 때 NGO운동은 말 그대로 "우리 시대 변혁을 위한 가장 담대한 십자군"(코피 아난)이 될 것이며, 지속 가능한 NGO운동으로서 그 존재의 정당성을 확고하게 지니게 될 것이다.

参고문헌

강문규 (1996) 『시민참여의 시대』, 한울.

경실련 정책협의회 편 (2000) 『우리 사회 이렇게 바꾸자』, 제3증보판, 비봉출판사.

구갑우 (2000) 「지구적 통치와 국가형태: 시민사회의 전망」, 『경제와사회』 45.

權奇昶 (1998) 「科學技術에 대한 社會的 統制: 시민참여를 중심으로」, 『立法調查研究』 252.

김광식 (1999) 「사회자본 형성에서의 NGO의 역할」, 서울시립대학교 편 『사회적 자본과 시민사회의 발전: 제13회 대도시행정세미나 발표논문집』, 서울시립대학교 도시행정학과.

김동배 (1996) 「탈북자들의 적응을 위한 민간차원의 대책」, 이영선·전우택 편 『탈북자의 삶: 문제와 대책』, 도서출판 오름.

김동춘 (1999) 「한국 사회운동 100년: 정치변혁에서 '사회만들기'로」, 『경제와사회』 44.

김생수 (1998) 「비영리 민간조직에 관한 연구: 사회복지 서비스 제공을 중심으로」, 『강원대 地域開發研究』 6.

김영래 편 (1997a) 『이익집단 정치와 이익갈등』, 한울.

_____ (1997b) 「한국 비정부단체(NGO)의 세계화 전략 연구」, 『國際政治論叢』 37 (1).

_____ (1998) 「비정부조직(NGO)의 정치참여에 관한 비교 연구」, 『공공정책연구』 4.

김 인 (1997) 『경찰의 치안서비스 활동에의 시민참여 활성화 방안』, 치안연구소.

김일태 (1999) 「21세기 시민사회를 위한 사회적 자본의 필요성과 역할」, 서울시립대학교 편 『사회적 자본과 시민사회의 발전: 제13회 대도시행정세미나 발표논문집』, 서울시립대학교 도시행정학과.

金鍾淳 (1999) 「韓國 NGO의 實態와 發展方向: 民間環境團體를 中心으로」, 『韓國行政研究』 8 (1).

김준기 (1999) 「한국 비영리단체(NPOs)의 사회·경제적 역할에 대한 연구」, 『行政論叢』 37 (1).

김태영 (1998) 「비영리부문과 정책」, 『서울시립대 도시행정연구』 13.

김현선 (2000) 「매춘여성의 인권」, 올바른 국가인권기구 실현을 위한 민간단체 공동대책 위원회 편 『인권활동가를 위한 인권위원회 법안 토론회 자료집』.

김혜경 (1997) 「OECD 회원국 개발NGO의 활동유형과 과제」, 『동서연구』 9 (2).

_____ (1999) 「제3섹터의 국제연대」, 주성수 편 『새천년 한국 시민사회의 비전』, 한양대학교 출판부.

대한YMCA연맹 편 (1993) 『전환기 한국사회와 시민의식』, 대한YMCA연맹 출판부.

덴츠총연 (1999) 『NPO: 지속 가능한 사회를 위한 시민경영학』, 제진수 역, 삼인.

박상필 (1999) 「비영리단체의 개념과 분류에 관한 탐색적 고찰」, 『경제와사회』 44.

박원순 (1999) 「참여민주주의의 현실과 과제」, 주성수 편 『새천년 한국 시민사회의 비전』, 한양대학교 출판부.

박재영 (1998)『국제기구정치론』, 法文社.

변화순 (2000)「산업형 매매춘의 실태와 문제점」, 전주YWCA 편『전주지역 산업형 매매춘 실태조사보고 및 토론회』.

아미타이 에치오니 (1985)『社會問題』, 林春植 역, 裕豊出版社(Amitai Etzioni, *Social Problems*, New Jersey: Prentice-Hall 1980).

오장미경 (1997)「시민사회론과 페미니즘」,『여성과사회』8.

유재현 (1996)「지구시민사회 운동과 한국 시민운동」, 크리스챤 아카데미 사회교육원 편『지방화와 지구화 그리고 시민운동』, 한울.

유팔무 (1998)「비정부 사회운동단체(NGO)의 역사와 사회적 역할: 시민운동과 정부와의 관계를 중심으로」,『동서연구』10 (2).

유팔무·김호기 편(1995)『시민사회와 시민운동』, 한울.

이대훈 (1998)『세계의 화두』, 개마고원.

이병화 (1995)「시민사회와 국제관계에 있어서 행위자 문제」,『한국정치학회보』29 (3).

李信和 (1997)「탈냉전시대의 국제 비정부단체(NGO)」,『동서연구』9 (2).

이영자 (2000)「시민사회와 성의 정치학」,『현상과 인식』24 (1/2).

이영희 (2000)『과학기술의 사회학: 과학기술과 현대사회에 대한 성찰』, 한울.

이일하 (1999)「글로벌 시민사회와 NGO활동」, 주성수 편『새천년 한국 시민사회의 비전』, 한양대학교 출판부.

李載坤 (1996)「國際環境法과 非政府間機構(NGO)」,『충남대 法學硏究』7 (1).

李洪均 (1997a)「국가와 시민사회 그리고 비정부조직: 서구와 한국의 비교연구」,『동서연구』9 (2).

_____ (1997b)「시민운동의 현주소, 경실련과 참여연대」,『동향과전망』35.

장하성 (2000)「레드 컴플렉스를 벗자」,『참여사회』7.

鄭東根 (1994)『市民社會體系分析』, 法文社.

정수복 (1994)「지구 환경위기와 국제 환경정치」,『계간 사상』겨울호.

_____ (1996)『참여민주주의를 위한 시민단체의 역할과 정책과제』, 박영률출판사.

조주현 (1998)「여성 정체성의 정치학: 1980~90년대 한국의 여성운동을 중심으로」, 임희섭·양종회 편『한국의 시민사회와 신사회운동』, 나남출판.

조효제 (2000a)「시민사회의 변화와 주권의 급진적 재편」,『창작과비평』28 (1).

_____ (2000b)「인권의 정치학: 피노체트 사건을 중심으로」,『인권과평화』1 (1).

조희연 (2000)「NGO의 자율성과 책임성」,『NGO의 개혁운동과 책임윤리: 성공회대 NGO연구보고서 1』.

주성수 (1999)『공동생산과 자원봉사』, 한양대학교 출판부.

주성수·서영진 (2000)『UN, NGO, 글로벌 시민사회』, 한양대학교 출판부.

최일섭·이강현·이창호·주성수 (1996)『미국의 자원봉사 유래와 현황: 정부 기업 학교 민간단체별 총체적 접근』, 한국사회복지관협회.

크리스챤 아카데미 사회교육원 편 (1999)『시민운동과 정당정치』, 한울.

한국해외원조단체협의회 (2000)『더불어 사는 지구촌』, 한국해외원조단체협의회 사무국.

한국행정학회 편 (2000) 『정부와 NGO』, 한국행정학회 2000년도 기획세미나.

허상수 (1999) 「시민사회와 정보기술: Y2K 문제의 사회학」, 『동향과전망』 41.

홍일표 (2000) 「이제 다시 위태로운 모험의 기로에 선 한국 시민운동」, 『경제와사회』 45.

Amnesty International. (2000) *Amnesty International Report 2000.* London: AI.

Annan, Kofi. (1999) "Arrangements and practices for the interaction of non-governmental organizations in all activities of the United Nations system". *Transnational Associations,* 3/99.

Atack, Iain. (1999) "Four Criteria of Development NGO Legitimacy". *World Development,* 27 (5).

Balanya, Belen, Ann Doherty, Oliver Hoedeman, Adam Ma'anit and Erik Wesselius. (2000) *Europe Inc.: Regional and Global Restructuring and the Rise of Corporate Power.* London: Pluto Press.

Bales, Kevin. (1999) *Disposable People: New Slavery in the Global Economy.* Berkeley, California: University of California Press.

Berry, Jeffrey M. (1999) "The rise of citizen groups". Theda Skocpol and Morris P. Fiorina. eds. *Civic Engagement in American Democracy.* Washington, D.C.: Brookings Institution Press.

Burden, Tom. (1998) *Social Policy and Welfare: A Clear Guide.* London: Pluto Press.

Burgerman, Susan D. (1998) "Mobilizing principles: The role of transnational activists in promoting human rights principles". *Human Rights Quarterly,* 20.

Carothers, Thomas. (1999~2000) "Civil Society". *Foreign Policy,* 117.

Chilton, Patricia. (1995) "Mechanicis of change: Social movements, transnational coalitions, and the transformation processes in Eastern Europe". T. Risse-Kappen. ed. *Bringing Transnational Relations Back In: Non-State Actors, Domestic Structures and International Institutions.* Cambridge: Cambridge University Press.

Chinkin, Christine. (1998) "International law and human rights". T. Evans. ed. *Human Rights Fifty Years On: A Reappraisal.* Manchester: Manchester University Press.

Clark, John. (1991) *Democratizing Development: The Role of Voluntary Organizations.* London: Earthscan Publications Ltd.

Clark, Ann Marie. (1995) "Non-governmental organizations and their influence on international society". *Journal of International Affairs,* 48 (2).

Cohen, Jean L. and Andrew Arato. (1992) *Civil Society and Political Theory.* Cambridge, Massachusetts: The MIT Press.

Colebatch, H. K. (1998) *Policy.* Buckingham: Open University Press.

Commission on Global Governance. (1999) "The Millennium Year and the Reform Process". www.cgg.ch/welcome.html.

Cook, Helena. (1996) "Amnesty International at the United Nations". Peter Willetts.

ed. 'The Conscience of the World': The Influence of Non-Governmental Organisations in the UN System. Washington, D.C.: The Brookings Institution.

Deacon, Bob with Michelle Hulse and Paul Stubbs. (1997) Global Social Policy: International Organizations and the Future of Welfare. London: Sage.

Desai, Meghnad. (2000) "Seattle: A tragi-comedy". www.lse.ac.uk/Depts/global/meghnad2.htm.

DeSario, Jack and Stuart Langton. (1987) "Toward a metapolicy for social planning". Jack DeSario and Stuart Langton. eds. Citizen Participation in Public Decision Making. New York: Greenwood Press.

Drabek, Anne Gordon. (1987) "Development alternatives: The challenge for NGOs— An overview of the issues". World Development, 15 (Supplement).

Economist (The). (1999) "Citizens' groups: The non-governmental order". The Economist, 11 December.

_____ (2000) "NGOs: Sins of the secular missionaries". The Economist, 29 January.

Edwards, Michael and David Hulme. (1996) "Too close for comfort? The impact of official aid on nongovernmental organizations". World Development, 24 (6).

Ennals, Martin. (1982) "Amnesty International and human rights". P. Willetts. ed. Pressure Groups in the Global System: The Transnational Relations of Issue-Oriented Non-Governmental Organizations. London: Frances Pinter.

Etzioni, Amitai. (1967) "Mixed-scanning: A third approach to decision-making". Public Administration Review, 27 (5).

Evans, Tony. (1998) "Introduction: Power, hegemony and the universalization of human rights". T. Evans. ed. Human Rights Fifty Years On: A Reappraisal. Manchester: Manchester University Press.

Evans, Graham and Jeffrey Newnham. (1998) The Penguin Dictionary of International Relations. London: Penguin.

Farrington, John and Anthony Bebbington with Kate Wellard and David J. Lewis. (1993) Reluctant Partners?: Non-governmental Organizations, the State and Sustainable Agricultural Development. London: Routledge.

Finger, Matthias. (1994) "NGOs and Transformation: Beyond Social Movement Theory". Thomas Princen and Matthias Finger. eds. Environmental NGOs in World Politics: Linking the Local and the Global. London: Routledge.

Fiorina, Morris P. (1999) "Extreme voices: A dark side of civic engagement". Theda Skocpol and Morris P. Fiorina. eds. Civic Engagement in American Democracy. Washington, D.C.: Brookings Institution Press.

Fisher, Julie. (1993) The Road from Rio: Sustainable Development and the Nongovernmental Movement in the Third World. Westport, Conneticut: Praeger.

_____ (1998) Nongovernments: NGOs and the Political Development of the Third

World. West Hartford, Conneticut: Kumarian Press.

Fountain, Jane. E. (1998) "Social capital: A key enabler of innovation". Lewis M. Branscomb and James H. Keller. eds. *Investing in Innovation: Creating a Research and Innovation Policy that Works.* Cambridge, Massachusetts: The MIT Press.

Frantz, Telmo Rudi. (1987) "The role of NGOs in the strengthening of civil society". *World Development,* 15 (Supplement).

Freeman, Michael. (1998) "Universalism, communitarianism and human rights: A reply to Chris Brown". *The International Journal of Human Rights,* 2 (1).

Giddens, Anthony. (1997) *Sociology.* 3rd ed. Cambridge: Polity Press.

Goodwin, Barbara. (1992) *Using Political Ideas.* 3rd ed. Chichester: John Wiley & Sons.

Granovetter, Mark S. (1973) "The strength of weak ties". *American Journal of Sociology,* 78 (6).

Halliday, Fred. (1988) "Three concepts of internationalism". *International Affairs,* 64.

Hegedus, Zsuzsa. (1990) "Social movements and social change in self-creative society: New civil initiatives in the international arena". Martin Albrow and Elizabeth King. eds. *Globalization, Knowledge and Society: Readings from International Sociology.* London: Sage.

Held, David, Anthony McGrew, David Goldblatt and Jonathan Perraton. (1999) *Global Transformations: Politics, Economics and Culture.* Stanford: Stanford University Press.

Hillebrandt, Ernst. (2000) "The role of NGOs in Politics in modern West-European societies". *The Third Ways of Social Democracy and Social Movement: 3rd Roundtable for Human Rights and Peace.* SungKongHoe University.

Hochschild, Arlie Russell. (2000) "Global care chains and emotional surplus value". Will Hutton and Anthony Giddens. eds. *On the Edge: Living with Global Capitalism.* London: Jonathan Cape.

Hopfner, Jonathan. (2000) "ASEM preparations on track, but problematic points remain". *The Korea Herald,* 4 September.

Hyman, Eric L. and Kirk Dearden. (1998) "Comprehensive impact assessment systems for NGO microenterprise development programs". *World Development,* 26 (2).

Ishay, Micheline R. (1995) *Internationalism and its Betrayal.* Minneapolis: University of Minnesota.

Jary, David and Julia Jary. (1995) *Collins Dictionary of Sociology.* 2nd ed. Glasgow: HarperCollins Publishers.

Kaldor, Mary. (2000) "Civilising Globalisation?: The implications of the battle in Seattle". *Millennium: Journal of International Studies,* 29 (1).

Knorr, Klaus. (1975) *The Power of Nations: The Political Economy of International Relations*. New York: Basic Books.

Korey, William. (1998) *NGOs and the Universal Declaration of Human Rights: 'A Curious Grapevine'*. New York: St. Martin's Press.

Korten, David C. (1990) *Getting to the 21st Century: Voluntary Action and the Global Agenda*. West Hartford, Conneticut: Kumarian Press.

Leat, Diana. (1996) "Are voluntary organisations accountable?". David Billis and Margaret Harris. eds. *Voluntary Agencies: Challenges of Organisation and Management*. Basingstoke: Macmillan.

Lewis, David. (1999) "Introduction: The parallel universes of third sector research and the changing context of voluntary action". David Lewis. ed. *International Perspectives on Voluntary Action: Reshaping the Third Sector*. London: Earthscan.

Mathews, Jessica T. (1997) "Power Shift". *Foreign Affairs*, 76 (1).

May, Robin. (1983) *Pressure Groups: People, Politics and Powers*. East Sussex: Wayland Publishers.

Mazur, Jay. (2000) "Labor's New Internationalism". *Foreign Affairs*, 79 (1).

Midgley, James. (1997) *Social Welfare in Global Context*. Thousand Oaks: Sage(제임스 미쥴리『국제사회복지』, 신섭중 역, 대학출판사 1999).

Najam, Adil. (1999) "Citizen organizations as policy entrepreneurs". David Lewis. ed. *International Perspectives on Voluntary Action: Reshaping the Third Sector*. London: Earthscan.

Paul, James A. (1999) "NGOs and the United Nations". *Transnational Associations*, 6.

Petras, James. (1999) "NGOs: In the service of imperialism". *Journal of Contemporary Asia*, 29 (4).

Phillips, Anne. (1999) "Who needs civil society?: A feminist perspective". *Dissent*, Winter.

Pollack, Aaron. (1999) "A new 'internationalism' in the making: Encounters, networks, alliances". *Transnational Associations*, 4/99.

Potapchuk, William R. and Jarle P. Crocker, Jr. (1999) "Exploring the elements of civic capital". *National Civic Review*, 88 (3).

Price, Richard. (1998) "Reversing the gun sights: Transnational civil society targets land mines". *International Organization*, 52 (3).

Reinicke, Wolfgang H. (1999~2000) "The other world wide web: Global public policy networks". *Foreign Policy*, 117.

Rieff, David. (1999) "The False Dawn of Civil Society". *The Nation*, 22 February.

Sagawa, Shirley and Eli Segal. (2000) *Common Interest, Common Good: Creating Value through Business and Social Sector Partnerships*. Boston: Harvard Business School Press.

Salamon, Lester M. (1994) "The rise of the nonprofit sector". *Foreign Affairs*, 73 (4).

_____(1999) *America's Nonprofit Sector: A Primer.* 2nd ed. The Foundation Center.

Sankey, John. (1996) "Conclusions". Peter Willetts. ed. *'The Conscience of the World':* *The Influence of Non-Governmental Organisations in the UN System.* Washington, D.C.: The Brookings Institution.

Seary, Bill. (1996) "The early history: From the Congress of Vienna to the San Francisco Conference". Peter Willetts. ed. *'The Conscience of the World': The Influence of Non-Governmental Organisations in the UN System.* Washington, D.C.: The Brookings Institution.

Simmons, P. J. (1998) "Learning to live with NGOs". *Foreign Policy*, 112.

Spiro, Peter J. (1995) "New global communities: Nongovernmental organizations in international decision-making institutions". *The Washington Quarterly*, 18 (1).

Suzuki, Naoki. (1998) *Inside NGOs: Learning to Manage Conflicts between Headquarters and Field Offices.* London: Intermediate Technology Publications Ltd.

Tesh, Sylvia N. (1999) "Citizen experts in environmental risk". *Policy Studies*, 32 (1).

Tuijl, Peter van. (1999) "NGOs and Human Rights: Sources of Justice and Democracy". *Journal of International Affairs*, 52 (2).

United Nations. (1998) *Basic Facts about the United Nations.* New York: United Nations.

Vakil, Anna C. (1997) "Confronting the classification problem: Toward a taxonomy of NGOs". *World Development*, 25 (12).

Wapner, Paul. (1995) "Politics behind the state: Environmental activism and world civic politics". *World Politics*, 47.

Willetts, Peter. (1982) "Pressure groups as transnational actors". P. Willetts. ed. *Pressure Groups in the Global System: The Transnational Relations of Issue-Oriented Non-Governmental Organizations.* London: Frances Pinter.

_____ ed. (1996a) *'The Conscience of the World': The Influence of Non-Governmental Organisations in the UN System.* Washington, D.C.: The Brookings Institution.

_____ (1996b) "Introduction". Peter Willetts. ed. *'The Conscience of the World': The Influence of Non-Governmental Organisations in the UN System.* Washington, D.C.: The Brookings Institution.

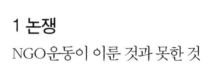

1 논쟁
NGO운동이 이룬 것과 못한 것

현재 부상중인 NGO운동은 극단적으로 엇갈리는 평가를 받고 있다.
따라서 우선 NGO에 관한 다양한 평가를 통해 NGO운동의 현주소를 이해해본다.
제씨카 매슈즈의 글은 정치현실주의에 입각해서 NGO가 국내·국제 정치에서 어떻게
주권국가의 의사결정권에 도전하는 세력으로 부상하고 있는지를 논한다. 이어서 피터
반 토이질은 NGO운동이 가장 가시적인 성과를 낸 인권분야를 중심으로 NGO의
공과를 긍정적으로 논한다. 그는 또한 최근 NGO운동 내에서 일고 있는 의미심장한
동향, 즉 신사회운동의 특징인 부문별 운동의 구분이 흐려지는 경향을 소개한다. 이것은
주창활동NGO와 현장활동NGO의 경계가 흐려지는 데서도 찾아볼 수 있고, 더 나아가
NGO와 NPO 간의 접근을 암시하고 있다고도 볼 수 있다. 아마 토이질의 가장 중요한
논점은 국제NGO들이 이제 더이상 단일주체가 아니고 국제적 정의라는 포괄적 개념을
지지하는 '더 넓은 운동'의 일부라는 주장인지도 모른다. 이것은 4부에 소개된
앰네스티 인터내셔널의 자체 인식 변화에서도 입증되고 있으며 새로운 국제주의의
대두를 염두에 두고 읽어야 할 것이다.
이어지는 세 편의 글은 모두 NGO를 비판하고 있지만 서로 다른 이념적 지향에 서
있다는 점이 흥미롭다. 우파는 시민사회와 NGO를 동일시해서는 안되며 설령 그렇다
하더라도 기회균등과 투명성이라는 기준으로 보아 시민사회가 결코 민주주의를
자동적으로 보장하지는 않는다고 말한다. 또한 NGO가 사익을 공익으로 위장하거나,
좋은 의도이긴 하나 편협한 특수이익을 공동선으로 포장하는 경향을 비판한다.
이에 반해 좌파는 NGO가 공허한 공익의 논리로 시민사회 내의 계급현실을 호도한다고
느낀다. 좌파는 NGO를 본질적으로 자유주의적 시장자본의 일부로 보는 시선을 감추지
않으며 NGO가 국가정책과 세계개발의 탈국가주의화, 즉 '민주주의의 민영화'를
추구하는 집단으로 본다.
좌우를 통틀어 NGO에게 가해지는 비판의 핵심은 NGO가 국가를 약화시키고 거시적
자원배분의 흐름을 왜곡하며 단일의제에 몰두하는 '터널시야'를 갖고 있다는 점이다.
NGO의 재정적·정치적 독립성 역시 끊임없이 제기되는 문제이며, 타자의 비판에
능숙한 NGO가 자신의 책무성을 어떻게 검증할 것인가 하는 질문도 좌우를 가리지
않고 제기되고 있다. 이러한 문제제기는 그 자체로서 점증하는 NGO의 영향력을
반증한다는 점에서 모든 NGO운동가에게 진지한 성찰을 요구하고 있다.

권력이동

제씨카 매슈즈

지구시민사회의 등장

    냉전의 종식과 함께 국가간의 관계가 조정되었을 뿐만 아니라 국가·시장·시민사회 사이의 역학관계가 새롭게 재배치되고 있다. 각국 정부는 지구화하는 경제 내에서 단순히 자율성을 잃은 정도가 아니라 기업, 국제기구 그리고 비정부기구(NGO)라 불리는 시민단체들과 권력——주권의 핵심인 정치적·사회적·안보적 역할 등——을 공유해야 할 처지에 놓였다. 1648년 베스트팔렌조약 이후 내내 지속된 권력의 국가집중 경향이 적어도 당분간은 종식된 것이다.

    베스트팔렌체제의 절대적 원칙, 즉 국가의 영토가 확정된 가운데 모든 가치있는 것들은 국경 안에 존재한다는 원칙, 단일·세속적 권력이 각 영토를 관할하고 대외적으로 그 영토를 대표한다는 원칙, 그리고 국가보다 더 높은 권위는 없다는 원칙 등이 사라지고 있다. 화폐, 정보, 공해, 대중문화 같은 중요한 자원과 위협요소들이 점점 더 정치적 경계와는 거의 무관하게 확산되며 사람들의 생활과 경제활동을 좌지우지한다. 점차 국제적 행동기

---

* Jessica T. Mathews, "Power Shift," *Foreign Affairs*, Vol. 76, No. 1. ©1997 Council on Foreign Relations, Inc.

** 제씨카 매슈즈: 외교자문협의회(Council on Foreign Relations) 수석연구원.

준이 국가적·지역적 단일성의 요구를 압도하기 시작하고 있다. 심지어 강대국조차 시장과 국제여론에 밀려 특정한 방침을 따를 수밖에 없는 경우가 자주 생긴다.

물론 국가의 중심적 과제인 안보의 영역은 영향을 제일 적게 받고 있지만 이 분야 역시 변화의 무풍지대는 아니다. 앞으로 전쟁이 사라지지는 않겠지만 미국과 러시아가 핵무장을 줄였고, 1995년 핵확산금지조약(NPT)이 무기한 연장되었으며, 1996년 오래 끌어온 포괄적 핵실험금지조약이 체결된 데 이어, 1997년 화학무기금지협약이 발효될 예정으로 있는 가운데 (97년 4월에 실제로 발효되었다—엮은이) 외부 국가로부터의 안보위협은 점차 줄어들고 있다. 그러나 비전통적인 안보위협은 증가하고 있으니, 테러리즘·조직범죄·마약밀매·민족분쟁이 늘어나고 있으며, 경기침체·정치적 불안정 및 간혹 국가붕괴로까지 이어지곤 하는 빈곤과, 급속한 인구증가 및 환경악화가 결합된 형태가 늘어나고 있는 것이다. 냉전종식 후 발생한 약 백여 건의 무력분쟁은 거의 대부분 국가 내 분쟁이었다. 이 중 많은 사건이 쏘말리아에서처럼 극단적 부패, 폭력, 무능력, 총체적 체제붕괴 등을 통해 국가가 자국민에게 해를 끼치면서 시작되었다.

이런 경향들로 인해 국가의 안보가 개인의 안전으로 이어지지 않을 수도 있다는 생각이 확산되었다. 그 결과 안보는 국가의 외교관계와 군사력으로부터 하향식으로 도출되기보다는 일상생활의 조건——의식주, 고용, 건강, 치안——으로부터 떠오른다고 보는 대안적 '인간 안보' 개념이 공식적인 사고방식 주변에 슬그머니 자리잡고 있다.

국가가 상대적으로 쇠퇴하고 비국가 행위자가 대두하게 된 변화의 원동력은 컴퓨터와 원격통신혁명이라 할 수 있지만 이 혁명이 몰고 온 심대한 정치적·사회적 결과는 거의 완전히 무시되었다. 사람들이 쉽고 값싸게 이 기술을 이용할 수 있게 됨으로써 정부는 다량의 정보를 독점적으로 수집하고 관리하던 지위를 잃었으며, 이제껏 누려온 국민들의 존경심 역시 상실했다. 모든 활동영역에서 정보에 곧바로 접근해서 활용할 수 있게 된 탓에 거대권능을 행사하던 세력의 수가 줄어들고 중요 행위자의 수는 급증하였다.

따라서 가장 큰 목소리를 지녔던 집단, 즉 정부가 가장 큰 타격을 받았다.

또한 신기술의 대두로 인해 직접대면의 중요성이 급격히 줄어들면서 사람들이 공동체를 대하는 관념 자체가 변하였다. 팩시밀리, 위성네트워크, 인터넷 덕분에 국경을 초월해서 교류하고 연계하기가 엄청나게 쉬워진 반면, 개별 국가 내의 자연적·역사적 유대관계로부터는 분리되었다. 그러나 이러한 강력한 지구적 영향력 때문에 세계 전역에 산재한 정체성과 이해관계가 점점 더 응집되고 활성화됨으로써 정치적·사회적 분절이 가속화되는 역효과가 발생할 수도 있다.

이러한 신기술은 그것을 구사할 수 있는 부와 교육수준을 갖춘 엘리뜨집단과 그렇지 못한 일반인집단을 분리시키는 새로운 형태의 사회적 단절을 가져올 잠재성을 지니고 있다. 물론 이런 엘리뜨들 중에는 부자들만 있는 것이 아니라, 초국적(transnational) 이해관계와 정체성을 갖고 있어서 자기 나라 국민보다는 오히려 다른 나라(선진국과 개발도상국을 막론하고) 국민들과 공통점이 더 많은 시민단체들도 끼어 있다.

무엇보다도 정보기술은 더 많은 사람과 집단들에게로 권력을 분산시킴으로써 위계질서를 무너뜨린다. 통신, 협의, 조정에 필요한 비용이 대폭 줄어들기에 사람들은 여타 조직형태보다 탈집중화된 네트워크를 선호한다. 네트워크에서는 굳이 직접대면하거나 형식적 틀을 갖추지 않더라도 사람들과 단체가 동일한 목적의 행동을 위해 쉽게 연계할 수 있다. 네트워크에는 우두머리도 없고 중심도 없다. 그 대신 개인의 집합체 또는 단체의 집합체가 서로 다른 목적을 위해 상호 교류하는 다수의 접속점(node)들이 있을 뿐이다. 기업체, 시민단체, 소수민족집단, 범죄집단들이 모두 이런 네트워크 모델을 기꺼이 채택하였다. 한편 각국 정부는 신기술이 가능케 한 이 모든 것과 상반되는 조직형태, 즉 전형적인 위계형 조직을 고수하고 있다.

오늘날 큰 영향력을 떨치는 비국가 행위자들이 역사적으로 새로운 현상은 아니다. 예를 들어 영국의 동인도회사는 인도를 사실상 통치했고 몇몇 주요한 NGO들은 백년이 넘는 역사를 가지고 있다. 그러나 이것은 예외적인 경우다. 숫자나 영향력 면에서 비국가 행위자들이 오늘날만큼 영향력을 발휘한 적은 역사상 단 한번도 없었다. 어쩌면 앞으로 지금보다 더 큰 역할을 담당할 수도 있다.

시내요금으로 접속하고 지구적으로 행동한다

현재 NGO가 몇개나 되는지 그리고 얼마나 빨리 늘고 있는지 아는 사람은 아무도 없다. 활자화된 수치는 정확도가 많이 떨어진다. 널리 인용되는 한 통계에 따르면 개발도상국에 약 3만 5천개의 NGO가 존재한다 하고, 또 다른 통계에 따르면 남아시아에만 1만 2천개의 수로조합이 있다고 한다. 온갖 종류의 대의명분을 지지하며, 기부금·회비·재단원조·정부지원·국제기구 지원 또는 물품 및 써비스 판매 등을 통해 기금을 마련하고, 세속조직이거나 종교조직인 지역공동체·전문단체·사회복지 써비스단체·주창활동단체(advocacy group)들을 망라하는 이 방대하고 급변하는 분야를 정확히 파악한다는 것은 사실상 불가능하다. 시골마을의 아주 조그마한 주민모임에서부터 영향력은 막강하지만 재정규모는 그리 크지 않은 앰네스티 인터내셔널과 같은 국제기구들, 또 세계적 거대 활동가조직인 그린피스, 그리고 연간예산이 거의 4억 달러에 이르는 초대형 써비스제공 조직인 케어(CARE)에 이르기까지 전세계 NGO의 수는 분명 수백만이 넘을 것이다.

중국이나 일본, 중동 등지처럼 문화적 이유 또는 권위주의적 정부 때문에 시민사회가 크게 제약받는 지역을 제외하고는 지난 반세기 동안 NGO의 역할과 영향력은 폭발적으로 늘어났다. NGO의 재원과 그보다 더 중요한 전문성은 작은 국가들 및 국제기구들과 비슷한 수준이거나 몇몇 경우는 더 월등하다. "명색이 유엔 산하 인권기구라는 우리가 앰네스티 인터내셔널보다 돈도 없고 자원도 빈약하다는 것은 정말 한심한 일이 아닐 수 없습니다"라고 유엔 인권쎈터의 이브라히마 폴(Ibrahima Fall) 소장은 1993년 말한 바 있다. 오늘날 NGO들은 세계은행과 IMF를 제외한 유엔기구들을 모두 합친 것보다 더 많은 양의 공식개발원조를 제공한다. 세계 여러 곳에서 NGO들은 재정적자에 허덕이는 각국 정부들이 더이상 관리하지 못하는 도시 및 농촌사회 개발, 교육·의료 써비스 등을 제공하고 있다.

NGO의 활동범위는 이들의 관심분야만큼이나 광범위하다. NGO는 새로운 아이디어를 창안하고, 주창활동을 하거나 항의하며, 대중적 지원을 동원해낸다. 또한 법적·과학적·기술적·정책적 분석을 수행하고, 국가적·국제적 의제를 형성하고 수행하고 감시하고 집행한다. 그리고 NGO는 제도와 규범을 바꾼다.

요즘 들어서 NGO의 힘은 강대국들에게도 압력을 가할 수 있을 정도로 커졌다. 일례로 미국과 멕시코는 북미자유무역협정(NAFTA)의 체결을 앞두고 통상 관행대로 한정된 범위의 협상을 비공개로 진행하려 했었다. 그러나 NGO의 생각은 전혀 달랐다. 캐나다, 미국, 멕시코의 NGO는 NAFTA 협정에 보건, 안전, 초국적 공해, 소비자보호, 이민, 이주노동, 아동노동, 지속 가능한 농경, 사회적 협약, 부채탕감 등에 관한 조항을 포함시키고자 했다. 각국 내에 그리고 국경을 넘어 여러 NGO동맹이 형성되었다. 이들 단체가 촉발한 반대가 워낙 커서 1991년 초에는 협정에 꼭 필요한 '특별 신속' 협상권을 행정부에 부여하는 것에 대한 의회의 승인을 얻어내기가 힘들었다. 부시행정부는 몇달 동안 저항하다 결국 굴복하여 NAFTA 협상에서 환경과 노동 쪽 의제를 다룰 수밖에 없었다. 이밖의 여타 분야에서는 진보가 더디겠지만 어쨌든 극히 폐쇄적인 무역협상의 세계가 영원히 변화된 것이다.

NGO가 이처럼 새로운 영향력을 갖게 된 데에는 신기술의 역할이 컸다. 예를 들어 비영리단체인 진보통신연합(APC)은 133개국 5만개 NGO들에게 시내통화비만으로 전세계 수천만 인터넷 사용자에게 접근할 수 있는 써비스를 제공해준다. 국제적 통신비가 이토록 저렴해지자 NGO의 목적과 국제관계의 양상이 많이 바뀌었다. 한가지 예를 들면, 1994년 1월 멕시코 남부 치아빠스반란의 총성이 처음으로 울린 후 단 몇시간 만에 인터넷에는 인권운동가들이 보낸 메씨지가 쇄도하였다. 게다가 치아빠스에 전세계 미디어의 이목이 집중되고 그 지역에 세계 인권운동가들이 집결하는 통에 멕시코정부가 취할 수 있는 운신의 폭이 크게 제한될 수밖에 없었다. 다른 시대였다면 유혈사태로 발전했었을 반란이 대체로 비폭력적인 갈등으로 전개되었던 것이다. 멕시코의 호세 앙헬 구리아(José Angel Gurría) 외무장관은 나중에 이렇게 말하였다. "실제 교전은 처음 열흘밖에 지속되지 않았고 그 이후로는 … 인터넷 전쟁이 벌어졌다."

NGO가 다른 나라 국경선 너머로 쉽사리 접근할 수 있게 된 까닭에 각국 정부는 상대국의 여론에 신경을 쓰지 않을 수 없게 되었고, 예전 같으면 순전히 정부간 쟁점으로만 간주되던 사안에도 상대국의 여론을 고려하게 되었다. 이와 함께 국제 NGO네트워크 덕택에 시민단체들은 전례없는 영향력을 발휘하고 있다. 개발도상국의 여성·인권 단체들은 경험 많고 재정적으로 여유있고 영향력있는 구미의 여러 단체들과 연계하고 있다. 유럽과 미국의 NGO는 지구적 미디어를 움직이고 자국 정부를 상대로 로비활동을 벌여 개발도상국의 지도자들에게 압력을 가함으로써 세계 도처에서 변화를 가속화시킨다.

복도에서 협상테이블로

예전에는 국내의 정부를 상대할 때와 마찬가지로 국제기구에서도 NGO는 주로 회의장 복도에나 있어야 했다. 1980년대 유럽안보협력회의(CSCE)에서 헬씽키 워치(Helsinki Watch) 산하의 인권단체들이 했던 것처럼 NGO가 정부의 의제를 형성할 수 있었던 때조차도 이들의 영향력은 주로 자기 나라의 대표단이 그들의 주장에 얼마나 귀를 기울이는가 하는 데 좌지우지되었다. 정부를 통하는 것말고는 다른 수단이 없었던 것이다.

지구기후협약의 협상과정을 통해 모든 것이 변화했고, 이런 추세는 1992년 리우 환경회의에서 최고조에 달했다. 환경단체들이 광범위하고 독자적인 대중적 지지기반을 확보하게 되자 NGO들은 각국 정부보다 훨씬 먼저 독자적으로 이산화탄소 규제협약의 체결을 목표로 설정하고, 그 협약의 주된 구조와 내용을 제안했으며, 대중의 압력을 조직하고 동원해서 협상 시작 때에는 아무도 가능성을 믿지 않았던 협약을 성사시킬 수 있었던 것이다.

다른 어느 때보다 많은 NGO성원들이 각국 정부대표단에 참여했고 이들은 공식적 의사결정 과정에 깊숙이 개입하였다. 이들은 국제협상에서 실제 결정이 내려지는 소규모 실무자회의에도 참석할 수 있었다. 태평양의 아주 작은 섬나라인 바누아투는 대표단을 한 국제법 전문 NGO(런던에 본부를 두고 미국 재단의 지원을 받는)에 합류시켜 자기 나라뿐 아니라 해수면 상승 위협을 받고 있는 다른 섬나라들이 지구온난화 규제투쟁의 중요한 행위자로 나서게 만들었다. 한 NGO단체가 펴내는 일간지인 『에코』(Eco)는 공식회담의 진전과정을 전해주는 최고의 정보원이었으며, 또한 각국 정부가 교착상태를 깨기 위한 아이디어들을 검증하는 공론장이 되었다.

개발도상국과 선진국을 막론하고 NGO들은 전세계 6개 지역의 기후행동네트워크(CAN)에서 긴밀하게 결합하여, 많은 이들이 협약체결의 장애물로 예상한 남북 정부간의 견해차를 줄이는 데 성공했다. 그 이전까지는 이런 견해차 때문에 협약이 체결되지 못할 것이라는 비관론이 우세했었다. 협약에 대한 열정으로 뭉친 NGO들은 내부적 이견을 해소하여 자기네 정부대표단에게 단일한 입장을 취할 수 있었다. 정부대표들이 합의를 보지 못하는 경우 NGO는 중요한 막후교섭 창구 역할을 자임해서 양측이 서로간의 문제를 알게끔 하고 타협점을 찾도록 해주었다.

이런 활동의 결과 정부대표들은 외교적으로 본다면 눈 깜빡할 사이인 16개월 만에, 그것도 3대 에너지 초강대국인 미국·러시아·싸우디아라비아의 반대를 넘어 지구기후협약의 골간을 마련할 수 있었다. 또한 이 협약은 2년 뒤 발효됨으로써 이 또한 신기록을 세우게 되었다. 이 협약은 현재 준거틀 정도의 국제법에 지나지 않아 아직도 구속력을 가질 만큼 발전하지는 않았지만 잠재적으로 모든 국가경제에 대한 엄청난 함의를 지니고 있어 에너지 사용 양상에 커다란 변화를 가져올 수 있다.

기후회담 당시의 NGO의 영향력은, 다른 분야에서는 여태껏 발휘되지 못하고 있고 오히려 몇몇 정부의 반발을 불러일으켰다. 몇몇 권위주의 정부, 특히 중국정부가 이런 공격을 주도했으며 여타 많은 정부도 NGO가 자

임한 역할을 불쾌하게 여긴다. 그럼에도 불구하고 NGO는 국제적 교섭과
정의 심장부와 국제기구의 일상적 업무에서 활동의 장을 펼쳤다. NGO는
또한 새로운 우선순위를 제시하였으며, 정부 외의 집단도 발언권을 부여받
을 수 있는 절차를 요구하였고, 책무성의 새로운 기준을 제시해왔다.

하나의 세계사업

1960년대의 다국적기업이라면 거의 대부분 미국회사였으며, 자기들의
폐쇄성을 자랑으로 여겼다. 외국인들은 지사를 운영할 수는 있었지만 절대
로 대등한 사업파트너는 아니었다. 유망한 간부들에게는 해외발령이 곧 좌
천이었다.

그러나 오늘날 지구적 시장은 제조업뿐만 아니라 유통판매 분야로도 발
전하고 있다. 법률, 광고, 사업컨설팅, 재정 등의 써비스분야 역시 국제적인
시장에서 거래되고 있다. 온갖 민족들로 이루어진 기업은 어느 나라에서
사업을 하든 현지인처럼 보이고 현지인처럼 행동하려고 노력한다. 최고경
영자에게 외국어능력과 풍부한 해외경험은 중요한 자산이며, 점차 일종의
필수요건이 되어가고 있다. 기업의 본사를 아예 해외에 두는 경우도 있다.

컴퓨터와 정보통신의 발전으로 제휴관계가 급변하고 합작사업이 늘면서
국적 구분이 모호해지고 있다. 역외금융이 국내의 탈세를 부추긴다. 1970
년대만 해도 다국적기업이 특정 정부의 하수인이 될까 봐 우려했지만 오늘
날에 와서는 오히려 다국적기업이 모국의 이해관계로부터 떨어져나와 일
자리를 다른 곳으로 옮기고 탈세를 저지르며 그 과정에서 국가의 경제적
주권을 잠식하는 것이 걱정이다.

훨씬 더 빨리 지구화되는 금융시장은 각국 정부를 더욱 뒤처지게 한다.
과거에는 정부가 환율을 결정했지만 현재는 자기들의 순익에만 책임을 지
는 민간의 외환거래인들이 세계 무역총량의 100배에 해당하는 1조 3천억
달러어치의 외화를 매일 거래한다. 이 돈은 지구상의 모든 국가의 총 외환
보유고를 능가하며 강대국들이 모두 동맹해도 막아내기 힘들 정도로 큰 금

액이다.

무역에 관한 규정을 둘러싼 정부간의 갈등에 엄청난 관심이 쏟아졌지만 수년 동안 사적 자본의 흐름은 무역보다 두 배나 더 빠르게 성장해왔다. 미국 투자가들의 국제 포트폴리오(분산투자—엮은이) 거래량은 1980년에 미국 GDP의 9%에 해당했으나, 1993년에는 GDP의 135%에 달할 정도가 되었다. 독일, 영국 등지의 성장은 이보다 훨씬 빨랐다. 직접투자 역시 급증했다. 매킨지(McKinsey & CO.)사는 1994년 보고서를 통해 전세계 금융시장의 총 규모가 2000년까지 무려 83조 달러에 달할 것으로 예측하였다. 이것은 경제협력개발기구(OECD)의 부유한 국가들의 GDP를 모두 합친 것보다 세 배나 더 많은 양이다.

또다시 기술은 금융권력을 국가로부터 시장으로 이전시키는 원동력이 되었다. 시장은 전례없는 속도로 신속하게 거래를 성사시키는가 하면 광범위하게 금융정보를 확산시킬 수 있는 데 반해 국가는 이렇게 단 몇초 만에 대응하는 시장의 속도를 도저히 따라잡을 수가 없다. 국가는 금본위제와 같은 경제규정체제에 참여할 것인지 말 것인지를 선택할 수는 있지만 씨티코포레이션(Citicorp)사의 전회장 월터 리스턴(Walter Wriston)이 지적한 것처럼 경제적 자급자족 노선과 빈곤을 감수하지 않는 이상 기술력에 기반을 둔 시장으로부터 완전히 철수할 수는 없다.

오늘날 국가가 경제의 규칙을 정할 때 취할 수 있는 자유선택권은 점점 더 명분에 불과한 것이 되었다. 시장은 사실상의 규칙을 정하고 스스로의 권력으로 이를 집행하고 있다. 물론 국가가 시장을 무시할 수는 있지만 그렇게 하면 필수불가결한 해외 자본과 기술이 유입되지 않고 국내 일자리가 줄어드는 가혹한 대가가 따른다. 최고의 경제강국이라 해도 이런 점에 주의를 기울이지 않을 수 없다. 예를 들어 미국정부는 1994년 멕시코 페소화를 구조해주기로 결정할 수는 있었으나, 동참 지원국들은 제쳐두고 채권시장을 위한 조건을 따라야 했다.

이렇게 합법적으로 지구경제를 형성하는 세력은 동시에 세계적 거대범죄의 온상이 되기도 한다. 유엔 관리들은 이러한 불법자금이 연간 7,500억 달러라는 어마어마한 액수에 달한다고 추정하며, 미국 마약관리청 (USDEA)은 그중 4천억 내지 5천억 달러가 마약관련 자금일 것으로 추산한다. 국경을 넘나드는 상품과 사람이 급증하고, 감독완화와 서류업무의 간소화를 통해 무역의 흐름을 신속하게 하라는 경쟁적인 압력이 거세짐에 따라 불법거래를 은닉하기가 쉬워졌다. 국영기업의 탈규제와 민영화, 현대적 통신수단, 상업적 제휴관계의 급변, 지구적 금융체계의 등장으로 지역적인 마약거래가 지구적 사업으로 확대될 수 있게 되었다. 하루 24시간 컴퓨터로 접근할 수 있는 초국적(supranational) 싸이버공간에 굴러다니는 수조 달러어치의 규제되지 않은 자유자본 덕에 마약거래의 가장 어려운 문제, 즉 대량의 검은 돈을 합법적인 사업에 대한 투자로 전환시키기가 용이해졌다.

지구화된 범죄는 국가의 전통적인 대응방식인 경찰력이나 군사력으로 해결하지 못하는 안보위협이다. 이런 위협을 제압하기 위해서 국가는 서로의 노력을 모으고 더 나아가 민간부문과도 유례없는 협력관계를 이룩하지 않으면 안되는데, 이는 곧 전통적 주권의 양대 역할이 훼손되는 것을 감수해야 한다는 뜻이다. 만일 국가가 실패한다면, 자국 영토 내에서만 활동해야 하는 정부와 달리 범죄집단이 엉성한 출입국관리와 초국적 금융공간을 계속 이용할 수 있다면 범죄가 우위를 점할 수도 있다.

다시 태어난 제도

최근까지만 해도 국제기구는 국민국가의, 국민국가에 의한, 국민국가를 위한 제도였다. 그러나 요즘 들어 국제기구는 NGO를 통해 세계 각국 국민들과 직접 연결되는 자체적 활동공간을 마련하기 시작했다. 그 결과 국제기구는 새로운 활력과 영향력을 수혈받았지만 그와 동시에 정부와의 긴장도 조성되고 있다.

국가는 능력있는 국제기구들이 늘어나는 초국적 문제들을 처리해줄 필요가 있다고 느끼지만 동시에 이들과의 경쟁을 두려워한다. 따라서 국가는 새로운 형태의 국제적 개입을 옹호하면서도 주권의 제1원칙인 내정불간섭 원칙을 고수하려 한다. 국가는 한편으로 국제기구에 새로운 큰 책임을 부여하면서 그 위임을 제한하거나 재정지원을 불충분하게 함으로써 그 권한을 제약한다. 이처럼 국가가 개입에 양가적인 태도를 취하고, 주의를 요하는 새로운 문제가 수없이 터져나오며, 활기와 새로운 사고로 무장한 NGO가 더 큰 역할을 요구하는 가운데, 국제기구는 예측 불가능한 그러나 현재와는 분명히 다른 미래로 나아가고 있다.

국제기구는 여전히 유례없이 증가한 국제적인 문제해결 방식에 익숙해지는 중이다. 1972년부터 1992년 사이 환경관련 조약은 겨우 수십여 개에서 900개 이상으로 폭증하였다. 여타 분야에서는 협력이 그렇게 빨리 확산되고 있지는 않지만 인권·무역·마약·부패·범죄·난민·테러방지·군비통제·민주주의 등을 다루는 조약, 준거틀 및 정부간 제도는 증가일로에 있다. 지침, 권고행동, 구속력 없는 결의안과 같은 형태의 '연성 법규'(Soft law)들도 급격히 늘어나고 있다. 하나의 새로운 협정 뒤에는 실무를 담당한 과학자와 법률가, 협상을 담당한 외교관, 대체로 오랫동안 그 체결을 위해 노력하고 그것을 지지한 NGO가 있다. 새로운 활동공간 안에는 새로이 영향력을 넓혀가는 국제공무원 계급도 존재하는데, 이들은 이 방대한 신규 법규들을 이행하고 그 준수 여부를 감시하고 집행하는 책임을 진다.

동시에, 각국 정부 역시 국제사회의 내정간섭에 양가적인 태도를 취하면서도 정부와 국제사회를 가르는 장벽에 약간의 구멍을 내왔다. 베를린장벽 붕괴 후 열광적인 몇달 동안 몇몇 국제기구, 특히 유럽안보협력기구(OSCE)와 미주기구(OAS)는 민주주의와 인권과 국제안보가 명백히 상호연결되어 있다는 입장을 취하면서 국제적 개입의 새로운 법적 기초를 마련했다. 1991년 유엔총회는 해당 국가의 요청이나 동의 없이도 인도적인 개입을 찬성한다는 결의안을 선포했다. 그로부터 일년 뒤 유엔 안전보장이사회는 사상 최초로 쏘말리아의 '시민들을 대신해서' 무력사용을 승인하는 조치를 취했다. 갑자기 시민들의 이해관계가 과거에는 의문의 여지가 없던 국익우선의 원칙과 경쟁하기 시작했고 때로는 압도하는 경우도 나타났다.

1990년 이후 안전보장이사회는 국제평화와 안보에 대한 위협에 대해 61번이나 공식성명을 발표했는데, 그 이전의 45년 동안은 고작 6번 발표했을 따름이다. 이것은 물론 국제안보가 갑자기 악화되었다는 뜻은 아니다. 단지 오늘날 국제사회가 신경을 써야 한다고 느끼는 관심사의 폭이 넓어졌음을 보여줄 따름이다. 사실상 1992년 아이티 사태에서 보듯이 무력개입을 승인하는 이른바 유엔헌장 제7장에 의거한 결의안은 극심한 인간적 참상이 벌어졌거나 국제적 규범을 무시한 국내 상황에는 관심을 두지만 국제평화에 어떠한 위협을 주는가에 대해서는 별로 묻지 않는다.

그리고 유엔의 선거감시활동 역시 비록 당사국이 먼저 요청해야 한다는 단서가 붙지만 제7장 결의안만큼이나 내정에 깊이 개입하는 것이며 현재 굉장히 빨리 증가하고 있다. 냉전시기에는 유엔이 회원국의 국내 선거를 감시한 적이 한번도 없었고 단지 식민지의 선거감시만 수행했었다. 그러나 1990년 초부터 유엔은 새로운 기준으로 자신의 정당성을 입증해야 했던 각국 정부의 쇄도하는 선거감시 요청을 받아들였다. 예를 들어 주권수호를 금과옥조로 여기는 라틴아메리카에서조차 OAS가 지난 4년 동안 11번이나 총선 감시활동을 벌인 바 있다.

선거감시활동은 과거처럼 수동적 관찰이 아니다. 국제기구와 NGO들이 긴밀하게 협조해서 대규모 참관단을 현지에 파견하여 정부의 자문에 응하고 유권자 등록, 유세관련 법, 유세활동 등에 관한 기준을 제시하며 선관위 직원과 사법부 인력의 훈련을 제공한다. 참관단은 또한 자체적으로도 개표를 실시해서 선거부정을 차단함과 동시에 정부의 선거관리가 공정한지를 측정한다.

국제금융기구 역시 국가의 내정에 더 깊이 관여하기 시작했다. 1980년대 내내 세계은행은 수혜국 정부의 빈곤정책, 환경정책, 그리고 심지어 주권의 성역으로 여겨지던 군사비에 대해서까지 대부조건을 달았다. 1991년 세계은행은 '효율적이고 책임있는 공공부문 관리'가 경제성장에 필수적이라는 정책성명을 발표했는데 이것은 수혜국이 공무원 부패로부터 정부의 권한에 이르는 모든 부문에서 국제적 감독을 받게 되는 근거가 되었다.

이같은 개입정책으로 인해 세계은행, IMF, 기타 국제금융기구들은 각국의 경제적·사회적 결정에 관여할 뿐만 아니라 목표 대상국에서 광범위한 변화를 달성하기 위해 기업, NGO, 시민사회와 동맹관계를 맺게끔 되었다. 이 과정에서 국제금융기구는 대중참여 확대와 의사결정의 공개 등 자신의 고객들에게 주문하는 똑같은 요구들에 문호를 개방했다. 그 결과 공직자들만 차지할 수 있었던 폐쇄공간이 민간부문과 시민사회 앞에 활짝 열린 것이다.

무한한 상상력

베스트팔렌조약이 체결된 후 350년이나 지난 오늘날, 때로는 협력하지만 대체적으로 경쟁하는 국가들이 각기 영토에 의해 규정되며 그 안의 모든 사람들을 대표한다고 보는 것과는 다른 견지에서 세계정치를 생각해보기 위해서는 상당한 정신적 비약이 필요하다. 또한 같은 경치, 민족사, 언어, 국기, 화폐 등의 정서적 애착심과 겨룰 수 있을 만한 다른 정치적 실체를 상상하기도 힘들다.

그러나 역사를 통해 부족간의 혼란상태와는 다른 대안적 정치모델이 많이 존재했던 것 또한 사실이다. 고대 제국은 엄격하게 통치했건 느슨하게 통치했건 간에 나름대로 성공해서 신민의 복속을 받아냈다. 중세에는 황제·왕·제후·기사·교황·대주교·길드·도시 등이, 그 다음의 단선적이고 위계적인 국가질서보다는 현대국가의 3차원적 네트워크형 질서와 훨씬 더 비슷해 보이는 체계 안에서 동일한 영토에 대해 서로 중복되는 세속권력을 행사했다. 그렇다면 문제는 오늘날 국가의 권력과 정서적 공감대를 일정 부분 대체하는 새로운 지리적·기능적 실체가 국가와 나란히 성장하고 있는가 하는 점이다.

그러한 몇가지 실체들의 맹아가 이미 존재하니, 유럽연합(EU)이 가장 분명한 사례이다. EU는 국가들의 연합체도 아니고 국제기구도 아니다. 그래서 전문가들은 '포스트주권체제'니 '전례를 찾기 힘든 혼성물'이니 하는 부적절한 표현을 찾아헤맨다. EU는 특히 외교정책과 국방정책상의 몇몇 목적을 위해서는 회원국의 국경선을 존중하지만 다른 목적을 위해서는 국경을 무시한다. EU의 사법부는 회원국의 국내법을 무효화할 수 있고 EU의 각료협의회도 국내 행정결정을 번복할 수 있다. EU의 수천개가 넘는 협의회, 위원회, 실무위원회에서 각국 대표가 자기 정부의 동료에 맞서 다른 나라의 대표와 협력하는 경우가 점점 더 늘어나는 형편이다. 예를 들면 농업부 장관들이 재무부 장관들과 대립하는 따위이다. 이런 점에서 EU는 회원국의 내적 결속을 파고들어 어느정도 약화시키고 있다고 볼 수 있다. 프랑스인, 덴마크인, 그리스인이 스스로를 일차적으로 유럽인이라고 여길지는 앞으로 두고 봐야겠지만 EU는 이미 미국인이 생각하는 것보다 훨씬 앞서 나가 있다.

그런가 하면 국가적 차원보다 낮은 단위가 공식적 국제 역할을 수행하는 경우도 있다. 1970년에 해외무역사무소를 둔 미국의 주는 단 4개였지만 지금은 거의 모든 주가 해외무역사무소를 두고 있고, 50개 전 주가 세계무역기구(WTO)에 공식적으로 참여하고 있다. 독일의 지방주와 영국의 지방정부들은 브뤼셀의 EU본부에 대표부를 두고 있다. 리옹을 중심으로 한 프랑스의 론-알프스 지역은 스위스의 제네바와 이딸리아의 뚜린을 포함하는 지역경제를 대변하기 위하여 해외에 이른바 '대사관'을 상주시키고 있다.

특정 영토와 관계없는 정치적 정체성이 부상한 결과 지리적으로 고정된 국가체제가 더 직접적인 도전을 받고 있다. WTO는 모든 국가의 영토 밖에 존재하는 지구촌 공한지에서 벌어지는 환경분쟁을 처리할 방도를 찾느라 골머리를 앓고 있는데, 이는 50년 전에 만들어진 '관세 및 무역에 관한 일반협정'(GATT)에서는 언급조차 되지 않았던 사안이다. 유엔 안에 유엔총회와 별도로 전세계 민중을 직접 대표하는 유엔의회를 창설하자는 제안도 나와 있다. 종족집단에 정치적·법적 지위를 부여하자는 제안도 논의중인데, 그렇게 되면 예컨대 쿠르드족도 터키·이란·이라크 시민인 동시에 하나의 국민으로 법적 대표성을 갖게 된다.

독자적인 규제권을 행사할 수 있는 지구적 환경기구(Global Environmental Authority)를 앞으로 결성하자는 제안도 이미 나와 있다. 이 제안은 얼핏 듣기에 무리인 듯싶다. 수백여 개의 국제환경협정에 일일이 참여하는 것은 가장 부유한 정부들한테도 부담스러운 일이며, 여타 정부들에게는 금기시되는 것이다. 따라서 국제협정의 수가 늘어남에 따라──여타 부문에서 다 마찬가지로──전체 씨스템을 단순화하라는 압력 또한 거세어질 것이다.

가장 급속하게 변하는 분야는 국가와 비국가단체가 함께 참여하는 혼합적 기구로서, 국제전자통신연맹(ITU), 국제자연보존연맹(IUCN) 등의 수백개 단체들이 여기에 속한다. 이런 수많은 분야에서 기업이나 NGO는 정식으로 공적인 역할을 맡고 있다. 제네바에 본부를 둔 국제표준화기구(ISO)는 본질적으로 기업형 NGO지만 제품에서 기업경영 내부절차에 이르기까지 모든 영역에서 폭넓게 준수되는 표준들을 정립한다. 또다른 민간의 규제자인 국제유가증권시장협회(ISMA)는 국채시장에 이어 세계에서 두번째로 큰 자본시장인 국제유가증권의 거래를 감독한다. 시장이 사업적 판단기준으로 국제협정 규정을 채택한다면 이는 시장이 정부정책의 집행자가 된다는 것을 의미하며, 이것은 혼합형 제도의 또다른 예가 될 것이다. 국가와 NGO는 군과 민간이 함께 참여하는 인도적 대량 구호작전에서 특별히 협력하는 경우도 있다. 또 난민구호나 개발원조 분야의 국제기구들을 위한 상근활동 역할을 맡는 NGO들도 있다. 알게 모르게 이처럼 NGO가 주도하고 국가가 종속되는 혼합형 국제단체들이 새로운 국제적 규범이 되고 있는 중이다.

선인가 악인가

변화에 대한 적응력이 좀더 높고 권력이 좀더 분산되어 있는 세상이라면 좀더 평화롭고 좀더 정의로우며, 인류가 직면한 새롭고도 복잡다단한 문제를 좀더 잘 관리할 수 있는 세상일 것이다. 변화가 가속화된 현시대에는 NGO가 정부보다 더 빠르게 새로운 요구와 기회에 대응한다. 가난한 나라에서든 부자 나라에서든 NGO는 재정적 뒷받침만 된다면 수많은 공공써 비스 제공에 있어 정부보다 우수하다. 시민사회를 구성하는 여타 요소들과 NGO가 함께 성장하면 이행기에 있는 취약한 민주주의의 구조를 강화시 킬 수 있다. 더 나아가 NGO는 완만하게 진행되어 결국 개인에게 누적적인 효과를 미침으로써 사회에 영향을 끼치는 문제들——환경악화, 인권침해, 인구증가, 빈곤, 재개발 같은 '연성' 위협——을 다루는 데 있어 정부보다 낫 다. 이들 위협들은 분쟁시 전통적 전쟁행위보다 더 많은 사망자를 낸다.

컴퓨터와 원격통신혁명이 계속될수록 NGO는 국경을 넘나드는 대규모 활동에 더 능력을 발휘하게 될 것이다. 국제공무원 그리고 EU와 같은 비국 가체 시민들과 마찬가지로 NGO의 애착심이나 지향성은 초국적 해결책이 필요한 문제영역에서 정부의 애착심이나 지향성을 능가한다. 과거에 국가 간의 협력을 무력화시켰던 남북간의 차이 문제는 국제NGO와 각종 지역 단체의 초국적 네트워크가 교량 역할을 맡아왔다.

경제 일선에서 민간시장이 확대되면 지나친 대부나 과중한 세금부과 같 은, 흔히 정치적으로 매력적이지만 경제적으로는 파괴적이어서 정부들을 붕괴시키는 정책들을 피할 수 있다. 사적 자본은 이데올로기의 방해를 받 지 않고서 가장 좋은 대우와 가장 높은 이윤을 주는 곳으로 흘러간다.

정부가 활동여지를 좀더 보장해주고 NGO와의 결속을 강화함으로써 풀 뿌리 대중과 긴밀하게 연계되며 적절한 재정지원이 이루어질 경우 국제기 구는 지구의 살림살이(교통, 통신, 환경, 보건), 안보(대량파괴용 무기 통 제, 예방적 외교, 평화유지), 인권, 긴급구호 분야에서 지금보다 더 큰 역할 을 해낼 수 있다. 다양한 국제전문가들이 지적하듯이 국제기구의 재정은 국가분담금과는 별도로 외환거래, 항공여행 등의 국제적 활동에 요금을 부 과함으로써 충당할 수 있다. 마지막으로 세계적 미디어 보도를 통해 정보 를 얻고 NGO를 통해 행동에 참여하는 국제여론은 지구무대에 등장한 신 흥세력으로서, 신속한 문제해결에 극히 막강한 위력을 발휘할 수 있다.

그렇지만 권력이 국민국가 밖으로 계속 분산되면 국가 내 그리고 국가간 에 갈등이 고조되고 문제해결이 더 어려워질 것이라고 믿을 만한 이유들도 마찬가지로 많은 것이 사실이다.

또 여러 장점에도 불구하고 NGO는 비록 개인적인 이익을 추구하지는 않는다지만 역시 특정한 이해관계를 갖고 있다. 가장 능력있고 가장 열성적인 NGO조차 흔히 공적인 활동 전부를 자기 단체의 특정 이해관계 잣대로만 판단하는 '터널시야'의 결점을 드러내곤 한다. 일반적으로 NGO는 대규모의 사업을 수행할 능력이 제한되어 있으며, 조직이 커지면서 그에 맞는 예산을 확보하기 위해 자신들의 가장 큰 자산인 정신적·활동적 독립성을 손상시킬 수도 있다.

특수이익들의 집적이 공동선을 위한 단순하고 강한 외침을 대체하는 사회는 잘되기 어렵다. 미국인들은 너무나 잘 알겠지만 단일의제로만 판단하여 투표하는 사람들은 공공의 토론을 양극화시키고 얼어붙게 한다. 장기적으로 보아 시민사회가 더 강해지면 더 파편화될 수도 있으며, 공동의 정체성과 목적의식을 약화시키고, 보건이든 도로든 교육이든 항만이든 공공재에 대한 투자를 꺼려하게 만들지도 모른다. 가치가 있긴 하지만 편협한 명분을 주장하는 집단이 늘면 늘수록 궁극적으로 민주정치가 위협받을 수도 있다.

국제적으로도 과도한 다원주의는 똑같은 결과를 초래할 수 있다. 국민국가 200개를 관리해야 한다고 상상해보라. 여기에다 영향력있는 수백개의 비국가 행위자——기업, NGO, 국제기구, 소수민족집단, 종교집단——를 더해보라. 국제체제는 더 많은 목소리를 대표할 수는 있겠지만 그 어떤 것도 진전시키지 못할지도 모른다.

더욱이 최소한 오늘날의 정치현실로 볼 때 오직 국가만이 해낼 수 있는 역할들이 있다. 국가는 유일한 비자발적 정치단위이며 질서를 부과하고 세금을 걷을 권한을 부여받은 유일한 조직이다. 국가가 약화되면 아프리카, 중남미 등지에서처럼 갈등을 조장할 것이다. 뿐만 아니라 오직 국민국가만이 시장이 중시하지 않는 그러나 반드시 필요한 사회적 욕구를 충족시킬 수 있을지도 모른다. 최소한의 일자리를 보장해주고 높은 실업률을 방지하고 쾌적한 환경과 기후질서를 보존하며 소비자의 건강과 안전을 보호하는 것 등은 시장은 확대되고 국가는 후퇴하는 세계에서 위태롭게 방치될 수 있는 몇가지 과제들이다.

국제적 의사결정 구조가 늘어나면서, 과거에는 선출된 국민의 대표가 내리던 결정을 요즘은 선출되지 않은 국제기구가 내리는, 이른바 민주주의 결손(democratic deficit) 현상도 악화될 것이다. EU 회원국 사이에서 이 문제는 이미 첨예한 이슈가 되었다. 방대한 양의 국제협정, 예컨대 수천 페이지짜리 우루과이라운드 무역협정과 같은 조약에 대해 국내 입법부가 단순히 가부만을 결정해야 할 때면 역시 민주주의 결손 문제가 벌어진다. 시민들이 이미 자기 정부가 개개 시민의 목소리에 귀를 기울이지 않는다고 느끼는 판국에, 이같은 경향이 계속되면 시민들의 소외가 더 깊어지고 더 위험스런 상태로 빠질지도 모르며 그것이 새로운 민족분리주의, 종교분리주의를 촉발할 가능성이 있다. 궁극적으로 개인의 경제적 성공이나 효과적인 국제협력을 수행하지 못할 정도로 약화된 국가가 대거 늘어나는 결과가 올지도 모른다.

마지막으로, 이런 식의 심각한 혼란은 필연적으로 현대사회 내 중심제도의 약화를 동반하게 마련이다. 국가적 정체성이 점차 흐려지는 인터넷 세계의 예언자들은 이 변화의 혁명성을 선언하면서도 그 변화가 순전히 이롭기만 할 것으로 믿는다. 과연 그럴까? 민족적인 애착이 그외 다른 어떤 정치적 감정으로 옮겨갈 경우 야기될 정서적·문화적·정치적 반향은 엄청날 수밖에 없다.

해체와 진화

국가권력의 쇠퇴는 일시적인 현상일 뿐인가? 지금 벌어지고 있는 민족적 정부에 대한 탈주술화는 그것이 생겨난 것만큼이나 빠르게 사라질 수 있다. 또한 지구화가 계속될수록 그에 비례해서 경제적·문화적 민족주의가 더 맹렬하게 분출될 만하다. 기업, NGO, 국제기구들은 정부가 다루지 못하는 문제의 해결을 도움으로써 사실상 국민국가체제를 강화시키고 있다고 볼 수도 있다.

　그러나 이 모든 가능성에도 불구하고, 오늘날의 문제와 그 해결의 탈영토적 성격과 국가들의 지리적 고정성 간의 충돌이 증가하기만 하는 점을 고려하면 국가의 상대적 권력이 앞으로도 계속 쇠퇴할 것으로 보인다. 국민국가는 더이상 자연스런 문제해결 단위가 되지 못한다. 지방자치제가 시민들의 결정과정에의 참여의욕을 충족시켜줄 뿐 아니라 초국적·지역적·지구적 정치체가 경제·자원·안보 등의 각종 변화추세에 더 잘 대응하기 때문이다.

　정보 및 통신기술 발전은 이제 걸음마를 뗀 수준에 불과하며, 앞으로 아직 출현하지 않은 형태까지 포함해서 비국가 행위자에게 훨씬 더 유리하게 작용할 것이다. 신기술은 한가지 목소리를 내는 주권국가의 보증수표인 고정된 관료체제보다 비제도적·가변적 네트워크에 더 도움이 된다. 신기술은 이슈나 제도가 반드시 특정 장소와 결부될 필요성을 없앤다. 또한 개인에게 큰 권한을 부여함으로써 현대사회의 국민국가를 필두로 한 공동체에 대한 상대적인 애착을 약화시킨다.

　현재와 같은 추세가 계속된다면 지금부터 50년 후의 국제체제는 오늘날과 전혀 다른 세계가 될 것이다. 그 이행기간 동안에는 베스트팔렌체제와 더불어 새롭게 떠오르는 체제가 함께 공존할 것이다. 국가는 여전히 비국가 행위자의 활동규칙을 정하겠지만, 그밖의 세력들도 점차 자신들의 규칙을 스스로 정해가게 될 것이다. 국가는 감당할 수 없거나 감당할 의사도 없는 문제를 해결하기 위해 기업, NGO, 국제기구들을 이용함으로써 본의 아니게 자주 국가 스스로를 약화시킬 것이다. 또한 정부가 국제기구에 대해 재정지원을 하기를 꺼려함으로써 NGO는 다자간협상의 형성에 있어 주변에서 중심부로 나아가게 되었다. 국제기구에 부족한 전문성을 NGO가 제공하기 때문이다. 그러나 적어도 한동안 이같은 이행은 세계 전체의 문제해결 능력을 오히려 약화시킬 가능성이 높다. 만일 막강한 권력과 부, 능력을 가진 국가가 덜 활동한다면 문제해결도 줄어들 수밖에 없다.

　과연 비국가 행위자의 부상이 길조인지 흉조인지는 인류가 제2차 세계대전 이후처럼 신속한 사회개혁에 착수할 수 있을 것인가에 달려 있다. 그렇게 하기 위해서 필요한 적응능력으로는 먼저 기업부문이 폭넓은 정책역할을 감당할 수 있어야 하고, NGO는 편협성을 떨치고 대규모 활동을 벌일 수 있는 능력을 갖추어야 하며, 국제기구는 국가와 시민이라는 두 주인을 효율적으로 섬길 수 있어야 하고, 무엇보다도 중요하게는 새로운 제도와 정치체가 오늘날의 초국적 문제에 걸맞은 역량을 갖출 뿐만 아니라 책임있는 민주적 공치에 대한 시민들의 요구를 충족시켜야 한다.

NGO와 인권

정의와 민주주의의 원천

피터 반 토이질

유엔에 기반을 둔 보편인권체제는 20세기에 성취된 중요한 업적 가운데 하나이다. 보편적 인권은 세계인권선언으로 성문화되었고, 정의구현과 약자보호를 향한 영감의 원천일 뿐 아니라 그것을 위한 규범적인 준거틀이 되었다. 이 글에서 필자는 정의를 민족과 주민들을 공평하게 다룬다는 뜻, 그리고 개인이 자신의 능력에 따라 사회생활에 참여할 수 있어야 한다는 의미로 규정하고자 한다.

지구화의 결과 정의에 대한 국가적 체계의 범위를 벗어나는 불의의 원천들이 증가하였다. 오늘날 행동의 현장으로부터 지리적으로나 제도적으로 멀리 떨어져 있는 세력에 의해 개인과 공동체가 큰 영향을 받고 있다. 다국적기업과 브레튼우즈기구(세계은행과 IMF)가 수백만 사람들의 생활에 지대한 영향을 미치고 있지만 이들에 대항할 만한 지역적·분산적 제도는 거의 존재하지 않는다. 마찬가지로 일국 정부의 정치적 운신의 폭도 정부의 국내활동에 영향을 줄 수 있는 국제적 세력에 의해 제한받는다.

NGO들은 권리를 보장받으려는 개인과 공동체를 대신해서 이처럼 점점

∗ Peter van Tuijl, "NGOs and Human Rights: Sources of Justice and Democracy," *Journal of International Affairs*, Vol. 52, No. 2 (Spring 1999). ⓒ1999 The Trustees of Columbia University in the City of New York.

∗∗ 피터 반 토이질: 네덜란드 Novib 수석자문위원.

확대되는 지리적·제도적 공백들을 메우기 시작했다. 특히 지난 25년 동안 NGO들은 지구적 차원의 이슈, 예를 들면 빈곤타파, 남녀평등 신장, 평화, 지속 가능한 개발, 인권 등에 대한 국제·국내 논의에 참여해왔다. 대부분의 NGO들은 이제 독자적으로 활동하지 않으며, 대신 국경을 넘나드는 정보 등의 자원을 주고받는 네트워크 속에서 일한다. 필자는 이 글에서 이러한 NGO네트워크의 조밀화와 캠페인활동의 강화를 지구적 차원의 인권집행 메커니즘의 초기 조직화로 볼 수 있을 것인가를 고찰하려고 한다. 이같은 대응은 유엔 인권기준에 조직적 집행메커니즘이 없다는 식의 전통적 비판에 응답하는 것이 될 것이다. 문제는, 점차 부상하는 지구적 공치체제 내에서 과연 NGO가 더 큰 제도적 역할을 수행할 것인가 하는 점이다.

NGO들과, 인권집행을 위해 NGO네트워크를 어떻게 조직할 것인지를 연구하게 되면 조직들 사이의 관계에 대한 본질적인 논의를 하지 않을 수 없다. 따라서 이 글은 NGO와 국민국가의 관계뿐만 아니라 NGO들 상호간의 관계에 대해서도 다룰 것이다. 그리고 NGO가 인권을 신장하는 데 얼마나 효과적인지, 그리고 어느 수준까지 이들이 책임을 질 것인지를 알아보고자 한다. 필자는 NGO가 유엔 인권체제 내에서 더욱 제도화된 지위를 얻고자 한다면 보편인권과 국제정의에 대한 정당하고 효율적인 원천이자 민주주의 혁신의 원천이 되도록 자신의 네트워크를 질적으로 더 발전시켜야 한다고 주장할 것이다.

NGO와 지구적 영역의 인권

지난 25년간 NGO는 양적으로나 종적으로나 놀라울 정도의 성장을 이루었다. 각기 추산은 다르지만 경제협력개발기구(OECD)의 NGO 편람, 유엔 개발계획(UNDP)의 인간개발보고서, 국제결사단체연감(Yearbook of International Associations)의 연구 등을 보면 NGO부문의 급증을 확인할 수 있다. 1993년 UNDP 보고서는 전세계에 약 5만개의 NGO가 있다고 했고, OECD는 24개 회원국 내에서 1980년에 1,600개이던 NGO가 1990년에는 2,500개로 늘었다고 보고했다.[1] 현재 전세계적으로 수만개의 NGO들이 갖가지 분야에 세워져 있으며, 각기 지방·국가·국제적 차원에서 활동하거나 각 차원을 넘나들며 활동하고 있다고 보면 무방할 것이다. 그러나 세계적으로 NGO의 분포는 지리적으로 큰 편차가 있다.

지구적 영역에서 NGO와 인권에 관해 쓸 때면 개념적·분석적인 지름길이 때때로 필요하다는 걸 인식하게 된다. 'NGO' 'NGO 주창활동' '시민사회' '지구화' '지구적 공치'(global governance)와 같은 용어를 둘러싼 학문적·정치적 논의에 대해 설명하다 보면 개념적 난관에 부닥친다.

필자는 애너 바킬(Anna Vakil)의 정의를 받아들여 NGO를 "약자들의 삶의 질을 향상시킬 목적을 지닌 자율적·사적·비영리 단체"[2]라고 정의할 것이다. NGO는 정부의 한 조직이 아니며 공공기관의 통제를 받지도 않는다.[3] 따라서 NGO는 "합의된 행동과 사회적 자기조직화의 가능성을 보유한, 가족과 국가 사이의 공간 또는 활동의 장"[4]인 시민사회의 일원으로서 존재한다.

지구화와 지구적 공치 역시 대단히 폭넓은 개념이다. 지구화의 효과는 불균등하며, 국민국가 권력의 침식으로 여겨지는 특정 상황에 맞추어 한정시킬 필요가 있다. 이런 정치적 현실을 인정하면서 필자는 지구화 또는 지

---

1) Leon Gordenker and Thomas G. Weiss, "Pluralizing Global Governance: Analytical Approaches and Dimensions," Leon Gordenker and Thomas G. Weiss, eds., *NGOs the UN & Global Governance*, London: Lynne Rienner Publishers 1996, 18면; Jackie Smith, "Characteristics of the Modern Transnational Social Movement Sector," Jackie Smith, Charles Chatfield and Ron Pagnucco, eds., *Transnational Social Movement and Global Politics: Solidarity Beyond the State*, Syracuse, NY: Syracuse University Press 1997.

2) Anna C. Vakil, "Confronting the Classification Problem: Toward a Taxonomy of NGOs," *World Development*, Vol. 25, No. 12 (1997) 2060면.

3) NGO의 정의에 대한 더 진전된 논의로는 Alan Fowler, *Striking a Balance: A Guide to Enhancing the Effectiveness of Non-Governmental Organisations in International Development*, London: Earthscan/INTRAC 1997, 20~28면을 보라.

4) Percy B. Lehning, "Towards a Multi-Cultural Civil Society: The Role of Social Capital and Democratic Citizenship," Amanda Bernard, Henry Helmich and Percy B. Lehning, eds., *Civil Society and International Development*, Paris: Development Center of the OECD 1998, 27~42면.

구적 공치의 의미를 "국가의 독자적인 처리능력을 넘어서는 사회·정치적 이슈들을 해결하기 위해 좀더 질서있고 신뢰할 만한 대처를 하려는 노력"[5] 으로 받아들인다(필자는 이 맥락에서 '지구화'와 '지구적 공치'를 동일한 의미로 쓰고 있다―엮은이).

또한 필자는 인권이 시민적·정치적 권리일 뿐 아니라, 폭넓은 경제적· 사회적·문화적 권리라고 보는 견지에서 인권에 대해 논하고자 한다.[6] 이 두 가지 종류의 권리를 굳이 분리시킨다면 NGO의 현실을 무시하는 것이 된다. 활동의 차원에서 볼 때 NGO는 시민적 자유를 규정하고 행사할 기회 를 제공하는 만큼이나 물질적·경제적 향상의 기회를 제공하는 활동에 참 여하고 있기 때문이다. 개별 NGO들은 종종 이 두 가지 중 어느 한쪽 권리 와 더 많이 관련되는 특정 활동을 하지만, 인권의 불가분성과 상호의존성 의 원칙을 확인하고 강화하는 노력을 해온 것 또한 사실이다. 실제로 1993 년 빈 세계인권대회에서 "한가지 권리를 위해 다른 권리를 희생시킬 수는 없다"[7]는 원칙이 재확인된 데에는 NGO들의 역할이 컸다.

국제인권체제 확립에 대한 NGO의 기여

유엔 인권체제를 확립하고 확대하는 데에는 NGO가 역사적으로 중요한 역할을 했다. 실제로 1945년 쌘프란씨스코 유엔 창립총회 당시 미국 대표 단에 NGO '자문역'들이 동반했기 때문에 유엔헌장에 인권조항이 포함될 수 있었다.[8] 1948년 세계인권선언이 채택된 이래 NGO는 유엔 인권체제를

---

5) 지구화의 결과 몇몇 국가는 강해진 반면 다른 국가는 약해졌다고 할 수 있다. 이 글에 쓰 인 지구적 공치의 정의에 관해서는 Gordenker and Weiss, eds., 앞의 책 17면 참조.

6) 이같은 내용은 David Beetham, "Human Rights as a Model for Cosmopolitan Democracy," Daniele Archibugi, David Held and Martin Köhler, eds., Re-imagining Political Community: Studies in Cosmopolitan Democracy, Cambridge, England: Polity Press 1998, 58~59면에서 따왔다.

7) Our Voice: Bangkok NGO Declaration on Human Rights, Reports of the Asia Pacific NGO Conference on Human Rights and NGOs Statements to the Regional Asia Meeting, Bangkok: Asia Cultural Forum on Development 1993, 200면.

강화하기 위해 지속적으로 노력해왔고, 1979년 여성차별금지협약과 1989년 어린이·청소년 보호조약 등 여러 유엔 협정과 조약의 성안과정에 영향력을 행사하는 데 성공했다. 종종 NGO는 인권유린에 대한 유엔의 대응을 구체화하기 위한 새로운 제도적 조치들을 앞장서서 제안해냈다. 정치적 실종사건 조사전담 유엔 전문기구, 자의적 구금에 관한 실무협의위원회, 전문적 조사를 담당하는 특별보고관(현재 세계인권선언 9개 분야의 특별보고관이 있음[9]) 제도, 그리고 유엔 인권고등판무관 같은 기구의 창설과정에서 NGO의 영향력은 분명하다.

유엔 인권체제의 발전과정에 있어 NGO의 지원활동은 세 가지 기능, 즉 기준설정, 감시, 수행으로 요약될 수 있다. NGO의 이같은 기능은 유엔중심적인 시각에서 최근에는 더욱 폭넓은 범위의 국제단체들과 초국적 민간부문을 포함하는 NGO 중심으로 확대되고 있다. 이 중에서도 세계의 후미진 지역과 정치적 탄압국가의 인권상황을 밝히는 데 필요한 정보를 꾸준히 수집해온 것이 NGO활동의 가장 중요한 점일지도 모른다. 인권침해는 지방·국가·국제적 통치체제와 사법권의 균열지점에서 벌어지기 때문이다. NGO는 국제 인권기준을 거론함으로써 이런 균열을 메우려고 노력한다.

최근 들어 NGO는 여타 국제기구에 있어서도 비슷한 기능을 수행해왔다. 1993년 9월 설치된 세계은행의 내부감사 패널은 세계은행이 재정지원한 프로젝트의 영향을 받은 집단이 세계은행이 그 자체의 정책과 절차를 위반했다고 이의를 제기할 경우 그것을 조사하기 위해 설립한 새로운 기구의 중요한 사례이다.[10] NGO가 세계은행과 그 정치적 후원세력에 압력을 행사하여 설립된 이 패널은 그 이후 5년간 세계은행의 활동을 자체적으로

---

8) Felice D. Gaer, "Reality Check: Human Rights NGOs Confront Governments at the UN," Gordenker and Weiss, eds., 앞의 책 51~56면.

9) 즉결처형, 고문, 종교적 불관용, 표현의 자유, 여성에 대한 폭력, 아동매매, 사법부 독립, 강제이주, 인종주의의 현대적 형태에 관한 유엔 특별보고관이 있다.

10) 필자는 세계은행이 유엔체제의 일부(이른바 특별기구)로 창설되었다는 공식적 주장이 가능하나는 것을 깨달았다. 그러나 실제로 세계은행은 유엔과는 별개의 기구로 활동하며, 지구적 공치를 논할 때는 분명히 구별되어야 한다.

감시해왔다.[11] 감사패널의 설치규정에는 아주 포괄적인 인권 개념이 들어 있어서 세계은행의 행동 또는 비행동에 의해 영향을 받은 사람들이 참여하고 청원할 수 있도록 되어 있다. 더욱이 패널의 규정은 사회·경제·환경 기준에 대해 언급한다. 요컨대 NGO는 기본적으로 유엔 인권원칙에 의거해서 전략을 수립하지만, 특정 지방 또는 지역의 현실이 국제적인 정책이나 의사결정 과정——세계은행의 대부이든 아니면 나이지리아의 셸 정유회사처럼 개발도상국에서의 다국적기업의 활동이든——과 연관된 상황에서는 변화를 주창하기도 한다.

상호의존성이 증대됨에 따라 NGO는 그들 자신을 시험할 조직적인 출구가 당장은 없다 해도 인권기준을 도입하거나 그것을 집행하자고 촉구해야 할 상황이다. 지구화의 영향 때문에 세계은행의 차관을 도입하거나 다국적기업의 대규모 투자를 유치하려는 정부는 흔히 자국의 시민사회가 지닌 정치적 공간을 훼손하면서 기본적 자유를 유린하곤 한다.

그러한 갈등상황이 오면 시민사회 내에서는 정치적 공간을 확보하기 위한 투쟁이 벌어진다. 바로 이러한 공간이 비국가 행위자가 국가에 대해 독자적으로 행동을 취하게 되는 무대이다.[12] 물론 NGO만이 갈등상황의 영향을 받는 것은 아니지만 NGO는 시민사회의 지구화 과정 선두에 서는 경향이 있으므로 이런 논의의 핵심위치에 있다고 보아야 한다. 오늘날 NGO는 유연한 연대관계를 이용해 이런 과정에서 조직화된 대응을 해낼 수 있다.

---

11) 오늘날 NGO는 민간부문을 다루는 국제금융공사(IFC)와 국제투자보증기구(MIGA) 같은 세계은행 그룹의 모든 부분에 대한 패널 설치규정의 범위에 로비를 한다. 게다가 지역 개발은행에 대한 비슷한 감사 메커니즘이 개발되고 있다. NGO 관점에서 세계은행 감사 패널의 역사를 개괄한 것으로는 Lori Udall, *The World Bank Inspection Panel: A Three Year Review*, Washington, DC: Bank Information Center 1997을 보라. 세계은행의 일반 권고에 대한 조망으로는 Ibrahim F. I. Shihata, *The World Bank Inspection Panel*, New York: Oxford University Press 1994를 보라.

12) James V. Riker, "Contending Perspectives for Interpreting Government-NGO Relations in South and Southeast Asia: Constraints, Challenges and the Search for Common Ground in Rural Development," Noleen Hyzer, James V. Riker and Antonio B. Quizon, eds., *Government-NGO Relations in Asia: Prospects and Challenges for People-Centered Development*, London: MacMillan Press 1995, 23면.

전통적 구분이 흐려지는 NGO영역

NGO를 개념적으로 구분할 때 흔히 활동의 차원, 기능, 실제적인 지향점에 따라 나눈다. 예를 들어 환경, 성차별, 평화, 인권, 빈곤, 개발 등의 이슈로 구분할 수 있다. 인권NGO의 일차 목적은 "인권에 관한 각국 정부의 행동, 특히 인권침해를 감시·보고하고 인권침해를 종식시키고 해당 정부의 책임을 추궁하기 위해 압력을 행사하며 국제적 기구를 창출하는 것"[13]이다. 여성운동, 환경운동, 인권운동 같은 과도기적 운동도 지향하는 이슈로 구분이 된다. 하지만 이런 식의 구분은 점차 흐려지고 있다. 예를 들어 인권 신장이라는 넓은 목표 아래에서 인권문제를 주로 다루는 단체가 있는가 하면 빈곤이나 사회개발 이슈를 다루는 단체도 있다.

NGO 지향이슈 구분이 흐려지는 현상은 환경NGO와 인권NGO 간의 상호작용을 보면 가장 잘 드러난다. 전세계적으로 수많은 국제회의, 연대활동 등을 통해 이 두 조직들이 서로 만나 함께 일한 결과 이들간의 상호작용이 상당히 밀접해졌다.[14] 인권NGO는 환경단체들로부터 국가의 행동에 덜 의존해도 되며 또한 정부간기구를 통한 활동을 줄여도 된다는 사실을 배울 수 있었다고 할 수 있다.[15] 마찬가지로 개발NGO는 여성의 권리와 관련된 단체들로부터 교육이나 보건 프로그램에 성차별문제 분석을 포함시키는 방법을 배울 수 있었다. 변화하는 제휴관계에 있어 인권은 흔히 문제의 분석과 행동의 공통분모를 확인하는 노력의 중심이 된다. NGO의 상호의존적 경향 덕분에 더 새롭고 효과적인 NGO간의 기술공유가 이루어졌다.

---

13) Gaer, 앞의 글 56면.

14) 지난 6년간 연이은 세계 유엔회의에서의 NGO 대화패널은 잘 알려져 있다──리우(환경), 빈(인권), 코펜하겐(사회개발), 뻬이징(여성), 카이로(인구 및 보건), 로마(식량), 이스탄불(주거). 그외에 세계은행/IMF의 연례회동과 WTO 및 G7 회의에 맞추어 인권, 환경 등의 이슈지향형 NGO 및 '대안적 경제정상회담'(TOES)이라는 자신들의 회의를 열었다. APEC과 ASEM에 연관된 NGO회의들도 열렸다. 지역적 기반의 NGO네트워크는 너무 많아 열거할 수도 없다.

15) Ann Marie Clark, "Non-Governmental Organizations and their Influence on International Society," *Journal of International Affairs*, Vol. 48, No. 2 (1995) 509~10면.

'현장활동'NGO와 '주창활동'NGO로 나누는 방법도 있다.[16] 현장활동
NGO가 전형적으로 교육·보건·음용수·재난구호와 같은 사회써비스를 제
공하는 반면, 주창활동NGO는 주로 권력기관의 복도에서 활동하는 단체들
로 정부와 국제기구를 상대로 로비활동을 벌인다. 이런 접근은 한편으로
사회적·경제적·문화적 권리와 다른 한편으로 시민적·정치적 권리를 암묵
적으로 구분하는 것이다. 또한 이것은 정치적 권리보다 경제적 권리를 우
선시하며 NGO의 주창활동을 경시하는 개발에 대한 시각을 드러낸다.[17] 하
지만 일반적 인권의 관점에서 보면 현장활동NGO의 활약 역시 예컨대 유
럽부흥개발은행(EBRD)이 후원하는 동구권지역 프로젝트에 대한 주민참
여를 고려하도록 EBRD 총재에게 로비하는 것과 마찬가지로 보편인권의
신장을 구체화한다.

지방 수준에서 활동하건 세계 수준 또는 중간 수준에서 활동하건 오늘날
많은 현장활동NGO들은 의식적으로 주창활동을 수용한다. 서아프리카에
서 활동하는 지역NGO들이 개최한 한 쎄미나는 "개발이 단순히 경제성장
의 문제가 아니라 정치적 과정임을 NGO들이 명백하게 인식하기 시작했
다"고 결론내렸다.[18] 예를 들어 방글라데시 최대의 NGO 가운데 하나인 프
로시카(Proshika)는 사회써비스를 제공하는 역할에 덧붙여 자기 단체와
국내 다른 NGO의 활동을 촉진하기 위해 별도의 주창활동기구를 설립했
다. 개발정책 분석 및 주창 연구소(IDPAA)는 1994년 설립된 이래 정책연
구, 교육, 주창활동, 출판활동 등을 벌여왔다.[19] 경제·사회 개발을 지지하는

---

16) Gordenker and Weiss, eds., 앞의 책 37~40면.

17) 이같은 주장을 정교화한 것으로는 Lisa Jordan and Peter van Tuijl, "Political Responsibility in
NGO Advocacy: Exploring Emerging Shapes of Global Governance," 미간행 원고, Washington,
DC and The Hague: Bank Information Center and Novib, 1998년 4월, 6면을 보라.
http://www.oneworld.org/euforic/novib/novib1.htm(1999년 2월 10일)에서도 찾아볼 수 있다.

18) Associacao Tiniguena, Atelier sous-Régional, *L'Education au Développement dans le
Processus de Transformation en Afrique*, Bissau, Guinea-Bissau: Associacao Tiniguena
1995, 171면.

19) Proshika, Institute for Development Policy Analysis and Advocacy(IDPAA), *Advocacy
for Eradication of Poverty and Promotion of Sustainable Development: An Update of
Endeavors: July 1994 to December 1996*, Dhaka, Bangladesh: IDPAA, 1997년 1월.

11개 단체의 연합체인 국제 옥스팸(Oxfam International) 역시 공동 주창 활동을 강화하기로 하고 워싱턴에 사무실을 열었다.[20] 세계 최대의 현장활동NGO 가운데 하나인 선명회(World Vision)의 정책연구 부서는 선명회와 그 협력단체들의 주창활동에 관해 지속적인 토론을 하고 있다.[21] 이처럼 주창활동과 현장활동이 실은 동전의 양면임이 점차 명백해지면서 개발NGO와 마찬가지로 인권NGO도 더이상 '인권주창' 또는 '인권실행' 활동 중 한가지만 한다고 볼 수는 없게 되었다.

현장활동과 주창활동을 구분하는 것 또한 문제가 있는데, 왜냐하면 NGO 주창활동이 현장의 활동경험에 의존하는 현실을 무시하기 때문이다. 현장활동은 흔히——네트워크를 통해——주창활동NGO로 이전됨에 따라 두 활동 사이에는 분석적인 연계가 설정되며, 정보의 전달이 활동개시의 분석지점이 되게 한다.

NGO를 활동의 차원에 따라 구분할 수도 있다. 가장 일반적인 구분은 국제적·국가적·지방적·공동체적 차원으로 가르는 것이다.[22] 이것은 단체가 활동하는 서로 다른 지리적·제도적 공간을 고려한 접근법이며, 사회·경제·정치적 문화간의 중요한 차이들 역시 포괄한다. 이런 구분이 쓸모있고 유효하긴 하지만 NGO공동체에서는 활동차원을 뛰어넘어서 NGO들이 서로

---

20) 옥스팸의 회원단체는 다음과 같다. 영국 옥스팸, 미국 옥스팸, 홍콩 옥스팸, 아일랜드 옥스팸, 해외지역사회원조협회-오스트레일리아 옥스팸, 뉴질랜드 옥스팸, 퀘벡 옥스팸, 캐나다 옥스팸, 벨기에 옥스팸, 인떼르몬(에스빠냐), Novib(네덜란드).

21) World Vision, "African Voices on Advocacy," Discussion Papers No. 4, Milton Keynes, England: World Vision U.K., 1997년 봄; "Transnational NGOs and Advocacy," Discussion Papers No. 5, Milton Keynes, England: World Vision U.K., 1997년 여름. 어떻게 선명회가 기부정책을 비판하고 그에 대해 영향력을 행사하려는 시도와 실제로 재정지원을 받아들이는 것을 절충하려고 애쓰는지에 대한 내부 정리로는 Steven Commins, "World Vision International and Donors: Too Close for Comfort?," David Hulme and Michael Edwards, eds., *NGOs, States and Donors: Too Close for Comfort?*, London: Macmillan Press 1997, 140~55면을 보라.

22) 바킬은 지역NGO, 즉 제3세계 전지역을 위해 활동하는 NGO를 네번째 유형에 포함시키자고 제안했다. Vakil, 앞의 글 2063~64면. 필자는 이 범주를 사용하지 않을 것인데, 왜냐하면 이것이 이 글에서 개진하고자 하는 논점에 실질적으로 덧붙이는 내용이 없기 때문이다.

협력해야 한다는 인식이 점점 더 커지고 있다. 이 때문에 이런 간격을 연결할 실현 가능한 효과적인 메커니즘을 대표하는 초국적 NGO네트워크가 증가하고 있는 것이다.

지구화가 국제적 NGO들에 미치는 영향

앰네스티 인터내셔널이나 세계인권감시기구(Human Rights Watch) 같은 국제적 NGO들은[23] 어느정도 지구화의 영향을 받은 탓에 최근 다른 NGO들이, 특히 개발도상국에서 일하는 지방 수준의 NGO들이 쉽게 접근할 수 있도록 자기네 조직구조를 변경했다. 두 단체는 다른 NGO들과 효과적인 연대결성을 촉진하기 위해 주제별 이슈에 따라 연구활동에 기초해 캠페인 부서를 재정비했다. 세계인권감시기구는 1995년부터 NGO 연락책임자를 임명했고, 앰네스티 인터내셔널은 각 부서별로 한명씩 외부 NGO 접촉담당자를 두기 시작했다.[24] 앰네스티 인터내셔널이 이같은 변신을 추구한 이유는 이 당시 너무 시민적·정치적 권리에만 치중하고 있었음을 깨달았기 때문이다.

지구화의 부정적인 영향에도 불구하고 각국 정부는 자국민을 보호하지 못하고 있다. 경제발전이라는 명목으로 사람들이 무시당하고 고문받고 죽임을 당할 때마다, 경제적 권리가 기타 인권으로부터 분리되지 않음을 보장해야 하는 과제가 제기된다.[25]

국제적 NGO들은 더이상 단일주체로는 활동할 수 없고, 자신의 활동이

23) Louis Kriesberg, "Social Movements and Global Transformation," Smith, Chatfield and Pagnucco, eds., 앞의 책 12면.

24) 이 정보는 Sidney Jones(세계인권감시기구)와 Rolando B. Modina(앰네스티 인터내셔널)로부터 제공받았다. Amnesty International, *Statement of Aims: Amnesty International and Cooperation with Other Non Governmental Organizations and Human Rights Actors*, London: Amnesty International 1996.

25) Amnesty International, *Annual Report 1998*, London: Amnesty International 1998, 19면.

인권과 국제정의라는 포괄적인 개념을 지지하는 더 넓은 운동의 일부라는 식으로 생각하고 행동해야 한다는 점을 인식하기 시작한 것이다. 그러나 어떤 차원에서 활동하든 NGO들의 행동반경은 대체로 그 나라의 정권이 NGO의 활동을 제도적으로 보장하는지 혹은 존재 자체를 불허하는 것은 아닌지의 여부에 따라 결정된다.[26]

시민사회의 경쟁적 공간에서의 NGO와 국가

지구화의 영향으로 국가와 NGO 간의 취약한 관계가 강화되고 있다. 국가는 인권정책을 수행하기 위한 필수적인 기구이긴 하지만 주요 인권침해자 혹은 침해의 공모자이기도 하다.[27] NGO–정부 관계는 이 분야의 한 책 제목이 잘 말해주듯이 "생명의 원천일 수도, 죽음의 키스일 수도" 있다.[28]

일반적으로 인권NGO들은 인권에 관한 상세한 정보와 해외연락망을 갖고 있고 국내외 정부에 압력을 가할 여러가지 전략적 방법을 터득하고 있게 마련이다. NGO들은 지방단체들에 재정지원을 하고, 다양한 캠페인 방법을 제안하며, 얻기 힘든 정보를 제공함으로써 그들의 목소리에 힘을 실어줄 수 있다. 더욱이 NGO들은 유엔이나 세계은행 회의와 같은 곳에서, 또는 국제 미디어를 통해, 또는 심지어 다국적기업의 회의실에서 각국 정부의 실정(失政)을 국제적으로 폭로할 수 있다. 이들은 정보나 정당성을 이용할 수 있고 때로는 특정 사건에 지방NGO의 대표자를 참석시킬 수도 있다. 이렇게 국내 전략과 국제 전략을 결합함으로써 NGO들은 대개의 경우 적절하게 압력을 가할 수 있게 된다.

이처럼 영향력이 늘어나는 NGO를 상대하기 위해 정부는 비교적 통제가 수월한 국내에 주로 초점을 맞추는 접근방식을 취한다. NGO가 정부에 대해 '옳은일' 예컨대 사법부 독립, 조직범죄 방지, 사회복지 예산확보, 노사

---

26) Beetham, 앞의 글 64면.
27) 같은 글 58면.
28) Rajesh Tandon, *NGO-Government Relations: A Source of Life or a Kiss of Death?*, New Delhi: Society for Participatory Research in Asia 1989.

관계법 제정, 환경오염 규제 등을 하라고 촉구할 필요가 있는 반면, 정부는 시민사회 특히 NGO에게 어떤 종류의 활동공간을 보장할 것인가를 결정해야 한다. 그 결과 NGO에 관한 법규의 개발과 집행을 놓고 열띤 토론이 벌어지는 나라가 많다. 지난 2년 동안만 해도 알바니아, 브라질, 이집트, 일본, 몽골, 파키스탄, 우간다에서 NGO관련 법규의 개정안이 제출되었다.[29]

지구화로 인해 집회, 결사, 표현의 자유를 어떻게 해석하고 실천할 것인지에 관한 논의가 새롭게 일고 있다. 국경을 초월하여 이런 자유의 중요성이 늘어나는 형편이다. 인터넷상 표현의 자유를 둘러싼 공방을 보면 NGO가 (해외 연계망을 통해) 특정 정부의 이미지나 행동에 대해 미칠 수 있는 영향력을 규제하거나 최소한 감시할 통제권을 늘리기를 정부가 얼마나 원하는지 알 수 있다.

그러한 통제를 위해서 정부는 NGO활동을 제한하고 방해하고 금지할 갖가지 수단을 사용한다. 정부는 합법·비합법 수단을 가리지 않고 NGO의 국내활동을 막거나 활동가들을 협박하고 구속함으로써 NGO와 그 활동의 신뢰도와 정당성에 도전한다. 또한 인권을 무시하거나 유린하는 정부일수록 NGO를 탄압하거나 그 존재 권리를 부정함으로써 NGO를 통제하려는

---

29) Sevim Arbana, "About the law on NGOs working in social and employment, services," Albanian NGO Forum bulletin (Tirana, Albania: Albanian NGO Forum), 1997년 6월 6일, 3~5면; Conselho da Comunidade Solidária, *Marco Legal do Terceiro Setor: Continuacáo da Sexta Rodada de Interlocucáo Polftica do Conselho da Comunidade Solidaria*, Brasília, Brazil: Granja do Too, 1998년 5월 4일; Human Rights Watch/Middle East Press Release, "Proposed New Law Threatens Independent Organizations in Egypt," Human Rights Watch, 1998년 6월 9일; Forum for the Promotion of Civil Society, "Final Statement, Second Seminar," Cairo, 1998년 10월 23~24일; Akira Matsuvbara, "Japan's New NPO Law: A Guarantee of Democracy?," *AMPO: Japan Asia Quarterly Review*, Vol. 28, No. 3 (1998) 6~7면; Laurie S. Wiseberg, "Mongolia's New NGO Law: A Society in Transition," *Human Rights Tribune*, No. 1 (1997) 15~16면; Khawar Mumtaz, "NGOs in Pakistan: An Overview," Tariq Banuri, Shahrukh Rafi Khan and Mouzam Mahmood, eds., *Just Development: Beyond Adjustment with a Human Face*, Karachi, Pakistan: Oxford University Press 1997, 187~88면; Roger Ridell, Zie Gariyo and Hope Mwesigye, *Review of National Policy on Non-Governmental Organizations for Uganda*, Kampala, Uganda: United Nations Development Programme, 1998년 8월.

경향을 보인다. 중국처럼 국가가 독자적인 NGO활동을 금지하는 경우 정치적으로 민감한 NGO활동은 흔히 좀더 비공식적인 방법으로 물러섬으로써 확보될 수 있다. 예를 들어 초보적 형태의 조직적·개인적 활동으로 인권침해나 환경훼손에 관한 정보를 얻을 수밖에 없는 것이다.[30]

그같은 정부의 탄압에 맞서 NGO들은 자기 조직의 구조를 바꾸고 법·정치 체제와 적당한 관계를 유지해서 살아남는 방법을 터득해왔다. 이집트의 NGO들은 이집트의 일반회사법에 따라 비영리기업으로 등록해서 까다로운 법적 제약을 피할 수 있었다. 그래서 이집트의 인권NGO는 거의 모두 '민간회사'로 등록되어 있다. 인도네시아의 NGO는 대중단체 설립에 관한 법적 제한을 받지 않기 위해 대부분 재단으로 등록되어 있다. 오랜 법적·관료적 절차를 통해 불명확한 제도적 공간을 겨우 확보해서 존재하고 활동하는 NGO도 있다. 앰네스티 말레이시아지부는 현재 5년째 법적 등록을 기다리고 있는 상태이다. 그럼에도 불구하고 이 단체는 법적 등록을 신청한 이후 지금까지 제도상의 불명확한 회색지대에서 실정법을 어기지 않으면서 활동중이다.[31]

NGO들간의 연대구축이 정부의 간섭에 맞서는 효과적인 수단이 되어왔다. 몇몇 경우 NGO들은 합의를 도출하고 당국에 맞서 공동전선을 펴기 위해 전국적인 NGO 연대나 네트워크를 형성하는 쪽을 택했다. 이와 달리 통제에 혈안이 된 당국의 목표물이 되는 것을 피하기 위해 중앙집중화된 연대를 피하는 쪽을 택하는 경우도 있다. 단일조직하에 여러 개별 단체들이 소속되는 식의 흥미로운 연대구축이 벌어지기도 한다. 뚜르끄메니스딴에는 NGO가 단 두개밖에 없다. 하나는 과거 소련 치하에서 아주 오랫동안 점진적 행정절차를 거쳐 등록이 되었고, 다른 하나는 소련 붕괴 후 잠깐 동

---

30) '중국의 인권'(Human Rights in China)의 말을 빌리면 최근 중국정부는 "결사의 자유를 무효화할" 새 법안을 통과시켰다. Human Rights in China, *Bound and gagged: freedom of association in China further curtailed under new regulations*, Hong Kong: Human Rights in China, 1998년 11월 13일.

31) S. Jayasankaran, "Malaysia Watch It, NGOs Fear Government Crackdown," *Far Eastern Economic Review*, 1997년 1월 30일, 20면.

안의 정치적 해빙기를 틈타 등록할 수 있었다. 싸빠르무라뜨 니아조프 (Saparmurat Niazov) 대통령 정부는 그 이후 NGO와 시민사회의 역할에 억압적인 태도로 일관했다. 그 결과 NGO류의 활동을 시작하려는 사람은 공식적 등록은 엄두도 못 내고 대신 약간의 독립성을 지닌 두개 단체 중 어느 하나의 산하단체로 가맹하는 편법을 쓴다.[32]

국제기구들도 NGO의 활동공간에 대해 고려한다. 그러나 NGO관련 법규에 관한 세계은행 편람의 초안을 보면 지구적 공치 안에서 NGO의 역할을 정의하려는 시도가 초래하는 혼란들을 여실히 드러낸다. 1996년 초부터 세계은행은 NGO법규와 관련해서 정부-NGO 관계를 촉진시키기 위한 편람을 제작하려고 노력해왔다. 그러나 NGO들은 세계은행이 결사의 자유를 과도하게 제한하려 한다고 크게 반발했었다. 그뿐 아니라 민감하고 어려운 사안인 시민사회의 조직방법에 관해 각국 정부에 조언하는 것이 세계은행의 적절한 역할인 것 같지는 않다.[33]

책무성과 사회써비스의 제공

정치적 활동공간이 넓고 탄압이 적은 나라에서 시민사회 내 NGO의 활동공간을 제한하기 위해 정부가 가장 자주 쓰는 방법은 NGO들을 사회써비스 제공자 범주에 집어넣는 것이다. 이는 개발도상국에서도 흔히 쓰는 방법이며 세계은행, IMF 등의 주요 원조기구가 선호하는 방법이기도 하다.

---

32) 필자가 아는 바로는 뚜르끄메니스딴의 사례를 기록한 문서는 아직 없다. 이 정보는 Heather L. Carlisle와 Yuri Skochilov로부터 얻었다.

33) World Bank, "Handbook on Good Practices for Laws Relating to Non-Governmental Organizations," discussion draft, Washington, DC: World Bank, 1997년 5월; Lawyers Committee for Human Rights, "The World Bank, NGOs and Freedom of Association: A Critique of the World Bank's Draft," *Handbook on Good Practices for Laws relating to Non-Governmental Organizations*, New York: Lawyers Committee for Human Rights, 1997년 11월; Three Freedoms Project (representing NGOs from seven Asian countries and territories), Letter to James D. Wolfensohn, president of the World Bank, Bangkok: Union for Civil Liberties, 1998년 10월 1일.

정부는 이런 분류를 정치적으로 이용해서 만일 NGO가 시민적·정치적 권리를 거론하는 경우 이들이 자기 영역을 뛰어넘어 월권행위를 한다고 비난하곤 한다. 극단적인 경우 NGO가 정치적 반대세력과 같은 편이라고 여겨질 수도 있다. 정부의 이같은 태도의 배경에는 국가의 개입 축소와 공공써비스의 민간단체 이관(예컨대 극빈층 구호를 민간에 위탁하는 것)을 옹호하는 개발이론도 한몫을 했다. 이런 경향은 정부-NGO 관계를 집중화·획일화하려는 정책과 맥을 같이한다.[34] 이 방식은 공식적인 기부금의 흐름을 늘린다는 점에서 NGO들이 선호하지만, 이 역시 그들이 써비스를 제공하는 국민에 대한 책무성(accountability, 사람을 대상으로 한 의무라는 점에서 단순한 responsibility와 구분됨―엮은이)이라는 새로운 문제를 야기시켰다.

따라서 NGO가 성공적으로 사회써비스 제공 역할을 확대했을 경우 새로운 문제가 발생했다. NGO가 자신의 원래 활동목적에 충실할 것인가, 아니면 사회써비스 부문에서 국가가 손을 뗌에 따라 생긴 공백을 메우는 역할에 만족할 것인가를 놓고 선택해야 하는 것이다. 이러한 선택의 대가는 NGO가 자신의 책무성과 조직구조에 적합하지 않은 업무를 수행하는 것이거나, 정부 및 국민과의 사이에서 잠재적으로 어려운 정치적 상황을 초래하는 것이 된다. 방글라데시 같은 곳에서는 일부 NGO가 초등교육, 소액대출, 일차 보건의료 등의 써비스를 제공하여 공공기능 또는 국가기능을 실질적으로 대체하고 있다. 그러나 "써비스를 직접 제공받는 사람에 대해서가 아니라 기껏해야 국가에 대해서만 책임을 지려고 하는 비국가단체에게 보편적 사회써비스 제공을 위임"[35]하는 경우, 활동대상국 시민들의 정치적 권리의 의미에 관해 진지하게 고려하는 NGO는 거의 없는 실정이다. 따

---

34) 세계은행은 1993년 카메룬과 꼬뜨디부아르에 대한 연구를 필두로 정부-NGO 관계에 대한 일련의 연구물을 발간하기 시작했다. 이 모든 문서들은 일국 차원의 NGO포럼을 창설하고 NGO와의 관계를 관리할 책임은 한 정부의 한 부서가 책임지도록 하라고 권고한다. 흥미롭게도 세계은행은 정부-NGO 관계가 적대적인 나라(이집트나 인도네시아 같은)에 대해서는 이같은 연구를 완성짓지 못했다.

35) Geof Wood, "States without Citizens. The Problem of the Franchise State," Hulme and Edwards, eds., 앞의 책 81면.

라서 기본적 사회써비스를 제공하는 NGO들은 투명성과 책무성을 가져야
할 필요가 있다. NGO는 정부에 대해 활동과 정책결정 과정에 관한 정보공
개를 요구하는 것과 마찬가지로 자신의 활동과 정책결정 과정도 대중에게
공개해야 한다. NGO가 공공부문의 기능을 담당한다면 공적 감시의 대상
이 되어야 한다.

　NGO가 봉사대상자들에 대해 그 책무성을 높일 수 있는 방법에 대한 현
장조사는 많지 않지만 관련된 문헌은 증가하고 있다. 이 중에는 NGO의 운
영구조를 개방하여 지역사회의 대표를 집행부서에 임명하자는 견해도 있
다.[36] 투명성을 높이고 자체 행동강령을 마련하려는 NGO가 갈수록 늘어나
고 있다. 이론적으로 이러한 행동강령은 단일 NGO가 만들 수도 있고 같은
나라 또는 같은 분야에서 일하는 NGO들이 함께 만들 수도 있다.[37] 그러나
현실적으로 자율규제 감시를 받지 않는 한 '종이호랑이'에 불과하다.[38] 결과
적으로 NGO활동의 평가에 지역공동체나 지역공동체에 기반한 단체를 참
여시키려는 시도들이 있었다.[39] 이것과 관련해서 일종의 사회적 감사제도를
도입하려는 노력도 있다.[40] 마지막으로, 책무성을 늘리기 위해 여러 종류의

---

36) Rajesh Tandon, "'Board Games': Governance and Accountability in NGOs," Hulme
　　and Edwards, eds., *Non-Governmental Organizations-Performance and Accountability*,
　　London: Earthscan Publications 1995, 41~49면.
37) 개별 NGO로 행동강령을 제일 먼저 마련한 단체는 적십자이다. 개발NGO들 가운데 이런
　　초기 사례들은 "Code of Ethis for Social Development Organizations," *Lokniti: The
　　Journal of the Asian NGO Coalition*, 1991년 6월, 29~31면에서 찾아볼 수 있다.
38) NGO 행동강령 또한 국제 인권기준에 비추어 각기 검사해야 한다고 주장할 수 있다. 국제
　　노동기구(ILO)는 사적 영리 부문이 국제 노동권기준을 지키는지 알고자 이 부문의 행동강령
　　을 조사하기 시작했다. 유엔 인권고등판무관의 기술원조 프로그램과 같은 유엔기구들도
　　NGO의 행동강령을 분석하고자 할 것이다. 이것은 유엔이 NGO부문에 기준을 마련해주는
　　뒤틀린 역사가 될 것이다.
39) Parmesh Shah and Meera Kaul Shah, "Participatory Methods for Increasing NGO
　　Accountability," Hulme and Edwards, eds., 앞의 책 183~91면.
40) The New Economics Foundation, *Social Audit 1993~94*, London: The New
　　Economics Foundation 1994; Simon Zadek and Murdoch Gatward, "Transforming the
　　Transnational NGOs: Social Auditing or Bust?," Edwards and Hulme, eds., 앞의 책 193
　　~205면. 미래에는 NGO활동의 혜택에 대한 투표권 설정을 포함해서 사회적 감사제도가 더
　　발전하리라는 Zadek의 낙관적 견해는 Simon Zadek, "Looking Bank from 2010," David

고충처리제도 또는 옴부즈만 유형의 기능을 도입하는 방안도 검토중이다.[41]

사회써비스를 제공하는 NGO와 관련해서 두 가지 경향이 대두되는 것 같다. 몇몇 NGO는 국가에 흡수되어 '자율적' 또는 '민영적' 특성을 버리고 반관영단체화하기도 한다. 이것은 정부의 분산화정책과 관련된 것으로, 파키스탄의 농촌지원 프로젝트 또는 서아프리카의 일부 NGO들에서 일어나고 있다.[42] 또다른 경향으로는 주창활동과 포괄적 인권 개념을 받아들이기로 한 NGO도 있다. 방글라데시의 프로시카가 이러한 사례에 속한다. 이러한 상황에서 출현한 NGO-정부 관계는, '비판적 협력'(협력을 강조)부터 '지속 가능한 대립'(대립을 강조)에 이르기까지 스펙트럼상의 갈등과 협력의 요소들을 구체적으로 드러내게 된다.[43] 아마 가장 긍정적이고 생산적인 NGO-정부 관계는 위의 두 극단 사이에 생긴 정치적 공간 내에서 이루어질 것이다.

정부가 없는 곳에서

나라에 따라서는 정부가 미약하거나 아예 존재하지 않기 때문에 NGO-정부 관계를 규정하기가 매우 어려운 경우도 있다. 규범적으로 말하자면

Sogge, Kees Bickart and John Saxby, eds., *Compassion & Calculation: The Business of Private Foreign Aid*, London: Pluto Press 1996, 24~35면에서 찾아볼 수 있다.

41) Alan Fowler and Kamal Malhotra, "An NGO Ombudsman: A new way of enhancing development alliances in a fast globalising world," 미간행 토론문건, Bangkok: Focus on the Global South, 1997년 5월.

42) Omar Asghar Khan, *Layers of Accountability: Some Thoughts in Advocacy Development Network, Accountability and Legitimacy of NGOs in Pakistan*, Islamabad, Pakistan: Sungi Development Foundation 1997, 7~9면.

43) '비판적 협력'이란 용어는 NGO-세계은행 관계란 맥락에서 Jane Covey가 도입한 것이다. Jane G. Covey, "Critical Cooperation? Influencing the World Bank through Policy Dialogue and Operational Cooperation," Jonathan A. Fox and L. David Brown, eds., *The Struggle for Accountability: The World Bank, NGOs, and Grassroots Movements*, Boston: MIT Press 1988, 81~119면. '지속 가능한 대립'이란 용어는 1980년대 후반 필자가 도입했다. Peter van Tuijl, "Advocacy Review 1989," Jakarta, Indonesia and The Hague: International NGO Forum on Indonesia, 1989년 9월.

인권을 보장하기 위해서는 국가가 제공한 사법체제와 통제체제가 필요하다. 그러나 국가기구나 국가의 권위가 수도권과 주요 경제·군사적 이해관계 영역에만 한정되어 있는 경우도 있다. 여타 지역은 완전한 무정부상태로 방치된다. 효과적인 국가통제의 수준 여하에 따라 이들 나라는 '실패국가'(failed state, 법과 질서, 기본적 사회써비스가 미비된 국가를 지칭—엮은이) 또는 '의사(擬似)국가' 또는 '전환기국가'로 칭해진다.[44]

쏘말리아는 그 극단적인 사례이며,[45] 지구적 공치의 개념과 정의를 향상시키기 위한 NGO와 시민사회의 역할 등에 관한 사고에 도전을 제기한다. 쏘말리아는 1990년부터 국가구조나 정부가 존재하지 않는 상태다. 그 대신 변화하는 영토와 동맹들, 그리고 27개 부족의 족장들 또는 장군들에게로 권력이 분할되었다. 국가구조가 존재하지 않는다는 말은 국가와 시민 사이에 존재하는 공적 공간의 균형대에서 한 축이 무너진 것이다. 폭력이 일상화되며 또한 물리적·사회적 하부구조를 재건하는 데 파괴적인 영향을 끼친다. 그럼에도 불구하고, 예를 들어 외환송금·기술·수출입 업무 같은 시민사회의 기초적 하부구조가 존재하는 데서 알 수 있듯, 경제활동과 시민생활의 일부 요소들은 매우 활기차게 돌아가고 있다.

쏘말리아의 NGO는 국가의 공백을 메우고 있는 중이다. 다른 나라의 경우와 마찬가지로 이들 NGO들은 초등교육, 보건써비스, 깨끗한 음용수 공

---

44) 이들 지역에 대한 흥미로운 그러나 다소 불길한 '여행기'로는 Robert D. Kaplan, *The Ends of the Earth: A Journey to the Frontiers of Anarchy*, New York: Vintage Books 1997 참조. 실패국가 아니 건달국가에서의 NGO 모습과 유사한 긴급사태시의 NGO 역할에 대한 특수한 논의에는 깊이 들어가지 않았다. NGO 책무성 쟁점, 특히 긴급원조를 제공하는 것의 정치적 함의의 필요는 앞으로 더 커질 것이다. Rakiya Omaar and Alex de Waal, "Humanitarianism Unbound? Current Dilemmas Facing Multi-Mandate Relief Operations in Political Emergencies," Discussion Papers No. 5, London: Africa Rights November 1994.

45) 이어지는 두 문단은 다음 문헌에 기초했다. Hussain Adam and Richard Ford, *Removing Barricades in Somalia: Options for Peace and Rehabilitation*, Washington, DC: United States Institute of Peace, 1998년 10월; Abdi Ahmed Baffo and Peter van Tuijl, *Advocacy without Sovereignty: Strengthening National NGO's Advocacy for Peace in Somalia*, The Hague: Novib, 1997년 9월.

급, 교통, 환경보호 등의 활동을 조직하기 시작했다. 1992년 쏘말리아에 대한 유엔의 개입이 실패로 끝난 후 국제적 원조 심지어 현지 NGO에 대한 지원조차 크게 줄어든 상황에서 쏘말리아 국민에게는 NGO활동이야말로 자신들의 권리를 보장해주는 유일한 수단이 아닐 수 없다.[46] NGO가 이러한 활동을 무한정 할 수는 없다. 국제사회는 쏘말리아 사태에 관해 다시 관심을 가져야만 하고 정치적 행정력이 존재하지 않는 이 나라에 대해 져야하는 책임을 재검토해야만 할 것이다. 어떤 이유로든 국가가 공공써비스를 제공할 수 없는 형편이 되어 NGO가 그 공백을 메우게 된다면, NGO는 봉사대상인 국민들에게 책무성을 가질 필요가 있다. 이런 점에서 쏘말리아의 NGO와 방글라데시의 NGO가 짊어진 과제는 아주 흡사하다.

초국적 NGO네트워크: 국제 사법절차를 돕는 민주주의 프로젝트

지금부터 초국적 NGO네트워크가 행하는 주창활동의 성격과 정치적 특성을 기술하고자 한다.[47] 국경을 초월해서 존재하는 NGO네트워크는 비판적인 정보를 자기들 내부에뿐만 아니라 각국 정부와 기타 정책결정기관에도 전파한다. 지구화는 정의와 공익증진을 위한 절차들을 지리적으로나 제도적으로 교란시키므로 빈곤층과 인권을 체계적으로 부정당하는 계층은 자기네 삶을 직접 결정짓는 과정으로부터 더욱더 멀어지게 마련이다. 빈곤과 불의에 대항해서 싸우는 NGO는 이러한 정책결정 과정에서의 교란을 찾아내어 그것과 대결하는 활동을 한다. 이같은 노력은 합의와 정치적 선택의 기회들을 창출하는 것을 목표로 하며, 초국적 NGO네트워크의 인권신장 활동을 지구민주화의 프로젝트로 승화시킨다. 또한 인권을 방기하거나 침해하는 세력에 영향을 미칠 수 있는 효과적 담론을 개발하기 위해서

---

46) 몇몇 유엔기구들은 쏘말리아에서는 가동되지만 케냐의 나이로비에서는 가동되지 않는다. 이들은 일반적으로 지방NGO들과 협력하지 않는다.

47) 이 절의 나머지 부분은 Peter van Tuijl, "Advocating Apart, Together: Southern NGOs and the Advocacy of Oxfam International," 비간행 토론사료, The Hague: NOVIB, 1998년 1월에서 끌어왔다.

는 신뢰도가 높은 정보를 확보해야만 한다.

　지방·국가·국제적 차원에서 이루어지는 여론형성과 정치적 의사결정 과정에 효과적이고 일사불란하게 동시 개입하기 위해서는 지구적 주창활동 전략에 특정 역량이 필요하다. 어떤 조직도 이런 과제를 홀로 수행할 만한 역량은 없다. 국경을 초월하여 빈곤과 불의에 대항해서 싸우는 NGO는 네트워크를 형성해서 자원을 전략적으로 나누고 배분하는 방식으로 협력할 수밖에 없다. NGO가 네트워크를 형성하면 그 주창활동의 대상이 되는 측은 광범위하고 역동적인 여론의 힘을 느끼게 된다. 그렇게 다변화된 활동이 전개되면 정부는 자신의 책임을 회피하기가 어려워질 것이다.

　이러한 NGO활동의 예를 들어보자. 인도네시아정부가 주민 2만 5천명을 강제이주시키고 자바섬 중부에 케둥옴보(Kedung Ombo) 댐을 건설하기로 결정했을 때 NGO가 벌인 캠페인의 과정을 살펴보면, 그 지역 공동체가 토지권과 더 나은 보상을 위해 싸우는 NGO와 교회지도자들의 지원을 받아 효과적인 네트워크를 결성했음을 확인할 수 있다. 물론 여기에 개입한 각종 단체들은 정당하지만 제각기 다른 관심을 갖고 있었다.[48] 일례로 전국 차원의 NGO와 학생운동가들은 수하르토정권에 대항한 그들의 민주화투쟁에 농민들의 투쟁이 효과적인 지원수단이 된다는 주된 이유 때문에 이 네트워크에 참여했다. 국제NGO들이 한 일은 주로 세계은행에 압력을 행사해서 강제이주에 관한 이 은행의 정책을 바꾸고 나중에 케둥옴보 댐을 세계은행 내 감사패널 설치의 필요성을 보여주는 사례로 활용하기 위한 것이었다.

　NGO들을 가르는 전통적 구분이 희미해졌다고 하나 이들 사이에 불균형은 여전히 존재한다. 자국 내 문제에 대해 발언할 때 지방NGO나 전국 NGO는 국제NGO보다 훨씬 큰 정당성을 누린다. 이들은 자기 나라에서 벌어진 사태에 대해 정보를 얻기가 더 유리할뿐더러, 대내적으로 압력을 행사할 지점 및 특정 주창활동 전략이 국내에 초래할 영향을 더 잘 알게 마련

---

48) Augustinus Rumansara, "Indonesia: The Struggle of the People of Kedung Ombo," Fox and Brown, eds., 앞의 책 123~49면.

이다. 반면 선진국의 NGO는 외국정부, 국제기구, 다국적기업, 다국적 미디어에 접근할 기회가 더 많으며 외부로부터 압력을 가할 수 있다. 이들은 주창활동을 국제적·지구적 수준에 배치할 수 있는 것이다. 특히 개발도상국의 지방NGO나 전국NGO보다 선진국의 NGO가 정치적·경제적 자원이 더 많기 때문에 의제를 좌지우지할 위험이 있다. 따라서 선진국의 거대 NGO가 초국적 네트워크를 지배할지도 모른다.

NGO들이 공식적 재정자원에 접근하는 실상을 한번 보면 각기 연 5억 달러 이상의 예산을 쓰는 극소수 선진산업국의 NGO 및 그 네트워크가 시장의 주도자가 되는 일종의 과점의 위험을 우려할 수 있다.[49] 초국적 NGO 가 언제나 "평평하고 수평적인 조직형태"[50]를 갖고 있다고 보거나 또는 언제나 "공통의 담론에 기반해서 서로간에 정보와 써비스를 긴밀하게 나누는"[51] 조직체로 보는 것은 그다지 현실적이지 않다. 실제로는 보유한 역량과 자원의 차이에 따라 NGO 사이에 다소간의 위계관계가 생길 수 있고 그 결과 단체간에 정보와 기금이 고르지 않게 흐른다고 보아야 한다.[52] 다시 말해 역량의 차이와 정보 및 기금 접근도의 불평등으로 말미암아 NGO 상호간에 불평등한 관계가 쉽사리 형성될 수 있다는 뜻이다.[53] 이런 불평등한 사슬에서 가장 취약한 측은 지방NGO와 이들이 봉사하는 지역공동체 및

49) Antonio Donini, "The Bureaucracy and the Free Spirit: Stagnation and Innovation in the Relationship Between the UN and NGOs," Weiss and Gordenker, eds., 앞의 책 88~92면.

50) 같은 책 35면.

51) Sidney Tarrow, *Power in Movement, Social Movements and Contentious Politics*, 2d ed., Cambridge, England: Cambridge University Press 1988, 188면에서 인용한 Margaret Keck and Kathryn Sikkink의 말.

52) Jordan and Tuijl, "Political Responsibility in NGO Advocacy: Exploring Emerging Shapes of Global Governance"에서는 잡종부터 경쟁적 캠페인에 이르기까지 초국적 NGO 주창활동 네트워크에서 출현할 만한 네 가지 유형의 관계들을 구분했다. Diana Mitlin 또한 "The NGO Sector and its Role in Strengthening Civil Society and Securing Good Governance," Bernard, Helmich and Lehning, eds., 앞의 책 81~96면에서 이런 문제들을 탐구했다.

53) 5개국에 대한 흥미로운 분석으로는 Seamus Cleary, *The Role of NGOs under Authoritarian Political Systems*, New York: Macmillan Press 1997 참조.

그 주민들이다. 초국적 주창활동이 결과적으로 지역운동이나 지역NGO에 영향을 끼친 사례는, 브라질 고무채취 노동운동 지도자 치꼬 멘데스(Chico Mendes)의 암살로부터 나이지리아의 시인이자 오고니족 지도자였던 켄 사로위와(Ken Saro-Wiwa)의 처형에 이르기까지 수없이 많다. 이들의 운명을 보면 지역의 사건이 확대되어 국제적 조명을 받을 경우 현지인의 위험이 높아지고 외부개입의 책임성도 높아진다는 점을 잘 보여준다.

NGO들은 이제 막 지구적 사회기구로서 행동하는 법을 배우기 시작했다고 보아야 한다. 그들은 국제시민사회에서 생산적이고 책임있는 사회관계를 형성하고 그들의 역할에 민주적 요소를 세워가는 과정에서 막중한 도전에 직면해 있다. 성공하기 위한 관건은 초국적 NGO네트워크의 잠재적 결함을 제거하기 위해 공평하고 투명하게 정보와 재정자원을 다루고 개발도상국의 미약한 NGO를 상대할 때 최대한 신중하게 처신하는 것이다.

맺음말

NGO는 규범적 준거틀로서의 유엔 인권체제를 발전시키는 데 크게 기여했다. 그러나 과연 NGO와 그 네트워크가 늘어나는 것이 인권을 좀더 효과적으로 집행할 지구적 공치체제가 나타나리라는 희망과 그 건설의 단초인가?

NGO와 그 네트워크가 시민사회의 정치적 공간을 개방하는 방식으로 집회·결사·표현의 자유를 강화하고 국내외적으로 바람직한 시민조직 문화를 신장시키는 방식을 본다면 그 대답은 '그렇다'가 될 것이다. 지구화세력에 대응해서 서로 다른 쟁점들과 서로 다른 지방·국가·국제적 공간을 가로지르며 동시에 활동할 수 있는 이러한 새로운 형태의 시민조직은 효과적으로 인권을 신장하고 정의를 추구하는 데 절대적으로 필요한 존재이다.

그러나 NGO가 그 봉사대상인 민중에 대해 그리고 NGO 서로간에 있어서 책무성을 높여야 할 필요성을 생각해본다면 위의 질문에 대한 대답은 '아니다' 또는 기껏해야 '아직은 아니다' 정도가 될 것이다. NGO가 대중의 권리를 찾아줄 책임을 자임하면 할수록 더욱더 공적인 감시의 대상이 되어야 할 필요가 생긴다. 마찬가지로, NGO는 기회균등·투명성·민주주의 등 그들이 추구하는 보편적 가치를 자신의 활동양식에 반드시 반영시켜야 할 것이다.

시민사회에 대한 오해

토마스 커러더즈

시민사회라는 말은 오늘날 전세계 식자층 사이에서 한창 인기있는 통용어가 되었고 대통령부터 정치학자에 이르기까지 정치적 성공, 경제적 성공, 그리고 사회전체적(societal) 성공을 보장하는 비결로 선전되고 있다. 그러나 인터넷 주식투자처럼 시민사회의 개념적 가치는 실제 수익률보다 훨씬 부풀려져 있다고 보아야 한다. 시민사회의 예상고객들은 훗날 크게 실망하지 않도록 안내책자를 미리 꼼꼼하게 검토해야 할 것이다.

시민사회라는 개념은 최근의 발명품이다?

계몽이 필요하다. '시민사회'라는 용어는 비록 고전적 용법으로는 국가와 동일하게 쓰이긴 했지만, 끼께로(Cicero) 등의 로마의 사상가들의 저작을 경유해 고대 그리스 철학자들로까지 거슬러올라갈 수 있다. 근대판 시민사회 사상은 18세기 후반 스코틀랜드와 대륙의 계몽주의 사상에서 등장했다. 토마스 페인(Thomas Paine)으로부터 게오르크 헤겔(Georg Hegel)에 이르는 숱한 정치사상가들이 국가와 평행을 이루면서 독립적으로 존재하는

* Thomas Carothers, "Civil Society," *Foreign Policy*, 117 (1999~2000). ⓒ1999 Carnegie Endowment for International Peace.
** 토마스 커러더즈: 카네기 국제평화재단 지구정책 부총재.

영역, 즉 시민이 스스로의 이해관계와 욕구에 따라 집결하는 영역이라는 뜻으로 시민사회 개념을 발전시켰다. 이러한 새로운 생각은 경제적 현실의 변화, 즉 사유재산, 시장경쟁, 그리고 부르주아의 출현을 반영한 것이었다. 또한 시민사회 개념은 미국과 프랑스 혁명에서 보듯 자유에 대한 대중의 열망에서 비롯되기도 했다.

그러나 19세기 중엽에 와서 정치철학자들이 산업혁명의 사회적·정치적 결과에 관심을 쏟기 시작하면서 시민사회 개념은 점차 사그라들었다. 이 개념은 2차대전 후 맑스주의 이론가 안또니오 그람시(Antonio Gramsci) 의 유고를 통해 다시 유행하기 시작했다. 그람시는 시민사회라는 용어를 다시 내놓으면서 그것을 전제정치에 대항하는 핵심적 영역, 다시 말해 독자적인 정치활동을 수행하는 중핵으로 묘사했다. 그람시가 염려한 것은 주로 우파 독재였지만 그의 저술은 1970년대와 80년대에 동유럽과 라틴아메리카의 온갖 형태의 독재정치에 대항해서 투쟁한 사람들에게 영향을 주었다. 체코슬로바키아, 헝가리, 폴란드의 운동가들도 시민사회의 기치 아래 모였고, 베를린장벽이 무너졌을 때에는 시민사회라는 말에 영웅적인 색채가 씌워지기도 했다.

그런데 1990년대 들어서 갑자기 시민사회라는 용어가 대통령부터 정치학자에 이르기까지 모든 사람들이 읊조리는 화두가 되어버렸다. 세계적인 민주화 추세 덕분에 과거 독재를 시행하던 전세계 여러 나라에서 시민사회의 공간이 개방되었다. 또한 미국과 서유럽에서는 대중들이 낡은 정당정치 체제에 염증을 느껴감에 따라 사회를 부흥시킬 수단으로서 시민사회에 대한 비상한 관심이 일었다. 특히 개발도상국에서 민영화와 여타 시장개혁으로 인해 정부의 역할이 축소되면서 시민사회가 그 빈 공간을 채울 기회가 생겼다. 그리고 정보혁명은 시민들을 연계하고 그들을 세력화할 수 있는 새로운 도구를 제공했다. 오늘날 시민사회는 냉전 이후 시대정신의 핵심요소로 떠올랐다.

NGO는 시민사회의 심장이다?

반드시 그렇지는 않다. 최근 시민사회에 대한 고조된 관심의 핵심에는 비정부기구, 특히 환경·인권·여성문제·선거감시·반부패 등의 '좋은 일'의 공익적 대의에 헌신하는 주창활동단체에 대한 매혹이 있다. 이런 단체들은 최근 몇년 사이 특히 민주주의 이행기 국가에서 기하급수적으로 증가했다. 그럼에도 불구하고 시민사회와 NGO를 동일시하는 것은 잘못이다. 제대로 이해한다면 시민사회는 국가(정당 포함)와 시장 밖에 존재하는 모든 단체와 결사체를 포괄하는 광의의 개념이다. 시민사회 안에는 정치학자가 보통 이익집단이라고 부르는 온갖 종류의 단체, 즉 주창활동NGO뿐만 아니라 노동조합, (의사 및 변호사와 같은) 전문직능단체, 상공회의소, 소수민족단체 등이 모두 포함된다. 또한 시민사회 안에는 종교단체, 학생단체, (합창단부터 조류관찰클럽에 이르는) 문화단체, 스포츠클럽, 그리고 비공식적인 지역사회단체와 같이 특정한 사회적·정치적 의제를 추구할 목적을 가지지 않는 여러 집단이 포함된다.

물론 NGO는 선진국, 개발도상국을 막론하고 점점 더 중요한 역할을 맡고 있다. NGO는 정부에 압력을 가하고 정책결정자에게 전문적 기술을 제공함으로써 정책을 구체화한다. NGO는 시민참여와 시민교육을 촉진한다. NGO는 공적 시민활동에 참여하고 싶지만 정당을 통해 활동하는 데에는 관심이 없는 젊은이들에게 리더십 교육을 제공한다. 그러나 NGO가 시민사회 내의 여타 전통적 요소에 비해 열세에 있는 나라도 많다. 종교단체, 노동조합, 기타 민간단체 중에는 진짜 대중 속에 지지기반을 두고 자체적으로 재정자립을 이룬 집단이 많지만 주창활동NGO, 특히 민주화 도상에 있는 국가의 NGO는 보통 이런 점에서 취약하다. 이런 나라에서 새롭게 형성되고 있는 NGO분야에서는 흔히 자신이 대행한다고 주장하는 시민들과 그리 깊은 연계가 없는 엘리뜨주도형 NGO가 득세하곤 한다. 이들은 또한 국내에서 재정을 확보하지 못하고 흔히 국제 기부단체의 도움에 의존한다.

시민사회에는 항상 온정이 넘친다?

이것은 인근 학교의 사친회활동에 깊이 관여할 뿐 아니라 러시아 마피아나 몬타나주의 민병대 그룹에도 깊이 관여하고 싶다는 말과 다를 바 없다. 이런 집단도 시민사회의 일부이다. 동유럽에서 공산주의에 대항해 투쟁했던 시민단체의 용기있는 활동만 염두에 둔 일부 시민사회 옹호자들은 시민사회가 오로지 고귀한 대의, 그리고 진실하고 훌륭한 행동가로만 이루어져 있다는 잘못된 관념을 퍼뜨렸다. 그러나 세계 어느 곳이든 시민사회는 좋은 집단뿐 아니라 나쁜 집단, 그리고 괴짜라고 할 수밖에 없는 집단이 모인 각양각색의 혼합체이다. 인터넷의 웹싸이트를 한번 훑어만 보아도 시민사회의 다양한 모습을 당장 느낄 수 있을 것이다. 어느 사회에서나 사람들이 가치있는 목적뿐만 아니라 사악한 목적을 위해서도 결사를 조직해서 함께 일한다는 사실을 인정하는 것이 시민사회 개념을 탈신비화하는 데 절대적으로 중요하다. 보스니아 사태와 관련해서 최근 평론가 데이비드 리프(David Rieff)가 말했듯이 "보스니아의 (쎄르비아계 전 지도자 라도반—인용자) 까라디찌(Radovan Karadzic)는 결정적인 시점에서 쎄르비아 대중의 정서를 너무나 충실하게 대변했으며, 그런 점에서 그는 바츨라프 하벨(Vaclav Havel)만큼이나 시민사회의 모범적 대변인이라고 자칭할 만한 근거가 있다." 만일 시민사회를 고귀한 목적을 추구하는 사람들에게만 국한시키면 그 개념은 리프가 지적하듯 "정치적·사회적 개념이 아니라 신학적 개념"이 된다.

또한 시민사회가 본질적으로 공익을 대변한다는 생각이 틀린 이유는 두 가지가 더 있다. 많은 시민운동가는 스스로 공익을 위해 발언한다고 생각하겠지만 공익은 논란의 여지가 많은 개념이다. 깨끗한 공기는 공익이지만 마찬가지로 저렴한 에너지비용 역시 공익이다. 자유무역과 국내 고용안정 문제도 같은 식으로 설명할 수 있으며 언론자유와 개인의 명예 존중도 마찬가지다. 전미총기협회(NRA)와 일부 환경단체들처럼 단일의제만 취급하는 NGO는 오로지 자신의 의제에만 집중적으로 또는 심지어 근시안적으로 초점을 맞춘다. 이들은 서로 상충하는 공익을 조화시키는 데에는 별로 관심이 없다. 공익을 놓고 한쪽의 시민사회와 다른 한쪽의 악당이 투쟁을 벌이는 것이 아니라, 시민사회 내부에서 투쟁이 벌어지는 셈이다.

또한 시민사회는 사사로운 경제적 이익을 굉장히 중시한다. 세입자권리 조직으로부터 노동조합에 이르는 비영리단체는 그 구성원들 목전의 경제적 이익을 증진하기 위해 쉴새없이 일한다. 어떤 시민사회단체는 '더 높은' 즉 탈물질적인 원칙과 가치를 지향하기도 하지만, 시민사회의 상당 부분은 사적인 그리고 흔히 편협하고 탐욕적인 목적에 사로잡혀 있다고 보아야 할 것이다.

시민사회가 강하면 민주주의가 보장된다?

그렇다면 얼마나 좋을까. 활동적이고 다양한 시민사회는 흔히 민주주의를 발전시키는 데에 귀중한 역할을 한다. 시민사회는 국가를 길들이고 시민의 이익이 중시되도록 노력하며 시민적·정치적 참여를 신장시킬 수 있다. 게다가 하버드대학 정치학 교수 로버트 퍼트넘(Robert Putnam)——그가 1995년에 발표한 유명한 논문 「혼자 볼링하기: 미국 사회적 자본의 쇠퇴」(Bowling Alone: America's Declining Social Capital)는 미국의 지역사회단체가 약화되는 과정을 기록했다——같은 학자들은 시민사회가 약하면 '시민적 유대'와 '사회적 신뢰'도 약해진다고 강조한다. 그러나 강력한 시민사회가 실제로는 위험한 정치적 나약성을 반영한다는 증거가 있다. 프린스턴대학 셰리 버먼(Sheri Berman) 교수는 '히틀러와 함께 볼링을'(Bowling With Hitler)이라는 별명이 붙여진 1997년의 논문에서 독일 바이마르공화국 시절 시민사회의 역할을 냉정하게 분석했다. 1920년대와 30년대 독일은 시민들의 결사활동이 이례적으로 활발한 나라였다. 시민들은 민주적 시민사회의 대들보라고 여겨지는 직능·문화 단체에 많이 가입했다. 그러나 버먼은 독일의 활성화된 시민사회가 민주주의와 자유의 가치를 강화시키지 못했을 뿐만 아니라 오히려 그것을 전복시켰다고 주장한다. 정치제도가 약했으므로 수많은 시민단체가 제기하는 요구에 대응할 능력이 없었고, 그때문에 종국에는 시민단체가 민족주의자, 인민주의단체, 그리고 나찌당에 기울어지게 되었다. 결국 왕성한 시민사회가 나찌로 하여금 역동적인 정치 기제를 재빨리 창조하도록 도와준 셈이 된 것이다.

또한 강력한 정치제도를 가진 성숙한 민주주의 국가라 할지라도 시민사회에 관한 한 '다다익선(多多益善)'이라고 단순하게 생각하는 데에는 문제가 있다. 이미 1960년대 초에 어떤 학자들은 성숙한 민주주의 국가라 할지라도 이익집단이 지나치게 늘어나면 대의기구의 활동을 질식시키고 부유한 기득권층, 다시 말해 조직화가 잘된 집단에 유리하도록 정책의 결과를 조직적으로 왜곡시킬 수 있다고 경고했다. 1990년대 들어 주창활동단체와 로비단체가 폭증하면서 '민주경화증'(demosclerosis)이 발생할 우려가 있다는 경고가 대폭 늘어났다.

민주주의는 강력한 시민사회를 보장한다?

이것도 보장할 수 없다. 일본은 반세기가 넘게 안정된 민주주의를 누리고 있지만 시민사회는 상대적으로 약하다. 특히 환경, 소비자보호, 인권, 여성 권리 등 미국과 유럽의 활동가가 중시하는 쟁점 부문에서 활동하는 독자적인 시민단체는 많지 않다. 서구 자유민주주의의 선두주자 중 하나인 프랑스에서도 시민사회는 강력한 국가의 그늘에 가려 있을 뿐이다. 근래 민주화 이행의 모범이라 할 수 있는 에스빠냐 역시 결사활동이 상대적으로 미약하다. 오히려 정당과 선거가 정치적 선택의 다원주의를 보장하는 장치이며 이런 장치는 시민의 결사조직이 미약하게 발전한 나라에서도 분명히 제대로 가동할 수 있다. 미국의 일부 정치분석가들은 시민참여가 낮은 일본·프랑스·에스빠냐 등의 몇 나라를 비판하면서 미국인의 기준으로 보아 적당한 수준의 시민적 유대가 결여되어 있다는 이유로 이들 나라가 기껏해야 민주성장 장애국이라고 비판한다. 그러나 일본·프랑스·에스빠냐의 많은 국민들은 자기네 정치체제가 개인-국가간 관계에 대한 자기들의 전통과 더 잘 맞으며 정부가 공익을 분배할 때 커다란 간섭 없이 더 합리적으로 행동할 수 있게 해준다고 주장한다. 미국식 시민사회가 없으면 진정한 민주주의가 아니라는 주장은 분명히 틀렸을 뿐 아니라 위험한 주장이다. 시민사회에 대한 신념이 아무리 확고해도 다른 종류의 민주주의를 인정하지 않는 태도를 취해서는 안될 것이다.

시민사회는 경제적 성공에 결정적이다?

단순하게 볼 수 없다. 시민사회의 옹호자들은 '좋은 것들은 함께 모인다'식의 접근법에 따라 시민사회가 정치적 가치를 보장할 뿐 아니라 경제적 발전도 보장한다고 주장한다. 그들은 활동적이고 강력한 시민사회가 경제정책 이슈에 유용한 자원이 되며, 사기업의 성장을 촉진시키고, 국가가 경제를 질식시키지 않게 막아준다고 말한다. 그러나 실제로 경제성장과 시민사회의 관계는 그렇게 간단하지 않다.

두 가지 경우를 비교해보자. 남한의 경제기적은 시민사회의 탄압, 특히 노동부문의 억압 위에서 이루어졌다. 집권군부가 억압의 강도를 약화시켜도 되겠다고 여긴 1980년대 들어서야 시민사회는 번성할 공간을 얻게 된다. 노동조합, 학생운동단체, 종교단체 들이 이 기회를 십분 활용해서 민주화를 위해 용감하고 효과적으로 투쟁했다. 물론 민주화세력이 영웅적이긴 했지만 이들에게 지난 50년간 세계에서 가장 빠른 경제성장을 이룩한 공로를 돌릴 수는 없다. 이와 대조적으로 방글라데시는 전국적·지역적 차원에서 활동하는 수천개의 NGO, 주창활동단체, 사회복지 써비스단체가 존재하는 시민사회 천국이다. 전통적으로 이렇게 NGO운동이 활발해도 국민들에게 풍요를 가져다주지는 못했다. 아직도 방글라데시는 일인당 국민소득이 350달러 미만인, 세계에서 가장 가난한 나라 중의 하나이다.

시민사회가 잘 발전하면 시장경제와 자연스레 동반자관계를 이룰 수 있다. 시민들이 풍족한 생활수준에 도달하면 결사활동에 참여하고 그것을 지원할 수 있는 시간과 교육과 가용자원이 생긴다. 그리고 시민사회의 많은 부문은 건전한 공공정책을 장려하고 사회 내에서 지식과 정보의 흐름을 늘림으로써 경제발전을 촉진시킬 수 있다. 그러나 시민사회와 민주주의의 관계에서 본 것처럼 시민사회와 경제성장 간에도 인과관계의 철칙이 있다고 가정해서는 안된다. 경제적 성공으로의 길이 반드시 시민사회로 포장되어 있지는 않으며 강력한 시민사회와 상대적으로 미약한 경제가 공존할 수도 있다(물론 그 반대도 마찬가지이다). 더 나아가 시민사회의 과잉 또는 나쁜 종류의 시민사회는 경제적으로 해로울 수도 있다. 예를 들어 라틴아메리카 시민사회의 근간인 노동조합운동은 라틴아메리카의 경제 성장과 안정에 가장 큰 장애였다고 믿는 경제학자들도 있다.

진짜 시민사회는 정부의 돈을 받지 않는다?

정말? 시민사회단체가 독재치하에서 자유를 위한 투쟁을 전개할 때 그 정치적 진실성을 판별하는 핵심요소는 재정을 포함한 모든 면에서 정부로부터 완전한 독립을 유지하는가 하는 점이다. 그러나 민주주의 국가 또는 민주화 국가에서 이러한 원칙은 달라진다. 사실 정부의 재정보조를 받는 시민사회단체는 많이 있다. 서유럽 일부 지역에서는 정부가 시민사회를 지원하는 일이 흔하며 여기에는 인권이나 환경문제 등으로 정부를 비판하는 단체도 포함된다. 미국에서도 정부는 많은 사람들이 상상하는 것보다 훨씬 더 많이 시민사회를 지원한다. 존스홉킨스대학이 후원한 비영리부문에 대한 대규모 비교연구에 따르면 "대규모 기부재단과 기업찬조 프로그램이 많이 있음에도 불구하고 미국 비영리단체가 정부에 의존하는 수입의 비중은 사적 기부의 두 배 가까이 된다."

시민사회의 부상은 국가의 쇠퇴를 의미한다?

당치 않은 소리 어떤 사람들은 시민사회가 부상하므로 미래에는 미약한 최소한의 국가만 남고 막강한 비정부기구들이 새롭고 고귀한 시민적 질서를 유지하는 무국가시대가 도래할 것으로 상상한다. 이러한 미래상은 한 마디로 신기루이다. 시민사회단체는 국가가 정책을 수립하고 집행할 수 있는 일정한 권력을 갖고 있을·때에만 국가정책 결정과정에 훨씬 더 효과적으로 개입할 수 있다. 제대로 된 비정부 주창활동이라면 국가의 역량을 약화시키는 게 아니라 강화시킬 것이다. 미국의 환경정책이 분명한 예라고 할 수 있다. 환경문제에 대해 시민단체가 열성적으로 활동했기 때문에 정부 내의 환경전담기구, 환경법규, 환경집행 메커니즘이 탄생할 수 있었다. 나약하고 무기력한 국가만큼 시민사회의 발전을 가로막는 것도 없다. 동유럽의 예를 들자면 폴란드나 헝가리처럼 정부가 비교적 역량있고 유능한 나라에서는 시민사회가 1989년 이래 아주 많이 발전한 반면, 지난 10년 중 몇몇 해 동안 루마니아나 불가리아처럼 비효율적이고 무능한 나라에서는 시민사회가 오히려 퇴보했다.

독재국가라는 맥락을 벗어나면 국가가 오히려 건강한 시민사회를 발전시키는 데 귀중한 역할을 해낼 수 있다. 이런 역할은 국가가 비정부부문의 활동을 위해 분명하고 효과적인 법규틀을 제정하고, 비영리단체의 재정확보를 위한 면세조치를 마련하며, 투명한 집행절차를 거치며, 비정부기구와 동반자관계를 추구할 때 이룩될 수 있다. 시민사회는 국가에 도전하고 국가를 비판하고 때때로 국가와 대립할 수 있고 또 그래야만 한다. 그러나 시민사회와 국가는 서로를 필요로 하며, 이상적인 상태라면 서로가 희생되지 않으면서 함께 발전할 수 있을 것이다.

시민사회는 지구화되었다?

꼭 그렇지는 않다. 최근 NGO들이 캐나다 등의 정부들과 함께 미국과 여타 강대국에 도전해서 국제 대인지뢰금지 캠페인을 성공으로 이끌고 난 후 초국적 시민사회 개념에 대해 지대한 관심이 일었다. 운동가, 학자, 언론인 등이 국경을 넘나드는 주창활동 현상에 대해 너도나도 이야기하기 시작했다. 국가 내의 시민사회가 커지고 그 경향이 자연스럽게 확장된 상태를 지구시민사회로 간주하는 것처럼 보인다. 가장 최근의 집계에 따르면 한 나라에 자리잡고 있으면서 정기적으로 다른 나라에서도 활동을 전개하는 초국적 NGO가 세계적으로 5천개가 넘는다고 한다.

이 현상은 실로 괄목할 만하다. 냉전종식 후 정치적 장벽이 낮아진 점, 새로운 정보통신기술, 저렴한 여행비용, 민주주의의 확산 등 여러 요인이 결부된 덕택에 비정부기구가 활동범위를 넓히고 다국적 연계·네트워크·동맹을 형성할 수 있는 비옥한 토양이 마련되었다.

그러나 여기서도 약간의 주의가 필요하다. 우선, 초국적 시민사회는 그 어감이 풍기는 것만큼이나 새로운 개념은 아니다. 한가지 예만 들더라도 로마 가톨릭교회는 수세기 동안 국제적으로 큰 영향력을 행사한 대표적인 초국적 시민사회집단이다. 둘째, 최근의 대다수 초국적 시민사회 행위자는 개발도상국이나 민주주의 이행기 사회에 자기네의 의도를 전달하고자 하는 서방 단체들이다. 이들 단체는 개발도상국의 단체와 동반자로서 활동하기도 하지만 그들이 추구하는 의제와 가치는 보통 그들 자신의 의제와 가치일 경우가 많다. 초국적 시민사회는 분명 '지구적'이긴 하지만 그 실상은 서방의 정치·경제적 권력이 추구하는 기획의 일부일 따름이다. 이것이야말로 시민사회 활동가들이 다른 자리에서는 비판해 마지않는 점이다. 셋째, 국내의 시민사회와 마찬가지로 초국적 시민사회 역시 어두운 면을 가지고 있다. 과격론을 펴는 문제단체들이 세계의 시간대를 뛰어넘어 끼리끼리 모여들어 서로의 추악한 열정을 부채질한다. 조직범죄는 고도로 발달한 형태의 유연하고 독창적인 국제조직이자 활동이라는 점에서 초국적 활동의 최고봉이라 해도 과언이 아니다.

간단히 말해 초국적 시민사회는 본질적으로 국내의 시민사회와 다를 바가 없다. 그 역사가 길지만 최근 들어서는 더 빨리 성장하고 있으며 지구화를 촉진시키기도 하고 그것의 영향을 받기도 한다. 초국적 시민사회는 세계를 변혁할 중요한 잠재력을 갖추고 있지만 그 역량을 과장하거나 그 의두를 이상화해서는 안된다. 따라서 국내 시민사회이든 초국적 시민사회이든 시민사회의 현실이 모순적인 것이 되어서는 안될 것이다.

참고문헌

Berman, Sheri. (1997) "Civil Society and the Collapse of the Weimar Republic". *World Politics*, April.

Carothers, Thomas. (1999) *Aiding Democracy Abroad: The Learning Curve.* Washington: Carnegie Endowment.

Ferguson, Adam. (1767) *An Essay on the History of Civil Society.* Edinburgh: A. Kincaid and J. Bell.

Foley, Michael and Bob Edwards. (1996) "The Paradox of Civil Society". *Journal of Democracy*, July.

Gellner, Ernest. (1994) *Conditions of Liberty.* New York: Allen Lane/Penguin.

Hegel, Georg. (1896) *Philosophy of Right.* London: G. Bell and Sons.

Keck, Margaret E. and Kathryn Sikkink. (1998) *Activists Beyond Borders: Advocacy Networks in International Politics.* Ithaca: Cornell University Press.

Paine, Thomas. (1792) *Rights of Man.* London: H. O. Symonds.

Putnam, Robert. (1995) "Bowling Alone: America's Declining Social Capital". *Journal of Democracy*, January.

Quigley, Kevin. (1997) *For Democracy's Sake: Foundations and Democracy Assistance in Central Europe.* Baltimore: Johns Hopkins University Press.

Rauch, Jonathan. (1994) *Demosclerosis.* New York: Times Books.

Rieff, David. (1999) "The False Dawn of Civil Society". *The Nation*, February 22.

Rooy, Alison Van. (1998) *Civil Society and the Aid Industry.* London: Earthscan.

Salamon, Lester M. and Helmut K. Anheier. (1994) *The Emerging Sector: An Overview.* Baltimore: Johns Hopkins University Press.

Wolfe, Alan. (1997) "Is Civil Society Obsolete?". *Brookings Review*, Fall.

시민사회의 가짜 새벽

데이비드 리프

시민사회를 믿으면 그것은 지푸라기를 잡는 것이나 다름없다. 몇 안되는 민족주의자, 자유만능주의자(libertarian), 맑스주의자를 제외하고 오늘날 대다수 양식있는 사람들은 시민사회의 부상을 냉전 이후의 가장 희망찬 정치발전으로 꼽는다. 그러나 이 사실 자체가 우리가 현재 새 천년기의 전환점에서 조금이나마 인간적인 미래의 현실적 전망을 제시해줄 수 있는 정치적 패러다임을 찾는 과정에서 얼마나 자포자기 상태에 있는지를 말해준다. 그러한 희망은 그것을 간직한 사람이 자아낸 것이지만, "미래에는 소망의 미래와 운명의 미래 두 종류가 있는데, 인간 이성은 아직 이 두 가지를 구분하는 법을 배우지 못했다"라고 한 버날(J. D. Bernal)의 혜안이 옳았음을 완벽하게 입증한다.

시민사회는 바로 우리의 이러한 소망이 투영된 것에 지나지 않는다. 더 나아가 시민사회는 우리가 직면하는 현실세계를 심각하게 왜곡한다. 시민사회라는 개념은 비중이 거의 없는 개념이다. 이 개념은 지난 15년간 워낙 왜곡되고 확대해석된 나머지 이제 그것이 뜻하지 않는 개념이 없을 정도가 되었다. 모든 것을 뜻한다면 아무것도 아니라는 말이다. 보통 우리는 우리가

* David Rieff, "The False Dawn of Civil Society," *The Nation*, February 22, 1999.
** 데이비드 리프. 국세문세 신문 인콜인. *Slaughterhouse, Bosnia and the Failure of the West* 저자.

좋아하는 집단, 사회, 그리고 사회적 동향에 적용하기 위해 시민사회 개념을 이용한다. 상호부조와 연대정신이 깊숙이 정착되어 있고, 국가가 억압적이지 않고 유연한 사회, 다양성과 관용에 기반을 둔 사회를 바라는 것이다.

흔히 시민사회는 정치적·사회적 제도가 상호관계(mutuality) 모형으로 회귀하는 것이라 일컬어지며, 그것을 통해 국가와 신민 사이의 전통적 위계관계가 역전될 수 있는 제3의 세력으로 묘사된다. 정치학자들은 시민사회라는 용어를 국가의 범위나 영향력 바깥에 위치한 사회의 모든 요소, 그리고 사회 내의 모든 제도를 포괄하는 의미로 좀더 엄격하게 사용한다. 그러나 오늘날 시민사회에 대한 가장 일반적인 이해는 일련의 정치적·사회적 목적을 달성하기 위한 수단으로 보는 것이다. 이 말은 마르코스(Marcos)의 필리핀, 아바차(Abacha)의 나이지리아, 후사끄(Husak)의 체코슬로바키아처럼 다양한 나라의 독재정권을 반대하거나 때로는 타도했던 민주화단체 전체를 지칭하는 손쉬운 방식이 되었다. 시민사회가 없는 곳에서는 억압적이고 전제적이고 심지어 인종학살적인 세력이 날뛴다고 여겨지며, 시민사회가 있는 곳에서는 그것이 전쟁·수탈·결핍의 차단막 역할을 한다고 여겨진다.

요컨대 시민사회는 국가가 아닌 모든 영역을 포괄하고, 동시에 본질적으로 민주적인 모든 가치를 예시한다고 생각되기에 이르렀다. 바로 이 때문에, 시민사회가 억압적인 사회를 '개방'하고 민주적 자유를 보장하고 심화시키며 국가권력을 제어하는 묘약이라고 내세우는 사람들은, 그 말을 한편으로는 단순한 서술적 용어로서 다른 한편으로는 당위적 용어로서 능란하게 바꿔가며 구사한다. 한마디 덧붙이자면, 시민사회를 강화하는 것이 건전한 정치체제를 창조하고 유지하는 비결이라는 신조가 주요 자선재단뿐 아니라 인권기구, 인도주의단체들의 사고까지 지배하게 된 것이다.

이런 단체들이 시민사회의 해방적 잠재력에 대해 주장하는 바를 곧이곧대로 받아들이는 사람은 미국과 유럽연합의 정부관리들이 시민사회라는 용어를 열광적으로 환영했음을 기억할 필요가 있다. 특히 개발원조라는 큰 틀 안에서 본다면, 1980년대까지만 해도 정부채널을 통해 원조를 제공하던 관행으로부터 원조수혜국의 비정부기구를 통해 제공하는 방식으로 변화된 것이 단순히 수혜국 정부의 원조물 처리 미숙에 대한 필연적인 반응이 아니라, 시민사회를 구축하기 위한 수단으로서 합리화되었다.

관료적인 어법으로 '지역적 역량 강화'라 일컫는 것의 강조 및 시민사회 육성의 강조가 주요 원조제공국의 개발원조기금이 급격히 줄고 있는 바로 그 시점에 나타났다는 사실(대외원조가 미국을 포함한 여러 나라에서 역사적 최저수준에 있음)은 물론 우연의 일치일 수도 있다. 그러나 최소한 개발부문에서는, 국가로 하여금 시민사회에 '응답'하도록 하려는 이데올로기적 시도가 원조기금의 삭감 결정을 동반한 것으로 보인다. 이런 비판을 받으면 시민사회론을 옹호하는 개발전문가들은 튼튼한 시민사회가 가난한 지역이 번영으로 가는 첫단계라고 여겨지는 세계경제에 편입될 수 있는 길을 연다고 주장한다.

이러한 각도에서 접근하면, 시민사회 사상은 민주적 권리와 국민에 응답하는 정부를 육성하는 방안으로 보이지 않고, 냉전 이후 시대의 지배적 이데올로기인 자유주의적 시장자본주의의 일부처럼 보이게 된다. 이렇게 해방적 정서와 자유시장에 대한 신념이 결합된 완벽한 사례를 1997년 '치명적 분쟁 방지에 관한 카네기위원회 집행요지'에서 찾을 수 있다. 여기에서 시민사회는 중추적인 역할을 인정받는다. 그 보고서는 다음과 같이 기술한다. "시민사회의 많은 구성요소들이 증오와 폭력을 줄이고, 집단 내부와 집단 사이에서 타인에 대한 관심, 사회적 책임 및 상호부조를 촉진하기 위해 활동할 수 있다. 경제적·정치적으로 어려운 이행기 때 시민사회단체는 집단폭력의 위험을 줄이는 데 결정적으로 중요하다." 이 문장은 단절이나 굴절 없이 다음 주장으로 바로 이어진다. "전세계 사적 부문의 많은 구성요소들이 그러한 극심한 분쟁을 예방하기 위해 노력하고 있다."

분명히 맨 처음 시민사회의 기치를 내건 공동체주의자, 인권운동가 및 자유주의적 지원재단의 관리자들이 자유주의적 자본주의의 이데올로기적 상부구조를 재건하는 데 관심이 없었던 것은, 인권운동이 인권의 대의를 국제적 신계급의 사이비 종교적 신념으로 만드는 데 관심이 없었던 것과 마찬가지이지만, 그럼에도 불구하고 이들은 바로 그러한 우를 범했다. 틀림없이 클린턴행정부와 유럽위원회(European Commission, 유럽연합 각료이사회의 집행기관—엮은이)가 '시민사회'라고 호의적으로 받아들인 용어라면 부자나라들의 기득권적 이해에 큰 위협이 되지 않는다고 가정해도 무방할 것이다.

다시 말하지만 어떤 음모가 있는 것은 아니다. 그러나 시민사회 사상은 분명 냉전 이후 시대의 특성인 민영화 추세와 일치한다. 시민사회 사상은 이런 조류와 반대되기는커녕, 빌 클린턴(Bill Clinton)이나 토니 블레어(Tony Blair)와 같은 지지자가 '제3의 길'이라고 즐겨 부르는 조류, 그리고 '인간의 얼굴을 한 새처리즘'이라고 더 무미건조하게 불릴 수도 있는 조류가 부상한 오늘날의 시대정신과 완벽하게 맞아떨어진다. 교도소를 민영화하고, 해외개발원조를 민영화했으며, 쌘드라인(Sandline)이나 이그제큐티브 아웃컴(Executive Outcome) 같은 회사가 자체 육성한 용병을 써서 뉴기니·씨에라리온·앙골라와 같은 곳에 민영화된 군대도 파병했는데, 아예 민주주의의 육성도 민영화해버리면 어떠랴. 그리고 선거나 입법을 통해 국가가 법의 지배 또는 민주주의를 확립할 역량을 포기하고, 대신 아예 사적 부문의 정치적 동의어인 시민단체가 자기네 능력을 발휘할 기회를 주면 또 어떠랴.

이러한 조류가 모두 해방의 언어로 (그리고 상상력 풍부한 준거틀 속에) 표현되어 있다는 사실이, 그 자체로서 그리고 저절로, 시민사회를 해방적으로 만들지는 않는다. 사실 시민사회의 옹호자는 마치 지구화세력에게 쓸모있는 바보처럼 여겨질 때가 있다. 시민사회가 국가를 약화시키면 흔히 지구화라고 불리는 전세계 민영화에 대항할 수 있는 잠재력을 가진 유일한 권력이 약화되는 것이다.

지구적 자본주의를 위해 세계를 안전하게 보전하는 것이 시민사회라는 이상을 성취한 효과일지도 모르지만, 물론 그것만이 이같은 이상을 부각시키는 유일한 이유 또는 주된 이유는 아니다. 시민사회의 이상은 더 심각한 문제, 즉 도덕적 공백은 아닐지라도 지성적 공백이라는 문제에 맞닿아 있다. 냉전 이후 시대의 가장 심각한 유산은 모든 선진국과 대다수 빈국이 경험한 이데올로기의 공동화(空洞化) 현상일 것이다. 자유주의자와 좌파가 민족주의와 공산주의에 각각 실망했었음은 쏘비에뜨제국의 붕괴 훨씬 이전부터 이미 잘 알려진 사실이다. 다만 예기치 못했던 점이 있다면, 초강대국간의 대결 종식 및 국가사회주의에 대한 시장자본주의의 승리로 인해 제2차 세계대전 이후 반세기 동안 국민국가가 얼마나 위축되어왔는지, 그리고 제2차 세계대전 이후 창설된 유엔이나 브레튼우즈체제와 같은 국제기구들이 얼마나 비효율적인지 또한 여실히 드러난 것이다.

'지구화'라고 표시된 소포에 배달되어온 것은 바로 이같은 폭로였다. 냉전은 동맹과 전쟁터의 시대였다. 모든 나라는 원하든 원치 않든 제각기 자기만의 절대적인 자리가 있었다. 그 자리는 무엇보다 군사화된 환경이었으며, 오직 국가만이 현대식 군대를 보유할 수 있었으므로 국민국가는 여전히 막강하게 생각되었다. 그러나 이 점은 세계경제 변화의 함의들을 충분히 인지하지 못한 상태에서 세계경제의 변혁이 이루어질 수 있었음을 보여줄 뿐이다.

'필수불가결한 국가' 또는 '유일 초강대국'이라는 허장성세에도 불구하고 미국은 냉전 당시보다 자국의 의지를 강제하기가 더 어려워졌고, 내부적으로도 반공이념만큼 높은 통합력을 가진 국가의제를 발견하지 못했다. 지구적 자본주의의 소비주의적 이데올로기 수식어인 다문화주의로 인해 국가라는 단일한 문화 개념이 분절화되었고, 저질적이고 상업화된 형태의 단일문화 개념이 남았을 뿐이다.

냉전 이후 주요 국가들은 모두 냉전 초기보다 더 약화되고 더 모순된 상태가 된 것 같다. 거기엔 충분한 이유가 있다. 세계경제의 진행과정이 기존 권력구조를 심각하게 위협했던 것이다. 그러나 '골드먼 싹스 인터내셔널'사의 로버트 호매츠(Robert Hormats) 부회장이 논평한 대로, 아무도 지구화를 통제하지 못하며, 특히 1992년 영국정부가 죠지 쏘로스(George Soros)가 이끈 투기업자들의 공세 앞에서 파운드화의 가치를 지키지 못했던 사례에서 알 수 있듯 각국 정부도 마찬가지로 통제하지 못한다.

이렇듯 권력상실을 느끼거나 실제로 권력을 상실하면 정당성의 상실이 뒤따른다. 이제 정치인들은 탄원자에 불과하고 기업의 중역들이 지혜와 권위의 원천, 그리고 진짜 권력의 소지자로 간주된다. 유럽연합 국가들은 보스니아전쟁을 종식시킬 만한 결의를 도출하지 못했지만 '유럽 법인'의 요청에 따라 유럽통화연합을 출범시킬 수 있었다. 이것은 여러모로 반세기 동안 자본과 노동 간의 사회계약——요즘은 이것을 기업의 손익결산의 방해물로밖에 여기지 않지만——을 중심으로 운용되어온 유럽식 자본주의의 종말을 뜻하는 사건이다.

미국에서는 소수민족의 자각이 다시 일면서 다원적 충성과 같은 현상이 만개하고 있다. 서유럽에서는 유럽연합의 구도하에 국민국가가 포섭되고 수세기 만에 처음으로 유색인 이주자가 대량으로 유입되면서 국가의 정당성에 유사한 위협이 가해지고 있다.

이같은 혼란을 맞아 국가의 이러한 분절화에 반대하기보다 오히려 그것을 이용하려는 시민사회의 이상이 더욱 중요해진 것이 뭐가 놀라우랴. 여기에다 시민사회의 일견 도덕적인 차원을 더해보면, 그 결과는 거의 억제할 수 없을 만큼 매력적인 것이 된다.

더 나아가 경제결정론과 민주주의결정론의 혼합이 국민국가의 미래에 대한 비관적 운명론으로 쉽게 이어졌다. 정치학자들은 17세기 베스트팔렌 질서의 확립 이래 근래 들어 국제관계상 가장 심대한 변화를 겪고 있다고 끊임없이 우리에게 확신시킨다. 분명히 국가는 투자흐름에 점점 더 영향을 적게 미치고 있으며 속 빈 조개껍데기처럼 변하고 있다고 판단된다. 그리고 유엔체제와 같은 초국가적(supranational) 기구의 미래는, 만일 미래가 조금이라도 있다면 더욱 어둡게 보인다. 차라리 이 불가피한 사태를 조금이라도 효과적으로 이용하는 편이, 그리고 NGO가 14세기 이딸리아의 길드와 같은 역할을 수행하는 새로운 중세적 시민사회가 오히려 쇠락한 국민국가 세계——심지어 국가권력의 필수조건인 폭력의 독점조차 흔히 더이상 보장되지 않는——보다 더 좋다고 주장하는 편이 낫겠다.

보편적 가치를 추구하는 거대한 계몽주의적 과업이 고작 국제법 규범을 더욱 철저하고 구속력있게 준수하자는 인권운동가들의 요구 정도로 줄어든 세계라면 필경 지역주의와 단일의제적 활동에 집착하게 마련이다. 물론 공평하게 말해 국가가 약화되고 국제기구가 무기력해졌다는 인식이 잘못된 것은 아니다. 그러나 결사체 네트워크가 국가가 하지 못하는 일을 대신 해줄 수 있다는 믿음은 잘못된 것이다.

시민사회의 유효성을 지지하는 사람들은 억압적인 정권이나 국가정책에 대항해서 투쟁한 대중적 행동의 성공사례들을 지적한다. 필리핀의 민중의 힘, 과거 체코슬로바키아의 벨벳혁명, 최근 대인지뢰금지 캠페인——이런 것들이 시민사회의 위대한 성공담들이다. 그러나 이러한 역사적 사건들이 앞으로도 인류의 향상이 주로 반체제인사들과 풀뿌리 활동가들의 투쟁에 의해 이루어질 것이라는 증거라고 주장한다면 지나친 억측이 아닐 수 없다.

시민사회 사상은 쏘비에뜨제국의 경우처럼 시민이 억압적인 국가로부터 보호될 필요가 있던 상황에 적용될 때에 가장 조리있는 설명이 된다. 그러나 그밖의 세계 다른 지역에서는 시민사회 패러다임이 부적절하거나 아니면 기껏해야 부차적 중요성밖에 지니지 못한다. 예컨대 아프리카 일부 지역에서는 수많은 폭도집단과 반란군들을 굴복시킬 강력한 국가가 훨씬 더 긴요할 것이다. 또한 20년도 넘게 민영화가 무자비하게 진행된 미국 역시 NGO가 어떻게든 국가를 바로잡을 수 있으리라 희망하는 것보다 오히려 국가의 역할을 강화하는 것이 더 필요하다고 덧붙이고 싶다.

국가가 실패한 부분을 시민사회가 잘 해낼 수 있다고 주장한다면 사실상 그것은 자포자기적 태도이다. 재무부·입법부도 없고 군대를 동원할 수 없는 시민사회는 국가보다 지구화의 도전에 대처할 수 있는 능력을 갖추지 못했으며, 지역차 그리고 시민사회운동의 핵을 이루는 단일의제 집단들의 자체 이익에 근거한 분열에 의해 난파할 가능성이 높다.

환경파괴자들의 약탈행위를 막는 데 있어 뜻을 같이하는 개인들이 조직한 자잘한 집단들이 어째서 정부보다 더 효과적일 수 있을까? 크게 보아 시민사회 사상은 시민사회가 이미 상당수 존재하는 선진국을 위해서라기보다는 전세계를 대상으로 발전하고 있다. 그러나 우리 모두 쓰라린 경험으로부터 알고 있듯이, 신뢰할 수 있는 사법부와 매력적으로 보이는 미디어가 발전한 미국에서조차 풀뿌리 활동가가 구사할 수 있는 수단은 그리 많지 않다. 우리는 가난한 나라에서 활동가들이 벌이는 노력과 활동을 칭송하면서도, 동시에 좋은 가치나 사악한 가치를 추구하는 풀뿌리 결사조직의 네트워크보다는 정직하고 효율적인 정부와 법률체계 그리고 정치에 초연한 군부가 있는 나라가 더 번성할 수 있다는 사실을 망각해서는 안된다.

이 마지막 논점이 정말 중요하다. 냉정하게 보면 시민사회 개념은 본질적으로 무정치적, 아니면 반정치적인 단일의제 활동 개념에 기반하고 있다. 물론 어떤 사람이 시민사회단체라 부르는 것이라도 다른 사람에게는 압력집단에 불과할 수도 있다. 시민사회 주창자들은 지역에 기반을 둔 결사체들이 카네기위원회가 시민결사체와 결부시켰던 그러한 미덕을 언제나 추구할 것이라고 가정한다. 시민사회가 국제정치 영역에서 새로운 세력으로 인정받아야 한다고 말할 때 이것은 어떤 특정한 종류의 시민사회, 다시 말해 어떤 특정한 종류의 정치적 운동을 뜻한다. 그러나 왜 꼭 그래야만 하는가. 그 이유는 오로지 서술적 용어로 써야 마땅할 말을 이데올로기적·도덕적 용어로 잘못 쓰고 있기 때문이다.

예컨대 그 정치적 의미를 접어두고라도 어쨌든 진짜 풀뿌리운동이라고 주장할 만한 근거가 있는 전미총기협회(NRA) 대신에 어째서 국제 대인지뢰금지 캠페인을 시민사회의 모범으로 보아야 하는가. 심지어 유엔도 NRA를 정당한 NGO로 인정하는 것을 극력 반대했었다. 그러나 만일 우리가 NGO를 정치적 입장이 아닌 서술적 입장으로 간주한다면 NRA 역시 분명 NGO로 불릴 자격이 있다.

어쨌든 시민사회가 반드시 선의의 세력이라거나 또는 그럴 가능성이 높다고 주장하는 것은 마치 간섭받지 않고 제 마음대로 할 수 있을 때에 사람들은 선량해진다고 주장하는 것과 비슷한 논리이다. 대조적으로, 시민사회의 지지자들은 국가의 약탈행위에 흔히 최면이 걸려 국가는 본질적으로 해롭고 무기력하거나 또는 양쪽 모두라고 가정하는 것 같다. 그러나 정부관리들 외에도 약탈자가 있으며, 고삐 풀린 국가권력에 의한 해악 외에도 다른 해악이 있다. 라도반 까라디찌 통치하에 있던 보스니아의 쎄르비아계 주민들이 좋은 예이다. 보스니아전쟁 당시 자유주의 진영에서는 쎄르비아인들이 공포나 미디어 조작 때문에 그렇게 행동한 것 같다는 기발한 해석을 내놓았다. 사람들이 조작된 상황이 아니더라도 큰 악행을 저지를 수 있다는 주장은 당치 않다고 묵살되었다. 그러나 보스니아전쟁을 오랫동안 취재한 사람으로서 필자는 까라디찌가 결정적인 시점에서 쎄르비아 대중의 정서를 너무나 충실하게 대변했으며 그런 점에서 그는 바츨라프 하벨만큼이나 시민사회의 모범적 대변인이라고 자칭할 만한 근거가 있다고 생각한다.

까라디찌가 악인이고 하벨이 선인이라는 점은 두말할 필요가 없다. 그러나 시민사회 문제를 논하는 자리에서, 선량하고 평화를 사랑하고 관용적으로 이상이나 이해관계가 표현될 때에만 시민사회가 존재한다고 여기지 않는 한 이 점은 논점을 비켜간다. 바로 이 지점에서 시민사회 개념은 무분별한 주창자에게 정치적·사회학적 개념이 아닌 신학적 개념이 된다. 학살사태가 일어나기 전만 해도 제3세계 개발전문가들이 아프리카에서 시민사회가 가장 발달한 나라 중 하나로 여겼던 르완다의 사례는, 피터 어빈(Peter Uvin)이 그의 명저 『폭력의 조장』(Aiding Violence)에서 보여주었듯이, 시민사회가 한 나라 정치적 건강도의 지표 또는 파멸에 대한 완충물이라고 전제하는 사람 모두에게 경고로 받아들여져야 마땅하다.

마지막으로, 민주주의의 문제가 있다. 결사체·압력단체·NGO의 지도자들은 민주주의 제도 속의 정치인과는 달리 자기 단체의 회원들 그리고 재정후원자에게만 책임을 지면 된다. 이것은 특정 대의를 추구하는 활동가들에게는 사소한 문제제기일지도 모른다. 조디 윌리엄스(Jody Williams)가 선거에서 뽑혀서 대인지뢰금지 캠페인을 이끈 게 아니라고 해서 문제될 것이 뭐가 있겠는가. 아마도 문제될 것이 없을 것이다. 그러나 시민사회의 지지자들은 단일의제뿐만 아니라 우리 시대의 모든 시급한 난제에 관해 정부나 의회의 해결책보다 더 나은 대안을 제시하거나 중요한 목소리를 덧붙인다고 주장한다. 게다가 그러한 단체의 지도자들은 정치인과는 달리 선거유세를 할 필요도, 공식직책을 맡을 필요도, 납세실적을 대중에게 공개할 필요도, 재선을 위해 출마해야 할 필요도 없다. 이것은 NGO지도자들이 봉건 영주 행세를 하는 새로운 중세와 다를 바가 없다.

물론 이것은 대다수 시민사회 주창자들이 염두에 두고 있는 바가 절대 아닐 것이다. 그러나 현실을 보건대, 국민국가에 대해 가능한 유일 대안으로 제시되고 있는 시민사회의 정체는 바로 이처럼 누구에게도 책임지지 않는, 비민주적인 단일의제 집단 무리들인 것이다. 필자가 보기에, 만일 NGO가 앞으로 그들에게 예상되는 것과 같은 수준의 높은 지위와 중심적 역할을 얻게 된다면 우리 모두가 현재보다 훨씬 열악한 상황에 처하게 될 것이다. 그리고 이미 사태는 비관적이다. 시민사회 주창자들의 활동이 기반해온 전제 자체가 완전히 틀린 것이다. 국민국가는 분명 약화되었지만 완전히 쇠진한 세력은 아니다. 그리고 시민사회의 마법의 탄환이 가져다줄 것으로 생각되는 더 좋은 세계를 꿈꾸는 사람이라면, 무엇을 해야 할 것인지 그리고 사회를 어떻게 조직해야 할 것인지에 관해 우리 모두가 한목소리로 동의하지 않으며 또 그렇게 되지도 않을 것임을 분명히 알고서, (NGO활동보다는—엮은이) 자기가 생각하기에 싸울 가치가 있는 정치적 투쟁을 전개하는 편이 더 나을 것이다.

한국 시민운동을 비판한다

정종권

1. '시민운동'이란 이름

'공기업 민영화'라는 개념을 접하면 늘 이런 생각을 하게 된다. 정확하게 아니 상식적으로 표현하면 '사유화' 또는 '사기업화'가 올바른 말인데 왜 '민영화'라고 개념화되고 또 그 개념이 사회화되고 있을까? 말장난이라고 치부할 수도 있지만, 필자는 '사유화'가 '민영화'로 표현되고, 그 개념이 사회적으로 유통되는 과정 자체도 하나의 이데올로기라고 본다. 공기업을 장악한 정부관료에 대한 민중적 반발을 지렛대로 하여, '정부 소유'가 '사적 소유'로 전환되어야 한다는 주장을 '민영화' 개념으로 정당화하고 있는 것이다. 공기업의 사기업화에서는 '정부 소유' 대 '사적 자본의 소유'가 대당하지만, 공기업의 민영화에서는 사적 자본이 아닌 '국민'이라는 이미지가 '정부'에 대당한다. 즉 민영화 개념은 국민적 소유와 경영이라는 위장논리를 부각시키면서 실제적으로는 사적 자본의 소유를 관철시키는 데 주요한 이데올로기적 역할을 하는 것이다.

이런 상념은 시민운동에 대한 몇가지 단상들과 중첩된다. '민영화' 담론이 그 실제적 내용과 별개인 이데올로기적 목적과 효과가 있듯이 '시민운

＊「시민운동에 대한 비판적 평가」, 『경제와사회』 2000년 봄호.
＊＊丁鍾權: 사회진보연대 정책기획국장.

동' 담론 또한 운동 이념과 방향, 대상과는 별도로 이데올로기적 효과를 발휘한다. 1989년 경제정의실천시민연합(이하 '경실련')의 출범과 함께 사회운동적 담론으로 부각되기 시작한 시민운동은, 1994년 참여연대의 출범과 소액주주운동의 파급력을 계기로 주요한 사회적 실체로 자리를 잡았고, 이제는 NGO운동[1]이라는 개념으로 그 폭과 내용을 확장하는 중이다.

시민운동은 다양한 이념적 스펙트럼과 대중적 기반을 가지고 있는 운동들에 대해 '차이'가 아닌 '동질성'을 부각시킨다. 그리고 그 동질성은 노동자로서 혹은 농민이나 도시빈민으로서의 개인이 아닌 진정한 시민의식을 가진 국민적 개인으로서 '공익'이라는 보편적 요구를 중심으로 활동한다는 그런 의미에서의 동질성이다. 이것은 계급의 의미를 무효화한다.

시민운동의 전사(前史)는 크게 세 가지로 나누어 생각할 수 있다. 하나는 YMCA와 YWCA, 흥사단과 같은 독자적 역사를 가지고 있던 단체들이 '중간층운동' 또는 '종교운동'과 같이 민중운동 경계 밖의 이름으로 호명되다가 90년대의 흐름 속에서 시민운동 또는 NGO운동으로 호명되는 경우가 있고, 두번째는 여성운동과 같이 80년대에는 적극적인 의미에서 민주화운동 또는 민중운동으로 호명되다가 90년대에 시민운동으로 자신의 정체성을 새롭게 정립하는 경우이며, 세번째는 경실련·참여연대처럼 시민운동을 적극적으로 담론화하고 이론화하면서 새롭게 탄생한 단체들의 경우이다. 이처럼 과거에는 민중적이던 혹은 관변적이던 단체들을 시민운동 그리고 NGO운동이라는 이름으로 재호명하게 만드는[2] 사회적 배경은 무엇인가? 동일한 단체의 동일한 활동이 80년대에는 다른 이름으로 지칭되다가 90년대 들어 '시민운동'으로 불리게 된 까닭은 무엇일까? 억압적 사회체제에서 열린 사회로 정치사회적 공간이 확장되면서 그동안 억눌렸던 시민들

1) 한국사회에서는 그린피스의 환경운동과 앰네스티의 인권운동이 대표적인 NGO운동으로 알려져 있다. 그리고 NGO담론은 리우 환경회의, 베이징 여성대회, 제네바 인권회의 등 NGO의 세계화와 국제연대가 본격화된 90년대에 들어오면서 본격적으로 확산되었다.
2) 그 극단적인 경우가 작년 세계NGO대회이다. 이 대회에 참석한 단체들의 명단을 살펴보면 과거엔 관변적·어용적이었던 단체들이 NGO라는 '면죄부'를 부여받은 경우를 수없이 찾아볼 수 있다.

의 다양한 목소리가 터져나오는 시민사회 활성화 과정이라고 분석하는 것은 지나치게 단선적이고 표피적이다.

진보적인 사회학자인 조희연 교수 역시 시민운동의 등장배경으로 7,80년대의 반독재 민주화운동과 민중운동으로 인해 권위주의화가 저지되고 민주화로 진입하였다는 점을 든다.[3] 그에 따르면 이 과정은 시민사회의 활성화에 기초하여 제도정치와 국가의 개방적 재편이 일어남을 의미한다고 한다. 군사독재시절 합법적 공간에서 활동하는 것이 원천적으로 봉쇄되었다가 80년대 말 제도정치 및 사회운동 공간의 자율적 확장을 배경으로 시민운동이 본격적으로 전개되기 시작하였다는 것이다.

그러나 80년대 민주화의 성격, 집약하자면 87년 6월항쟁의 이중적 성격으로 인해 시민운동의 방향성이 굴절되기 시작하였다. 민주화운동이 권위주의화를 저지하고 민주화의 길을 연 성과도 있지만, 다른 측면에서는 '아래로부터의 급진적 민주화'가 아닌 '위로부터의 보수적 민주화'를 밟게 됨으로써 신생의 시민운동이 민중운동의 확장이 아닌 비(非)민중운동 혹은 반(反)민중운동적 방향으로 전개되는 배경이 되었다는 것이다. 그러나 보수적 민주화의 내적 문제점이 표출되어 사회적 비판의식이 고조되고 계급적 대중운동이 성장하고 급진화됨에 따라 시민운동적 공간에 진보적으로 개입할 필요성의 공감대가 형성되면서, 90년대 중반 참여연대로 대변되는 진보적 시민운동이 출현하게 되었다고 조교수는 주장한다.[4]

하지만 필자는 시민운동의 등장에 80년대 후반 한국경제가 호황국면에 돌입하면서 과거의 허위적이고 의제적이던 중산층의식이 비로소 물질적

<hr/>

3) 조희연 「참여연대 5년의 성찰과 전망」, 『참여연대 창립 5주년 기념 심포지엄 자료집』, 1999.
4) 조희연 교수는 시민운동의 시기를 탈정치, 비정치적 시민운동의 1단계 시민운동(~87년), 보수지향의 온건한 시민운동으로 존재한 2단계 시민운동(~90년대 중반), 그리고 2단계의 정체성이 약화되거나 주변화되면서 진보적 성격이 강화되는 3단계 시민운동으로 구분하며, 참여연대를 3단계의 진보적 시민운동으로 규정하고 있다(같은 글 12면).
　그러나 필자는 이같은 시기구분보다는 현재 세 가지 성향의 시민운동이 혼재하고 있는 상황에서 세 가지 운동이 '시민운동'으로서 갖는 동질성이 무엇인가를 문제삼고자 한다. 시민운동 남논의 효과는 무엇인가, 가치지향이 다른 보수적 시민운동과 진보적 시민운동이 공유하고 있는 지반이 무엇인가를 문제제기하고자 하는 것이다.

기반을 얻어 사회적 실체로서 부각하기 시작한 것이 실질적인 배경이 되었다고 판단한다. 전문직·사무직의 일부, 골드칼라로 표현되는 금융계층이 주요 여론집단으로 등장한 시기가 80년대 말~90년대 초였다는 점을 상기해볼 필요가 있다. 조교수가 분석한 배경도 하나의 조건으로 작용하였지만 그것만으로는 시민운동이 어떠한 계급·계층을 근거로 하고 있으며, 왜 '공익'의 추구를 시민운동의 가장 핵심적인 논리로 하고, 체제합리화라는 운동적 한계로 나타나고 있는지에 대한 정치적 분석으로 나아가지 못한다.

시민운동은 사회운동에서 민중운동의 헤게모니적 지위를 파괴하고 주변화되었던 중간단체들을 주도적 지위로 상승시킨다. 그리고 이 과정은 계급 갈등을 대결적 구도가 아닌 협의적 구도로 전환하고, 전투적 저항세력을 해체하고 합리적 개혁세력을 부각시키려는 자본과 권력의 이해, 그리고 이러한 변화를 가능하게 하였던 신자유주의의 전세계적 확산 등의 요인들이 복합적으로 작용한 것이다. 우리는 그런 면에서 시민운동의 논리가 근거하는 것이 전문가집단과 사무관리직의 상층, 금융자산계층이며, 시민운동과 이념적 친화성을 가지는 것이 자유주의와 실용주의, 법률주의라고 생각한다. 그것은 우리 사회의 구조적이고 체제적인 문제를 특정한 정책과 그것의 담당자 문제로 제한시킨다.[5]

그런 의미에서 시민운동이 NGO운동으로 확장하는 것은 필연적이다. NGO라는 것은 크게 분류하자면, 특수이해를 대변하고 추구하는 운동이냐 사회의 공익적 요구를 대변하고 추구하는 운동이냐로 나눌 수 있으며, 후자가 시민운동의 논리이다. 시민단체는 NGO의 소극적이고 정치적인 표현이며 NGO는 시민단체의 노골적이고 확장된 표현에 다름아니다. NGO는 그 표현이 담고 있듯이 GO, 즉 정부·국가기구와의 관계에서 자신의 정체성을 정립한다. 그리고 '정부와 시장과 시민사회(NGO)의 동반자적이고 협

---

5) 이제 시민운동을 하는 단체들은 각자가 내세우는 공익의 아이템과 이를 실현하기 위한 로비력과 활동력에 의해 변별점을 가질 수 있을 뿐이다. 이러한 논리에서는 과거의 YMCA와 현재의 참여연대가 무슨 본질적 차별성을 가질 것이며, 또한 차이를 분석하고 평가한다는 것이 무슨 의미가 있을 것인가? 선진적인 활동방식과 조직적 노하우를 벤치마킹하는 것이 중요할 따름이다.

력적인 관계'라는 김대중 대통령의 얼마 전 발언에서도 알 수 있듯이 NGO
담론은 과거의 운동이 맹아적으로나마 가지고 있었던 체제일탈성과 급진
성을 순화하고 거세한 것이다. 이렇게 볼 때 진보적·급진적·체제일탈적
NGO란 모순이며, 앞의 수식어는 체제개혁과 합리화를 지향하는 NGO담
론에 포섭되면서 그 의미가 거세될 수밖에 없다.[6] 이것은 왜 보수언론들이
그토록 민감하게 NGO담론에 반응을 하며, 정부는 NGO를 동반자 지위로
격상시키려 애쓰는가라는 문제에 대한 필자 나름의 대답이다.

2. 시민운동의 성격

위에서도 언급했듯이 '시민운동은 이러저러한 운동이다'라는 식으로 접
근하는 것은 올바른 접근법이 될 수 없다. 왜냐하면 시민운동이 노동자운
동, 농민운동, 도시빈민운동, 여성운동과 같이 운동의 주체적 측면을 가리
키는 것이라면 '시민'이라는 주체가 무엇을 의미하는지가 밝혀져야 하는데
시민이라는 개념 자체가 이념적 가치규정을 담고 있는 다의적인 것이기 때
문에 운동주체가 모호할 수밖에 없다. 운동의 이념적·가치적 지향이라는
측면에서도 사회주의운동, 사회민주주의운동, 자유주의운동처럼 이념적
체계와 가치를 공유하고 있는 운동도 아니라서 시민운동진영 내에도 다양
한 이념적 스펙트럼이 존재한다. 그런 의미에서 '시민운동, NGO운동은 무
엇인가'라는 식의 접근이 아니라 현재적 상황에서 시민운동은 어떠한 사회
적 효과와 의미를 가지고 있는가, 그리고 왜 지금 시기에 시민운동 담론이
제기되고 확산되고 있는가라는 질문과 접근법이 더욱 유의미하다.

자유주의운동으로서의 시민운동
시민운동, NGO운동이라는 표현은 가치중립적 표현이 아니라 '민중운동

---

6) 혼동을 피하기 위해 이러한 '거세'가 NGO활동가들의 주된 전략·목표는 아니며 NGO담론
의 이념적·사회적 효과임을 분명히 지적하고자 한다. 또한 반(反)민중운동적 지향을 가지
고 있는 NGO운동 또한 분명히 존재하고 있다.

의 자유주의화, 탈계급화, 부르주아적 시민화'를 지향하는 가치함축적 표현이다. 모든 시민운동론자들에게 '시민운동'은 특정한 집단의 특수한 이해가 아니라 우리 사회의 '보편적 이해'를 대변하려는 운동을 의미한다. 그리고 보편적 이해는 '공익' 또는 '공공선'으로 표현된다.

시민운동은 단순한 계급적 이해관계를 넘어서서 공공성의 실현을 지향하고 있다. 노동운동은 시민사회운동의 일부이나 그것과 분리된 계급이익을 추구하는 운동이다. 계급적인 이해의 대립이 자본주의 사회에서 가장 중심적인 대립축인 것은 사실이나, 계급이해는 시민 일반의 이해와 공유되는 영역, 독자적인 영역을 함께 포함하고 있다.[7]

이러한 주장은 자유주의적 혐의를 지울 수 없다. 자유주의는 '개인'의 정치경제적·사회문화적 자유권을 절대화하는 것에서 출발하며, 국가와 특정 집단에 의한 개인의 권리에 대한 제한과 규제는 설사 그것이 강요가 아닌 사회적 합의에 의한 것이더라도 비본질적이며 일시적·임시적인 성격을 넘어설 수 없음을 논리적 골격으로 하고 있다. 그래서 자유주의는 경제적 자유주의, 즉 시장질서와 개인의 소유권을 핵심으로 하는 사회체제를 지향하는 것이다. 자유주의 논리에서 계급적 이해관계는 사회를 구성하는 개인들의 다양한 준거집단의 이해에 불과하며, 공공성과 공익이라는 보편적 이해관계에 비해 부차적이고 이차적인 지위를 가질 수밖에 없다. 비록 "가장 중심적인"이라는 수식어를 붙이더라도 그것의 의미는 일시적·상황적 의미를 뛰어넘을 수 없다. 이런 '민중운동의 자유주의화'는 노동자·농민·도시빈민의 대중운동이 사회의 구조적 모순과 원인에 대한 저항과 극복으로 나아가는 것을 저지한다. 사회구조를 개혁하기 위한 '대중'의 운동이 아닌, 정책을 개선하기 위한 '전문가'들의 입법청원과 제도개선운동으로 나타날 수밖에 없다. 여기서 논점이 법과 제도의 개선이 불필요하다거나 무의미하다는 것이 아님을 확인할 필요가 있다. '대중을 위한' (전문가의) 운동이 아닌 '대중

7) 김동춘 「되돌아본 시민운동 10년, 21세기의 대안」, 『참여연대 창립 5주년 기념 심포지엄 자료집』, 1999, 79면.

의' 운동이 필요한 것이며, 그 대중은 특정한 이슈와 현안에 대한 동일한 이해관계를 가진 시민들의 집단——다른 표현으로는 공익과 공공성을 추구하며 자신의 협소한 이해관계를 뛰어넘은 진정한 시민의식의 소유자——이 아니라 생산과 사회의 구조적 관계 속에서 그리고 자신의 투쟁과 실천 속에서 동질성을 확보하는 대중들이다.

자본주의가 형성될 시기 부르주아가 혁명적이고 진보적일 수 있었던 것은 자유와 평등이라는 부르주아혁명의 구호가 가지는 보편성에서 연원한다. 즉 부르주아가 자유와 평등의 실체적 내용을 개인의 소유권과 시장의 자유, 시장질서에서의 형식적 평등으로 추구하고 그에 따라 사회를 재편하였다 하더라도 그들은 그것을 사회의 보편적 이해로서 추구하였던 것이다. 그런 의미에서 모든 사회적 운동은 보편성을 추구한다. 문제는 보편적 이해관계라는 것이 계급적 이해관계와 별개의 그 무엇인가 아닌가 하는 점에 있다. 시민운동론자들은 계급적 이해관계를 공익과 공공성이라는 보편적 범주의 하위범주로 사고한다.

관리주의로서의 시민운동

시민운동은 체제의 극복이 아닌 합리화를 지향하는 운동이다. 시민운동은 민중운동과 대립하면서 등장한 운동이며, 사회구조적 모순과 갈등의 극복이 아닌 합리적 관리를 지향하는 운동이다. 그런 점에서 '공익'의 논리도 다른 각도에서 보면 다양한 사회이익집단의 요구를 조정하는 논리를 의미하기도 한다. 우리는 '공익'이라는 용어를 노사갈등의 현장에서 중재자의 외양을 띤 정부의 논리 속에서 수없이 듣고 보고 부딪혀왔다. 계급갈등과 투쟁을 이해다툼으로 전락시키고, 이를 공공의 이익(공익)을 파괴하는 행위로 비판하면서 타협과 화해를 요구하는 것——사실은 노동의 항복을 요구하는 것——이 공익의 실체이며, 공익집단(정부 또는 사회적 지위와 권위를 가진 중재집단)의 모습이었다. 이러한 공익의 담지자가 과거엔 정부 또는 공적 기관이고 공익을 관철하는 수단과 방식이 대단히 억압적이었다면, 현재 공익의 담지자는 시민운동이 되고 관철의 수단은 영향력과 사회적 합의를 통한 압력이며 그리고 과정에서의 절차적·사회적 정당성을 획득하는 것으로 변화하고 있는 것이다.

관리주의는 현존하는 사회적 갈등과 모순을 부정하거나 물리적 방식으로 해결하려 들지 않는다. 대신 법률적 관리 및 전문적 지식과 미디어를 통한 관리방식을 선호한다. 또한 실용적·정책적인 해결책 제시를 통한 갈등의 해소를 지향하기 때문에 정부와 국가에 대한 '영향력'이 필수적인 요소가 된다. 이렇듯 관리주의는 공익소송과 같은 법률적 매개수단을 보편화·절대화시키는 법률주의, 전문적 지식에 기반한 정책의 입안과 갈등의 중재를 일상화할 수밖에 없는 전문가주의를 내부 요소로 안고 있다. 우리는 이러한 NGO의 관리자적 성격이 전형적으로 나타난 예를 신자유주의 재편 하의 라틴아메리카에서 찾을 수 있다. 1980년대와 90년대 초반, 라틴아메리카 전역에 걸쳐 NGO가 급증하였으며, 그들의 주요 역할은 개발계획의 입안자이자 실행의 대리인 역할이었다. 즉 국가정책이 신자유주의적으로 전환되면서, 빈곤을 줄이고 개발을 촉진하는 정부의 역할을 NGO가 대신하게 된 것이다(이러한 NGO를 '개발NGO'라고 부른다). 라틴아메리카의 경제위기가 NGO의 확장에 기여한 주요한 요인이 된 것이었다.

한국에서도 실업문제에 대처하려는 흐름 속에서 이러한 관리주의적 경향성을 볼 수 있다. 실업문제에 대한 대응은 크게 두 가지로 정리할 수 있는데, 실업노동자를 조직하고 이를 노동자운동의 주요한 내적 계기로 전환하려는 운동과 실업을 경제위기의 불가피한 산물로 이해하고 이것의 사회적 파괴효과를 최소화하려는 운동이 그것이다. 후자의 흐름에서 실업노동자는 조직화의 대상이 아니라 관리의 대상이 될 뿐이며, 능동적인 실천주체로 나아가는 것이 봉쇄된다. 이것이 관리주의의 사회적 효과인 것이다. 관리자로서 시민운동은 노동자와 민중을 정치적 주체로 형성하려고 하기보다는 개별 시민으로 분산시키고, 다시 이들을 압력집단으로 재조직하는 양상을 보이고 있으며, 탈계급주의·반계급주의 운동으로 나아가고 있다.

시민운동의 일부 인사들이 제기하는 '노동자는 시민사회의 가장 중심적 세력이며, 노동운동은 시민운동과 연대해야 한다'는 주장은 두 가지 상이

한 함의를 내포하고 있다. 하나는 현장과 조직노동자의 협소한 이해에 묶여 있는 노동조합운동은 시민운동과 연대함으로써 운동의 시야를 넓히고 국민적 운동으로 확산될 수 있고 시민운동 또한 노동조합운동과 만남으로써 시민 없는 시민운동이 아닌 주체 있는 시민운동으로 정립할 수 있다는 의미이다. 두번째는 노동(조합)운동이 협소한 계급관계에 얽매이던 과거에서 탈피해서 공공성을 추구하는 시민운동, NGO운동의 한 부분으로 재정립되어야 한다는 의미이다. 그러나 이 두 가지는 선택의 문제가 아니다. 전자의 의미는 시민운동가들의 지향과 의미부여이며, 후자는 그것이 현실적으로 함의하는 내용이다. 전자의 외양을 띠면서 후자의 내용을 현실화시키는 것, 이것이 '노동운동과 시민운동 연대론'의 진실인 것이다. 여기서 계급관계, 계급성, 계급의식의 의미는 집단이익의 개념으로 전락하면서 극복되어야 할 낡은 개념이 된다. 탈계급화라는 목표를 위해서.

미국식 모델을 지향하는 시민운동

한국의 시민운동은 미국의 사회운동 모델, 더 나아가서는 미국식 사회 씨스템과 경제구조를 지향하고 있다. 미국의 수많은 NGO들의 논리와 조직화 양식, 실천방식을 모델로 할 뿐만 아니라 시민운동의 정신적 지향이 미국식 신자유주의를 향하고 있다는 것이다. 미국식 근대화, 혹자는 이것에 대해 한국의 '천민적' '기형적' 자본주의와 정치구조를 '정상화'시키는 운동이 시민운동의 주요한 과제라고 표현하기도 하였다. 즉 이들에게 사회의 정상적 모델은 바로 미국식 근대화 모델인 것이며, 오늘날 미국식 모델은 곧 신자유주의 모델을 의미한다. 바로 한국사회 구조를 더욱 왜곡시키고 모순을 심화시키는 근본 원인인 신자유주의를 이상적 모델로 지향하면서, 우리 현실에서 진보적이고 개혁적인 역할을 한다고 주장하는 것이 시민운동의 역설적이고 자기모순적인 모습인 것이다.

이러한 역설의 대표적 사례가 바로 '소액주주운동'이다. 어떤 운동을 긍정적 요소와 부정적 요소, 한계적 요소 등으로 나누고, 요소의 총합으로 그 운동의 가치와 의미를 분석하는 것만큼 무의미하고 허황된 것이 없다. 사회적이고 실천적인 운동은 그 운동의 전략과 목표 그리고 정세적 함의 속에서 가치와 적절성을 평가해야지 요소들의 비율로 판단되어서는 안된다. 이런 사족을 다는 것은 소액주주운동을 놓고 긍정적 의미와 부정적이고 한계적인 요인으로 나누고 이러저러한 현실적 의미를 부여하며, 비판적 시각에 대해서는 '원론적이고 비현실적이다'라는 식으로 외면하는 것에 대한 대답이 필요하기 때문이다. 다음이 이런 식의 비판의 대표적인 논리이다.

소액주주운동을 (소액)주주자본주의를 지향하는 운동으로 규정하고 비판하는 것은 본질론적 비판으로서의 의미를 가지나 현실론적 비판으로서는 과잉규정의 성격이 있다고 생각된다. 현국면은 기동전적 상황이 아니기 때문에 본질론적 비판과 직접적으로 연관된 투쟁만을 중심으로 보게 되면 현재의 자본지배에 대한 저항의 통로를 협소화하는 것 … 소액주주운동은 자본주의라는 현실 속에서 자본을 통제하는 민의 활동의 한 측면으로 이해되어야 한다.[8]

신자유주의는 민주와 자유를 파괴하지만 민주와 자유를 배제하는 것도 아니다. 오히려 (절차적) 민주화와 (경제적) 자유화를 내부 요소로 하면서 자기화하고 있다. 비합리적인 각종 제도와 절차의 합리화, 개인의 경제적 자유권 보장, 경영투명성의 확보, 각종 규제의 철폐라는 신자유주의의 핵심 기조는 바로 민주화와 자유화를 기반으로 하고 있는 것이다. 그래서 민주화와 자유화의 실제적 내용과 계급적 의미를 가지고 판단해야지, 민주화와 자유화의 일반적이고 보편적인 의미로 접근해서는 안되는 것이다. 그래서 소액주주운동이 재벌의 거대권력에 저항하고 이를 민주화하고, 거대자본을 통제하는 민의 활동이라고 규정하는 것은 '과잉'규정이 아니라 '전도된' 규정일 뿐이다. 재벌에 맞서는 소액주주의 이해는 무엇인가? 민주적 이해이고 민중적 이해인가, 아니면 재벌에 의해 왜곡되고 굴절된 자산소유자들의 이해인가?

금융시장의 핵심적 주체는 주식소유자인 주주이며, 주주는 인격체가 아

8) 조희연, 앞의 글.

닌 주식의 인적 표현일 뿐이다. 1,000주를 소유한 주주와 1주를 소유한 주주는 1,000과 1이 동일하지 않듯이 금융시장에서 결코 동등하고 평등한 존재가 아니다. 소액주주와 거대주주는 금융시장에서 결코 동일해질 수 없으며——금융시장의 본질을 파괴하는 것이기 때문에——따라서 이들이 요구하는 것은 평등의 원리가 아니라 소액주주의 합리적(!) 권리를 보장하라는 것이다. 그러면 왜 지금 그것이 문제인가?

경제위기와 IMF 구조조정이 가져온 가장 큰 변화 중의 하나가 금융화의 가속화이다. IMF 이전에 비해 한국의 주식시장 규모는 몇배로 성장하였다. 정부의 경제정책도 주식시장의 활성화를 통한 경제부양을 기본 줄기로 하고 있다. 즉 금융화의 사회적 비중이 이전과 비교할 수 없을 정도로 확대되었고, 또 신자유주의 구조조정의 핵심에 바로 '자본의 금융세계화' 경향이 존재한다. 이런 상황에서 주식시장의 질서를 정비하고, 비합리적이고 전근대적인 요소를 정비할 필요성이 객관적으로 요구되는 것이다. 소액주주운동은 이러한 자본의 금융화라는 흐름을 저지하거나 비판하는 운동이 아닌 철저하게 그 과정에 기여하는 운동이다.

즉 자본의 금융세계화라는 흐름과 정책기조가 어떠한 파괴적 효과를 낳고, 우리 사회의 모순을 은폐·확대시키고 있는가를 분석하여 밝혀내고 이에 대한 저항을 조직하는 것이 현재의 실천적 과제일 텐데, 소액주주운동은 이와는 반대로 '주식시장의 합리화'라는 신자유주의적 목적에 기여하는 것이다. 이러한 소액주주운동이 개별 자본과 갈등하고 대립하는 현실이 이러한 우리의 주장을 반박하는 것이 될 수는 없다. 김대중정권에 대한 재벌의 저항과 반발이 김대중정권의 성격을 규정하지 않듯이, 소액주주운동에 대한 개별 자본의 비판과 반발이 소액주주운동의 개혁성과 진보성을 담보하는 것은 아니다.

비(非)신사회운동으로서의 시민운동

신사회운동은 합리화된 국가와 제도정당의 '관료화'에 대항하면서 대중운동으로 촉발되었다. 그렇기에 신사회운동은 제도정당에 대한 독립성과 비(非)제도적 활동을 특징으로 한다. 그리고 내용에서는 관료화에 대한 대항으로 급진성과 일탈성, 전복적 성격을 강하게 가지며 실천형태들도 전투적인 양상을 띠게 된다. 그렇기 때문에 신사회운동을 단순히 환경·문화·소비·여성 등 새로운 이슈의 문제로 사고하는 것은 일면적인 사고이다. 신사회운동은 그저 '새로운' 이슈를 다룬다는 점이 아니라 진보정당과 노동운동이 더이상 급진적·현실전복적 역할을 수행할 수 없게 되면서 등장한 대중운동이라는 점에 그 핵심이 있다.

그러나 한국의 시민운동은 '제도정치의 관료화'에 대한 반발이 아니라 '제도정치로부터 배제'되면서 대안적 조직형태로서 시민단체와 NGO를 선택하고 형성해온 것이다. 즉 이들에게는 '배제의 조건'이 철회된다면 그것은 바로 '참여의 조건'이 된다. 그 참여에는 직접참여뿐만 아니라 각종 정책적 제언을 통한 정책파트너로서의 역할 등 다양한 형식이 존재한다. 그것의 이상적 모델이 바로 미국의 수많은 NGO들인 것이다.

신사회운동의 급진성과 전복성[9]은 비록 그것의 이념적 성향이 비(非)사회주의적 운동이고 사회주의운동과 대립·갈등하였다고 하더라도, 사회주의운동에 중요한 정치적 영감과 상상력을 제공하는 근거가 될 수 있었다. 그러나 한국의 시민운동은 그러한 역할을 하고 있지 못하다. 그 이유는 전투적이고 급진적인 운동방식, 선명한 정치적 태도, 중립이 아닌 당파적 태도를 분명히하는 신사회운동과 근본적으로 다른 한국 시민운동의 모습에서 찾을 수 있다. 온건하고 합리적인 운동방식, 제한적이고 주변화된 정치성, 중립지향의 태도는 과거의 중간층운동과 본질적으로 구분되는 것이 아니다. 변화된 것은 이를 정치적으로 용인하고 확산시키는 사회적 체제와 씨스템이다. 한국의 시민단체들이 성명서와 기자회견 그리고 볼거리를 제공하는 이벤트성 행사를 위주로 하고 있으며, 미디어에 의존하는 비중이 크다는 것에서 온건 합리주의운동의 징표를 읽을 수 있다. 그리고 제한적

---

9) 이 글의 논지에서 신사회운동에 대한 규정이 제한되고 있음은 사실이다. 즉 광의의 개념에서 신사회운동이 아니라 협의의 개념, 더 좁혀서는 서유럽의 생태주의운동으로 대변되는 사회운동을 집중적으로 표현하고 있다는 것을 인정한다.

이고 주변화된 정치성은 우리 사회의 가장 정치적인 쟁점인 실업과 불안정 노동을 구조화하는 신자유주의적 구조조정, 민중들의 생존권 요구 투쟁, 그리고 국가보안법 철폐에 대한 불철저하고 회피적인 태도를 통해 드러난다. 특히 국가보안법은 급진주의자나 진보주의자가 아닌 자유주의자라고 해도 단호하게 반대하고 철폐운동을 비타협적으로 해야만 하는 쟁점임에도 불구하고, 한국의 시민운동은 적극적인 운동을 벌이지 못하고 있다.

현재의 시민운동은 과거와 달리 비정치적이고 탈정치적이라고 하기는 힘들지만, 정치적 쟁점의 핵심을 회피하려는 경향이 농후한 것이 현실이며, 정치적 의제의 우선순위와 실천의 강도, 집중성에서 주변적이고 제한적인 범위에서 벗어나고 있지 못하다. 그리고 자유권적 의제가 아닌 사회적이고 구조적인 의제일수록 그러한 경향은 더욱 강하게 나타나고 있다.

또한 시민단체의 중립지향적 태도가 드러난 대표적인 경우가 작년 지하철노조의 파업투쟁이다. 지하철파업은 신자유주의적 구조조정에 대한 반대투쟁이라는 점이 그 핵심적 성격이었다. 그러나 파업 당시 대부분의 시민단체들은 파업에 대해 비판적인 태도를 보이거나 아니면 유보적이고 중립적인 태도를 보였다. 시민운동에 있어 파업사태의 본질은 지하철 노동자들의 이해관계와 지하철을 이용하는 시민들의 이해관계가 대립한다는 것이었다. 그래서 이들은 공익——지하철을 이용하는 시민들의 이해——을 위해서 사용자와 노동자의 이해관계를 조율하고 중재하는 것이 자신들의 역할이라고 생각했다. 즉 이들에게 파업의 원인에 대한 구조적 분석과 이에 근거한 당파적인 태도는 편협한 태도이며, 대립과 갈등——그것이 어디에서 기인한 것인지는 부차적이다——을 중재하고 해결하는 것이 공익적인 태도였던 것이다.

그러나 이를 제대로 바라보아야 한다. 파업이 발생한 원인에 대한 분석과 이에 대한 구조적이고 근본적인 해결방안이 바로 공익이며, 이용자들의 불편은 부차적이라는 것이다. 동시에 노동조합의 자주적 권리와 파업권은 무엇에 의해서도 부정되거나 훼손되어서는 안되는 기본권이며, 누군가의 불편함이 이를 부정하는 이유가 되어서는 안된다. 이런 사례가 일회적이거나 특수한 것이 아니라 시민운동의 논리 속에서 필연적이며, 일반적이라는 점에 주목해야 하는 것이다.

3. 앞으로의 과제

분명 시민운동은 허구적인 것이거나 이데올로기적 현상만은 아니다. 실체가 있으며, 아니 실체가 있는 수준이 아니라 사회운동에서 헤게모니적 지위를 점하고 있다. 진보적 기독교운동은 과거 대표적인 민주화운동이면서 민중운동의 울타리에 있는 운동이었다. 그러나 지금의 진보적 기독교운동은 스스로를 민중운동이 아닌 시민운동으로 규정하고 정체성을 재정립하려고 한다(그러한 경향이 있다는 것이 정확한 표현이다). 이것의 함의가 무엇인가? 그것은 기독교운동이 새로운 다른 운동(비기독교운동)으로 변하는 것이 아니라 기독교운동의 실체를 규정하는 운동의 정신, 수단과 방법, 목표, 조직대상이 민중운동적 논리에서 시민운동적 논리로 변한다는 것이다. 결국 원점으로 돌아가는 것이고, 운동의 전략을 둘러싼 문제로 귀결되는 것이다. 세상을 바꾸고 개혁하려는 전략에 있어 시민운동과 민중운동이 어떻게 다르며, 누가 대중운동을 전취하고 실질적으로 결합하는가의 문제인 것이다.

이 점에서 "전투적 노동운동과 진보적 신사회운동의 동맹의 세계운동사적 전형을 만들어갈 수 있는 토양이 한국 사회운동에 존재한다"[10]는 주장에 착목할 필요가 있다. 필자의 생각에 이 주장은 과학적 사회주의와 노동자운동의 결합이라는 전통적 전략구도에 대한 대항테제로서의 자유주의(시민운동)와 노동운동의 결합을 의미한다. 그리고 이것은 '제도화되고 체제의 일부로 전락한 진보정당, 조직노동자의 사회경제적 이해를 대변하는 협소한 계급대중조직, 시민의 이름으로 공공선을 추구하는 시민운동'이라는 운동의 벨트가 형성되느냐 아니면 '급진적이고 대중적인 진보정당, 협소한 조직이기주의가 아닌 사회운동적 노선을 분명히하는 계급대중조직,

---

10) 조희연, 앞의 글.

정치적이고 급진적인 사회운동'의 벨트가 형성되느냐의 문제로 나아가는 것이다. 그리고 이것은 예상과 분석의 과제가 아닌 투쟁과 실천의 과제이며, 경향성과 전략노선의 투쟁일 수밖에 없는 것이다. 몰락의 길이 아닌 전진의 길을 가기 위한 각자의 노력과 투쟁이 필요할 뿐이다.

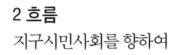

2 흐름
지구시민사회를 향하여

2부 '흐름'에서는 지구시민사회를 향한 움직임을 구체적으로 살펴본다.

먼저 국제주의 전통을 오늘의 노동운동에서 되살리자는 제이 마저의 주장이 있다. 마저는 노동운동과 환경운동이, 그리고 선진국의 노동운동과 개발도상국의 노동운동이 같은 이해관계 선상에 있다는 견해를 피력한다. 이 주장은 노동-자본-국가라는 전통적 도식의 외연을 국제적으로 확장한 것이고 그렇게 할 수 있는 조건은 물론 지구화이다. 1999년 씨애틀 사태에서처럼 잘못된 지구화를 저지하기 위해 노동운동과 시민운동은 공조를 이룰 수 있다고 보는 것이다. 마저의 입장은 국제적 갈등과 국내 갈등이 연계되어 있다고 보는 점에서 프레드 할리데이(Fred Halliday)가 말하는 '급진적 국제주의'의 한 변형이자 국제자유노련(ICFTU)이 주도하는 선진국형 노동운동의 견해를 반영한다. 그러나 이 점에 동의하지 않는 개발도상국형 노동운동(예를 들어 세계노동연맹, WCL)도 있으며 이들은 지구화에 대한 해석과 대응에서도 차이를 보인다.

지구적 공치위원회(CGG)는 잉바르 칼손(Ingvar Carlsson) 전 스웨덴 수상과 슈리다스 람필(Shridath Ramphal) 전 영연방 사무총장이 이끄는 전세계 28명의 현자(賢子)회의이다. '세계정부가 아닌 세계공치'를 지향하는 이 위원회는 국제적 행위주체들의 다양한 참여를 통한 세계인민의 권리신장과 지구시민사회의 비전을 제시한다. 위원회는 구체적으로 유엔과 가맹국들, 시민사회를 기본축으로 민간부문·미디어·학계·의회 등이 참여하는 지구적 공치체제를 구상한다. 실제로 유엔과 NGO 관계는 근년 들어 발전을 거듭해왔으며 국가의 마지막 고유영역으로 간주되던 안보영역에까지 영향력을 넓혀나가고 있다. 유엔 차원의 공치가 확립되기 위해서는 NGO가 유엔의 장을 이용하는 것만큼이나 자국 내에서 확실한 정치적 기반을 갖추는 것이 중요하며, 동시에 ECOSOC뿐만 아니라 안전보장이사회와 총회 역시 시민사회와의 통로를 갖추는 것이 필요하다고 역설한다.

유엔의 3대 목표, 즉 안보·인권·개발 중 개발부문은 냉전종식 이후 특히 전세계적 남북문제의 핵심이 되었다. 개발NGO는 장기적으로 우리 NGO운동의 성숙성과 보편적 헌신성을 시험할 개척분야이다. 김혜경의 글은 이런 점에서 우리에게 중요한 시사점을 준다. 흔히 외국 단체와의 접촉만을 국제연대라고 생각해온 단견에서 벗어나 세계적 남북문제 해결에 동참하는 것이 지구시민사회 참여의 첫걸음임을 일깨워주기 때문이다.

노동운동의 신국제주의

제이 마저

씨애틀의 메씨지

1999년 11월 씨애틀에서 열린 세계무역기구(WTO) 회의에 때맞춰 벌어진 강력한 저항은 미국 노동자들에게 있어 지구화와 무역이 얼마나 긴요한 문제인지를 보여주었다. 환경주의자, 소비자보호 운동가, 인권운동가들과 손잡은 노동운동의 씨애틀 메씨지는 극히 분명했다. 즉, 대중과 유리된 엘리뜨들이 은밀하게 모여서 서로 상충되는 상업적 이해관계를 조절하는 식의 무역협상 시대는 끝났다는 것이다. 지구화는 이제 반환점에 도달했다. 21세기 세계경제를 형성할 대중의 직접선택이 서로 경쟁하는 지형이 바로 우리의 미래이다. 지구적 경제변동을 주도하는 세력——규제완화를 찬양하고 기업의 요구를 들어주고 사회구조를 잠식하며 대중의 관심을 무시하는——을 지속시킬 수는 없다. 지구화가 휩쓸고 지나간 자리에는 위태로운 불안정과 심각해지는 불평등만 남는다. 지구화는 많은 사람들에게 고통을 주고 아주 적은 사람들에게만 이득을 준다. 클린턴 대통령 자신이 말했듯이, 지구적 시장이 살아남기 위해서는 일하는 보통 가족들을 위해 작동해야만

* Jay Mazur, "Labor's New Internationalism," *Foreign Affairs*, Vol. 79, No. 1. ⓒ 2000 Council on Foreign Relations, Inc.
** 제이 마저: AFL-CIO 국제사업위원회 의장. 전미피복의류섬유노조(UNITE) 위원장.

한다. 이런 목표를 위한 첫번째 단계는 노동권을 구축하고, 환경을 보호하고, 무역협정과 국제금융기구의 규약에 사회적 기준을 포함시키는 것이다. 그리고 이런 것들을 현재 재산권보호에 쏟는 열성과 같은 정도의 열의를 가지고 시행하는 것이다.

노동운동의 이러한 관심은 흔히 보호주의다, 편협하다, 지구적 경제의 현실과 동떨어져 있다는 식으로 희화화된다. 이것은 노동운동의 입장을 오도하는 위험한 것이다. 공정성을 추구하는 노동운동의 관심을 미국 내외의 점증하는 고립주의와 혼동하면 필요한 개혁 추진을 방해할 뿐이다. 노동자의 권리와 요구를 무시하는 통상정책은 세계를 전진시키지 않고 후퇴시킨다. 씨애틀의 거리에 울려퍼졌던 불협화음의 함성은 어제의 향수가 아니라 내일의 도전을 나타낸 것이다. 그들은 번영을 창조한 사람들이 그 번영을 나눠갖는 세상, 국가가 그들 서로간을 그리고 지구와 인민들을 존엄과 존중으로써 대하는 세상을 희구했다. 시위군중은 힘있는 자들의 책무성과 힘없는 자들의 목소리를 요구했다. 그러한 이상주의는 실제적인 효과도 있다. 번영을 나누면 노동자의 구매력이 늘어나, 현재 지구적 시장을 침체시키는 과잉생산을 흡수할 수 있는 새로운 수요가 창출된다. 따라서 노동자에게 경제적·정치적 장에 참여할 권리를 부여하는 민주주의의 강장제가 부상중인 지구적 경제의 취약한 제도들을 보강할 것이다. 과거 마거릿 새처의 자문을 맡았던 존 그레이(John Gray)조차 지구적 시장과 자유무역은 자연스러운 현상이 아니라 국가권력의 소산, 즉 '사회공학과 강고한 정치적 의지의 최종적 산물'이라고 말한다. 그러한 체제를 시행하려는 노력은 필연적으로 민주적 항거를 낳게 마련이다.

지구화의 그늘

너무나 많은 노동자들이 비극적으로 신세계경제 질서 속에서 패배하고 있다. 최근의 유엔 개발보고서(UN Development Report)는 지구화가 전례없이 사람들을 서로 연결시키고 있지만, 또한 어떻게 국가간·국가 내 불평등을 극적으로 증가시켰는지를 기록하고 있다. 세계 최고 갑부 200명의 자산이 경제사다리의 반대쪽 끝에 있는 20억명 이상의 수입을 합한 것보다 더 많다는 사실에 모두가 생각에 잠길 수밖에 없을 것이다. 절망의 바다 위에 떠 있는 그와같은 집중된 부의 섬들은 역사적으로 사회동요의 전주곡이었다.

시장의 규칙을 정하고 형성하는 몇몇 나라와 회사들만이 지구적 시장의 혜택을 불공평하게 누리고 있다. 절대다수의 무역과 투자가 선진산업국들 사이에서 일어나며, 세계 수출의 1/3을 통제하는 지구화된 기업들에 의해 지배되고 있다. 세계 100대 경제주체 중 51개가 기업이다. 사금융 거래는 오래 전부터 공적 개발원조기금을 능가해왔으며, 또한 현저하게 집중되어 있다. 예컨대 1990년대 들어 개발도상국 및 이행기 경제권에 대한 대외 직접투자 중 80%가 20개국, 특히 중국으로 많이 유입되었다.

무역이 늘었지만 국가간의 균등한 성장이 이루어지지는 않았다. 1980~96년에 연간 일인당 GDP 성장률을 3% 수준으로 유지한 나라는 33개국에 지나지 않았고, 59개국에서 일인당 GDP가 감소했다. 오늘날 80여 개국이 10년 또는 그전보다 일인당 소득이 줄었다. 그리고 일반적으로 믿어지는 것과는 달리, 흔히 지구화된 무역체제에 가장 깊숙이 통합된 나라들이 경제적으로 낙후되어 있다. 예를 들어 사하라 이남지역은 라틴아메리카보다 GDP 대비 수출량이 더 높지만 그 수출품이 주로 원자재라서 그곳 국가들은 원자재시장의 불안정성에 더욱 취약하다. 최근 제정된 아프리카 무역법──부채탕감 또는 노동권리 및 환경기준의 시행규정 없이 의회에서 통과된──은 헌 술을 새 병에 담아 내놓은 것에 불과하다.

수백만의 노동자들이 전통적인 경제권을 교란시키며 정부가 노동자들을 도울 수 있는 능력을 약화시키는 지구화된 경제상황 속에서 패배하고 있다. 그들은 실패국가 내에서 궁핍과 기근, 역병에 맞서 스스로 자구책을 찾아야만 한다. 그들은 어쩔 수 없이 이주하여 최저생계비에도 못 미치는 임금으로 노동을 팔고, 아이들을 희생시키고, 그들의 자연환경과 흔히 본인의 건강까지 헐값에 팔아야만 한다. 이 모든 것이 생존을 위한 필사적 투쟁으로부터 비롯된다.

공평하게 말해 지구화가 몇몇 나라에 극적인 혜택을 가져다준 것은 사실이다. 역설적으로 동아시아지역——민영화, 탈규제, 긴축재정, 무역장벽 완화 등 이른바 워싱턴 컨쎈써스의 규정을 따르지 않은 바로 그 나라들——이 제일 성공적이었다. 이런 나라들은 자국 시장을 보호하고, 토지를 재분배하고, 교육에 투자하고, 수출목표를 정하고, 수출보조금을 지급하고, 중상주의적 무역흑자를 뚜렷한 목적을 갖고 운용했다. 냉전기간 동안 워싱턴은 이 모든 관행을 용인해주었다. 그러나 최근 들어 이들 대다수 나라는 자국 경제를 개방하고 금융제도의 규제를 완화하라는 압력에 굴복했다. 그 결과, 이 나라들은 말 그대로 수백만의 노동자를 다시 빈곤으로 몰아넣은 최근의 지구적 경제위기의 주된 피해자가 되었다. MIT의 경제학자인 폴 크루그먼(Paul Krugman)은 『불황경제학의 회귀』(*The Return of Depression Economics*)에서, 이러한 아시아경제권이 정실자본주의 때문이 아니라 "금융시장을 개방함으로써, 그리고 나쁜 자유시장경제가 아니라 사실상 더 좋은 자유시장경제가 되었기 때문에" 취약하다고 결론짓는다.

최근의 금융위기는 그 정도가 심하고 범위가 컸다는 점에서만 이례적이었다. 세계은행의 전 부총재 조지프 스티글리쯔(Joseph Stiglitz)는 규제가 풀린 지구적 경제가 '불황 속 활황'(boom in bust)——그 정도와 주기성이 점차 늘어나는 금융위기——을 일으킨다고 말한 바 있다. 투기자들은 흔히 구제혜택을 받지만 노동자들은 그렇지 못하다. 외채를 갚기 위해 교육 및 보건 예산이 삭감되고 있다. 아이들이 학교를 그만두는 경우도 생긴다. 수많은 사람들이 직장을 잃는다. 실질임금은 급격히 감소한다. 가족이 해체된다. 사회적 동요, 범죄, 폭력이 늘어난다. 요컨대 거시경제 지표는 올라가지만, 일하는 보통사람들은 몇년씩 그 결과로 고통을 당한다. 외국자본이 다시 돌아왔지만, 빈곤과 절망이 아직도 타이·인도네시아·남한 사회를 떠돌아다니고 있다. 멕시코는 1996년의 경제붕괴로부터 회복되었다고 하지만 상당수 중소기업체가 파산에서 헤어나지 못했다. 멕시코의 노동자는 1994년 북미자유무역협정(NAFTA) 이래 구매력이 25%나 줄었다. IMF가

위기에 빠진 나라들에게 처방한 바로 그 조치——평가절하, 긴축재정, 수입을 늘림으로써 해외투기자들을 불러들이기 위한 사회써비스 예산 삭감——로 인해 노동자, 국내 생산업자, 농민들이 자기 책임도 아닌 빚을 갚아야 했다.

재발하는 금융불안정이 초래하는 영구적인 효과는 완만한 경제성장이다. 투기성 자본 흐름의 유동성 때문에 경제운용에 신중을 기하게 되며, 정부는 더 엄격한 재정·통화 정책을 시행하게 된다. 그 결과 경제학자 존 이트웰(John Eatwell)과 랜스 테일러(Lance Taylor)가 입증한 것처럼, 지난 25년간 탈규제정책을 시행했더니 선진산업국과 개발도상국 모두의 경제성장이 둔화되었다고 한다. 노동자에게 있어 성장둔화는 실업과 불완전고용의 증가, 임금정체, 불확실성 증가로 나타난다.

전세계적으로 나타난 실상은 지구화의 제창자들이 그리는 장밋빛 그림과는 확연하게 대비된다. 수백만의 사람들이 시골에서 도시로, 농촌마을에서 도시의 비공식 경제부문으로 이동하면서 몇몇 나라의 생활수준은 극적으로 향상되었다. 그러나 세계은행은 올해, 1987년보다 2억명이나 더 많은 사람들이 절대빈곤 선상에서 (하루 1달러 이하로) 살고 있다고 보고한다. 이것은 비교적 성공적인 중국경제를 감안하면 놀라운 사실이다. 대다수 라틴아메리카 국가에서 잃어버린 1980년대는 90년대의 불경기로 이어졌다. 아프리카지역에서는 외채, 극빈, 질병이 계속해서 개발을 막고 있다. 한때 산업국가였던 러시아는 이제 물물교환경제로까지 전락했다. 영원한 차기 거대시장인 중국은 2년째 악성 디플레이션을 겪고 있다.

지구화된 경제로부터 가장 큰 혜택을 입은 선진산업국들조차 복합적인 영향을 입고 있다. 일본은 10년째 계속되는 불경기에서 헤어나오려고 아직도 몸부림치고 있다. 유럽 역시 성장둔화, 만성적 실업, 임금하락과 노동조건 하락 압력을 겪고 있다. 미국은 1960년대 이래 최장기 연속성장을 기록하고 있지만 상대적 임금은 아직도 수십년간의 후퇴에서 회복되지 않았다. 임금불평등은 1890년대의 황금시대 이래 최악을 기록하고 있다. 오늘날 평균적인 최고경영자는 노동자보다 416배를 더 벌어들인다. 적절한 의료보험과 연금혜택을 받는 노동자 수가 줄었다. 노동시간은 늘어났고 직업안정성은 줄었으며 현상유지를 위해 더 힘겹게 달려야 한다.

지구적 조건으로 보면 불평등의 증가, 성장둔화, 임금하락 또는 임금정체 등은 복합적으로 지구 전역에서 전산업의 과잉생산을 부추기고 있다. 노동자는 자기가 생산하는 제품을 사기 위한 돈을 충분히 벌지 못하고 있다. 미연방준비위원회의 앨런 그린스펀(Alan Greenspan) 의장조차 아시아 경제위기가 세계 전체로 번질 위험이 보이자 디플레이션의 가능성을 심각하게 경고했었다.

이러한 문제는 위에서부터 비롯된다. 세계은행의 스티글리쯔가 말했듯이, 지구화에 관한 워싱턴 컨쎈써스는 불평등이나 환경파괴·아동노동·위험한 작업장과 같은 '외부성'에는 관심을 쏟지 않는다. 지구적 통상협상으로부터 발전한——주로 다국적기업에 의해, 그들을 위해 발전된——규정에 기반한 씨스템은 국가가 상거래법규를 개정하고, 전통적 영농방식을 포기하며, 저작권을 보호하도록 요구한다. 그러나 이 씨스템은 이러한 정책이 야기하는 인적 비용에 관해서는 아무런 책임도 지지 않는다.

오늘날 WTO가 시행하고 있는 이러한 규정들은 그같은 분열적 정책이 노동자와 환경에 미칠 충격에 대한 책임을 회피할 뿐만 아니라, 국가나 지방의 입법활동과, 뿌리깊은 고유의 사회적 가치에 근거해서 살아가려는 노력을 좌절시킨다. 매사추세츠주 시민들은 자기네 주정부가 미얀마의 잔인한 독재자와 거래하는 회사들과 계약을 맺지 못하도록 주정부를 막아서는 안된다는 판결을 받았다. 노동자들은 보수가 좋은 자기들 일자리가 다른 노동자에게 넘어가서 절망적인 상황에서 저임금으로 살아야 해도 대책 없이 바라볼 수밖에 없다. 공해가 적은 가솔린 사용에 관한 법은 차별적이라는 이유로 폐기되었다. 멸종위기의 생물종을 보호하기 위한 규제는 무역의 장애요인이라는 선언이 나왔다. 오늘날과 같은 민주주의 시대에 현대적 경제체제의 정당성은 모름지기 소수에게 제공되는 무역허가증이 아닌, 다수가 향유할 수 있는 삶의 질로써 측정되어야 한다. 이러한 현실로 인해 전세계 노동자들은 점점 더 지구화된 질서의 협상과 조건에 대항해서 반발하고 있다.

완전히 새로운 세계

노동조합들이 지구화로 인해 야기된 도전의 최선봉에 서 있음은 조금도 놀랍지 않다. 노동조합운동은 언제나 국경을 넘어서 이루어져왔다. 노동조합운동의 이념적 뿌리──그리고 초기의 노동조합들 다수──는 지난 세기 유럽 노동운동의 국제주의적 관점으로부터 자라났다. 미국의 기업들이 아직도 관세장벽 뒤에 모여 있을 때, 노동자들은 이미 연대와 사회정의 원칙에 기반한 국제결사체를 조직하고 있었다. 이러한 가치 때문에 노동조합은 전쟁과 평화, 민주주의와 전제정치 등의 중요한 쟁점을 놓고 끊임없이 지구화된 문제영역에 관여해왔다. 그리고 이번 세기의 역사는, 강력하고 독립적인 노동조합과 진정한 민주주의 간의 상관관계가 결코 우연이 아님을 입증했다. 이는 새로운 지구적 경제의 규정을 둘러싸고 벌어지는 논쟁에서 극히 합당한 교훈이 아닐 수 없다.

조직화된 노동이 지구화에 빠르게 대응하지는 못한 것 같다. 제2차 세계대전 이후 여러 산업국가에서 체결된 사회민주주의적 타협은 완전고용과 사회계약을 강조했다. 사반세기 동안 기업과 노동자는 함께 번성했다. 무역이 경제에 미친 영향은 비교적 미미했고, 영향을 미쳤을 때에는 수출이 일자리를 창출해주었다. 특히 취약한 몇몇 산업만이 수입에 의해 타격을 받았을 뿐이었다. 상당 기간 노동운동의 국제적 역할은 산업적이 아니라 지정학적이었다. 냉전 당시 미국노총(미국노동연맹-산업조직평의회, AFL-CIO)은 주로 반공주의의 프리즘을 통해 그 국제적 사명을 규정했다. 국제노동운동의 주무 구조인 국제자유노련(국제자유노동조합총연맹, ICFTU), 그리고 산업별 조직인 국제산별노련의 사무국들조차 공산주의에 대항하는 양극적 투쟁의 도구로 간주되었고 정부의 적극적인 지원을 받았다. 강력하고 독립적인 노동조합은, 노동자들이 시장경제와 이해관계가 있다고 느끼도록 민주주의를 강화하고 번영의 혜택을 분배하는 데에 극히 중요하다고 여겨졌다.

소련의 붕괴는 노동에 대한 정부의 시각을 바꿔놓았다. 노동조합은 정치적으로 별 적합성이 없고 기업이익에 장애가 되는 것으로 비쳐졌다. 기업의 광범위한 이념공세는, 노동조합을 유행에 뒤떨어진 지난 시대의 유물로 묘사했다. 그러나 대기업이 지구화되고 노동조합에 대해 점점 더 공세를 가함에 따라 노동운동은 더 적게가 아니라, 더 많이 국제주의적이게 되었다. 미국 내 주요한 산업분쟁은 거의 모두가 국제적 차원을 가지고 있다. 기업은 노동자들의 급여와 수당 요구를 막기 위해 외국으로 옮기겠다고 위협할 뿐 아니라, 흔히 기업 자체가 외국회사일 경우가 많다. 예를 들어, 식품상업연합노동조합(UFCWU)의 100만 회원 중 1/3이 외국회사에 고용되어 있다. 기업합병과 기업제휴로 지구적 자본통합이 가속화되면서 더 많은 노동조합들이 비슷한 처지에 놓이고 있는 실정이다.

이에 대항해서 노동조합도, 기업이 신경제를 형성하기 위해 결성한 것과 같은 전략적 국제연계를 노동자들과 그 지원세력 사이에서 결성하기 위해 국경선을 넘어야 한다. 또한 노동조합은 점점 더 기업이 그 기동성을 발휘하기 위해 아주 효과적으로 사용했던 것과 같은 현대식 통신기술에 의해 서로 연결되고 있다. 몇년 전 AFL-CIO 소속 노동조합들을 상대로 조사한 결과 2/3 이상의 조합이 자기들의 통상적 조직 및 협상 업무의 일환으로서 국제연대활동을 벌이는 것으로 나타났다. 또한 87%는 지구적 차원의 국제연대가 더 필요하다고 응답했다.

얼마 전만 해도 큰 노동조합에서조차 국제연대 업무는, 그 조직 내에서 다른 책임도 맡고 있는 사람이 혼자서 담당하곤 했다. 이런 일은 더이상 가능하지 않다. 아주 선진적인 노동조합들은 다양한 종류의 전략수립 과정에 여러 부서들——조직화, 연구, 정치적 행동, 홍보, 교육, 법률, 보건과 안전, 대(對)기업 업무——을 동시에 참여시킨다. 이렇게 수립된 전략은 또한 해외의 노동운동 상대와 효과적인 연계를 결성하고, 쟁의행위를 조정하고, 정부를 상대로 로비를 벌이고, 법적 조치를 강구하며, 이 모든 활동을 여러 나라에서 동시에 홍보한다. 유럽에 본부를 둔 국제산별노련 사무국들은 각국의 산업별 노동조합을 연계시키는 중요한 역할을 수행한다.

적극적 연계의 힘

오늘날의 노동조합은 사용자를 대할 때, 그 회사의 지구적 조직의 정확한 실상을 알아야 한다는 점을 이해한다. 그래야만 그 회사의 취약점을 효과적으로 압박할 수 있고 전세계의 노동자 및 노동조합과 연계망을 구축할수 있다. 이러한 전략의 특히 극적인 예로서 전미운수노조(IBT)의 18만 5천 조합원이 참여한 1997년의 UPS(United Parcel Service) 파업을 들 수있다. 그 파업은 2주간 지속된 후 노동조합에 유리한 조건으로 해결되었으며, 많은 사람들이 이 사건을 노동운동의 새로운 활력을 나타내는 표시로해석했다.

이 파업은 UPS의 IBT 조합원들이 준비해서 성공했는데, 이들은 미국 전역의 회원조직을 동원하고 캠페인을 효과적으로 전개하여 대중의 지지를끌어냈다. 국제연대 또한 중요한 역할을 해냈다. UPS는 미국 배송업계의선두주자여서 전국 규모의 장기적인 파업을 견딜 수도 있었다. 그러나 IBT측은 UPS가 유럽지역에서 극심한 경쟁상태에 있고, 유럽시장 진입을 극히중시하고 있음을 알고 있었다. 즉 UPS의 지구화된 조직구조 내에서 취약점이 바로 유럽이었으며, 바로 이 점을 IBT가 공략한 것이다.

이런 전략을 짜기 위해 IBT는 그들이 수개월 동안 노력하여 구축한 광범위한 국제지원 네트워크에 의존했다. 파업 1년 전 IBT는 국제운수노련(ITWF)의 지원하에 전세계 UPS관련 노동조합평의회를 구성했다. 이들UPS관련 노동조합간에 통신망이 구축되었고, 영국·프랑스·네덜란드·벨기에·이딸리아·에스빠냐·캐나다·독일·브라질·아일랜드·미국 등 각국UPS 노동조합 대표들이 참석한 연석회의가 계속 열렸다. 각국의 UPS사와노동조합의 관계는 천차만별이었다. UPS사 노동자를 대표하는 조직도 많았지만, 겨우 노동자들을 조직하는 단계에 있는 노동조합도 있었다. 심지어, 만일 UPS가 배송산업의 근무조건을 낮추는 데 성공할 경우 고통을 당할 UPS 경쟁업체 노동자를 대표하는 노동조합도 있었다. 사용자와 비교적 좋은 관계를 유지하는 노동조합도 있었고 그렇지 않은 노동조합도 있었다. 노동조합이 구사할 수 있는 수단과 투쟁성의 정도도 나라마다 모두 달랐다. 어떤 나라에서는 금지된 행동이 다른 나라에서는 허용되었다. 노동자들을 전세계적으로 조직화하는 것은 이렇게 엄청나게 복잡한 일이었다. 그러나 노동조합들은 공통분모를 찾을 수 있어서, 평의회는 1997년 봄 UPS 세계 행동의 날을 위한 요구사항을 도출해낼 수 있었으며, 이와 함께 IBT와 UPS사 간 협상의 마지막 단계에 맞춰 미국 워싱턴에서 협상회의를 열자고 제안했다.

UPS 사용자측 대표들은 협상테이블 건너편에 앉은, 전세계에서 온 IBT의 '손님들'을 바라보면서 이번 파업으로 인한 타격이 미국 내에만 국한되지 않을 것임을 깨달았다. UPS 세계 행동의 날을 맞아 이 회사는 이딸리아와 에스빠냐에서의 조업중단을 포함해서 전세계적으로 150건 이상의 쟁의와 시위에 직면했다. 유럽의 주고객들이 UPS사의 신뢰성에 의문을 제기하기 시작했다. 연대행동이 증가함으로써 이번 파업이 더욱 확산되고 UPS사 사업전략의 중요 부분을 잠식할지도 모른다는 현실적 위협이 심각해졌다. 마침내 회사측이, 빠리 오를리공항의 UPS 분소를 프랑스 운송노동자조합이 폐쇄할 예정이라는 소식을 알게 된 다음날 협상이 타결되었다. 노동조합 협상대표들에 따르면 이러한 성공은 사상 최초의 국제적 캠페인에 크게 힘입었다고 한다.

이 정도 규모의 캠페인을 조직하는 데 따르는 어려움을 과소평가할 수는 없지만 마찬가지로 캠페인의 결과 역시 과소평가할 수 없다. 이제 대다수 노동조합은 지구화된 경제 내에서 고용주의 기동성과 민첩성에 반드시 대응해야 한다는 사실을 이해한다. 그리고 노동자들은 해외의 조건이 국내의 노동전망에 분명히 영향을 준다는 사실을 이해한다.

물론 이런 종류의 캠페인에 더 큰 영향을 받는 산업이——시간에 민감한 운송회사처럼——따로 있는 게 사실이다. 그러나 모든 기업은 취약점이 있으며 노동조합은 점점 더 효과적으로 이러한 취약점을 찾아내고 있다. 컴퓨터·전화·팩시밀리로 서로 연결되고, 연구와 계획을 서로 나누며, 주기적인 대면접촉으로 사기가 올라가며, 점점 더 적극적이고 치밀해지는, 전세계 1억 5천만명 이상의 조직화된 노동자의 기반에 근거해 활동하는 노동운동은 지구화된 경제에 강력하게 압력을 가하고 있는 중이다.

대규모 파업현장의 피케팅은 이제 거의 일상적으로 국제화되어 나타난다. 애틀랜타의 IBT, 싸우스캐롤라이나의 철강노동자들, 그리고 캘리포니아의 숙박업노동자들이 유럽·일본·남아프리카 노동조합의 지원을 받는다. 연대행동의 요청이 모든 방향으로 오간다. 외환거래 속도만큼 빠르지 않을지는 몰라도 그것만큼의 긴박성과 또 어쩌면 그것보다 더 강한 결속력으로 연대가 이루어진다. 기업들도 노동조합과 협상에 나설 때, 탁자 건너편 쪽으로 일국 이상에서 나온 노동자대표들을 마주 대하게 될 가능성이 높다는 사실을 깨닫고 있다. 이런 현상은 멕시코와 미시간의 피클생산 단순기술 공장으로부터 미국·캐나다·영국의 다국적 거대통신기업에 이르기까지 여러 산업에서 나타나고 있다.

밑바닥을 향한 질주

지구화는 독립적인 노동조합이 존재하지 않고 노동조합 조직을 탄압하는 나라에서 가장 파괴적으로 작용한다. 투자를 유치하기 위해 수출전용구역을 무노조 지역으로 만들어 마케팅에 나서는 개발도상국이 많다. 중앙아메리카의 외국기업이 운영하는 노동착취공장은 단지 한 예에 불과하다. 최근 국제노동기구(ILO)가 총 2,700만 노동자를 고용하고 있는 전세계 850개 수출전용구역을 조사한 결과, 이런 곳에서 자유로운 노동조합과 최저노동기준은 '극히 드물다'는 사실이 드러났다. 이렇게 많은 수의 미조직 노동자들은 국제노동운동에 중심적인 과제를 제기한다. 이런 노동자 중 대다수가 이른바 개발도상국에 집중되어 있지만 기타 수백만명은 선진산업국에 살면서 일하고 있다. 이들은 위에서 인용한 유엔의 통계에서 수량화된 인간군상들이며 지구화된 경제하에서 늘어나고 있는 불평등의 희생자들이다. 노동조합을 조직하고 단체교섭을 하거나 파업할 능력이 없는 이러한 노동자들은, 지구화가 수많은 사람들의 눈에 비쳐지는 모양인, 밑바닥을 향한 질주라는 상황에 사로잡혀 있다. 이런 현상은 정책결정자들이 어떤 나라도 그 노동자들의 기본적 인권을 보장해주지 못할 만큼 가난하지는 않다는 사실을 인식해야 비로소 끝날 것이다.

전세계를 통틀어 수많은 미조직 노동자들로 인해, 의류산업 노동조합은 과거의 전략, 즉 '일을 따라간다'는 전략으로 되돌아가고 있다. 1920년대 뉴욕시의 노동자들이 노동조합을 조직한 후 제조업자들은 더 싸고 더 고분고분한 노동력을 찾아서 허드슨강을 건너 뉴저지의 '해외구역'(그때는 뉴욕 외부의 의류생산지역을 모두 이렇게 불렀다)으로 작업장을 옮겼다. 노동조합은 이에 대응해서 공장을 따라가 그곳에서도 노동자들을 조직했다. 그후 회사가 필라델피아와 중서부로 옮겨가자 노동조합은 또 그곳으로 따라갔지만, 또한 노동자들의 발 밑에 안정된 발판을 깔아주기 위해서는 전국적으로 적용되는 기초노동기준이 필요하다는 사실을 깨달았다. 머지않아 다른 노동조합도 같은 결론에 도달했고, 이들은 단결해서 열성적으로 캠페인을 벌였다. 그 결과 1938년 새로운 미국경제를 위해 노동시간·노동조건·최저임금을 정한 공정근로기준법이 제정되었다. 이러한 역동적인 조직과 전국적 법률기준의 결합은, 수백만의 일하는 보통 가족의 생활수준을 향상시키고 미국 민주주의의 이상을 지지하는 강력한 노동운동을 낳았다.

최근 들어 과거의 고용주를 이어받아 후손 기업체들이 다음 단계의 조치를 취해서 세계를 반바퀴나 돌아 생산지를 옮김에 따라, 처음에는 이들이 지상에서 사라진 것처럼 보였다. 그러나 미국의 노동자와 인간생존의 최저조건에서 살도록 강요되는 해외의 노동자를 서로 경쟁시킨 결과, 점진적으로 미국 국내의 임금과 노동기준도 열악해졌음이 분명하다. 아시아와 중앙 아메리카의 열악한 노동조건이 1995년 미국 캘리포니아주의 엘몬테에서 발견된 악명 높은 노동착취공장의 전범이 되었음이 밝혀졌던 것이다. 노동조합은 또다시 '일을 따라가야' 한다는 교훈, 그리고 지구적으로 통용되는 규정이 국내외를 가리지 않고 모든 곳에서 보장되도록 하기 위해 핵심적 노동 권리와 기준을 위해 캠페인을 벌여야 한다는 교훈을 체득해야 했다.

예를 들어 전미피복의류섬유노조(UNITE)는 지난 5년간 중앙아메리카와 카리브해 연안의 50만 의류산업 노동자를 조직화하기 위해, 국제산별노련인 국제섬유의류피혁노조총연맹(ITGLWF)과 함께 긴밀하게 활동해왔다. 물론 정치적 경계 때문에 이들 노동자들이 멕시코·미국·캐나다의 노동자들과 구분되기는 하나, 지역 내 지구화를 받쳐주는 무역협정——그리고 미국의 대규모 제조 및 유통업계의 외주(outsourcing)전략——의 영향으로, 약 200만에 달하는 의류관련 노동자들로 이루어진 사실상 단일·인접의 역내 노동시장이 형성되었다.

이 시장의 남쪽지역 노동자들은 노동조합 조직과 단체교섭권을 조직적으로 박탈당하고 있으므로 그들의 임금은 북쪽지역의 조직화된 노동부문 임금의 약 1/10 정도로 인위적으로 억제당하고 있다. 그 결과 이들 노동자 대다수가 자기 나라의 공식적 빈곤선 아래에서 살아가고 있는 것이 놀랍지 않다. 형편없는 노동기준 때문에 이 산업 전체 노동자의 임금과 노동조건이 악화되고 있다. 따라서 1930년대에 노동조합이 허드슨강을 건너 '일을 따라가야' 했듯이, 1990년대 이들은 미국 남부 국경선을 건너 인근국가들의 노동운동을 지원하고, 노조활동가를 훈련시키고, 캠페인을 조정하고, 법을 시행하라고 정부에 로비를 하고, 그리고 미국민의 공평심과 사회정의감에 호소하는 등 '일을 따라가야'만 했다.

더디지만 확실하게 진보가 이루어지고 있다. 노동조합과 인권단체는 여성과 아동의 수치스런 노동조건을 폭로해왔다. 라틴아메리카에서 수천의 노동자들이 몇년 전까지 존재하지 않던 노동조합을 건설하거나 노동조합에 가입했다. 다국적기업들은 그들의 거대한 지구적 생산라인의 노동조건에 관해 최소한 말로나마 책임을 통감한다고 인정하기에 이르렀다. 정부는 시정조치를 요구하는 시민들의 열기를 느끼고 있으며, 기업은 소비자로부터 압력을 받고 있다. 나이키와 같은 회사, 그리고 캐시 리 지퍼드(Kathie Lee Gifford)와 같은 유명인사도 이같은 현실을 발견했다.

미국인이 구매하는 의류 중 최소한 절반은 아직도 국내외의 노동착취공장에서 만들어지고 있다. 기업은 소비자들이 좋은 제품을 싸게 사는 데에만 관심을 가진다고 말하기 좋아하지만, 여론조사에 따르면 사람들은 자신의 의복이 노동착취공장에서 만들어지지 않았다는 것을 보장받을 수 있다면 더 비싼 가격을 지불할 용의가 있다고 한다. 또한 신세대 학생운동가들이 노동착취공장에 대항해서 싸우기 위해 노동운동에 가담했다. 교회조직은 결의안을 통과시키고 신도들에게 전단을 나눠주었다. 노동착취공장의 생산품 구입을 금지시킨 시의회와 국가 입법부도 있었다. 잠재적으로 엄청난 힘을 지닌 사회운동이 결집하기 시작했으며, 그것은 핵심 결정사항과 국가의 법에 영향을 미칠 수 있을 것이다.

테이블에서의 자리

여러 해 동안 각국 정부는 무역협정에 노동권과 환경권을 포함시키라는 요구를 무시해오면서, 그렇게 하더라도 정치적 대가를 치르지 않을 것으로 확신했었다. 그러나 이제 그것도 변하고 있다. 노동조합은 환경운동가, 인권단체, 종교운동가 및 소비자운동가들과 새로운 동맹관계를 맺고 있다. 아마 이러한 제휴의 정치적 세력화를 가장 극적으로 예시한 것이 1999년 미 의회가 클린턴 대통령을 위한 '급행식' 무역 권한을 거부——지난 2년 동안 한 번도 아닌 세 번씩이나 거부——한 사례일 것이다. 이 새로운 동맹세력은 무역개방의 전제조건으로서 노동권과 환경보호가 무역협상 권한에 반드시 포함되어야 한다고 주장한다. 이제 미 하원의원 대다수가 이런 입장을 지지하고 있다. 양당 투표지지자를 포함해서 다수의 대중들도 이 입장을 지지한다.* '급행식' 무역 권한이 저지된 사례는, 이러한 새로운 대중

---

*1996년 위슬린 월드와이드(Wirthlin Worldwide)가 시행한 여론조사는 미국 대중이 무려 73% 대 21%라는 압도적인 비율로, 무역협정에 노동자의 권리와 환경 이슈를 포함시키는 것을 옹호하고 있음을 발견했다. 1997년 AFL-CIO를 위해 피터 하트(Peter Hart)가 시행한 여론조사에서, 응답자의 72%가 무역협정에 노동·환경 기준을 포함시키는 것이 매우 중요하다고 말했으며, 이와 함께 식품안전기준(97%), 작업장 보건안전 기준(94%), 미성년 아동노동 금지법(93%), 파업의 자유(92%), 최저임금(81%), 노동조합 결성권(78%) 등도 포함되었다.

운동의 대표자들이 테이블의 한 자리를 차지해야 할 당위성을 여실히 보여 주었다.

'급행식' 무역 권한과 무역 일반에 관한 토론은 더이상 자유무역과 보호무역 사이의 논쟁으로 이해될 수 없다. 국제금융기구의 조건 속에 포함되어 있고 미국의 무역협정과 무역법규로 제정된, 시행력있는 지구적 무역협약상의 노동권을 요구하는 것이 지구화된 경제를 반대하는 벽을 쌓으려는 노력은 아니다. 그러한 요구는 임금과 노동조건을 끌어내리지 않고 당겨올리기 위해서, 지구화된 경제의 규정을 만들고 그 아래에 발판을 깔자는 노력이다.

다행스럽게도 이미 핵심적 노동권의 내용에 관해 많은 합의가 이루어진 상태이다. 작년 173개국의 기업·노동·정부 대표들이 결사의 자유, 노동조합 조직 및 단체협상 권리 등을 포함한 핵심적 노동기준을 기본적 인권으로 재확인한 바 있다. 그들은 또한 강제노동, 아동노동 및 고용관련 차별의 철폐를 촉구했다. 거의 모든 독립 산별노련이 지구적 무역체제 내에 노동권을 구축하라는 ICFTU의 요구에 찬동했다. 남과 북 사이에 구분이 존재하는 것이 아니다. 만방의 노동자와, 자본집중 및 그것이 지배하는 각국 정부 사이에 구분이 존재하는 것이다.

핵심적 노동권의 시행이 반드시 노동조건의 개선을 보장하지는 않는다. 그러나 그것은 집단행동에 나설 수 있도록 노동자들을 세력화시킬 수 있다. 이것은 노동자들이 이론적으로는 최소한 50년 이상 누려온 권리이다. 이제 그 권리를 실천할 때가 왔다. 노동자들이 독립적인 노동조합에 가입할 수 있을 때, 자신과 가족들을 가난에서 구출하고, 흔히 기업의 이해가 득세하는 입법부에 자신의 관심사안을 표출할 수 있는 기회가 엄청나게 늘어난다. 뿐만 아니라 부와 소득이 더욱 균등하게 분배되고 경제적 요구가 더 잘 유지되며, 투기성의 활황과 불황이 더 억제되곤 한다.

씨애틀사건 이후, 노동권과 기타 사회적 기준에 관한 요구를 더이상 무시할 수 없다. 만일 WTO와 여타 기구들이 이러한 요구를 수용하지 못한다면, 그 체제를 고치려고 하는 운동이 피해를 입는 것이 아니라, 바로 그런

기구들이 피해를 입을 것이다. 국가적·지방적 정치가 더 주목받을 것이고, 무역협정 반대가 더 세력을 넓힐 것이며, 보호주의와 정부보조에 대한 지지가 더 늘어날 것이다. 기업들은 폭로와 곤경, 그리고 소비자 보이콧과 노동자 항의에 더욱더 약해질 것이다. 시민들은 식품을 보호하고, 대기오염을 막으며, 수질오염을 방지하라고 주장할 것이다. 인권운동가들은 야만적인 정권에 제재조치를 취하라고 요구할 것이다. 이러한 소리에 귀기울이지 않으면 전세계에 확산되고 있는 고립주의라는 위험한 병균에 영양을 공급하는 것이 된다.

노동운동은 개혁과 신국제주의 건설 투쟁에 깊숙이 관여하고 있다. 이것은 공장의 문 앞에서, 국가·지방 입법부에서, 그리고 국제협상 과정에서 벌어지고 있는 투쟁이다. 국내법과 국제법 그리고 현재 부상중인 제도가 뒤섞인 스튜요리는 결코 부드럽거나 담백하지 않을 것이다. 그러나 최근 세계경제의 변형에 대응해서 그에 필적하는 정치적 제도변화가 일어나지 않은 게 사실이다. 노동자·사회운동가·일반시민들이 이제 그러한 변화를 요구하고, 그것을 위해 동원을 조직하기 시작했다. 미래세대들은 틀림없이, 왜 오늘날의 지도자들이 이 개혁을 어떻게 수행할 것인지는 논의하지 않고, 그런 개혁이 고려할 가치가 있느냐 없느냐만 논의하고 있었는지를 이해하기 어려워할 것이다.

새 천년과 개혁과제

지구적 공치위원회

유엔과 시민사회

지구적 공치위원회(이하 '위원회')가 「우리 지구촌 이웃」(Our Global Neighbourhood) 보고서(위원회가 1995년에 펴낸 보고서—엮은이)에서 제기했던 핵심주제 중의 하나는, 지구적 공치의 조건과 결과를 형성하는 데에 초국적 시민사회가 점점 더 중요해지고 있다는 것이었다. 이 보고서는, 점점 더 "국가적 정체성 또는 기타 정체성을 떠난 공통의 이해관계를 가진" 사람들이 "그 이해관계를 관철시키기 위해 국경을 넘어서서 조직화된 방식으로 뭉치고 있다"고 언급했다. 보고서는 또한 "비국가 행위자에게 권한을 부여하고 고무해서 그들이 효과적인 지구적 공치를 위해 기여할 수 있는 공-사 동반자관계를 설정하게 하는 것이 국제사회의 주요 임무"라고 강조한 바 있다. 더 나아가 위원회는 "유엔이 현대세계에서 지구적 공치의 효과적인 수단이 되려면 지구시민사회의 부상을 더욱 고려해야 한다"는 결론을 내렸다. 이와 동시에, 위의 결론이 (1995년 당시보다—엮은이) 오늘날 더욱 분

---

* Commission on Global Governance, "The Millennium Year and the Reform Process," www.cgg.ch/welcome.html, 1999.
** 지구적 공치위원회. 잉바르 칼손 긴 스웨덴 수상과 슈리다스 람펄 전 영연방 사무총장이 이끄는 전세계 28명의 현자회의.

명해 보이지만, "NGO부문의 평가가 더욱 신중하고 미묘해짐에 따라 그들의 정당성과 책무성의 문제가 어디서나 끊임없이 제기될 것이다"라는 위원회의 경고 또한 더욱 분명하다고 생각된다. 21세기형 세계기구로서의 구조와 시급성을 고려하면, 이 등식의 좌우항——유엔에 비국가 행위자의 자리를 마련해주는 것, 그리고 더 많은 투명성을 그들에게 바라는 것——이 모두 유엔 회원국들의 협조와 균형잡힌 관심을 더욱 필요로 한다.

넓어지는 지평선

「우리 지구촌 이웃」이 출간되고 5년이 지났으며 새 천년을 목전에 둔 이 시점에서, 시민사회활동의 증가가 유엔에 가하는 도전과 기회는 과거보다 훨씬 더 크다. 세계기구인 유엔과 시민사회 간의 새로운 동반자관계를 앞장서서 주장하는 코피 아난(Kofi Annan) 유엔 사무총장은 이렇게 진화중인 양자관계에 내용과 실질을 부여하기 위해 일련의 획기적인 조치를 취해왔다. 그러나 수많은 정치적·관료적·구조적 장애요인이 개입되면서, 유엔 본부에서 NGO의 지위를 향상시키기 위한 정부간 협의는 난항을 거듭해왔다. 이 문제가 해결되지 않으면 시민사회와 유엔 간의 더 긴밀한 협조관계를 꿈꾸는 사무총장의 비전이 무산될 위험이 있고, 그렇게 되면 유엔의 반경을 확장하고 21세기의 도전에 대처할 역량 강화라는 절호의 기회를 놓치게 될 것이다. 각국 정부, 유엔 사무국, NGO들이 내년 새 천년 기념행사에서 유엔의 미래를 논의하기 위해 준비중인 이때에, 위원회는 유엔과 시민사회 간에 더 긴밀하고 더 지속 가능한 실무관계를 구축하기 위한 신선하고 전향적인 발상을 키우는 데 우선순위를 둘 것을 촉구한다. 이것은 유엔이나 NGO 모두에게 이득이 될 것이다.

수많은 NGO들이 2000년 5월에 개최할 예정인 밀레니엄 포럼(Millennium Forum, 2000년 5월 22~26일 유엔본부에서 개최되었다——엮은이)은 시민사회와 유엔 간 관계의 현황과 미래전망을 성찰해볼 이상적인 자리가 될 것이다. 이 포럼이 유엔의 여타 실질적 분야의 정책발전에 중요한 기여를 할 것임이 분명하지만, 특히 유엔-시민사회 관계 분야에서 아주 소중한 기여를 할 수 있을 것이다. 현재 유엔과 시민사회 간의 불확실하고 유동적인 유대관계를 감안해서 우리는 밀레니엄 포럼이 이 문제를 최우선적으로 다루도록 촉구하는 바이다.

기술발전으로 전세계의 통신이 더 저렴해지고 더 빨라지고 더 신뢰할 수 있게 되면서 시민사회의 포괄범위 또한 지구화되었다. 더 많은 활동가와 전문가들이 세계의 다른 지방에도 자신들과 같은 가치와 관심을 갖는 동료들이 있음을 발견하고 있다. 국경선과 국가적 정체성을 넘어서서 치밀하고 복합적인, 지식과 정보교류의 공식·비공식 네트워크가 발전해왔다. 그 결과 지리적 요인이 아닌 실질적 내용으로써 시민사회의 차원과 통로를 규정하게 되었다. 시작 자체는 기능적·기술적 분야에서 비롯되었지만 이제는 점차 사회적·정치적 분야에도 영향을 미치는 정보통신혁명은 유엔헌장 전문(前文)의 고귀한 이상에 그려진 세계 인민들간의——정부간은 아닐지라도——협력을 촉진하고 있다. 그러나 컴퓨터와 장거리통신 자원이 매우 불균등하게 분포되어 있기 때문에, 선진국이 행사하는 영향력과 개발도상국이 행사하는 영향력 간의 격차가 좁아지기는커녕 더 확대될 우려가 있다.

유엔은 세계 인민들이 아닌 주로 '국가들의 행동을 조화시키기 위한 쎈터'로서 그들의 '공동목표'를 달성하기 위해 창설되었지만, 통신기술의 시대를 맞아 세계 인민과 국가 차원에서 발전이 동시에 강화되어야 한다는 점이 더욱더 분명해졌다. 비교적 억압적인 정부라 하더라도 정보나 사상의 흐름으로부터 국경을 완전히 봉쇄할 수는 없으며, 시민들의 견해를 항구적으로 무시할 수도 없다. 유엔은 정부 및 여러 다양한 시민적·사적 조직 양자의 지원 없이는 고귀한 뜻을 펴나갈 수 없으며, 심지어 그 정책과제의 수행을 개시할 수도 없다. 그리고 NGO들은 그 영향력이 증대됨에 따라 자연히 각국 정부뿐 아니라 전세계 인민들로부터도 책임성·투명성·책무성을 높이라는 요구를 받고 있다. 현재 부상중인 지구적 공치체제의 세 당사자들——유엔 회원국들, 유엔 사무국, 초국적 시민사회——모두 상호간에 공유하는 목표를 진척시켜가는 과정에서 상호의존성을 인식하게 되었다. 사실상 이 삼자는 1990년대를 군비통제와 군축, 전쟁범죄, 인권, 통상, 환경 및 지속 가능한 개발 등의 폭넓은 분야에서 국제법을 발전시키고 성문화시킴에 있어 가장 생산적인 시대로 만들기 위해 함께 노력해왔다. 이러한 지구적 의제를 놓고 각국 내에서 그리고 각국 서로간에 완강한 이견이 존재하는 것은 사실이다. 그러나 정부와 시민사회 그리고 국제기구 사이에 다자간 합의의 범위와 협력의 정도가 유례없이 커졌다.

통신혁명으로 인해 시의적절한 정보와 사상이──시민사회의 양대 자산인──경제적 발전과 정치적 과정 양자에 중추적 역할을 한다는 사실이 명약관화해졌다. 정보와 권력이 서로 어깨를 나란히하든 그렇지 않든 간에, 정보는 분명히 권력의 행사를 조절하고 가르치고 유도할 수 있다. 마찬가지로, 시민사회 행동주의가 등장하자 각국 정부는 국제적·국내적으로 그 권력을 더 투명하고 책무성있게 행사하도록 강요받고 있다. 세계 여러 지역에서 정통한 정보관리가 경제적 성공의 필수요인이 됨에 따라, 성장과 번영의 원동력으로서 사기업이 국가를 대체하게 되었다. 개발도상국에서 현재 사기업체의 대외 직접투자가 정부의 공식개발원조(ODA)를 6 대 1의 비율로 능가하고 있다. 이러한 사정은 왜 시민사회와 민간부문이 지방·국가·지역·지구적 공치의 모든 차원에서 더욱 영향력있는 역할을 수행하는지를 설명해준다. 만일 각국 정부, 시민사회, 유엔 간의 복잡한 유대관계를 능숙하게 다룰 수만 있다면 유엔에게 있어 이러한 비정부적 세력은 미래의 물결을 나타낸다고 볼 수도 있겠다.

통합과 독립

지식을 갖추고 독립적이며 제 목소리를 내는 시민사회는 정부, 정부간기구, NGO 모두에게 더 큰 대응성·투명성·책무성을 요구한다. 독립적인 단체들이 미디어와 함께 이 세 부문의 부정이나 무능을 폭로하고 새로운 정책적 쟁점에 주의를 환기시키는 차원에서, 비판적인 내부고발자 역할을 해낼 수 있다. 일부 공무원들은 단기적으로는 이런 활동을 성가시고 귀찮게 여길지도 모르지만 장기적으로 이런 과정은, 마치 유엔에서 사무차장실 직속 내부감찰국(Internal Oversight Service)의 설치가 그러했던 것처럼 더 건강하고 활동적이며 책임있는 제도를 창출할 자기교정과 주기적 조정의 메커니즘을 마련한다. 시간이 지나면서 이러한 독자적 감시절차는 공적·시민적 제도의 정당성과 효과성을 증대시킬 것이다. 적극적이고 독자적이며 역동적인 시민사회부문의 제한 없는 발전을 고무하고, 상호존중과 자연스런 분업에 기반한 긴밀한 협력관계를 구축하는 것이 각국 정부와 국제기구에 장기적 이익이 될 것이다.

국내·국제적 수준에서 입법자, 공무원, 정부간기구는 그 단체들이 공식부문으로부터 부당한 간섭을 받지 않고 활동을 전개할 수 있도록 시민사회단체의 의사표현·결사·탄원의 자유를 보장할 기준, 규칙, 법규를 채택해야 한다. CIVICUS, 세계은행, 국제비영리법규센터(International Centre for Not-For-Profit Law)와 같은 기관이 수행했던 것처럼, 시민사회 조직에 관한 각국 국내법 기준의 우수 사례들에 관한 정보를 수집·출판·배포하는 노력을 장려해야만 한다.

시민사회단체들은 국제조직에서뿐만 아니라 국내 사회에서도 건전하고 안전하고 존중받는 토대 위에서 활동하지 않는 한 지구적 문제의 해결에 효과적으로 기여할 수 없다. 이러한 독자적 단체들이 견실한 정치적·법적 토대를 결여한 경우 유엔과 다른 나라의 유사조직들이 그런 단체를 접촉하고 그들이 초국적 대화의 장에 가담할 수 있도록 특별한 노력을 경주해야 한다.

이와 함께 시민사회의 대표자들은 권리와 권력이 생기면 책임도 따른다는 사실을 명심해야 한다. 이러한 단체들도 대중의 신임을 유지하고 공공정책의 형성과 수행 과정의 대등한 동반자로 대우받기 위해서는 높은 수준의 책무성·투명성·성실성을 갖춰야만 한다. 더 철저한 주시의 대상이 된다는 것은 중요하게 취급받는다는 표시이다. 「우리 지구촌 이웃」 보고서가 지적한 대로 NGO"부문은 엄청나게 다양한 조직들을 포괄하며, 그 조직이 모두 구조에 있어 민주적이거나, 참여에 있어 광범위하게 대표성을 지닌다고 볼 수는 없다." 내부적 관행이 민주적이지 않고 자국 내에서 대중적 동향을 대표하지도 않는 시민단체는 정부 또는 정부간기구가 민주적이지 않거나 대응적이지 않다고 비난할 수 있는 이상적인 위치에 있지 않다. 정부이든 비정부이든 정치적 과정에서 일종의 역할을 모색하는 모든 집단은 충분히 신뢰할 만하고 책무성이 있어야 한다. 실수를 할 경우 의사결정이나 행동에 관여한 모든 당사자가 적절한 책임부담을 져야만 할 것이다. 궁극적으로 정부기구·정부간기구·비정부기구 모두의 정당성은 '우리 인민'으로부터 유래되며, 인민의 요구·이익·포부가 정치적 과정의 으뜸가는 관심사가 되어야 한다.

최고의 투명성·책무성·성실성 기준에 부합되는 방식으로 조직활동을 하는 것이 시민사회의 책임이다. 자체 감시를 수행하고 미디어와 공공감시 단체의 철저한 조사를 수용할 경우 시민사회는 정부와 정부간기구에 의한 원치 않는 간섭을 가장 잘 배제할 수 있다.

「우리 지구촌 이웃」이 나오고 5년 동안 가장 환영할 만하고 유망한 추세는 유엔, 각국 정부, 시민사회 간의 유대가 발전하고 성숙해온 점이다. 그러나 이렇게 유대가 긴밀해짐에 따라 새로운 문제와 기회도 함께 도래했다. 위원회의 견해로는, 중간 수정의 고려까지 포함하여 이러한 과정을 어떻게 확장시키고 심화시킬지 새롭게 접근해야 할 시점이 왔다고 본다. 각국 수도에서와 마찬가지로 유엔에서도 공무원들은 국제관계에 있어 시민사회가 통합적 역할을 하며 간혹 필수불가결한 역할도 수행할 수 있음을 인정하게 되었다. 「우리 지구촌 이웃」이 지적한 바대로, NGO는 "공식기구의 자원을 보완하는 속성, 즉 지식, 기술, 열정, 비관료적 접근 및 민중적 시각을 제공할 수 있다." 과거에는 정부의 일차적 또는 배타적 영역으로 치부되던 안보 관련 분야에서도, 시민사회단체들은 갈등해결, 조기경보, 무기이전 및 군비통제협정 준수·감시 등을 보조해왔다. 주요한 써비스제공자로서 시민사회단체들은 인도적 원조, 과학적 협력, 보건, 선거감시, 난민구호, 교육, 갈등 종식 후 국가 형성, 국제법 성문화, 그리고 인권·환경·노동기준의 감시와 같이 극히 다양한 분야에서 각종 프로그램을 수행하는 데 있어 대등하거나 주도적인 동반자가 되어왔다. 유엔과 국내 공무원들 모두 시민사회가 제공하는 전문성, 정보 및 아이디어에 크게 의존한다. 민간기구들은 흔히 유엔 사무국이나 각국 대표단으로부터, 공식적 회합에서 다루기에는 너무 논쟁적이거나 너무 진보적인 쟁점을 논의하기 위해 유엔 회원국 대표단체들, 국제기구 근무자들, 외부 전문가들을 대신 소집해달라는 요청을 받곤 한다.

최근의 규범형성(norm-building) 노력에서도 보여지듯, 같은 생각을 지닌 NGO와 정부대표들이 공통된 협상목표를 위해 광범위한 국제적 지원을 구축하고자 협력하는 경향이 자연스레 증가하고 있다. 최근의 두 사례, 즉 국제형사재판소와 대인지뢰금지 캠페인은 특히 주목할 만하며, 위원회가 「우리 지구촌 이웃」에서 지지했던 목표 중 두 가지를 진전시킨 것이다. 그러한 시민사회와 공식통로 사이의 협력은 시민사회단체의 독립성과 신뢰성이 훼손되지 않는 한 칭찬할 만하다. 그러나 NGO들이 정책관련 주창활동이나 로비활동을 수행하는 대가로 정부 또는 정부간기구로부터 상당량의 재정적·병참적 지원을 받는다면 그 단체의 독립성은 필연코 의문시될 것이다.

시민사회 단체와 동맹들이 같은 생각을 가진 정부와 더 가까워질수록 시민사회단체는 독립적 지위를 고수하기 위해 더 조심해야 한다. 특히 이들은 정책관련 주창활동이나 로비활동을 하는 대가로 정부나 정부간기구로부터 재정적, 기타 물질적 기부를 받아서는 안된다.

CIVICUS처럼 시민사회를 강화하기 위해 활동하는 초국적 단체들은 재정의 적절한 또는 부적절한 출처와 사용에 관해 보편적인 행동강령을 개발하고 홍보해야 한다. 예를 들면, 그러한 강령은 써비스제공, 연구, 교육 및 현장활동에 종사하는 시민사회단체들이 정부지원을 받는 것에 아무런 문제가 없음을 인정해야만 한다. NGO가 인민의 독립적 목소리로서 자신의 신뢰성과 효과성을 강화하기 위해 규칙을 제정해야 하는 분야는 주로 정책의 주창과 로비 영역인 것이다.

유엔 내부에서 민주화가 강조되고 갈등종식 이후 사회의 시민사회 인프라가 구축되자 국제적 차원에서 시민사회단체의 더 커진 위상을 수용하는 경향이 더 커졌다. 유엔 사무총장 코피 아난은 1997년 7월 발표한 개혁조치를 통해, 대국가 차원에서 "정부 및 시민사회와의 삼자협력"과 "시민사회와의 협력을 전담할 부서를 창설하기 위한" 직원교육 프로그램을 위해 유엔 내의 모든 주요 부처가 "시민사회의 유엔 접근성을 높일 방안으로 각 부서마다 NGO 연락책임자 한 사람씩을 임명하도록" 촉구했다. 유엔 안전보장이사회를 포함한 수많은 정부간기구가 대시민사회 창구 역할을 할 단체 또는 NGO의 목소리를 정기적으로 청취하기 위한 메커니즘을 확립했다. 아래에서 논의할 일부 실패사례에도 불구하고, 전체적으로 보아 근년 들어 유엔의 일상활동 내에 그리고 국제적 의제 마련에 아주 큰 역할을 해낸 국제회의에, 시민사회를 통합시키는 데에 실질적인 진전이 있었다. 유엔 사무총장은 이러한 추세를 매우 분명하고 명확하게 지지했지만 시민사회의 역할이 증대된 것은 주로 시민단체들 스스로의 역량과 발의에 의해 촉발된 발전과 적응이라는 자연적 과정을 통해 이루어졌다. 시민사회의 지속적인 목소리가 유엔의 활동과 토의석상에 반영되는 데 있어 정부간기구의 결의안이나 유엔조직 또는 유엔관료제의 대규모 재편이 필요하지는 않았다.

바로 이 지점에서 시민사회를 유엔 구조와 프로그램의 일상활동 내에 통합시키는 과정을 가속화하고 심화시키기 위한 조치를 최우선적으로 고안해야 한다. 그 첫단계로서 이미 성취한 과업을 공고화하고 보호하기 위해서, 그리고 그것을 새로운 유엔활동 영역으로 확장시키기 위해서 상당한 노력을 기울여야 할 것이다.

전세계적으로 사회의 가장 역동적인 요소들이 공식적 정부구조 바깥에서 생성되고 기능한다는 것이 요즘 들어 일종의 상식이 되었다. 이것은 부분적으로, 국가사회가 직면한 가장 흥미롭고 중대한 사안들이 사실상 초국적인 범위를 지니고 있기 때문이다. 이에 대응해 더욱 역동적이고 성공적인 정부는 흔히 국경을 넘어 가장 뛰어난 재능, 최신의 자료, 가장 신선한 아이디어를 찾아 상호 관심사안에 대해 시민사회의 힘과 아이디어를 끌어내거나 인입할 방도를 모색해왔다. 유엔에 대한 교훈은──사무총장도 이 점을 잘 아는 것처럼 보이지만──명백하다. 유엔 미래의 활력성과 적합성은 상당 부분 유엔이 새 세기의 도전과 기회를 해결하기 위해 동반자를 찾는 과정에서 시민사회를 어떻게 유엔 편으로 끌어들일 수 있는지에 달려 있을 것이다.

시민사회의 여러 차원

시민사회의 중요성이 점점 커지고 있음은 이론의 여지가 없지만 그것이 포괄하는 극히 다양한 종류의 집단에 관한 용어나 분류체계에 대해서는 일반적으로 합의된 정의가 없다. 시민사회는 더 포괄적인 용어인 '비국가 행위자'보다는 좁은 개념이며, 유엔 경제사회이사회(ECOSOC)의 협의자격을 부여받았거나 또는 유엔 대외홍보국(UN Department of Public Information)에 등록된 약 3천개의 비영리단체를 지칭하는 '비정부기구'보다는 넓은 개념이다. 시민사회의 핵심에는 지방·국가·지역·지구적 차원을 통틀어 광범위한 시민·문화·인도주의·기술·교육·사회적 목적을 위해 활동하는, 시민에 기반을 둔 결사체들이 있다. 이 단체들은 시민행동주의를 구현하며, 그것으로부터 활력과 정당성을 공급받는다. 시민사회단체는 정부의 포고령 때문이 아니라, 사람들로 이루어진 집단의 대중적·전문적 관심사로부터 출현한다. 이 단체들은 각국 정부와 정부간기구를 상대로 활발한 로비를 벌이기도 하지만, 그들의 일차적 목적이 특정 기업이나 공업 또는 농업 부문의 경제적 이익을 대변하는 것이어서는 안된다. 일부 인도주의단체와 개발지향 단체들은 자신의 중요 활동을 위해 상당액의 정부·유엔 지원을 받지만, 대개의 경우 시민사회단체는 비영리적 토대로 운영되며 대부분의 자원을 비정부적 출처로부터 제공받는다. 그러나 영리를 추구하는 기업이 시민사회가 지지하는 광범위한 쟁점과 연합활동에 참여하는 것은 환영하고 격려해야만 할 것이다. 이와 마찬가지로, 국내·국제 사회의 다양한 정치적 관점을 모두 반영해야 하는 시민사회 반열에 누구를 포함시킬 것인가에 관해 정치적 리트머스 테스트를 해서는 안된다.

시민사회단체는 두 가지 필수불가결한 특징을 가진다. 첫째, 그들은 완전히 독자적으로 그리고 정부, 정부간기구 또는 민간의 영리추구 기업으로부터의 지시 없이 운영되고 정책적 결정을 내린다. 둘째, 재정과 의사결정 과정이 충분히 투명해서 관심있는 시민들에게 그 단체가 정말 숨겨진 의제나 편견이 없는 독립적 존재임을 확신시킬 수 있어야 한다. 최근 몇년 동안 시민사회의 한계와 특징에 관해 유엔 지도자들의 발언은 부정확했고 심지어 일관성도 없었다. 간혹 이들은 민간부문 및 미디어와 함께 자국의 국회의원과 지방정부 관리도 시민사회에 포함되어야 한다고 주장해왔다. 극단적으로 말해 그러한 광의의 견해는, 유엔 회원국의 행정부와 유엔 회의장에 포진한 정부대표단을 제외한 모든 것들이 시민사회에 속한다고 암시할 수도 있다. 이런 방식은 제대로 작동할 것 같지도 않고, 정치적으로 좋을 것 같지도 않은데, 그 이유는 회원국의 이름으로 창설된 유엔 사무국이 그 회원국 정부들을 제외한 다른 모든 측과 동반자관계를 유지하려 한다고 보일 수도 있기 때문이다.

유엔 사무총장과 그 측근들은 자기들이 생각하는 시민사회의 특징과 차원을 분명히 정의해서 발표해야 하며, 앞으로 공개성명이나 정책계획을 수립할 때 그것을 일관성있게 지켜야 한다. 대중, 언론 및 회원국 관리들은 유엔 사무총장이 촉구한 시민사회와의 새로운 동반자관계를 적절하게 평가하기 전에 우선 사무총장이 무엇을 염두에 두고 있는지를 정확히 알아야 할 필요가 있다. 여러 종류의 유엔기구들이 시민사회와의 동반자관계 구축이라는 주제 아래 다양한 민간단체와 연합하거나 공동 프로그램을 운영하고 있으므로, 위와 같이 시민사회를 명확히 정의하면 유엔체제 내 불화의 가능성 또는 대중적 논란의 가능성이 줄어들 것이다.

아래에서 논의하겠지만 민간부문(기업영역을 뜻함—엮은이)과 미디어가 매우 중요한 비국가 행위자임에도 불구하고 유엔은 여태까지 불필요하게 그들과 거북하고 소원한 관계를 유지해왔다. 모든 당사자들이 대화와 상호이해를 늘림으로써 이득을 볼 것이다. 그러나 미디어나 민간부문은 스스로를 시민사회의 일부로 생각지 않는다. 양자 모두 정부 또는 정부간 통제로부터의 독립을 귀중하게 여기며 유엔과 온전한 동반자관계를 맺는다는 생각을 불편하게 여길 것 같다. 더욱이 유엔이 국회의원이나 지방정부 관리를 시민사회의 일부로 대한다면 중대한 실수가 될 것이다. 그들은 유엔 회원국 통치구조의 구성요소이며 마땅히 그런 식으로 취급되어야 한다.

남북 균형

점증하는 시민사회 행동주의는 지구적 현상이다. 그러나 유엔본부의 행사와 프로그램에 대한 참여율로 판단하건대 이러한 행동주의가 주로 북아메리카와 유럽에 국한되어 있다는 인상을 받게 된다. 보편성의 결여로 인해 유엔의 비전이 창설 당시부터 협소해졌던 것처럼, 지리적 장벽은 유엔이 지구적 차원의 시민사회를 인정하고 그것과 상호작용하는 것을 계속 막고 있다. 남의 시민단체가 충분히 대표되지 않는 현실은 이중으로 염려스러운데, 그 이유는 유엔 의제의 태반이 개발도상국이 직면한 문제를 다루고 있으므로 유엔이 영향을 가장 많이 받는 사람들의 의견을 직접 들을 필요가 있기 때문이다. 국제사회의 선택 결과에 따라 득실을 가장 많이 입을 사람들의 목소리가 반영되지 않을 때 유엔의 심의——NGO들 사이에서 그리고 회원국들 사이에서 모두——는 공염불이 된다. 이것은 유엔의 회의장이 바깥 현실세계로부터 동떨어져 있다는 또 하나의 반증이다. 더 나아가 민주적 가치와 관행이 아직 확립되지 않은 개발도상국 세계에서 견실하고 폭넓은 시민사회 기반의 발전을 촉진하는 것이 유엔의 목표가 되어왔다. 시간이 지나면서 시민사회의 발전은 유엔의 3대 핵심목표, 즉 안보·개발·인권 모두를 증진시켜야 한다. 이들 시민단체를 지구적 네트워크와 유엔영역 내에 더 많이 포함시키면 국내 투쟁에서 시민단체의 노력을 고무할 수도 있고, 시민단체에 더 많은 정당성을 부여할 수도 있을 것이다.

위에서 본 대로 통신혁명은 남-남간 대화에서뿐 아니라 남-북간 대화에서도 접근성이 높고 신뢰도가 크며 저렴한 수단을 제공해준다. NGO들은 국내·국제적으로 동맹과 네트워크를 구축하고 자신의 활동을 전파하기 위해 인터넷을 재빨리 이용했다. 연구자들은 웹망을 통해 전세계의 정보를 손쉽게 취득하며 세계 반대편의 동료들과 정기적으로 접촉한다. 그러나 통신혁명은 아직도 진행중이며 남보다 북, 특히 북아메리카에서 훨씬 더 발전했다. 위에서 언급한 대로 사실상 신기술은 더 발전한 나라와 덜 발전한 나라 간의 경제·정보 격차를 더 벌려놓았다. 더 나아가 이메일은 유엔본부의 협상이나 토론에 참여하는 데 있어 정치적으로 효과적인 방법이 아니다. 그 이유는 부분적으로, (유엔에서는—엮은이) 다자간 의사결정 과정에 대한 참여자가 많고, 통상 합의제에 의해 결정이 이루어지기 때문이다. 세계의 주요한 수도에서건 유엔 회의석상에서건 지구적 의사결정에서 목소리를 내려면 개별적 접촉보다 더 나은 것이 없다.

그러나 국제적 회합에서 남북 NGO간의 불균형을 시정하는 것은 어려운 과제임이 드러났다. 남의 대다수 NGO들은 유엔회합에 대규모 대표단을 파견할 능력이 없거나 아니면 자국 내의 시급한 현안을 감안할 때 그렇게 많은 비용을 회의참가에 쓰는 것이 현명한지 의문을 표한다. 유엔은 비정부 연락사무소(Non-Governmental Liaison Service)를 통해 개발도상국의 NGO대표들이 유엔회합에 참가할 수 있도록 일정한 재정지원을 할 수 있다. 그러나 유엔은 대규모 지원을 할 만한 여력이 없으며, 매년 어떤 단체가—그리고 어떤 견해가—유엔에 참가할 자격이 있는지를 결정해야 하는 난처한 입장에 빠져서도 안된다. 일부 정부, 재단 및 비영리기구가 남의 NGO들이 다양한 국제적 회합에 참여할 수 있도록 지원을 했지만 불균형을 시정하기에는 그 수가 너무 적고, 그러한 임시방편적 접근으로는 필요한 상시적 활동을 벌일 수가 없다.

각국 정부, 유엔 사무국 그리고 비교적 형편이 나은 시민사회단체와 민간부문 단체들이 개발도상국의 NGO가 유엔관련 회합과 회의에 더욱 많이 참여할 수 있도록 개선방안을 강구해야 한다. 남의 회원단체의 견해를 대변하기 위해 지구적 NGO동맹에 기대는 것만으로는 충분치 않다.

개발도상국의 시민사회단체들이 지구시민사회 및 유엔의 활동과 정보네트워크에 더 활발하게 참여해야 함을 강조하면서, 동시에 그러한 단체의 역량구축 노력을 지원하기 위해서 민간이 집행하는 자발적 기금을 창설해야 한다. 여기에는 고성능 컴퓨터와 워드프로쎄서의 제공, 여행지원 등이 포함될 수 있을 것이다. 각국 정부에 그런 기금에 후원을 하도록 촉구할 수는 있겠지만, 기금의 관리와 재정은 지리적 대표성이 있는 정치적으로 균형잡힌 민간이사회가 감독해야 한다. 비교적 여유있는 북의 NGO들을 고무해서 같은 쟁점을 놓고 활동하는 남의 단체들과 협조관계를 발전시키고 그들에게 지원을 제공하도록 해야 한다.

유엔이 후원하는 밀레니엄 총회(Millennium Assembly, 2000년 가을에 열리는 제55차 유엔총회를 지칭함. 그 직전 9월 6~8일에는 유엔 밀레니엄 정상회담이 개최되었음—엮은이)의 예비공청회를 적절하게 개최한 지역기구들과 유엔의 지역경제위원회들은 그 지역 내 시민사회단체들의 발전을 격려하고 그들과 상호작용을 하도록 더 노력해야 한다. 일부 지역기구들은 시민사회와 접촉하기 위해 노력을 경주했지만 대다수는 지구적 차원에서 벌어지고 있는 과정보다 지체되고 있다.

이러한 경로는 서로간에 강화되는 효과가 있으므로 동시에 추구해야만 한다. 각국 정부가 그 과정을 도울 수 있겠지만 발의와 기금은 주로 독립적·비정부적 출처로부터 나와야 할 것이다.

국내의 기반

자국민의 이익을 대변하고, 공평하고 균형잡히고 민주적인 방식으로 다양한 국민들의 상충되는 요구와 의제를 해결하는 것이 정부의 책임이다. 시민단체는 정부를 책무성있게 만들기 위해서, 그리고 그들이 보기에 관심이나 지원을 충분히 받지 못한 특정 의제와 대의를 증진시키기 위해 행동한다. 이러한 단체는 민중적 지원을 받아야 하고 그들이 느끼기에 공중에게 이익이 되는 명제를 주창해야 하지만, 국제무대에서 인민의 목소리 자격으로서 정부를 대체하려고 시도하는 것은 이들 단체의 역할 또는 책임이라 볼 수 없다. 시민사회의 강점은 정부의 공식적 기능을 모방해서가 아니라 정부로부터 독립된 외부 비판자로 봉사하는 데에 있다. 정부와는 달리 비정부기구는 광범위한 공공정책 의제를 둘러싸고 모든 쟁점과 취사선택 사이에서 균형을 맞출 필요가 없다. 「우리 지구촌 이웃」이 경고했듯이 "단일의제에 초점을 맞추는 것이 NGO에 강점과 전문성을 부여하지만 그것은 또한 폭넓은 관심사안에 대한 시각을 봉쇄할 수도 있다." 실제로 특정한 대의에만 초점을 두거나 특정한 지지기반의 견해만 반영하면서, 자원·행동·우선순위 등 상충되는 주장의 조정은 공무원이 하도록 놔두는 단체들이 국내·국제적으로 가장 영향력있는 시민사회의 목소리가 되는 경향이 있다. 물론 민주주의 체제에서 자기네 선출직 대표자들이 우선순위와 행동방향의 선정에 있어 옳은 판단을 내렸는가 여부를 결정하는 것은 궁극적으로 전체 대중의 몫이다.

시민사회에 대해 분명한 교훈은 이것이다. 즉, 유엔과 국제사회를 움직일 수 있는 가장 확실한 방법은 각개 회원국 내에서——강대국을 포함하여——강력한 정치적 기반을 우선 구축하는 것이다. 반면, 자기 나라 수도에서 달성하지 못한 것을 유엔에 와서 달성하려고 하면 유엔기구 내에 불화와 반목을 조장하는 가장 빠른 길이 된다. 세계적 문제가 국민국가체제 안에서 제기되는 한 그리고 그 안에서 제기되니만큼——이 체제가 조만간 쇠퇴하리라고 예상할 근거는 없다——주창활동단체는 국내 차원의 변혁에 최우선순위를 두어야 한다.

유엔 회합과 회의에 참석하는 회원국 대표단에 시민사회 대표를 포함시키는 관행은 계속 장려되어야 한다. 이것은 시민사회와 정부 모두에 큰 도움이 되면서 주창활동단체들이 국제정책 형성과정에 영향을 미칠 수 있는 가장 직접적이고 적절한 방식이다. 간혹 벌어지는 일이지만 만일 국제주의적 경향의 NGO가 유엔에 모이고 민족주의적 경향의 NGO가 각국 수도에서 활동한다면, NGO들이 실제로 국제 차원과 국내 차원의 의사결정권자들을 서로 반대방향으로 밀어붙여서 유엔에 대한 지지를 약화시킬 수도 있다. 반대로 만일 유엔과 각국 수도에서 활동하는 시민사회단체의 정치적 색채들이 정치권 내의 극히 다양한 견해와 이해관계를 모두 반영할 만큼 비슷하게 다양하다면 국내·국제 양 차원의 의사결정간의 불화를 줄일 수 있을 것이다.

유엔이 후원하는 비정부 포럼은, 유엔기구와 그 정책에 비판적인 단체를 포함해서 다양한 견해를 대표하는 시민사회단체들의 참여를 환영해야 한다. 이러한 포럼은 합의에 도달하는 것보다 완전가동중인 시민사회를 특징짓는 활기찬 정책토론을 반영하는 것이 더 중요하다. 합의는 시민사회의 과제가 아니라 정부간기구의 과제이기 때문이다. 유엔이 반대목소리를 환영하지 않는다면 진정 민주적이라고 할 수 없다.

시민사회는 다양성을 지니고 있어서 공식기구에 대한 시민사회의 경계, 시민사회 내 단일의제 단체들의 수, 국제적 제도인 유엔에 대한 시민사회의 지지가 산발적이고 불균등했으며 특정 쟁점에 좌지우지되어왔다. 이런 관점에서 보면, 유엔(또는 유엔 사무국)과 정부나 정부간기구로부터의 독립을 중시하는 부문인 시민사회 간에 일종의 항구적인 동맹의 발전을 기대하는 것은 비현실적이다. 그러나 「우리 지구촌 이웃」과 유엔 사무총장이 주장해온 바대로, 여러 종류의 쟁점과 활동에 관해 국경을 넘는 공적 부문-민간부문 동반자관계는 계속 증대될 전망이다. 그러한 동반자관계를 선양하는 것은 정부뿐만 아니라 양측 모두에게 장기적 이익이 될 것이다.

유엔-NGO 관계: 전진이냐 후퇴냐

역설적으로 유엔과 시민사회 간 새로운 형태의 동반자관계에 대한 기대가 높아지는 이때에 유엔기구와 NGO공동체 사이의 관계가 걱정스러울 정도로 긴장과 논란을 겪고 있다. 한편으로는 유엔 사무총장의 대담한 수사와 전향적인 비전이 유엔의 여러 프로그램 책임자와 각 부서장들의 태도와 행동에 고루 반영되지 않는다고 다수의 NGO지도자들이 비판해왔다. 다른 한편으로는 NGO가 유엔에서 이미 이룩한 진전에 대한 반발이 일부 원인이 되어, NGO에게 더 큰 접근권을 부여하자는 주장에 대해 많은 정부가 최근 유보적인 태도를 표명했다. 유엔헌장 제71조에 의거해서 유엔 ECOSOC이 NGO에게 협의적 지위를 부여하는 절차가 생겼지만, 이것을 어떻게 이행하고 어떤 범위의 주제를 다룰 것인가 하는 문제가 어떤 NGO를 협의대상으로 인정할 것인가 하는 거듭된 의문과 함께, 언제나 각국 정부들 사이에서 논란을 불러일으켰다. 그 결과 유엔활동의 여러 측면에서 NGO개입이 증가했음에도 불구하고, ECOSOC이 1968년 채택한 결정(결의 안 1296(XLIV))이 30년 가까이 그대로 존속되어왔던 것이다. ECOSOC은 NGO공동체들이 환영한 조치를 통해 1996년 마침내 이런 규정들을 상당 히 세세한 정도로 개정하고 손을 보았다(결의안 1996/31).

그러나 NGO의 활동영역(issue area, 어떤 기구가 활동하는 쟁점영역의 범위 ─엮은이)에 관한 핵심적 의문은 여전히 풀리지 않았다. 유엔헌장 제71조는 ECOSOC이 "그 관할범위 내에 속하는 문제에 관심을 가진 비정부기구와 협의할 수 있는 적절한 장치를 마련할 수 있다"고 규정하지만, 지난 10년간 NGO뿐만 아니라 많은 유엔 회원국들의 압력 때문에 협의를 위한 장치를 평화와 안보 영역의──ECOSOC의 관할 밖에 있는──활동단체에까지 확 장하게 되었다. 물론 ECOSOC은 유엔총회나 안전보장이사회의 업무에 대 해 아무런 권한이 없으며 이 두 기구는 자신이 취할 행동방향을 스스로 결 정한다. 아이러니하게도 사무총장이 시민사회와 동반자관계를 강화하자는 제안을 준비중이던 1997년 상반기에, 유엔총회 산하의 개혁검토 실무위원 회가 (NGO에 관한─엮은이) ECOSOC의 규정과 절차를 다른 정부간기구 에도 확장시킬 것인지 또는 어느 정도나 확장시킬 것인지 여부를 결정짓지 못한 일이 있었다. ECOSOC의 규정과 절차를 유엔총회의 주요 위원회와 실무위원회로 확대시키는 데에는 폭넓은 합의가 존재했지만, 총회의 권한 이 미치지 않는 안보이사회, 특별기구들, 그리고 브레튼우즈기구들에도 같 은 변화를 추구하느냐를 놓고 심각한 이견이 있었던 것이다. 이때 형성된 교착상태가 그 이후에도 지속되었고 ECOSOC 관할 바깥의 유엔-NGO 관 계는 불안한 정치적 수렁에 빠져 있다.

유엔총회는 ECOSOC 결의안 1996/31에 확정된 NGO 참여 규정과 절차 를 총회, 총회의 주요 위원회들, 그리고 실무위원회에도 가능한 한 신속하 게 확대적용해야 한다. 유엔-NGO 관계를 본궤도에 올려놓는 데 이보다 더 긍정적인 영향력이──상징성과 실질성 양자의 측면에서──있는 조치 는 없을 것이다. 사무총장이 어떤 정책개선안을 발표하든, 시민사회에 유엔에서 더 큰 목소리를 보장해주겠다고 확약할 수 있는 것은 각국 정부—— 누구보다도 먼저——자신들이다. 유엔체제 전반의 여타 정부간기구도 NGO 참여 규정과 절차를 재검토해보아야 한다. 그 규정과 절차가 ECOSOC의 기준에 못 미칠 경우 그 기준에 가능한 한 완전히 맞추기 위한 조치를 취해서 유엔체제 전체의 기준이 자리를 잡도록 해야 한다. 시민사회와의 관계를 증진시키기 위해 유엔체제 내의 여러 구성요소와 브레튼우즈기구들이 근년 들어 취했던 다양한 절차적·제도적 개선책에 비추어볼 때, 사무총장이 가장 효과적으로 판명된 개선책과 미진하다고 판명된 개선책을 강조할 목적으로 행정조정위원회(ACC)를 통해 유엔 가족 전체의 내부 교육활동을 개시하는 것이 시의적절하다고 생각된다. 그렇게 하면 전향적 조치를 취하지 않았던 정부와 일부 유엔관료제를 고무할 수 있으며 향후 행동방향을 제시할 수도 있다.

일반적 원칙으로서 NGO는 유엔의 전회원국에 개방되어 있는 유엔기구 내 모든 공식적 회합에 참석할 수 있어야 한다. 그러나 안전보장이사회처럼 제한적 구성을 가진 기구에는 여타 대다수 유엔 회원국과 마찬가지로 NGO의 접근권도 제한되어야 한다. 또한 유엔 회원국들은 민감하고 시급한 문제에 대한 합의를 촉진하기 위해서 명백히 요구되는 경우에는 언제라도 대중의 주시에서 벗어나 비공개회의를 요구할 수 있어야 한다. 물론 정부가 단순히 자신의 입장과 전술을 백일하에 노출시키기 싫어하는 것에 불과한 경우에는 이런 행동을 거부해야만 한다.

NGO의 참여를 위한 개선책을 고려하는 데 있어 첫째 원칙은, 그 개선책이 우선 유엔 회원국 사이의 공동목적 영역을 찾아낸 후 그러한 목표를 달성하기 위한 행동절차를 정의한다는 유엔의 근본 정신을 촉진하도록 고안되어야 한다는 점이다. 시민사회단체는 이러한 두 가지 목적 모두에서, 그리고 국내적·국제적 차원 모두에서 중요한 공헌을 할 수 있다. 시민사회단체는, 그들의 손안에 유엔의 성패가 궁극적으로 달려 있는 회원국 사이의 합의를 자극하고 그 합의사항의 이행진전 여부를 감시하는 데 촉매 역할을 할 수 있다. 이런 다양한 원칙들을 어떻게 실행에 옮기느냐 하는 문제가 안전보장이사회보다 더 민감한 곳은 없다. 이사회의 5개 상임이사국은 일반적으로 안전보장이사회의 절차를 바꾸는 문제를 조심스럽게 다루며, 이사회의 토의과정, 특히 결정적으로 중요한 비공식 협의과정을 비상임이사국이나 시민사회에 공개하는 문제는 두말할 나위도 없이 신중하게 다룬다. 그러나 NGO 참여에 대한 그들의 저항의 벽에 약간의 미세한 균열이 나타나기 시작했다. 근년 들어 안전보장이사회는 분쟁지역의 사태진전에 관해 선택된 소수 NGO들의 견해를 듣기 위해 공식적 회합을 개최해왔다. 이따금 이사회의 의장이 시민사회단체 및 전문가들과 비공식 의견교환 기회를 마련한 적도 있다. 최근 이사회는 유엔 사무총장이 조직한 비공식회합에 참여해서 외부 전문가의 발언을 들었다. 그리고 요즘 상임이사국의 일부 회원국들은 공통의 관심사를 논의하기 위해서 선택된 소수 NGO들과 정기적인 모임을 갖고 있다. 이런 것들이 결코 근본적인 변화는 아니지만, 상호신뢰와 향후 발전을 구축할 일종의 견실한 진전이라고는 할 수 있을 것이다.

안전보장이사회는 다루는 의제의 쟁점에 정통한 NGO와 기타 시민사회단체의 실질적이고 시의적절한 기여를 보장하기 위한 절차의 정례화 조치를 취해야 한다. 필요하면 이사국들 그리고 그 직원들이 자문을 구할 수 있는 NGO전문가들로 구성된 패널을—지역위기, 예방적 외교, 대규모 살상무기의 확산, 무기밀매, 경제·금융·외교적 제재조치 이행, 인도적 구호 및 갈등 이후 평화구축과 같은 쟁점에 관해—구성하는 것도 하나의 가능성일 것이다. 중요한 문제에 관해 안전보장이사회 및 그 이사국들과 시민사회를 연결시키는 역할을 유엔 사무국의 소수 직원들에게 부여하는 것도 또 하나의 가능성이 되겠다. 이러한 조치는 유엔 사무국과 회원국이 제공하는 전문성을 대체하려는 것이 아니라 보완하려는 시도이다. 정확한 표적을 정한 제재조치의 가능성을 분석하는 데 국제적 전문가들을 활용하려는, 각국 정부와 유엔 사무국이 지원하는 최근의 노력은 안전보장이사회의 의제에 관해 시민사회-회원국-유엔 사무국의 바람직한 공조모델이다.

NGO-유엔 관계가 지난 5~10년 사이 중요한 진전을 이루었지만 최근 들어 그 관계가 약화되거나 심지어 후퇴할지도 모른다는 우려의 표시가 등장하였다. NGO가 유엔활동을 이용하는 데에 요금을 물리기 위해 유엔이 NGO에게 제공하는 써비스비용을 조사하자는 내용을 한 강대국이 제안했다가 철회한 적이 있었다. 유엔 사무국은 유엔 정보씨스템 내의 광학디스크씨스템과 법무국의 국제협정 데이터베이스를 NGO가 사용하는 데 고액의 요금을 부과할 것을 고려한 적이 있다. NGO들은 유엔의 협의대상 지위 부여 체제가 점점 더 자의적이고 정치화되었고 신청대기 건수가 늘어났다고 비판한다. 몇몇 NGO는 유엔본부의 새로운 보안규정 때문에 출입지점이 제한되고 손님을 건물 안으로 안내하지 못하게 되었다고 통렬히 비판한다. 이런 사안들 중에서, 잠재적으로 요금을 부과할 가능성 정도가 NGO의 활동역량을 크게 방해할 것이다. 그러나 여타 조치들도 시민사회와 새로운 동반자관계를 설정하자는 사무총장의 촉구가 제대로 이행되지 않는 사실과 맞물리면서, 회원국과 유엔 사무국 직원들의 애매한 태도를 드러낸다. 현재 이같은 불편한 상황하에서, NGO지도자들이 사소한 불편 뒤에 숨어 있는 더 큰 정치적 메씨지를 읽으려는 경향이 이해가 된다. 이 점에서 NGO들은 양자관계의 중심적 차원에 초점을 맞춰, 지금까지 이룩한 결과를 강화하기 위한 활동을 벌이면서 향후 발전방안을 숙고해야만 한다. 특히 NGO는 유엔의 정보와 회합에 대한 그들의 접근을 차단하려는 시도에 저항하기 위해 경계를 늦추지 않아야 한다. 현재까지 보안목적상 시행되는 몇가지 불편사항을 제외하고는 NGO의 핵심적 관심사에 있어 실제로 퇴보한 것은 거의 없다. 사실상 유엔 사무국은 포괄적이고 쉽게 접근할 수 있는 웹싸이트를 개발했고 이것은 유엔본부에 기반을 둔 NGO네트워크의 경계를 훨씬 넘어서서 대중, 미디어, 그리고 남의 NGO에 봉사하고 있다. 뉴욕 본부의 NGO를 위한 시설 역시 향상되었다. 유엔의 활동에 드리워져 있는 재정적 곤란상황을 감안할 때, 유엔이 NGO공동체에 대해 아주 높은 수준의 써비스를 계속 제공하고 있는 것은 부인할 수 없다. 유엔은 요금이나 새로운 제한규정을 두지 말고 전체적인 정보써비스를 NGO와 대중들에게 계속 제공해야만 한다. 유엔 회원국과 사무국은 공공정보 제공이 유엔의 핵심적 목적에 부응하며, 정보에 대한 접근을 부당하게 차단하면 유엔의 신뢰성에 의문이 제기될 뿐이라는 사실을 인식해야 한다. 대중에 봉사함으로써 유엔은 본질적으로 자신의 최고이익, 그리고 유엔헌장의 근본목표에 봉사하게 된다. 동시에 유엔과 국가공무원들은 정보공유가 양방향적이므로 그들 역시 시민사회의 아이디어, 정보 그리고 시민사회의 포럼에의 접근을 요구할 수 있음을 염두에 두어야 한다. 정보화시대에 유엔과 그 회원국들은 시민사회, 유엔 사무국, 회원국 간 정보공유의 새로운 가능성을 최대한 이용하지 않으면 낙후되고 만다.

유엔의 접근성에 대한 문제는 현장에서 정책수행에 주로 관여하는 (현장활동—엮은이)NGO보다 유엔본부의 정책결정 과정에 초점을 두는 (주창활동—엮은이)NGO가 더욱 심각하게 느낀다. 전자는 일상적으로 유엔 프로그램과 사업에 동참하며 흔히 활동의 부담을 짊어지고 있다. 이러한 활동관계는, 사태현장마다 급변하고 흔히 대단히 곤란한 상황 속에서 (유엔과 NGO의—엮은이) 분업과 책임분담을 설정·재설정해야 함에 따라 지속적인 재조정이 요구된다. 사태현장에서는 국제공동체가——공식·비공식을 막론하고——전쟁과 빈곤의 깊은 상흔을 치유해야 하는 과제에 직면해서 지위고하, 유엔 인정 여부, 접근성 여부를 떠나 모든 일손이 필요하다는 점을 분명히 이해한다. 그리고 동반자관계와 시민사회의 진정한 가치가 직접적이고 강력하게 인식되는 곳이 바로 이러한 사태현장인 것이다.

시민사회를 넘어서: 민간부문, 미디어, 학계, 의회

코피 아난 유엔 사무총장은 1997년 7월의 개혁플랜을 통해 NGO와 시민사회의 전통적인 경계를 뛰어넘어 영향력있는 지지기반과 접촉해야 할 시점이 왔다고 제안하였다. 특히 그는 유엔이 과거에 소원한 관계를 유지하던 4개의 비국가 행위자 집단——민간부문, 미디어, 학계, 의회——의 참여에 따르는 이득을 강조했다. 사무총장의 견해에 따르면 점증하는 시민사회의 역할은 "상호연관된 두 가지 과정, 즉 더욱 민주적이고 투명하고 책무성있고 권한있는 공치의 추구, 그리고 국가적·지구적 경제의 경영에 있어 시장경제적 접근의 더 큰 선호"로부터 비롯되었다고 한다. 이런 경향 때문에 정부와 정부간기구는 이러한 네 집단에 대한 태도 그리고 공치의 동반자로서 그 집단의 역할에 대한 태도를 새롭게 정립하였다. 이러한 부문들은 엄청난 금융·지식·의사소통 능력을 보유하고 있을 뿐 아니라, 독립적 성격 때문에 어떤 정부기구도 필적하지 못할 정도의 힘과 이니셔티브와 독창성을 갖고 있다. 그러나 이 네 부문 중 어느 것도 NGO식으로 조직되어 있지는 않으며, 특정한 대의의 공개적 주창을 자신의 일차적 임무로 삼지도 않는다. 냉전이 종식되고 대다수 개발도상국에서 온건노선의 정치가 자리잡으면서, (유엔이—엮은이) 이러한 네 집단과 긴밀한 협력관계를 이루는 데에 정치적 장애가 거의 없어졌다. 물론 이 집단들도 개별적으로는 특별한 도전과 민감한 부분이 각각 존재한다.

사무총장은 민간부문과의 관계개선에 가장 큰 관심을 기울였다. 국제상공회의소(ICC)는 1946년 ECOSOC의 협의자격을 처음으로 부여받은 NGO 중의 하나였지만 재계와 유엔의 관계는 그 이후 시간이 지나면서 소원해졌다. 경제발전에서 국가와 민간기업의 상대적 역할에 대한 견해차이 때문에 상당한 상호불신이 생겼고 이것이 양자관계의 특징을 이루었다. 그러나 근년 들어 전세계의 정치환경이 변하고 경제사상 내에서 시장의 지위가 격상함에 따라 완전한 동반자관계는 아닐지라도 더욱 생산적인 관계를 설정할 수 있는 기회가 도래했다. 그러나 재계와 유엔관련 NGO 사이의 관계보다 유엔의 공식적 차원에서의 관계개선이 더 빠르게 이루어지고 있다. 수많은 NGO들이 아직도 재계의 이윤동기에 대해 대단히 부정적이다.

우리는 민간부문과 새로운 관계를 설정하기 위해 사무총장이 취한 이니셔티브, 예컨대 1999년 1월 다보스의 지구적 규약(Global Compact) 연설에서 그가 선언한 원칙, ICC와의 지속적인 대화, 그리고 개별 유엔기구와 민간기업 간의 점증하는 유대관계를 성원한다. 이러한 조치들은 사실 만시지탄의 느낌이 든다. 이와 동시에, 양측의 서로 다른 시각과 동기를 감안할 때 유엔과 민간부문 간에 싹트는 동반자관계에는 한계가 있을 수밖에 없다. 따라서 양측은 의사결정 고비마다 그릇된 기대치를 최소화하기 위해 이러한 점들을 조심스럽게 따져보아야 한다. 유엔활동 현장의 인도적 구호와 평화구축 사업에 민간부문을 더 많이 참여시키려 할 때, 사무국과 회원국은 기업들이 단지 자본과 투자만이 아니라 기여할 분야가 훨씬 더 많다는 점을 인식해야 한다. 기능·금융·경영의 전분야에서 민간업체들은 전문성과 경험을 대단히 많이 제공할 수 있다. 이 점은 중요한 인적 자원 관리 및 훈련 분야에서 특히 그러하다. 민간부문에 대해 일관되게 비판적인 입장을 취해온 NGO들은 상황변화에 비추어 자신의 태도를 재검토해야만 할 것이다. 만일 유엔기구의 활동에 민간부문이 생산적으로 참여할 전망에 대해 새로운 시각을 갖추는 데 있어 NGO공동체가 사무총장과 대다수 회원국보다 뒤떨어진다면 분명 아이러니가 될 것이다.

대다수 유엔 관계자들에게 미디어는 오랫동안 수수께끼와 같은 존재였다. (유엔에 대한—엮은이) 주요 회원국들의 정치적·재정적 지원이 부족한 이유가 바로 수준 낮고 불충분한 보도 때문이라고 비난하는 경향이 있었다. 유엔은 스스로 언론에 의해 오해받고 잘못 다루어진다고——흔히 그럴 만한 이유가 있었다——느껴왔다. 미디어를 잘 아는 사무총장이 거의 없었고, 그들 활동의 성격상 쉽게 언론의 헤드라인이나 방송을 타기도 어려웠다. 일부 회원국 정부는 독립적이고 단정적인 언론을 처음부터 불신하는 경향이 있다. 유엔기구는 미디어와의 만성적인 대립관계를 해소하기 위해 오랫동안 수많은 의사소통 전략을 추구해왔다. 그러나 이런 시도가 모두 실패하면서 제도적 응급처방으로는 정부 및 정부간기구와 자유언론 사이의 틈을 벌려놓는——사실상 적절하게——만성적인 긴장과 압력을 해소할 수 없음이 더욱 분명해졌다. 아주 오랜만에 유엔은 코피 아난이라는, 미디어를 잘 아는 지도자이자 유엔기구와 그 대의의 열성적이고 믿을 만한 대변인을 갖게 되었다. 그러나 이런 명석한 지도자가 있다 하더라도 유엔-미디어 관계가 발전할 수 있는 정도, 그리고 발전해야 하는 정도에는 정말 한계가 있음을 인정해야만 한다.

유엔이 정부기구로부터 독립적이며 보도대상으로부터 일정한 객관적 거리를 두는 것을 사명으로 하는 미디어와 동반자관계를 설정하려고 노력하는 것은 비현실적이다. 유엔이 대중과 미디어에 대해 자신을 더 잘 나타낼 수는 있겠지만——사실 그렇게 잘하고 있지만——미디어가 지속적으로 유엔의 메씬저 역할을 해주리라고 기대해서는 안된다. 양측 모두 서로간에 현실적인 상호기대에 근거해서 상대방과 우호적·전문적 실무관계를 기대할 권리가 있다. 현 사무총장은 유엔이 지구적 쟁점에 관한 사상·정보·분석의 쎈터 역할을 할 비전을 전임자들보다 더 많이 제시해왔다. 이 목표가 유엔의 정부간기구적 성격과는 융화되기 힘들겠지만 유엔은 실제로 독특하게 다양한 관심사, 경험 및 정보의 출처를 보유하고 있다. 이러한 현실을 분석하기 위한 자료수집이 쉽지 않지만, 사무총장실에 소규모 전략계획 부서가 창설됨으로써 일단 조출하게나마 사업이 개시되었다. 유엔기구와 브레튼우즈기구들 몇몇은 자기 분야에서 세계적 수준의 데이터 및 분석결과를 내놓는 쎈터로서 신뢰할 만한 명성을 쌓아왔다. 그리고 유엔 자체도 국가경제, 자원 및 인구동향에 관한 중요한 통계출처이다. 특히 작은 나라들에게, 유엔 가족은 지구적 추세와 발전에 관한 정보 및 아이디어의 중요한 원천이 되었다.

만일 유엔의 현존하는 정보토대와 지구적 포괄범위가 전세계의 대학·연구소·싱크탱크의 분석능력과 결합될 수 있다면, 유엔이 아이디어와 정보의 지구촌시장, 국경 없는 아이디어의 수집과 부화를 위한 쎈터로 발전할 가능성을 상상해볼 수 있겠다. 물론 각국 정부가 그러한 발전을 환영하거나 허용할 것인지는 좀더 지켜봐야 한다. 우수한 조직 내 연구 및 분석 능력을 유엔에 부여하려 했던 과거의 시도는 유엔체제의 고질적인 관료적 경직성과 정치적 제한 때문에 성공을 거두지 못했다. 유엔 사무국과 학계 사이의 온전한 결합은 아직 가동되지 않고 있다. 그러나 개별 프로그램에 따라 유엔과 독립적 연구·학문 공동체 사이에 자연스러운 교제가 이루어지고 있고 학자와 연구소들이 개별적으로 유엔 전조직의 활동과 연관을 맺고 있다.

유엔이 세계적 지식쎈터로 도약하려면 최우선적으로 전세계 연구·학문

공동체와의 유대를 강화하고 확대해야 한다. 특히 사무총장과 사무국은 재단, 개별 학자 및 유엔체제에 관한 학술협의회(ACUNS)와 국제학술협회(ISA) 같은 국제학술네트워크를 고무해서, 유엔이 직면한 중요한 문제에 관해 남북 연구자들의 협동연구를 촉진하도록 해야만 한다. 가능한 한 이러한 프로젝트는, 관련 주제를 맡고 있는 유엔의 책임자와 협력하거나 또는 최소한 협의를 거쳐 추진해야 한다.

위에서 언급한 대로 국회의원들과의 유대가 발전하면 민감한 쟁점이 야기된다. 국회의원은 통치의 구성요소이지 시민사회의 일부로 취급되어서는 안된다. 그러나 또다른 한편으로, 국회의원의 행동과 태도가 유엔의 많은 활동분야에서 유엔이 달성할 수 있거나 또는 달성할 수 없는 바를 결정하는 효과를 가진다. 유엔은 국회의원의 문의와 관심사에 대해 잘 대응할 필요가 있다. 왜냐하면 국회의원들이 유엔의 활동방식과 달성목표를 완전히 이해하는 것이 필수적이기 때문이다. 유엔 관리들은 국회의원들과의 비공식적 의견교환을 통해——어떤 국회의원은 자기 나라의 유엔대표단에 포함되기도 한다——유엔이 각국의 수도에서 어떻게 인식되는지를 더 잘 알 수 있게 된다. 게다가 개별 국회의원들은 중요한 공공정책 영역의 귀중한 전문성과 경험을 갖고 있다.

유엔은 다른 유엔기구들과 마찬가지로, 지난 몇년간 국제의원연맹(IPU)과 대화를 가져왔다. IPU는 1998년 3월 유엔본부에 연락사무소를 개설했고 밀레니엄 총회 직전인 2000년 8월 유엔에서 각국 의회의장단 회의를 개최할 예정이다(2000년 8월 30일~9월 1일에 개최되었다—엮은이). IPU와 유엔의 의제가 중복되는 것 중 우선적인 부분은 대의민주주의의 장려이다.

유엔의 회합과 회의에 참석하는 회원국 대표단에 국회의원을 포함시키는 관행은 계속 장려되어야 한다. 더 많은 국회의원들이 개발, 인도적 구호, 평화유지, 갈등 이후 평화구축에 초점을 둔 유엔의 현장활동을 연구방문할 기회를 가진다면 역시 도움이 될 것이다.

정부에 모든 것을 공지하면서, IPU와 유엔 사이의 점증하는 협력을 계속 추진해야 한다. 유엔과 IPU 둘 다, 선치(善治, good governance)와 대의민주주의를——21세기의 중심적 도전이 될 가능성이 많은——중시하므로 이 두 가지가 밀레니엄 총회 직전에 열릴 IPU의 각국 의회의장단 회의에 특히 알맞은 초점이 될 수 있을 것이다.

새 천년을 맞이하면서 유엔공동체는, 점증하는 초국적 도전에 맞서기 위해 어떤 종류의 유엔을 원하며, 또 필요로 하는지에 관해 일련의 중요한 선택에 직면해 있다. 가장 근본적이면서도 가장 이해가 부족한 선택분야는 21세기 유엔 내에서 시민사회의 위치에 관한 것이다. 유엔이 노력을 기울이는 분야 하나하나마다 비국가 행위자들은 공공정책의 형성과 수행에 있어 더욱 중요하고 더욱 실질적인 역할을 맡아왔다. 국민국가의 정부는 현재 지구적 공치에 있어서 중심적 행위자이며 앞으로도 상당 기간 그러할 것이지만, 더이상 1945년 유엔 창설 때처럼 그렇게 지배적인 행위자는 아니다. 회원국 중에는 시계를 거꾸로 돌리고 싶어하는 나라도 있지만 이 시점에서 유일하게 현실적인 질문은, 유엔 및 기타 정부간기구에서 시민사회의 역동성을 고려할 것인가 말 것인가 여부가 아니라, 그것을 어떻게 고려할 것인가 하는 문제이다. 이것이야말로 새 천년을 기념하는 정부간·비정부간 행사의 중심적 관심사가 되어야 한다. 이러한 맥락에서 본 위원회는 사무총장, 회원국, 시민사회가 위의 제안들을 모두 고려하도록 이 보고서를 제출하는 바이다. 이 제안들은 전향적인 정신과 다음과 같은 인식, 즉 이 시점에서 가장 필요한 것은 급진적 변혁이 아니라 이미 성취한 것들의 공고화와 그 성취 위의 향후 발전계획이라는 인식을 반영하고 있다.

OECD 회원국의 개발NGO는 어떻게 활동하는가

김혜경

1. 들어가며

한국은 지난 30여 년간 세계적으로 괄목할 만한 경제발전을 이룩하여
1995년 국민총생산(GNP) 규모 세계 11위의 경제대국으로 성장하게 되었
으며, 1996년 12월에는 경제협력개발기구(OECD) 회원국으로 가입하였다.
사회적으로는 1987년 6·10 민주항쟁을 계기로 점진적으로 민주화를 실현
할 수 있게 되었으며, 이에 따라 과거 민주화 일변도였던 사회운동도 점차
다양화하고 활동영역도 넓어지게 되었다.

빈곤퇴치와 긴급구호를 위한 서구사회의 NGO활동은 이미 19세기부터
시작되었으며 1, 2차 세계대전을 겪으면서 개발활동으로 발전되었다.
OECD 개발원조위원회(DAC) 회원국 개발NGO들이 1995년에 제3세계에
제공한 원조는 약 100억 달러로 이는 DAC 원조총액 대비 약 13%를 차지
하는 것으로 추정된다.[1] 1995년 3월 코펜하겐에서 개최된 사회개발정상회
의에서 미국의 앨 고어 부통령은 향후 5년간 미국의 공공원조기관인 미국
국제개발청(USAID) 원조액의 40%를 미국이나 개발도상국의 NGO들을
통해 제공함으로써, 과거 제3세계 관료주의 정권에 직접 제공하던 원조방

* 「OECD 회원국 개발NGO의 활동유형과 과제」, 『동서연구』 제9권 2호, 1997.
** 金惠卿: 지구촌 나눔운동 사무국장.

식으로부터 NGO를 통한 간접지원 방식으로 전환할 계획임을 밝혔다.[2]

세계의 13억 인구가 빈곤 속에 생활하고 있는 오늘날, 국가적 이기주의를 버리고 지구적 문제에 대해.국경을 초월해 활동하는 NGO들이 '개발과 빈곤퇴치'를 최우선과제로 다루는 것은 필연적이라 할 수 있다. 더욱이 최빈국 북한과의 통일을 눈앞에 두고 있는 한국의 경우, '개발과 빈곤퇴치'의 문제는 한국의 NGO들이 시급히 눈을 돌려야 할 과제이다. 한국에는 지난 수십년 동안 선진국 NGO들의 한국지부나 지원단체로 수년 전까지 선진국의 재정지원을 받아 사회발전에 기여해오다가 최근 들어서 해외원조를 공여하는 NGO로 자리바꿈한 NGO들이 존재하는데, 한국선명회·한국복지재단·까리따스(CARITAS)·아동구호기금 한국지부 등이 이러한 경우이고, 이외에도 한국국제기아대책기구·한국이웃사랑회·한국선린회·아프리카선교회(제4의 물결)·장미회·한국JTS 등이 활동하고 있다.

이 글에서는 '개발과 빈곤퇴치'를 위해 활동하는 OECD 회원국 개발 NGO들의 활동을 고찰함으로써, 향후 한국의 개발NGO 활동을 발전시켜 나가기 위한 토대를 마련하고, 한국의 개발NGO들의 과제와 발전방안을 모색해보고자 한다.

2. 개발NGO의 활동유형 및 추이

개발NGO의 활동유형

클라크(John Clark)는 개발NGO를 그 활동영역에 따라 ①'구호복지단체' ②개발문제에 대해 새로운 접근방식을 모색하는 '기술혁신단체' ③정부의 공적 원조를 집행하는 '사업집행단체' ④제3세계의 개발을 돕는 선진국의 '공공개발단체' ⑤자국의 개발을 위해 활동하는 개발도상국의 '풀뿌리 개발단체' ⑥개발에 대한 교육과 로비활동을 하는 '주창활동단체' 등으

---

1) OECD, *Development Co-operation : Efforts and Policies of the Members of the Development Assistance Committee*, 1995, DAC Report, Paris : OECD 1996.
2) 외무부 국제연합국 『유엔 사회개발정상회의 참가보고서』, 서울 : 외무부 국제연합국 1995, 233~36면.

로 나누고 있다.[3] 위긴스(Steve Wiggins)는 NGO의 목표나 이념에 따라 ①
긴급구호 및 인도적 원조와 후속되는 재건사업에 대한 지원, ②생산성 제
고나 지역사회단체 개발 등의 장기적 개발에 대한 지원, ③선진국 국민에
대한 캠페인과 교육 등을 통해 제3세계의 빈곤문제를 다루는 단체로 분류
하고 있다.[4]

바우덴(Peter Bowden)은 1980년대 이후에 급격히 증가한 개발도상국
NGO들을 ①개발이 경제와 사회에 미치는 영향에 대해 정부 및 다른
NGO에 상담해주는 '자문NGO' ②구호사업을 담당하는 '복지NGO' ③인
권·환경·주민권·세입권 등의 보호활동을 전개하는 '주창활동NGO' ④'개
발NGO'로 분류한다. '개발NGO'의 역할은 식수공급, 가족계획, 문맹퇴치,
소득증대사업 지도 등의 개발협력사업을 수행하고, 개발협력사업을 통해
빈곤층을 조직하여 스스로 개발의 우선순위를 결정할 수 있는 자조능력을
배양시키고, 빈곤층의 권익 옹호와 지도력·관리력 제고를 위해 그들을 교
육하는 것이다.[5]

이 글에서는 개발NGO들이 주로 구호·복지NGO로부터 출발하여 점차
개발활동과 개발교육, 정책활동에 비중을 두는 경향에 따라 구호·복지
NGO를 개발NGO의 범주에 포함시켰다. 개발NGO의 활동유형은 코턴
(David C. Korten)의 세대적인 분류에 따라 ①자연재해·전쟁·긴급사태
등에 대한 인도적 '구호활동'과 제3세계에서 직접 개발협력사업을 수행하
거나 재정과 인적 자원을 지원하는 '개발활동' ②개발이슈에 관련된 교육
과 홍보 등 '개발교육'과 ③개발 및 원조 정책과 관련된 정책자문 및 주창
활동으로 분류하여 고찰하였다.[6]

3) John Clark, *Democratizing Development: The Role of Voluntary Organizations*, London:
   Earthscan Publications Ltd. 1991, 40~41면.
4) Steve Wiggins and Elizabeth Cromwell, "NGOs and Seed Provision to Smallholders in
   Developing Countries," *World Development*, Vol. 23, No. 3 (1995).
5) Peter Bowden, "NGOs in Asia: Issues in development," *Public Administration &
   Development*, Vol. 10 (1990).
6) David C. Korten, "Third Generation NGO Strategies: A Key to People-centered
   Development," *World Development*, Vol. 15, Supplement (1987).

개발NGO의 추이

1960~70년대에 들어서면서, 유럽의 재건을 위해 활약하던 NGO들이 식민지국가의 독립전쟁·종족간 분쟁·자연재난으로부터의 재건을 위해 활동함으로써 선진국의 NGO활동이 아프리카, 아시아, 남아메리카 등으로 확대되기 시작하였다. 1960년대에는 유엔 식량농업기구(FAO)에서 대대적인 기아방지 캠페인을 전개하였으며, 이 시기에 독일의 식량은행(Brot für die Welt, 1959)이나 프랑스의 기아방지위원회(CFCF, 1960) 등이 설립되었다. 1970년대에는 아프리카에서 발생한 대대적인 기근과 1975년부터 수년간 200만명의 캄보디아인을 학살한 킬링필드 사건을 계기로 국제NGO들이 컨소시엄을 구성해 활동하기 시작하였다. 1983~85년에 아프리카의 에티오피아를 중심으로 100만명이 희생된 사상 최악의 기아사태에 대하여 NGO들은 정부와 달리 정치논리에 얽매이지 않고 신속하게 대처하고, 인도적 원조를 대대적으로 전개함으로써 국제사회로부터 높은 평가를 받았다.

그러나 선진국 정부와 유엔, NGO들의 원조에도 불구하고, 제3세계에서는 높은 인구증가율과 민족분쟁 등으로 빈민층과 난민이 계속 증가하였으며, 실업률의 증가와 부의 불균등분배로 사회분열이 심화되었다. 이러한 과정에서 제3세계의 빈곤문제는 만성적이고 구조적인 문제라는 점을 인식하게 되었고, 원인규명을 통한 구조적 조정과 장기적 개발전략의 수립이 필요하다는 결론에 도달하게 되었다. 이후 NGO들은 점차 기술원조와 개발협력사업을 지원하게 되었으며, 조사연구를 토대로 한 정책자문이나 캠페인 등 정책활동과 개발교육활동을 활발히 전개하였다. 1980년대에는 선진국의 '공급측면' 개발원조의 문제점이 지적되면서 수혜국의 상황에 맞는 '수혜측면'의 개발원조정책의 필요성이 제기되었다. 즉 과거에는 단순한 수혜대상으로만 취급된 주민들이 직접 개발과정에 참여하여 자원의 사용과 개발의 우선순위를 결정할 수 있는 '참여적 개발' 방식이 대두되기 시작하였으며, 1970년대 중반부터는 개발도상국의 NGO나 풀뿌리단체들이 선진국의 정부나 NGO, 국제기구들과 함께 직접 개발사업에 참여하는 주체로 자리매김되기 시작했다. 유엔 개발계획(UNDP)은 인간개발보고서에서 '경제성장 위주 개발'의 문제점을 지적하면서 고용창출이 없는 성장, 빈민층을 외면한 성장, 참여가 없는 성장, 근본과 미래가 없는 성장은 지양되어야 한다고 지적하였으며, 균등한 경제성장과 장기적인 인간개발의 중요성을 강조하고 있다.[7]

1972년 스톡홀름에서 개최된 유엔 인간환경회의 이후, 1980년대에는 장기적인 전망과 환경을 고려하는 경제·사회 개발의 필요성이 제기되었으며, 1992년 리우에서 개최된 유엔 환경개발회의(UNCED)에서는 지구환경과 개발체제의 통합성을 보호하기 위한 국제협정 체결을 위해 노력할 것을 다짐하는 '환경과 개발에 관한 리우 선언'을 채택하였다. 이 헌장은 '인간중심의 개발' '빈곤퇴치' '현재와 미래 세대들의 요구를 공평하게 충족하는 지속 가능한 개발' 등의 원칙을 담고 있으며, 일명 지구헌장으로 불린다. 이에 즈음하여 선진국의 환경운동이 지구적 차원으로 확대되기 시작하였으며, 개발과정에서 파생하는 환경에 대한 영향이 주요 쟁점화하면서 환경NGO들은 물론 기존의 개발NGO들도 점차 개발에 의한 환경훼손의 문제를 심각하게 다루기 시작하였다.

OECD에서도 개발협력의 새로운 틀을 모색하고 있다. 개발에 있어 '지구화 현상'과 '인간중심의 개발'을 고려하여야 하며, 주민들이 빈곤을 극복하고 사회에 참여할 수 있는 역량을 발전시킬 뿐만 아니라, 수혜국이 지구적 경제에 참여할 수 있는 역량을 갖도록 돕는 방식이어야 한다는 것이다. '참여적 개발'이란 국민이 그 사회의 경제·정치·문화 생활에 대해 참여할 뿐만 아니라, 국가가 지구적 체제에 참여하는 것도 함께 제고되어야 한다는 것이다. '지역이 주인이 되고, 사람이 중심이 되는 참여적 개발'이 OECD의 새로운 개발철학으로 부상되고 있으며, 이는 NGO들의 개발협력 방향과도 일맥상통한다고 볼 수 있다.[8]

---

7) UNDP, *Human Development Report*, New York : Oxford University Press 1996, 1~10면.
8) OECD, *Development Co-operation : Efforts and Policies of the Members of the*

3. 개발NGO의 유형별 활동

구호 및 개발 활동

세계 곳곳에서 발생하는 긴급사태 및 자연재난에 대한 구호활동은 NGO
들이 인류애적인 측면에서 최우선적으로 수행하고 있는 사업이다. NGO들
은 오랜 경험을 통하여 필요한 식량이나 물품의 구입·운반·보급 과정에서
비용을 절감하면서도 원조를 효과적으로 수행할 수 있는 노하우를 갖고 있
어 정부도 식량원조나 긴급구호의 집행기관으로 점점 더 NGO를 선호한
다. 그러나 재해나 기근에 대한 일회성 원조는 단기적인 처방에 지나지 않
는다. 문제발생 요인에 대한 근본적인 처방 및 재건과 개발을 위한 장기적
자금이 뒷받침되지 못하는 경우에는 원조효과를 제대로 발휘하지 못하는
경우가 많다. 개발NGO는 개발도상국에서 문맹퇴치, 농업개발, 직업훈련,
의료써비스 등의 사업도 전개하고 있다. 또한 개발도상국 NGO들이 자체
적으로 사업을 집행할 수 있도록 행정력과 사업집행능력을 고양시키며, 인
적·물적 자원을 지원하기도 한다. 개발NGO의 활동은 정부의 개발계획에
서 소외된 곳과 정치적인 이유로 혜택을 받지 못하는 계층까지 포함하며,
기본적인 목표가 지구적인 인류애의 실현이라는 점에서 정치적·외교적인
측면이 강한 정부의 개발원조와 차별화된다. 브로드헤드(Tim Brodhead)
에 의하면, OECD 회원국 정부나 다자간기구들도 NGO들이 사업대상층을
빈곤층에 맞추어 접근하는 능력, 혁신적이고 탄력적인 사업수행력, 경제적
인 사업운영 등을 높이 평가하고 있다.[9]

개발NGO들은 사업을 추진하기 위해 개발전문가·의료진·기술자·교육
담당자 등을 개발도상국에 파견하는데, 이들 중에는 파견인력의 선발·교
육·관리만을 전적으로 담당하는 NGO들도 있다. 일본·미국·노르웨이 등
은 해외봉사자 파견을 정부에서 담당하는 반면, 영국·오스트레일리아·캐

Development Assistance Committee, 1996, DAC Report, Paris: OECD 1997, 5~6면.

9) Tim Brodhead, "NGOs: In One Year, Out the Other?," *World Development*, Vol. 15,
   Supplement (1987).

나다·스웨덴·네덜란드 등은 NGO에서 담당하는데, 이 경우에도 정부가 재정을 지원하고 있다. 영국의 해외자원봉사회(VSO)에서는 약 45개국에 봉사자들을 파견하고 있다. 프랑스에서는 프랑스 개발봉사회(AFVP)가 자원봉사자 파견을 담당하여왔으며, 13개 단체가 연합으로 자원봉사단체협의회(CLONG)를 설립하였다. 미국의 평화봉사단을 모델로 1965년에 설립된 네덜란드 봉사자재단(SNV)은 고도의 전문인력을 파견하며, 네덜란드의 양자간 프로그램의 집행기관과 유럽연합 및 세계은행의 자문기관으로도 활동한다. 노르웨이의 '민주주의와 인권을 위한 자원은행'(NORDEM)은 전문가를 파견하여 기술적인 지원을 제공하는 프로그램으로 개발도상국의 민주단체 발전, 갈등해결, 인권교육, 민주화를 지원한다. 노르웨이 비상준비씨스템(NOREPS)은 NGO와 민간부문의 공급자원을 미리 확보해두었다가 필요시 신속한 방식으로 대응한다. 15개 단체의 협의체인 노르웨이 난민협의회(Norwegian Refugee Council)의 '대기팀'(Standby Force)은 긴급사태시에 난민발생지에 파송되어 유엔의 인력이 파견되기 전까지 즉각적인 대응을 하고, 유엔이 자리를 잡으면 자국으로 철수한다. 이들 자원봉사자들은 귀국 후 개발도상국에 대한 정보를 전파하는 교량의 역할을 담당한다.

개발교육

개발NGO들은 제3세계의 개발과 남북문제에 대한 국민들의 관심을 불러일으키고 해외원조에 대한 지지기반을 확대하기 위한 홍보나 캠페인 등 '개발교육'을 실시하여왔다. 이런 활동은 국민의 세금으로 지원되는 정부의 개발원조에 대한 지지기반을 넓히는 데도 주요한 역할을 하기 때문에 일부 국가에서는 NGO의 개발교육을 적극 장려하고 재정적으로 지원하거나 정부가 직접 개발교육을 담당하기도 한다. 독일·이딸리아·노르웨이 등에서는 정부가 적극적으로 나서서 NGO들의 개발교육을 재정적으로 지원하는 반면, 영국의 경우는 NGO들이 독자적으로 개발교육을 실시한다. 독일정부는 주(州)정부·학계·NGO와 함께 개발교육을 발전시켰으며, 약 250여

개 NGO에게 개발교육 재정을 지원한다. 1991년 개발전문가·학자·언론인들이 조직한 독일감시단(Germanwatch)은 독일정부 각 부처의 정책이 남북관계 및 제3세계에 미치는 영향을 조사·감시하는 단체이다. 이들 NGO들은 개발과 미개발의 구조적인 원인과 상호연관성 등에 대해 국민들의 이해를 높이고, 자국사회에 미치는 직접적인 영향을 주지시킴으로써 자국민들이 국가와 대륙을 초월한 파트너십을 형성하고 다문화를 포용하도록 유도한다.

1970년 개발이슈에 대한 일반의 관심을 제고시키기 위해 설립된 네덜란드의 개발교육위원회는 정부의 재정지원을 받아 NGO 및 미디어의 개발교육을 지원하며, 회의나 토론회도 개최한다. 네덜란드의 제3세계 정보쎈터가 발간하는 월간지 『함께』(Bijeen)는 범지구적인 문제들을 다루고, 제3세계에 대한 안내지의 역할을 담당한다. 이러한 적극적인 개발교육에 힘입어 네덜란드는 국민의 절반 이상이 개발협력을 위한 기부·모금 캠페인에 자원봉사를 하거나 개발NGO 회원활동 등을 통해 개발활동에 직간접적으로 참여하고 있다.

미국의 식량은행(Bread for the World)은 기아문제에 대한 정부의 정책전환을 주장하는 기독교시민운동으로, 보고서 및 서적 출판, 학교 교육자료 제작 등을 통해 시민들에게 기아문제에 대한 정보를 제공하고 교육하며, 기아문제에 관련된 정부정책을 비판하고 대안을 제시한다. 노르웨이에서는 개발NGO뿐만 아니라, 교육기관이나 정당들도 개발교육에 적극적으로 참여하고 있다. 공공원조기관인 노르웨이 개발협력단(NORAD)은 국민들이 제3세계의 개발에 관련된 자료를 쉽게 접할 수 있도록 시내에 정보쎈터를 설치 운영하고 있다.

정책활동 및 주창활동

일부 개발NGO들은 각국 정부 및 국제기구, NGO들의 원조정책과 개발사업에 대한 연구조사를 실시하며, 정부나 NGO에 대한 자문, 감시 및 로비활동을 통해서 개발 정책과 방향에 영향력을 행사한다. 이들은 빈곤의 구조적 원인 규명과 근본적인 문제해결에 비중을 두고 있으며, 인권·민족분쟁·외교정책·인종차별·이민·이주노동자·남북무역·무기수출·환경·다문화·소비자운동 등 남북관계가 초래하는 다양한 사회문제까지도 포괄적으로 다루고 있다.

1823년에 설립된 영국의 노예폐지협회는 최초의 인도적 단체인 반면, 노예제도가 남북문제에 포함된다는 점에서 개발NGO의 효시라고 볼 수 있을 것이다.[10] 1985년 영국의 국회의사당 앞에는 약 2만명의 국민들이 모여 '영국정부의 공식개발원조를 경제규모에 상응하도록 증액하라'는 대규모 시위를 벌였다. 세계개발운동이 주관한 이 캠페인은 원조관련 세계 최대의 규모로 영국 국민 1만 5천명이 국회의원들에게 개인적인 면담을 요구하는 신청서를 제출하였다.[11] 또한 세계개발운동이 '지구의 친구들', 퀘이커평화봉사회(Quaker Peace and Service), 가톨릭국제관계연구소와 협력하여 국회의원 1천명의 지지서명을 받아 빈곤퇴치에 관한 세계은행 총재의 관심을 촉구한 사례는 대중이 정부의 원조정책에 영향력을 발휘한 대표적인 사례이다.

스웨덴, 네덜란드, 노르웨이 등에서는 정부와 NGO 간의 정기적인 회의를 통해 개발원조정책에 대해 협의한다. 노르웨이 NGO들은 NGO 고유의 개발전략, 행정력, 자금동원력을 가지고 개발도상국과의 네트워크를 유지하면서 노르웨이정부가 개발도상국의 민주화 과정을 지원하도록 유도한다. 네덜란드정부는 정부정책에 대해 비판적인 NGO의 개발교육까지도 폭넓게 지원하고, NGO를 신뢰하고 상호 협의하며 정부가 직접 다룰 수 없는 개발도상국 NGO와의 관계를 유지하도록 고무한다. 스웨덴 NGO들은 외무부와 정기적인 회의를 갖고, 공공원조기관인 스웨덴 국제개발기구(SIDA) 이사회에 참여하여 예산을 검토하고 정책방향 등을 논의하며, 자문 역할을 담당한다.

---

10) Rachel Brett, "The Role and Limits of Human Rights NGOs at the United Nations," *Political Studies XIII*, 1995.

11) Oxfam Hong Kong, *Annual Report*, 1995.

독일의 공공원조기관인 경제개발협력부(BMZ)는 NGO와 지속적인 정책토론을 갖고 사업에 대한 논의를 하는 등 NGO와 공조체제를 유지하고 있다. NGO들은 개발도상국의 구조조정, 부채문제, 국제통상, 인프라 구축, 인권에 대한 부정적인 영향에 대해 원조공여국의 책임을 지적하며, 환경문제와 관련하여 독일의 생산과 소비 문화를 바꾸어야 한다고 주장하기도 한다. 가톨릭과 개신교가 함께 만든 교회공동개발협의회(GKKE)는 연방정부, 지방자치정부, 국회, 기업, 노동조합 등 사회 여러 분야와 개발이슈에 대한 논의를 진행하고 있다.

미국에는 해외개발협의회(ODC), 민간자원협력쎈터(Center for Private and Voluntary Cooperation), 외교문제시민네트워크(Citizens' Network for Foreign Affairs), 대안정책을 위한 개발그룹(GAP), 개발관련 네트워크(Advocacy Network for Development) 등 개발원조에 대한 조사연구, 정책자문, 캠페인 및 로비활동을 전개하는 단체들이 상당수 활동하고 있다. 이들은 공공원조기관인 USAID를 양자간 개발협력의 중심기구로 개편할 것을 요구하며, 미국의 개발원조가 안보국방예산과 분리되어 공정하고, 참여적이며, 환경적으로 지속 가능한 개발을 지원하여야 한다고 주장한다. 이들은 USAID에게 수혜국의 요구에 부응할 것과 함께 지난 20년간 발전된 개발도상국 NGO에게 점차 사업의 운영권을 이양할 것을 권고하며, OECD 개발원조위원회에 민간자원협력쎈터를 설치하여 개발NGO에 대한 지원을 강화할 것을 요구하기도 하였다.

4. 개발NGO와 정부의 관계

정부의 지원 및 규제

비영리법인으로 등록한 NGO에 대한 기부금에 대하여 독일·미국·영국·캐나다·오스트레일리아 등에서는 세금감면의 혜택이 주어지는데, 이는 NGO에 대한 정부의 실질적인 지원으로 간주될 수 있다. 이 경우 NGO들은 법인등록과는 별도로 세금을 관할하는 부처에 등록해야 면세혜택을 받을 수 있다. 미국은 일찍이 1936년부터 법인과 개인의 자선기부금에 대해 소득공제를 허용하였다. 주정부에 법인으로 등록된 NGO들이 국세청법 제 501조에 따라 국세청(IRS)에 등록하면 세금공제를 위한 영수증을 발급할 수 있는 자격이 부여된다. IRS 등록단체에 대한 기부에 한해서 세금 공제와 감면의 혜택이 주어지는데, IRS 등록단체는 이러한 면세지위를 유지하기 위해 매년 IRS에 관련 서류를 제출해야 한다. 캐나다는 NGO의 법인등록을 '비영리단체에 관한 캐나다 법인법'에 의해 소비자·기업부에서 관장한다. NGO들이 자선단체로서의 지위를 갖고 세금영수증을 발급하려면 국세청에 별도로 등록해야 하며, 개인은 기부금에 대해 소득의 20%까지 세금혜택을 받을 수 있다. 독일도 NGO기부금에 대하여 과세수입의 5~10% 내에서 세금공제 혜택을 부여하며, 기업도 세금감면 혜택을 받는다.

영국의 경우 자선단체에 대한 현금기부가 일정액을 넘을 때만 세금감면 혜택이 주어진다. NGO는 기부금에 해당하는 세금액을 정부에 청구하여 결국 세율만큼의 환불을 받아 총기부금이 증가하게 된다. 영국의 자선단체들은 이런 혜택 외에도 부동산 임대수입, 이자 및 주식배당 등의 수입에 대해 면세혜택을 받는다. 스웨덴에서는 누구나 승인절차 없이 NGO를 시작할 수 있으나, 중앙세무부처에 등록한 자선단체들만이 소득세 납세의무를 면제받을 수 있다. 그러나 자선기부금에 대해서는 세금감면 혜택이 주어지지 않으며, 그 대신 NGO사업에 대한 정부지원금의 비율을 외국보다 높은 80%로 책정하였다.

일본의 경우, NGO에 대한 정부의 특혜나 재정적 지원은 매우 제한적이다. NGO의 법인등록 과정도 지나치게 까다롭고 세금특혜도 거의 없는 상황이다. 일본에는 2만 5천여 개의 공익단체가 있는데 이들은 다시 사단법인과 재단법인으로 나누어진다. 사단법인의 등록요건은 대규모의 회원이며, 재단법인의 경우 대략 3억 엔 정도의 자본금이 필요하다. 대부분의 개발NGO들은 소규모 단체로 법적 지위가 없기 때문에 전문화된 영속적 기구로 존속하기가 어렵다. 1990년대 초부터 개발원조와 환경보호를 위한 기부금에 세금혜택이 주어졌으나, 국제NGO들의 일본지부나 정부와 관계가 좋은 단체들이 주로 혜택을 받는다는 지적이다. 개인소득세는 원천징수가 되므로 단체기부금에 대한 세금혜택을 받기 위해 납세자별로 별도 작업을 해야 하는 번거로움 때문에, 아직도 길거리 모금 등 고전적인 모금방식이 주종을 이룬다.

OECD 회원국 정부는 일정한 자격요건을 갖춘 NGO들이 정부의 공식개발원조를 지원받아 사업을 수행할 수 있도록 지원하고 있는데, 이러한 지원을 받기 위해서는 담당부처의 자격심사를 거치는 것이 일반적이다. 미국은 1977년부터 정부의 지원을 받고자 하는 민간자발조직(PVO)이나 NGO들이 USAID에 등록해야 하는 제도가 생겨서, 약 800여 개 이상의 NGO와 PVO가 등록되어 있다. 그러나 등록과정이 매우 까다로우며, 등록지위를 유지하기 위해 매년 연차보고서, 회계감사보고서 및 예산안, IRS보고서, 민간자금조성 보고서 등을 제출해야 한다. 캐나다 NGO들이 정부의 재정지원을 받기 위해서는 비영리단체 법인으로 등록해야 하는데, 이때 세금혜택을 위해 국세청에 등록한 단체가 아닌 경우에도 지원이 가능하다. 정부의 지원을 받은 NGO들은 정기적인 사업보고서 및 연말감사보고서를 제출해야 하며, 공공원조기관인 캐나다 국제개발기구(CIDA)의 요구에 따라 세무감사도 실시된다.

영국의 자선단체들은 국회법 자선관련 법안에 의거하여 내무부 장관이 임명한 '영국/웨일스 자선행정관'에 의해 규제되는데, 자선행정관들은 구제물자의 효과적 사용방안을 개발하며, 관계단체에 대해 자문·감시 역할을 수행한다. 영국에는 공공원조기관인 해외개발청에 NGO과가 설치되어 NGO 지원에 관련된 업무를 담당한다. NGO과는 적은 인원으로 운영되기 때문에 연 1회 11월에 NGO 사업지원서를 일괄적으로 접수하여 이듬해 4월에 지원 여부를 발표한다. 지원 여부는 해외개발청 내부의 자체심사, 재외공관의 의견 및 외부 전문기관이나 대학에 의뢰한 평가결과 등을 종합하여 결정된다.

일본정부는 우정성의 주관 아래 '국제볼런티어 저금'이라는 제도를 1990년대 초반에 신설하여 국제협력에 대한 일반대중의 지원을 유도하고 있다.

우정성 저금은 일본에서 보편화된 저축방식으로, 고객이 신규구좌를 개설할 때 국제협력기금으로 기부할 의향을 확인하여 세후 이자소득의 20%를 개발NGO에 지원하는 제도로, 1993년 약 천만 구좌가 개설되었다. 이는 개발NGO의 활동이나 현황에 익숙지 않아 어느 단체에 기부를 해야 할지 모르는 일반시민들이 더욱 용이하게 개발원조에 참여할 수 있는 기회를 제공한다는 장점이 있다. 일본 국제볼런티어센터의 경우, 1995년 수입의 21%인 9,700만 엔을 우정성 국제볼런티어 저금으로부터 지원받았다.[12] 그러나 이 제도도 국민들의 관심이나 이자율에 따라 규모가 심하게 변하는 문제, 기금을 NGO들에게 공평하게 배분하는 문제 등이 있으며, 이러한 기금 때문에 소규모 NGO들이 난립하는 문제, 조성된 기금이 단기간에 NGO들에게 배분되면서 파생되는 문제점 등이 제기되고 있다.

정부의 지원 규모

공식개발원조는 "개발도상국의 개발에 필요한 재원 중에서 민간이 아닌 공적 기관에서 행한 원조"로 정의되므로 NGO로부터의 지원은 공식개발원조에 포함되지 않으며, 종교적 목적을 위한 원조, 예술 및 문화 활동을 위한 지원 등 경제개발 및 복지증진에 직접적으로 기여하지 못하는 자금도 공식개발원조에 포함되지 않는다.[13] 1995년 한 해 동안 선진국의 개발 NGO들을 통해서 지원된 원조금 총액은 정부지원을 제외하고 약 59억 달러로 전체 원조의 약 10%를 차지하는 것으로 추정되며, 각국별 NGO의 원조실적과 정부의 지원비율은 다음 표와 같다.

그런데 NGO의 실적이 일정한 국제적 원칙이 없이 정부지원금에 대비한 NGO사업비 비율로 추정되고 있기 때문에 보고된 절대치만을 가지고 국가별 실적을 비교하는 것이 반드시 타당하다고 볼 수 없으며, NGO의 활동실적이 표면적으로는 실제보다 낮게 추정된다고 볼 수 있다.[14]

---

12) JVC, *Japan International Volunteer Center Fiscal 1995*, Annual Report, 1996.
13) 이창재 『우리나라의 공적 개발원조: 현황 및 정책방향』, 서울: 대외경제정책연구원 1995, 18~19면.

OECD 개발원조위원회 회원국 NGO의 원조실적과 정부의 지원비율

(단위: 백만 달러)

	1980	1985	1992	1993	1994	1995
공식개발원조(ODA)	26,195	28,755	60,850	56,498	59,156	58,894
NGO개발원조(자체조달)	2,386	2,884	6,005	5,692	6,046	5,973
NGO지원금/총ODA(%)	9.10	10.03	9.87	10.07	10.22	10.14

＊출처: OECD, *Development Co-operation: Efforts and Policies of the Members of the Development Assistance Committee, 1996,* DAC Report, 1997, Statistical Annex, A3~A4.

정부의 지원방식

NGO에 대한 OECD 회원국 정부의 재정지원은 지원되는 방식에 따라 크게 '재정협력방식'과 '위임방식'으로 나누어볼 수 있다. '재정협력방식'은 NGO가 기획하는 사업에 대해 정부와 NGO가 일정 비율로 재정을 분담하고 NGO가 사업을 집행하는 방식이며, '위임방식'은 정부가 기획하는 사업에 대해 전적으로 정부가 재정을 지원하고 NGO가 사업을 집행하는 방식이다.[15] '재정협력방식'은 사업별로 일정 비율의 사업비가 지원되는 '매칭보조금'(Matching Grants) 및 선별된 NGO들에게 일정액이 일괄지원되는 '일괄보조금'(Block Grants)으로 나눌 수 있다. '재정협력방식'의 경우 일반적으로 매년마다 사업별 심사를 거쳐 지원되지만, 사업의 지속성과 안정성을 위해 수년간 장기적으로 지원되는 경우도 있다. 또한 지원되는 분야에 따라 긴급구호, 식량지원, 개발사업지원, 해외봉사자 파견지원, 개발교육비 지원 등으로 구분될 수도 있다.

재정협력방식

NGO에 대한 OECD 회원국 정부의 지원은 개별 사업별로 일정 비율의 사업비를 지원하는 재정협력방식으로 시작되었으며, 이것이 오늘날 가장

---

14) Iwan Smilie, "Changing Partners: Northern NGOs, Northern Governments," *NGOs and Governments: Stakeholders for Development,* Paris: OECD 1993, 40~41면.
15) 김채형 『OECD 회원국의 NGO활동: 개발원조를 중심으로』, 서울: 한국국제협력단 1992, 30~35면.

보편적인 지원방식이다. 각국 정부는 특수한 분야를 제외하고는 대부분 정부지원 비율의 상한선을 정해서 NGO들이 전적으로 정부의 재정에 의존하는 것을 방지하고 있다. 지원비율은 각국별, 지원분야별로 차이를 보이는데 영국·프랑스의 경우 50%, 미국 50~80%, 이딸리아 70%, 벨기에의 경우 75% 정도가 대략적인 상한선이다.

독일은 1962년에 가톨릭원조본부(KZE)와 개신교원조본부(EZE)를 지원함으로써, OECD 회원국 중에 최초로 NGO를 지원하기 시작하여, 오늘날약 150여 개 NGO를 지원하고 있다. NGO 지원예산은 매년 책정되며, 연 1회 사업별 심사를 거쳐 지원된다. KZE와 EZE는 사업내역을 포함한 공동제안서를 정부에 제출하고 정부는 두 단체에 지원금을 동일하게 배분한다.이딸리아의 경우는 1년 단위로 70%까지 사업별로 지원되는 매칭보조금이주된 지원방식이며, 자원봉사자의 채용이나 교육 및 개발교육에 대한 지원은 개발협력사업에 포함된 경우에만 가능하다. 미국의 경우에도 사업별 매칭지원방식이 일반적이며, 정부의 원조정책에 부합되는 사업을 정부나 NGO에서 기획하여 최고 80%까지 정부에서 지원해준다. 한편 일괄지원방식도 사용되기 시작하여 정부의 위임을 받은 PVO가 적격한 PVO나 NGO의 사업을 심사하여 사업비를 지원한다. 이는 지원사업간의 관계와 통합성을 제고하고, 행정절차의 중복을 피하고 사업계획에 융통성을 부여하기 위한 제도로, 이 경우에도 해당 NGO는 사업비의 50% 이상을 모금해야 한다.[16]

1975년부터 정부와 NGO 간의 공동기금제도가 시작된 영국의 경우, 사업에 대한 개별심사 없이 5개의 단체에 일정 액수의 '일괄보조금'을 지원하고 있는데,[17] 이들 NGO들이 정부로부터 일괄적으로 사업비를 지원받더라도 사업비의 50% 이상을 NGO가 자체적으로 충당해야 한다는 점에서 정부지원을 매칭보조금으로 분류할 수도 있다. 이외에 영국 해외개발청은

---

16) 일반적으로 이러한 보조금(sub-grants)은 연간 10~100만 달러 규모로 3~5년간 지속된다.
17) 옥스팸, 아동구호기금, 기독교원조회(Christian Aid), 가톨릭해외개발단(CAFOD), 세계야생생물기금(WWF) 등 영국의 5개 NGO가 이같은 지원을 받는다.

1993년도에 100개 NGO의 1,300여 개 사업에 대해 사업별로 최고 50%의 매칭보조금을 지원하였다.

오스트레일리아는 NGO의 활동역량과 건실도에 따라 세 가지 방식으로 지원한다. 정부지원을 받는 NGO 중 약 60%는 매년 사업별로 50%가 지원되는 방식으로, 약 25%의 NGO는 매년 사업별로 지원되지만 75%까지 지원받는 방식으로, 15%의 건실한 NGO들은 3년을 계약기간으로 매년 자금을 지원받는다.

스웨덴·노르웨이·네덜란드 등에서는 정부나 공공원조기관이 일정한 단체나 연대기구와 계약관계를 체결하고, 정부지원금의 배분을 위임하는 방식을 채택하고 있다. 이들 단체들은 정부로부터 공동예산을 배정받은 후, 개별 단체에 지원금을 배분하고 이행상황을 점검한다. 스웨덴의 공공원조기관인 SIDA는 14개의 연대조직과 단체를 통하여 약 600개의 NGO를 지원하고 있다. 이 중에는 직접 개발활동을 하는 단체도 있지만, LO-TCO 국제노조협력, 스웨덴 선교협의회, 개발원조정보(BIFO) 등 대부분이 연대조직이다. 이들 연대조직은 회원단체의 신청을 받아 이듬해에 SIDA에 공동으로 사업신청을 하면, SIDA가 국회에서 승인받은 예산한도 내에서 일정액을 배정하며, 연대기구가 개별 단체별로 사업비를 지원한다. 이들은 소규모 단체를 지원하는 지원체제를 만들고 다양한 지원프로그램을 구상하는데, 새로운 단체들의 참여에 대해서도 개방적인 편이다. 네덜란드에서는 제3세계에서 활동하던 선교사들이 소규모 개발사업의 효과를 직접 확인하게 되면서 개발협력에 대한 정부의 적극적인 지원을 요청해옴에 따라, 1965년부터 정부와 NGO 간의 공동협력이 시작되었다. 정부는 1980년부터 가톨릭개발협력기구(CEBEMO), 범교회개발협력기구(ICCO), 개발도상국협력 인도주의연구소(HIVOS), Novib 등의 NGO들과 재정협력 프로그램(CFP)을 시작하였는데, 오늘날 공식개발원조의 약 40%가 NGO를 통해서 집행된다. 이러한 4개 공동재정협력단체(CFO)가 공동으로 정부지원금의 배분을 결정하는데, 이들은 4년마다 정부와 프로그램에 대한 재정지원협정을 갱신한다.

위임방식

위임방식은 긴급구호나 개발협력사업의 효과를 제고하기 위하여 경험과 기술이 축적된 NGO와 계약을 체결하여, 재정은 정부가 전적으로 부담하고 사업은 NGO가 집행하는 협력방식으로 미국·캐나다·프랑스·이딸리아·스위스 등에서 채택되고 있다. 미국의 경우 긴급재난에 대한 구호기금, 모자보건을 위한 '아동생존기금', USAID에 등록되지 않은 소규모 단체들의 프로그램과 경영력 강화를 위해 3년간 지원되는 '아웃리치 지원프로그램'(Outreach Grant Program), 개발도상국에 대한 식량 보급과 판매를 위한 '식량원조', 개발도상국의 농민들이나 관련 기업들을 위한 '농업교육 프로그램', 기아 및 빈곤문제와 관련된 정치·경제·사회적인 요인에 대한 일반의 경각심을 환기시키는 개발교육 등 여러가지 분야에 대하여 이러한 위임방식으로 정부와 NGO가 협력하고 있다.

영국은 NGO들이 정부의 손길이 미치지 못하는 곳까지 접근하여 원조의 효과를 높인다는 점을 들어 긴급구호나 난민문제에 대한 원조의 20～30%와 식량원조의 약 25%를 NGO를 통해서 지원하고 있다. 또한 새로운 원조대상국으로 등장한 동부유럽과 중앙아시아 국가들에 대해서는 NGO들의 경험이 적음에도 불구하고, 이 지역에서의 NGO사업을 지원함으로써 NGO의 역량을 확대할 수 있도록 뒷받침하고 있다. 영국의 해외개발청은 각 NGO의 특성과 장점을 파악하여 공동협력을 모색함으로써 원조효과를 제고하고 있다.[18]

노르웨이에서는 여성·환경·에이즈·중앙아메리카 기금, 수단·에티오피아·말리에 대한 특별기금에서 NGO가 지원을 받을 수 있는데, 이 경우 NGO의 자체자금 없이도 지원이 가능하다. 또한 난민·비상사태·인권·민주주의와 관련된 정부의 지원이 점차 증가함에 따라 NGO에 대한 위임도 동시에 증가하고 있다. 이딸리아정부는 긴급구호나 농업분야 외에도 해외

---

18) 식량원조는 옥스팸·아동구호기금·CARE·CAFOD·기독교원조회·콘썬(Concern) 등에 위임하며, 난민촌의 급수씨스템은 옥스팸, 모자보건과 영양은 아동구호기금 등에 위임한다.

파견인력의 모집, 선발, 훈련 및 개발교육을 NGO에 위임한다.

개발도상국 NGO에 대한 지원

주로 자국의 NGO들을 통해 개발도상국 NGO들을 지원하던 선진국 정부들은 1970년대 말부터는 직접 개발도상국 NGO와의 협력을 시작하였다. 캐나다 CIDA의 국제NGO과에서는 1980년대 초반부터 개발도상국에 있는 캐나다 NGO들의 지부를 지원하기 시작하였으며, 미국·덴마크·프랑스·노르웨이·스웨덴·스위스 등도 개발도상국 NGO를 직접 지원하고 있다. 미국정부의 경우, 오래 전부터 개발도상국 NGO들이 미국의 PVO들과 동등하게 USAID에 등록하여 정부의 재정지원을 받을 수 있는 길을 열어놓았다. 그러나 초기에는 등록 과정과 절차가 복잡해서 주로 큰 NGO만 혜택을 받았다. USAID는 OECD 회원국의 원조기관으로는 최초로 개발도상국 NGO의 재정안정을 위한 기금을 조성하여 개발도상국 NGO를 지속적으로 지원하는 방식을 채택했고, 파키스탄·필리핀·남아메리카 등에서는 누적채무를 면제하는 방식으로 개발도상국 NGO의 지원기금을 조성하였다. 1969년에 설립된 범미주재단(IAF)은 설립초기 15년 동안 남아메리카와 카리브해 국가에 2천여 사업을 지원하였으며, 1977년에 설립이 논의된 아프리카 개발재단(ADF)도 1980년대 중반부터 운영되고 있다.

최근까지 프랑스 NGO들은 개발도상국에서 직접 개발활동을 하였으나, 점차 해외공관을 통해 개발도상국 NGO들을 직접 지원함으로써 수혜자들이 독립적으로 사업을 집행하는 방향을 모색하고 있다. 스웨덴의 경우, 스웨덴의 NGO인 디아코니아(Diakonia)가 브락(BRAC)을 지원하다가 사업규모가 너무 커져서 이를 공공원조기관인 SIDA가 인수했다. 이와같이 개발도상국 NGO들의 활동을 직접 지원하는 원조가 차츰 증가하면서 국제기구나 OECD 회원국들의 공공원조기관들이 개발도상국 NGO들의 주요 재정원이 되고 있다.[19] 1970년도에는 선진국의 원조금이 개발도상국 NGO

---

19) Leslie M. Fox, "Resources of Development Assistance Agencies," *Sustaining Civil Society: Strategies for Resource Mobilization*, Washington: CIVICUS 1997.

OECD 회원국의 개발NGO는 어떻게 활동하는가　187

의 수입에서 차지하는 비율이 1.5%였으나, 1988년에는 35%로 현저하게 증가하였다. 인도의 경우, 해외원조금 총액의 약 25%인 5억 2천 달러가 NGO를 통해 개발사업에 사용되었다.[20]

그러나 영국이나 이딸리아, 에스빠냐의 경우는 아직 개발도상국 NGO에 대한 정부의 직접지원이 활발하지 않은 곳이다. 영국정부가 직접 또는 영국 NGO들을 통해 지원한 개발도상국 NGO들은 주로 영국의 식민지였던 남아시아·케냐·남아프리카의 NGO들로, 방글라데시의 BRAC, 스리랑카의 싸르보다야(Sarvodaya), 파키스탄의 아가칸농촌지원계획 등 몇몇 대형 NGO들에 국한되어 있다. 개발도상국 NGO들에 대한 선진국 정부의 지원이 점차 증가하는 추세이기는 하지만, NGO활동이 아시아나 남아메리카에서는 활발한 반면 아프리카에서는 아직도 미흡한 점, 정부기관들이 개발도상국 NGO에 대해 충분한 정보를 갖고 있지 못한 점, 개발도상국 NGO들의 전문성과 신뢰도에 대한 검증이 부족한 점 등으로 인해 일부 선진국에서는 아직도 자국의 NGO들과의 협력관계를 선호하고 있다.[21] 프랑스정부가 해외공관을 통해 개발도상국 NGO들을 직접 지원하고 있는 데 대해 프랑스 NGO들의 입장은 개발도상국 NGO들이 원조공여국 정부에 지나치게 의존적이 될 수 있다는 관점에서 정부의 직접지원에 대해 부정적인 시각이다. 영국의 한 보고서는 개발도상국 NGO와 협력할 때 NGO가 의존적이 되어 독자적인 활동의 필요성과 의지를 잃어버리지 않도록 조심스런 방식으로 접근해야 한다는 점과 NGO의 취약점과 한계를 언급하고 있다.[22]

독일정부는 자국 NGO와 비슷한 과정을 거쳐 개발도상국 NGO도 지원한다. 그러나 개발도상국 NGO에 대한 지원이 자칫 개발도상국에서 기업적인 NGO를 양산할 위험이 있고, 개발도상국 NGO가 수혜주민의 필요보다 원조공여자의 요청에 부응할 우려가 있다는 점에서, 수혜국 정부와의 사업에 NGO를 관여시키는 경우를 제외하고는 아직까지 자국 NGO를 통

---

20) UNDP, UN Department of Public Information, *DPI/1523/SOC/CON-95-93114*, 1995년 1월.

21) Bowden, 앞의 글.

22) ODA, *British Aid Statistics 1987/88~1991/92*, London: East Kilbride 1992.

한 지원을 선호한다. 독일 NGO들은 특정 사안에 대해 개발도상국의 NGO 컨소시엄에 참가하는데,[23] 컨소시엄은 정치적으로 불안정한 지역의 개발원조에 효율적인 방법이며, 컨소시엄을 통한 지원으로 사업효과를 제고할 수 있다. '수혜자의 책임'을 남북협력의 새로운 추진력으로 강조하는 노르웨이의 경우, 수혜국이 개발사업의 계획과 집행에 책임을 져야 한다는 원칙에 입각하여 수혜국이 계획을 직접 세우되 환경적으로 지속 가능한 개발, 부채감면, 수출증대 등에 역점을 두도록 권유한다. 이 경우에 사업운영은 NORAD 직원이나 노르웨이 대사관에 채용된 현지 직원들이 담당한다. 혹은 NORAD가 현지 정부를 지원하고 정부가 NGO를 지원하는 방식으로 집행하기도 하며, 이런 방식을 통해 장기적으로는 수혜국 정부가 NGO를 지원하도록 유도하고 있다.

선진국이 자국 NGO들을 통해서 개발도상국을 지원하면, 개발교육의 가치부가적인 효과가 있다. 일부 국가에서는 개발도상국 NGO에 대한 정부의 직접지원이 NGO사회에 의해 강력히 저지되고 있는데, 이는 전통적인 남북 NGO의 관계를 무시함으로써 원조공여국에서의 개발교육의 가능성을 배제하며 남북 NGO간 관계의 상징인 조직역량을 키우지 못한다는 이유 때문이다. 반면에 일부 국가에서는 개발도상국 NGO가 원조기관과 독립적인 관계를 갖고 자립할 수 있도록 NGO들이 적극 지원하기도 한다.

정부지원의 문제점

미국이나 이딸리아의 경우, 개발NGO 사업의 정부지원 절차가 복잡하고 사업 및 회계 보고에 대한 요구가 까다로워 사무적인 시간과 노력이 지나치게 많이 든다. 미국의 경우는 USAID가 장기적인 계획보다는 단기적인 관점에서 개발사업을 진행하고 있으며, 개발자금의 사용처와 방법에 대해 지나치게 국회의 간섭을 받고 있다는 문제도 지적되었다.[24]

---

23) '혼 오브 아프리카'(Horn of Africa)와 인도차이나 컨소시엄 등에 참가하였다.
24) John Sevell et al., "Challenges and Priorities in the 1990s, Overseas Development Council," Washington 1992.

이딸리아의 경우 사업계획서를 외무부 개발협력국에 제출하여 심사를 받은 뒤 외무부 개발협력위원회의 승인을 받아야 한다. 그러나 최종적으로 NGO담당과에서 결정사항을 NGO에 통보하기까지 약 1~2년 이상이 걸린다. 지원받은 NGO는 해당 사업의 진행상황을 정기적으로 개발협력국에 보고해야 한다. 프랑스도 지원 여부를 결정하는 데 오랜 시간이 걸리는데, 동의서에 서명하고 지원금이 교부되는 데 수개월 내지 일년 이상 걸리고, 협의과정도 또다시 그만큼 걸린다. 에스빠냐의 경우도 정부의 NGO지원 사업에 대한 승인과정이 오래 걸릴 뿐 아니라, 매년 사업별로 승인되기 때문에 사업의 안정성과 지속성이 떨어진다.

일본의 경우 정부지원 사업을 매년 심사하는데, 회계연도 초에 심사하여 서너 달 이후에 결과를 알게 되며 남은 회계연도 내에 보조금을 사용하여야 한다. 따라서 NGO들이 정부자금으로 할 수 있는 일은 단순한 기자재나 물자의 공여에 그치는 경향이 있다. NGO활동이 수혜주민의 자조능력을 배양하기 위한 참여적인 개발이며 이를 위해서는 수년간의 지속적인 노력이 필요하다는 점에서 정부의 이러한 지원방식은 NGO활동의 장점을 충분히 이용하지 못한다는 단점이 있다.

미국의 경우, 개발원조가 외교적인 목적을 위해 전략적으로 이루어지는 경우가 많기 때문에 개발도상국 NGO의 의존성이 가장 문제가 되고 있다. PVO를 통한 개발원조가 증가했던 1970년과 80년대에 PVO들은 복잡한 지원금 교부 및 평가 과정을 거치면서 점점 더 USAID에 의존하게 되었다. 최근에는 많은 PVO들이 본래의 설립취지에서 벗어나, 수혜국 빈곤층의 필요와 요구에 부응하는 사업을 구상하기보다는 USAID가 요구하는 대로 정부의 원조정책에 부응하는 사업을 수행함에 따라 독립성을 잃고 마치 USAID의 하부기관 같다는 비판을 듣기도 한다.

5. 개발NGO의 과제

NGO의 차별성

NGO의 장점은 정부의 접근이 어려운 곳이나 빈곤층에 접근함으로써 빈곤퇴치에 더욱 실질적으로 기여하며, 지역주민들의 의견을 반영하는 참여적 개발과 환경친화적 개발을 지향한다는 것이다.[25] 또 사업진행에 있어서는 신속한 의사결정, 탄력적 대응, 혁신적·진취적인 추진력을 특성으로 들 수 있으며, 이외에도 유연성·경제성·지역분산성·상향성·독립성을 꼽을 수 있다. 이런 NGO의 활동은 써비스의 전달이나 하향적인 개발사업에 집중하는 '공급자측 접근'으로부터 지역주민들이 자신들의 선호와 이해관계를 적극 반영함으로써 개발과정에 능동적으로 참여토록 하는 '수요자측 접근'으로 급격히 전환하고 있다.[26] 주민들의 역량을 강화하여 주도적으로 개발과정에 참여하게 함으로써 개발원조의 효과를 제고한다는 것이다.[27]

NGO의 개발활동은 수혜국에 체계적인 조직을 만들고 역량을 강화하는 데 중점을 두어야 하며, 강화된 조직이 스스로 기술과 능력을 개발하여 지속적인 개발을 이루어내고 민주사회를 강화하도록 유도해야 할 것이다. NGO들은 그동안 자체 사업에 열중하면서 대안적인 개발사업을 제안하여 왔는데, 클라크는 NGO들이 개발의 흐름에 영향을 줄 수 있는 방법들을 다음과 같이 제안하였다.[28] ① 자체적으로 개발된 성공적 접근방식을 공공원조기관이나 정부에 건의하는 것, ② 정부 프로그램에서의 주민의 권리에 대해 교육하여 알게 하는 것, ③ 현장경험과 여론을 통해 공공 프로그램이 주민의 필요에 맞도록 조정되게 하는 것, ④ 공공기관과 협력하여 사업을 수행하는 방식을 모색하는 것, ⑤ 지방분권 및 지방자치단체 개혁 등 국내외 기관의 지방개발정책에 영향력을 행사하는 것, ⑥ 정부나 공적 원조기

---

25) Brodhead, 앞의 글.

26) John Clark, "The State, Popular Participation, and the Voluntary Sector," *World Development*, Vol. 23, No. 4 (1995).

27) UNDP, *Human Development Report*, New York: Oxford University Press 1993.

28) Clark, 앞의 책 120~27면.

관이 단체강화·실무자교육·경영력제고 등을 통해 효과적인 개발전략을 형성하도록 돕는 것 등이다. NGO들이 이와같이 동일한 목표를 갖고 있는 기관들과 협력하여 지렛대나 교량 같은 역할을 함으로써 실질적이고 지속적인 효과를 얻어낼 수 있을 것이다.[29]

지난 50년간 유엔과 선진국들이 제공한 원조가 수혜국의 경제성장에 일정 부분 기여했음에도 빈곤층은 계속 확대되어왔다. 이는 세계은행을 비롯한 개발은행과 선진국의 원조가 최빈국의 저소득층이나 소수민족, 여성 등 실제로 혜택이 필요한 사람들을 돕고, 수혜국이 자립경제 구조를 확립하도록 돕는 데 실패했기 때문이라는 평가가 강하게 제기되고 있으며, UNDP가 1990년부터 발간하기 시작한 인간개발보고서의 특별고문인 얼하크(Mahbub ul Haq)는 개발협력을 위한 새로운 구상이 필요하다고 주장한다.[30] 또한 지속 가능한 개발을 위해서는 발생할 수 있는 재난이나 민족분쟁 등을 조기에 예방하는 장기적이고 효과적인 개발협력이 중요하다는 지적도 수년 전부터 제기되어왔다. 이외에도 원조대상국의 민주화와 인권상황, 제3세계의 부채문제, 환경과 여성에 대한 영향 등에 대한 고려가 필요하며, NGO들은 이러한 세계적인 동향에 유의하여 NGO의 차별성을 통해 활동효과를 극대화하는 방안을 모색해야 할 것이다.

정부 및 국제기구와의 협력

공공원조기관들이 NGO활동의 장점을 깨닫고 점차 NGO와의 공조에 관심을 갖게 되면서 선진국 정부의 NGO보조금이 증가하였고, 이에 따라 NGO들은 사업의 범위를 확장하고 규모를 확대할 수 있게 된 반면에 점점 더 정부에 의존하는 부정적 면모를 드러내기도 하였다. NGO가 지나치게 정부에 의존하여 전문성만 강조할 경우 결과적으로는 기층조직이나 회원과의 접촉이 감소되고, 모금의욕과 경쟁력이 감소되며, 점차 NGO로서의

---

29) Thomas H. Fox, "NGOs from the United Ststes," *World Development*, Vol.15, Supplement (1987).

30) Mahbub ul Haq, *Reflections on Human Development*, London: Oxford University Press 1995.

역할을 상실하게 되어 공공원조기관과의 차별성을 잃어버릴 우려가 있다.[31]

주로 재난구호나 식량원조에 있어서 선진국 정부들이 NGO와 공조하는 경향이 강하기 때문에 NGO들도 개발활동보다 재난구호에 비중을 두는 양상이 나타나고 있으며, 정부의 공공원조기관에 동화되는 경향도 나타나게 되었다. 이딸리아의 대다수 NGO들은 자신들을 자선단체라기보다는 정부의 공공기금 관리에 직접 참여하는 시민연합으로 생각하며, 따라서 모금보다는 개발사업의 집행에 필요한 기술역량과 전문성 제고에 치중한다.

한국의 경우 이제 막 정부지원이 소규모로 시작된 상황이라 NGO의 정부의존성에 대해 우려하기보다는 상호간의 협력을 증진하는 것이 더욱 중요하다고 본다.[32] 정부원조기관인 한국국제협력단 및 외무부와의 긴밀한 협력과 정보교환을 통해 불필요한 시간적·재정적·인적 자원의 낭비를 최소화하여 개발협력사업의 질적 향상과 효율성 제고를 도모하는 것이 바람직하다. 대외적으로 이름이 생소한 한국 NGO들의 경우, 국제협력단 사무소와 재외공관의 지원은 NGO의 공신력을 높여주어 수혜국 정부의 신뢰와 적극적인 지원을 기대할 수 있다. 한편 한국국제협력단에서 NGO를 통한 개발협력사업의 사례와 정보를 수집하여 자료를 제공하는 것도 유익할 것이며, 봉사사업과에서 해외봉사단원을 국내NGO의 개발활동에 파견하거나 봉사자파견 훈련프로그램에 NGO실무자가 참석할 수 있도록 하는 등의 공조방법을 모색해볼 수 있을 것이다.

또한 '개발과 빈곤퇴치'에 직접 관련을 갖는 다양한 기구들과의 공조도 모색하여야 할 것이다. UNDP, 유엔 난민고등판무관(UNHCR), 인도지원국(DHA), 유엔 자원봉사단(UN Volunteers) 등은 NGO에 사업집행을 위

---

31) Brodhead, 앞의 글.

32) 개발NGO 사업에 대한 한국정부의 지원은 1995년에 처음 실시되었는데, 사업지원을 받을 수 있는 분야는 기자재 공여, 연수생 초청, 전문가나 봉사단 파견, 식량운송, 구호물품, 의료지원, 개발교육 또는 홍보활동 등으로 최고 사업비 총액의 50%까지 지원이 가능하다. 한국정부는 1994년 12월에 한국국제협력단에 신설된 민간협력과의 주관하에 1995년에 19개 단체에 5억원, 1996년에 17개 단체에 6억원을 지원하였으며, 1997년에는 6억 3천만원을 약 20여 개 단체에 각 2천에서 6천만원씩 시원하였고, 1998년에는 17개 단체에 3억 5천만원이 지원될 예정이다.

임하거나 NGO의 사업에 유엔의 자원봉사자를 파견하는 등 NGO와 공조해나가고 있는데, 이러한 국제기구들과 사업 구상이나 집행에 협조함으로써 유엔의 정책과 정보를 공유할 수 있으며, 궁극적으로 한국 NGO들의 발전에도 큰 도움이 될 것이다.

NGO들의 협력과 연대

NGO는 그 활동이 정부정책과 밀접한 관계에 있기 때문에 때로는 공공연한 탄압과 보이지 않는 제재 속에 자국 정부와 고도의 긴장관계를 유지하기도 하며, 특히 개발NGO의 경우 활동국 정부와 갈등관계에 처할 수도 있다. 또한 인적·재정적 기반이 약하거나 조직 내부의 전문성과 운영 미숙으로 어려움에 직면하기도 한다. NGO들은 활동 분야 및 목적에 따라 협의체나 연대기구를 조직하여 정부·국회와의 협의, 조정 및 대국민활동을 더욱 효과적으로 수행하고 있다. NGO들은 또한 자체 역량 강화 및 권익옹호, 역량결집을 통한 정책결정 과정에의 영향력 제고, 정부의 지원금 확보 등 다양한 목적을 위해 서로 연대하고 있다. 이러한 연대활동은 각국의 NGO활동과 정부의 지원 및 규제 정도, 문화적 배경 등에 따라 조직형태나 역량이 다르다.[33]

미국의 인터액션(Interaction)은 150여 개 PVO들간의 조정 및 협의를 위한 연합체로 개발교육·정책활동·대국민홍보 등을 위해 협력하며, PVO들과 정부 사이에서 대화자의 역할을 한다. 독일의 개발정책연방회의(BUKO)는 자체 권익옹호를 위한 지역NGO 200여 개가 모여서 만든 협의체이다. 일본에는 개발NGO들의 협력 및 자체 역량 강화를 위해 1987년에 설립된 일본 국제협력NGO쎈터(JANIC)에 약 200여 개 NGO가 가입해 있다. JANIC은 칸사이NGO협회, 나고야NGO쎈터와 함께 외무부와 공식회의를 갖고 재정을 위한 협의체 설치에 대한 의견을 교환하고 있다.[34]

---

33) Leon Gordenker and Thomas G. Weiss, "Pluralizing Global Governance: Analytical Approaches and Dimensions," *Third World Quarterly*, Vol. 16, No. 3 (1995) 365~68, 374~76면.

캐나다의 120개 NGO 협의기구인 캐나다 국제협력협의회(CCIC)는 공공원조기관인 CIDA와 NGO 간의 조정자 역할을 담당하고, CIDA를 대신하여 몇개의 특별 NGO기금을 운영한다. CCIC는 캐나다의 원조정책 및 외교정책, 일반적인 NGO활동을 연구·분석하고, 개발교육의 일환으로 방송 및 신문용 홍보자료를 제작하며, CIDA와의 협의 기능을 수행한다. 오스트레일리아 해외원조협의회(ACFOA)는 1965년에 90여 개 단체의 협의기구로 창설되었다. 이 기구는 회원단체간의 협력을 위한 토론의 장을 제공하며 정부나 국제기구에 대하여 공동의 입장을 표명하는 역할을 하도록 되어 있지만, 연대활동보다는 정보공유나 단체간의 조정 업무에 치중한다.

한국의 개발NGO들도 협의체를 구성하여 공동 논의 및 연구를 하고 자체 사업과 국제동향, 개발도상국 NGO와의 관계 등에 대한 의견을 교환함으로써 상부상조할 수 있을 것이다. 사업 구상이나 진행에 있어서도 NGO들간의 공동 논의와 협력을 통해 일부 지역이나 국가에 집중되거나 중복되지 않고 효과를 제고하는 방법을 모색해야 할 것이다. 에티오피아 북부지역을 사업대상지로 선정했던 국제아동기금(UNICEF) 한국위원회가 한국선명회와 협의하에 남부 오로미야지역으로 옮김으로써 사업대상지역의 중복을 피하고 효과를 제고할 수 있었던 것은 NGO간의 공동논의의 중요성을 확증하는 일례이다. 또한 같은 지역에서 활동하는 NGO들이 네트워크를 구축하여 현지에 대한 정보 및 노하우를 공유하는 것이 바람직하다.

개발도상국 NGO와의 협력

1980년대 들어 자국의 문제를 스스로 해결해보려는 개발도상국 NGO들의 활동이 두드러졌다. 대부분 식민통치나 독재정치에 의해 결사의 자유를 오랫동안 박탈당했던 시민들이 자국의 민주화와 개발을 위해 결사체를 만들고 활동을 벌여나가고 있는 것인데, 여기서 개발활동을 하는 NGO들이 상당수를 차지하고 있다. 특히 이들 개발도상국 NGO들은 주민을 조직하여 스스로 개발의 우선순위를 결정할 수 있는 자조능력을 배양하고 지도력

34) JANIC, *Kokoro*, Vol. 8, No. 3 (1996. 9).

과 관리능력을 제고할 수 있도록 교육하며, 주민참여를 증진함으로써 민주화의 역량을 키워나간다는 점에서 과거 선진국 관점으로 이루어지던 개발의 문제점을 개선하고 있다 하겠다.

개발도상국 NGO들과 OECD 회원국 NGO들의 협력은 이미 오래 전부터 시작되었다. 선명회, 케어, 까리따스, 아동구호기금, 가톨릭구호봉사회 등은 개발도상국에 지역사무소나 지부를 설립하여 본부나 선진국의 지부들과의 협력관계를 유지해왔으며, 기독교기관들은 개발도상국의 종교단체나 NGO를 통해서 지원하는 방식을 취해왔다. 전세계적으로 101개국에 지부를 가진 선명회의 경우 국제본부의 지휘 아래 16개국의 후원국 지부가 85개의 수혜국 지부들을 지원하는 방식으로 개발협력사업을 추진하고 있다. 한동안 수혜국 지부이던 한국선명회는 1991년부터 후원국 지부로 바뀌었다.

재정모금 방식의 다양화

NGO의 성격상 공공모금이 주요 수입원이지만, 각 단체의 성격과 사업에 따라 정부·기업·재단·교회 지원금이나 유산의 기증 등도 주요 수입원이 되고 있다. 미국은 자선기부금에 대한 소득세 감면제도를 일찍이 1936년부터 실시한 덕택으로 자선기부금의 88%가 개인으로부터 출연되고 있다.[35] 기부금에 대한 세금혜택제도가 있는 영국·독일 등은 모금실적이 상대적으로 높기 때문에 대부분의 NGO들이 모금을 통해 사업자금을 조달하며, 정부에 대한 의존도도 낮아 독립성을 유지하며 정부의 견제 역할을 할 수 있다. OECD 회원국 중에서 공식개발원조 규모가 가장 큰 일본은 개발NGO의 활동이 1980년대부터 시작되었고, NGO에 대한 정부지원도 1989년에야 시작되었으며, 지원규모도 아직 공식개발원조 총액의 1% 정도에 불과한 실정이다. 반면에 지방정부 및 재단들의 NGO사업과 개발교육에 대한 지원은 점차 증가하는 추세이다.

네덜란드에서는 '우편복권'(Postcard Lottery)의 수입금이 UNICEF,

---

35) Holt Ruffin, "Civil Society-USA: An Introduction and Guide to Select Organizations in the US," Center for Civil Society International 1996.

Novib 등 NGO의 개발·환경·난민지원 등의 사업을 위해 사용되며, 일본에서도 우정성 국제볼런티어 저금을 통해 NGO활동이 지원되고 있다. 또 노르웨이 적십자사는 슬롯머신을 설치하여 얻은 수입으로 행정비를 조달하기도 한다. '유럽 공정무역연합'(EFTA)은 제3세계의 생산품을 특정 상표로 유럽시장에서 판매하는 새로운 국제NGO 네트워크로 제3세계의 생산자그룹 400여 개가 물품을 공급한다. 이는 개발도상국의 생산자를 경제적으로 도움과 동시에 개발교육의 효과도 기대할 수 있다.

노르웨이나 스웨덴의 NGO들은 연 1회 대대적인 TV 모금캠페인을 전개한다. TV방송국의 후원으로 실시되는 이 행사를 통하여 정부의 적극적인 지원을 이끌어내기도 하며, 자치정부별로 모금액 경쟁을 유도하기도 한다. 이런 캠페인에 참여하는 대형 NGO들은 거액의 모금뿐 아니라, 자기 단체를 홍보하는 일거양득의 효과를 갖게 된다. 노르웨이에서는 중고등학교와 청소년단체가 '전국NGO개발기금: 미래는 우리 손에'라는 캐치프레이즈하에 1년 동안의 개발교육 프로그램을 계획하며, '하루모금행사'(Operation A Day's Work)라는 명칭하에 학생들이 모금캠페인을 벌인다. 한편 네덜란드에서는 '국경 없는 의사회'(Medecins Sans Fontieres), 적십자, Novib, UNICEF, 눈물의 기금(Tear Fund), 까리따스 등의 NGO들이 공동으로 모금활동을 전개하여 모금액을 분배한다.

한국의 NGO들이 일반 국민이나 기업을 대상으로 모금활동을 벌인 역사는 그다지 오래지 않다. 뿐만 아니라, 한국 내의 사회복지도 시작단계에 지나지 않는 상황에서 제3세계를 위해 모금활동을 벌이는 것은 쉬운 일이 아니다. 따라서 다양한 모금방법이 모색되어야 하며, 모금전문인력의 양성이 필요하다. 한국 NGO들의 성공적인 개발원조활동은 한국의 다국적기업이 제3세계에서 신뢰를 받고 일할 수 있는 사회분위기를 조성하는 데에 도움이 된다. 따라서 기업으로 하여금 NGO의 개발원조활동의 중요성과 재정적 지원의 필요성을 인식하게 함으로써, 기업측에서도 진출국의 개발과 빈곤퇴치에 대한 이해를 높이고 참여할 수 있게끔 해야 한다. 이외에도 학교, 종교계, 단체 등 다양한 후원층을 확보함으로써 제3세계의 빈곤과 개발

문제에 직접 참여하는 나눔운동을 확산해나가는 것이 필요하다.

전문성과 역량 강화

NGO는 일반적으로 선진국이나 개발도상국의 정부로부터 독립성을 갖고 빈민층과 소외계층의 편에 설 수 있다. 공공기관의 경우에 요구되는 정치적 부담이 없고, 비관료적이며 탄력적인 사업방식을 추구할 수 있으며, 기업과 달리 이윤창출의 의무가 없으므로 이득이 없더라도 사회적으로 가치있는 사업을 수행할 수 있다. 따라서 NGO는 그 목적과 취지에 깊이 공감하고 의욕적이며 헌신적인 실무자를 확보할 수 있으며, 의사결정이나 집행에 대중적인 참여를 확보할 수 있다는 장점이 있다.[36] 그러나 많은 경우 NGO실무자들이 오지생활에 적응하지 못해 이동이 잦고 전문성을 갖기가 어려워, 사업의 신뢰도와 신용을 떨어뜨릴 수 있고 개발도상국 파트너와의 지속적인 네트워크를 유지하기도 어렵다고 한다.[37]

제3세계 개발협력사업에서 무엇보다 중요한 것은 수혜국의 문화적·사회적 특성 및 민족성에 대한 깊은 이해와 존중이며, 이를 위한 전문인력의 발굴과 양성이 필요하다. 사업지를 선정하기 전에 충분한 문헌조사를 하고 현지 거주자들의 경험을 참고하고, 실무자나 봉사단을 파견할 때에는 현지 언어나 적응요령에 대해 사전교육을 실시하여 현지 적응도를 높이는 것이 시간과 재정을 절약하는 요령이며, 현지인과의 마찰을 최소화하고 성공하는 방법이다. 요즈음 개발도상국에서 선진국 봉사자의 역할에 의문을 제기하고 현지 고용을 저하시키는 선진국 실무자의 필요성에 대해 의문을 제기한다는 점을 염두에 두고, 꼭 필요한 전문기술직 등을 파견해야 할 것이다.

국제본부를 미국에 두고 있는 한국선명회는 다른 NGO들과는 달리 간접적인 방식으로 개발활동을 수행한다. 국제본부로부터 받은 선명회 수혜국 사무소의 개발사업계획 가운데서 한국선명회는 지원사업을 선별한 후 본부를 통해 수혜국 사무소를 지원한다. 전문화된 국제본부의 실무팀은 매

---

36) Wiggins and Cromwell, 앞의 글.

37) Bowden, 앞의 글.

주 세계의 개발동향을 각국 지부에 팩스로 발송하며, 지원사업에 대한 사업보고를 후원국에 전달한다. 한국선명회측은 개발사업의 기획, 사업담당자의 선정, 사업의 관리, 실패의 위험부담으로부터 자유로우며 본부에서 파견된 전문가들의 지도로 대부분의 개발협력사업이 안정적·성공적으로 진행된다. 그러나 대부분의 NGO들은 현지에 실무자를 파견하여 직접 개발사업을 전개하는 방식으로 활동하고 있다. 이는 선명회의 사업방식에 비하여 위험부담이 따르는 방식으로, 충분한 개발활동 경험이 없는 한국 NGO들의 경우에는 특히 어려움을 겪게 마련이다. 그럼에도 불구하고, 대부분의 NGO들이 이 방식을 택하고 있는 것은 선명회처럼 개발도상국에 파트너가 될 만한 NGO가 없다는 소극적인 이유와 직접 부딪치는 개발활동의 경험을 향후 활동계획의 바탕으로 삼아 단체의 활동을 발전시키겠다는 적극적인 이유가 있다. 이러한 경험은 한국 개발NGO 활동이 개발교육과 정책활동, 주창활동 등으로 발전되어나갈 수 있는 토대가 될 것이다.

6. 맺음말

코턴은 NGO의 구호활동과 개발활동을 제1세대, 개발교육을 제2세대, 정책활동 및 권익옹호활동을 제3세대로 나누고 있으며, 선진국 NGO들은 이러한 세대를 단계별로 거치면서 수십년 혹은 백년 이상 동안 발전해왔다.[38] 그러나 1980년대까지 해외원조를 받았으며 1990년대에 들어서야 소규모의 해외원조를 내보내기 시작한 한국의 NGO들은 OECD 가입과 함께 개발NGO 세 세대의 활동을 한꺼번에 진행시켜야 하는 상황에 있다.

한국은 OECD 회원국이 되었음에도 불구하고 NGO지원은 여전히 낙후되어 있으며, 과거 권위주의 시대에 제정된 법과 규제가 아직도 남아 있다. 게다가 시민사회단체의 전반적인 행정역량이나 모금역량이 아직 충분히 확보되지 않은 시점에서 개발원조를 위한 모금과 개발사업, 개발교육을 전개해나가기가 쉽지 않다. 최근 결사의 자유를 보장한다는 의미에서 '시민

38) Korten, 앞의 글.

사회단체의 신고에 관한 법률'이 폐지됨으로써 누구나 시민사회단체를 설립할 수 있게 되었다. 그러나 여전히 시민사회단체가 법인체로서의 법적 지위를 가지려면 복잡한 절차를 거쳐 관련 부처에 등록해야 하며 법인으로 등록한다고 모든 비영리법인에게 조세감면의 혜택이 주어지는 것도 아니다. 대부분의 NGO들이 조세감면의 혜택을 받지 못하고 있으며, 일부 법인체의 경우 주무부서 장관의 추천을 받아 재정경제부의 승인을 받아야 조세감면 혜택을 받을 수 있으나 그 실적은 미미하며, 사회복지법인이나 환경단체 등 일부 단체에 국한되어 있다. NGO활동에 대한 제도적 지원을 확보하고, '정보공개법'을 정착시켜 NGO활동에 필요한 정보를 제공받는 것 등은 개발NGO들이 자칫 간과할 수 있는 부분이다.

개발NGO 활동의 효과를 높이기 위해서는 다양한 분야의 NGO들과 상호 협력·보완하여 씨너지 효과를 낳는 것이 바람직하다. 한국의 NGO들은 긴급원조와 재난구호에 국한되었던 소극적인 개발활동에 그치지 말고, 한국정부의 해외원조 정책과 동향, 외국인노동자 정책 및 현황, 해외진출기업의 활동현황, 제3세계의 민주화 및 인권문제, 정부의 대외통상정책과 외교정책 등에도 관심을 갖고 국내외 관련단체와 사안별 연대활동을 전개하는 것도 잊지 말아야 한다.

오늘날 '지구화'의 흐름에 의해 주권국가의 벽이 허물어지고 자본·상품·노동력의 이동이 나날이 증가하고 있으며, 진보한 통신기술 덕택에 지구촌 구석구석의 움직임이 신속히 전달되고 있다. 그러나 '지구화'는 기득권층의 논리로서 사회불평등과 빈부격차를 더욱 심화시키고 있으며 제3세계와 빈곤층을 점점 더 주변화시키고 있다. 이제 바야흐로, 한국의 NGO들도 지구적 공공선을 위해 시야와 활동반경을 넓혀야 할 때이다. 전세계 인구의 1/4에 해당하는 빈곤층과 이들의 인권, 원주민 권리, 여성의 권리, 환경, 민주화 등의 전세계적인 과제에 시급히 관심을 기울여야 할 것이며, 세계 NGO들과의 체계적인 연대와 공동협력을 모색하는 것이 절실히 요구된다.

3 길찾기
새로운 NGO운동을 찾아서

만만찮은 비판을 들으며 NGO운동의 영향력이 계속 확대되는 가운데 시민사회의
(비판적) 지지자들은 NGO운동의 바람직한 상(像)을 어떻게 그리고 있는가?
3부 '길찾기'의 논자들은 각기 대안문화운동, 탈국가주의적 시민사회, 공동체주의,
NGO의 정당성을 강조한다.

정수복은 우리 시민운동이 추구할 의제로서 생태주의적 전망, 탈물질주의적 삶, 영성의
재발견, 여성주의적 시각을 제시한다. 더욱이 기존의 시민적 의제를 넘어선 더욱
급진적인 삶의 성찰을 요청함으로써 시민운동에 이중적 과제를 부과한다. 시민운동은
단순한 근대성의 성취뿐 아니라 '개인적 삶의 의미체계까지 파고드는 운동'이어야
한다는 것이다.

이어지는 기디언 베이커의 글은 통상적으로 수용되어온 가치중립적이고
자유민주주의적인 시민사회론에 정면으로 도전하고 있다. 베이커는 중동부 유럽과
라틴아메리카에서 시작된 초기의 시민사회론이 정치적 동원을 지향했으며, 그 자체로
민주적 정당성과 실천, 공공영역의 근거지였다고 믿는다. 시민사회가 자유민주주의를
성취하기 위한 단순한 도구가 아니었다는 말이다. 이러한
급진적·자율적·탈국가주의적 시민사회 모델은 그 이상주의적 성격에도 불구하고
참여민주주의를 궁극적으로 정당화한다는 점에서 중요한 함의를 갖는다.

공동체주의를 대안으로 검토하는 마이클 월저는 정치적 허무주의를 타파할 방법으로서
시민공화제적 시민사회를, 개인주의에 대항하는 방법으로서 다원주의적 시민사회를
들면서, 이 양자가 서로를 도울 수 있다고 본다. '시민공화제적' 종합시민운동과
'다원주의적' NGO들이 상호 보완할 수 있다는 것이다. 그러나 이를 실현하려면 먼저
시민사회의 3대 악인 불평등·분절화·불안정성을 시정해야 하고 이때 국가의 도움이
필요하다고 강조한다. 월저의 시민사회론은 제도권정치와 구분되는 일종의
'운동정치'의 가능성을 시사한다는 점에서 관심을 끈다.

월저의 다원주의적 철학은, 마이클 월쩌 『정의와 다원적 평등: 정의의 영역들』
(정원섭 외 역, 철학과현실사 1999)를 보라.

애틱은 NGO의 '정당성'을 뒷받침할 조건을 거론함으로써 앞의 필자들과는 다른 내재적
접근방식을 취한다. 그에 따르면 NGO활동은 형식적·절차적 정당성인 대표성과
특유의 가치, 그리고 실질적·목적적 정당성인 유효성과 자력화로 이루어져야 한다.
한국의 NGO들도 우리에게 요청되는 정당성의 기준을 찾기 위한 노력을 게을리해서는
안될 것이다.

시민운동에서 대안문화운동으로

정수복

1. 시민운동과 NGO

언제부터인가 중앙의 일간지들이 시민단체에 대한 지면을 앞다투어 마련하더니, 21세기는 NGO[1]의 시대가 될 것이라는 희망적 예언까지 나오고 있다. 더욱이 최근 들어 시민운동은 국내외적으로 빛을 발하고 있기도 하다. 총선시민연대의 낙천낙선운동은 이번 선거에서 낙선자명단에 올린 후보자의 70% 이상을 낙선시켰다. 도덕적으로는 정당하지만 현실적으로는 힘이 없어 보이던 시민운동단체들이 강력한 힘으로 부패한 기득권집단인 부패하고 무능한 정치인들을 공천에서 배제하고 선거에서 낙선시키는 데 성공한 것이다.

전세계적으로는 1999년 말 미국 씨애틀에서 열린 WTO의 뉴라운드협상의 개막식이 NGO활동가들의 시위 때문에 예정대로 진행되지 못했다. 세계시장의 단일화를 추진하는 WTO와 IMF 등에 대한 지구촌 NGO들의 비판과 항의는 어제오늘의 이야기가 아니다. 그렇지만 지난번 씨애틀 회의에서는 세계적으로 80 대 20의 불평등사회를 낳는 미국을 비롯한 몇몇 선진국 주도의 세계적인 단일시장 형성에 저항하고 반대하는 NGO활동가 5만

---

* 「한국 시민운동의 미래를 위한 비판적 제안」, 『철학과현실』 2000년 여름호.
** 정수복: 사회운동연구소 소장.

여 명이 지구촌 구석구석에서 찾아와 '인간의 얼굴을 한 교역'을 주장하면 서 광범위한 시위를 벌였던 것이다.

NGO의 중요성이 지구적 차원에서 인식되기 시작한 것은 1990년대에 들어서이다. 1990년대 10년 동안에 국경을 넘어서는 초국적인 문제들에 대해 유엔이 조직한 세계정상회담이 여러 차례 개최되었다. 그리고 그와 병행해서 세계NGO대회가 열렸다. 1992년 리우의 환경회의에서 1996년 이스탄불의 주거회의에 이르기까지 빈 인권회의, 카이로의 인구 및 개발회 의, 코펜하겐 사회개발회의, 뻬이징 여성회의, 로마의 식품안전회의 등에서 세계의 NGO들은 정부대표들의 입장과는 다른 의견들을 제시하고 행동강 령을 채택하였다. 이제 초국적 문제들의 해결을 위해 개별 정부나 유엔 같 은 국제기구뿐만 아니라 시민사회 영역의 NGO들의 참여가 중요하게 인 식되기 시작하였다. 코피 아난 유엔 사무총장은 "지구적 차원에서 평화, 개 발, 인권 등을 추구하는 데 NGO들과의 협력관계 구축은 필수불가결한 것" 이라고 천명하였다. 지구시민사회의 형성에 NGO들이 주요 행위자로 등장 하게 된 것이다. 그래서 21세기에 들어서면 시민사회단체들의 활동이 더욱 활발해질 것이라는 예측이 나오고 있다. 범세계적으로 'NGO혁명'이라는 말이 나올 정도로 다양한 NGO들이 만들어지고 활발한 활동을 보이고 있 다. 미국과 유럽은 물론 민주화 과정에 들어선 남아메리카와 아시아 그리 고 사회주의 체제가 붕괴되어 시장경제와 민주적 정치체제의 건설에 들어 선 소련과 동유럽에서도 다양한 NGO들이 설립되어 시민사회 영역을 형 성해나가고 있다.

다른 한편 국내적으로 보면 1980년대에는 사회운동의 영역에서 민중운 동이라는 말이 널리 쓰였다면 90년대에는 시민운동이라는 용어가 널리 쓰

---

1) 최근 들어 언론매체에 NGO라는 용어가 자주 등장하면서 일반시민들에게도 이제 NGO는 낯설지 않은 말이 되고 있다. 이러한 상황에서 국내의 시민단체들도 싫든 좋든 NGO라는 용어를 쓰지 않을 수 없게 되었다. 우리나라의 경우 이미 시민운동, 시민단체라는 말이 폭 넓게 쓰이고 있었으므로 우리말로 옮길 때 문자 그대로 '비정부기구'라고 옮기기보다는 시 민단체 또는 시민사회단체로 옮기는 것이 더 적합할 것이다. 따라서 이 글에서 NGO는 시 민단체를 말하며 시민운동은 시민단체들이 중심이 되어 전개하는 사회운동을 뜻한다.

였다. 1989년 '경제정의실천시민연합'(이하 '경실련')이 출범하면서 민중운동과는 구분되는 자신만의 정체성을 만들기 위해 시민운동이라는 용어를 쓰기 시작하였다. 경실련은 1987년 민주화항쟁 이전 민중운동의 이념지향성을 넘어서 민주화의 진행과정에서 생겨난 합법적인 시민참여의 공간을 적극적으로 활용한다는 지향성을 표방하였다. 그리고 실사구시를 내세우며 우리 사회의 여러 문제들에 대해 구체적인 비판과 감시 그리고 대안제시 운동을 벌여나갔다.[2] 1994년 '참여민주사회와 인권을 위한 시민연대'(이후 '참여연대'로 개칭)가 출범하면서 시민운동은 90년대 사회운동의 주요 흐름으로 자리잡게 되었다. 참여연대는 경실련의 온건한 시민운동을 비판하면서 80년대의 민중운동의 흐름과 연대하면서 좀더 진보적인 시민운동의 지향성을 표방하였다. 참여연대는 소액주주운동을 비롯한 작은권리찾기운동과 부정부패 추방과 법적 소송의 영역에서 다양한 시민운동을 전개하였다.[3]

이와같은 국내의 시민운동은 지구적 차원의 NGO활동과 서로 상승작용을 하면서 발전해왔다. 1992년 리우 환경회의 이후 한국 환경운동의 발전, 1995년 뻬이징 여성회의 이후 한국 여성운동의 발전에서 그것을 확인할 수 있다.

1999년 10월 세계NGO대회가 서울 올림픽공원에서 열린 이후 인권·환경·여성·부패추방·경제정의·교육개혁·사회복지·교통문제·장애인권리 등 여러 영역에서 벌어지고 있는 한국 시민단체들의 활동은 이제 국내적 관점을 벗어나 범세계적 관점과 기준을 고려하는 운동으로 발전해나가고 있다. 물론 한국의 시민운동은 우리 사회의 여러 문제들에 관심을 갖고 활동을 해야 한다. 그러나 이제 인권·환경·여성·평화 등의 문제는 지구적 관점에서 문제시되고 있으며, 일국적인 시각이 아니라 보편적인 시각을 갖고 접근해야 해결될 수 있는 문제들이다.[4]

---

2) 경실련 운동의 형성과 변화에 대해서는 정수복 「경실련 운동의 성과와 과제」, 서울대 사회정의 실천 연구모임 편 『계간 비판』 1994년 겨울호를 볼 것.
3) 참여연대 활동에 대한 비판석 논의는 성누복 「참녀연내 3구년을 돌아본다」, 『침어언대 창립 5주년 기념 심포지엄 자료집』, 1999를 볼 것.

2. 중앙정치 비판형 사회운동의 전통

한국정치의 가장 중요한 특징은 중앙집권화된 강력한 국가의 존재이다. 이에 따라 한국 사회운동도 잘못된 중앙의 정치를 비판하는 중앙정치 비판형 사회운동을 중심으로 발전해왔다. 일제 식민지치하에서는 말할 것도 없고 해방 이후에도 한국의 사회운동은 부정한 정치권력에 대한 비판과 도전을 중심으로 전개되었다. 1960년대 중반 국가주도적이고 권위주의적인 산업화정책이 추진되면서 '한국적 민주주의'라는 미명하에 형식적 민주주의마저 모습을 감추어버리자 권위주의적 중앙정부를 비판하고 민주주의를 회복하려는 민주화운동이 한국 사회운동의 주류를 형성해왔다. 80년대 들어 사회운동의 중심세력으로 등장한 학생운동도 최고집권자인 대통령과 그 정부에 대한 도전을 멈추지 않았다.

맑스주의 계급이론을 통해 노동운동의 중요성이 부각되면서 학생운동 세력의 일부가 노동현장으로 들어가 노동운동의 활성화에 기여하였지만 대중적 사회운동의 중심주장은 언제나 '독재타도'와 '민주회복'에 있었다. 1980년 광주항쟁도 폭압적 신군부정권의 등장에 대한 저항이었으며, 1987년의 6월항쟁도 그 안에 여러가지 사회운동의 지향성이 섞여 있었다 할지라도 기본적인 흐름은 독재의 타도에 있었던 것이다. '넥타이부대'도 '아줌마부대'도 모두 그 점에서는 하나로 뭉칠 수 있었던 것이다.

1990년대에 들어서 활성화된 시민운동은 형식적으로나마 이루어진 민주화 과정에서 합법적인 운동노선을 취하면서 실질적인 민주주의를 위하여 적극적으로 정부의 정책과정에 개입하는 방식을 발전시켰다. 그러나 이러한 시민운동도 중앙정치 비판형 사회운동의 전통을 벗어난 것은 아니었다. 경실련 운동이 그 상징적인 보기가 될 것이다. 그리고 경실련보다 다소 급진적인 입장을 취하며 전개된 참여연대 운동도 중앙정치 비판형 사회운동의 범주를 크게 벗어나지 않고 있다. 1989년 경실련 출범 이후 한국의 시

---

4) 세계시민운동에 대해서는 정수복 「초국가적 시민연대: NGO와 세계시민운동」, 학술진흥재단 지원 연구보고서 『유럽연구』 1995년 12월을 볼 것.

민운동의 주요 흐름은 중앙화된 전국 단위의 시민단체들이 권력에 대한 비판과 감시 그리고 대안제시의 역할을 수행하는 것이었다고 볼 수 있다.

여기에는 그럴 만한 이유가 있다. 87년 이후 선거를 여러 차례 치러본 바 있는 국민들은 단순히 선거라는 장치만으로는 우리 사회의 개혁을 이룰 수 없다는 것을 알게 되었다. 군부가 퇴진하고 권위주의 체제가 형식적으론 민주주의 체제로 전환되었지만 아직도 구태의연한 '법과 질서'가 강조되고 있으며 과거의 권위주의 체제를 지탱해주던 악법과 잘못된 관행들이 잔존해 있는 상황이다. 따라서 시민단체는 언론에 이어 제5부로 불리면서 입법과 국가예산집행, 정책결정과 정책집행, 사법처리 과정의 합리성과 투명성, 책임성과 설명 가능성을 높일 것을 요구하며 압박을 가하는 운동양식을 발전시켜온 것이다.

3. 한국 시민운동의 미래를 위한 네 가지 문제

한국 시민운동의 미래에 관해서는 논의할 주제가 많겠지만 여기서는 네 가지 문제를 간략하게 논의해본다.

먼저, 한국의 시민운동은 중앙권력과 관련하여 어떤 방향으로 운동을 전개해나갈 것인가? 현재와 같은 중앙정치 비판형 시민운동은 궁극적으로 시민운동의 정치세력화로 이어질 가능성이 많다. 지금까지도 시민운동 지도자들이 개인적인 차원에서 정치권으로 영입되거나 이동한 경우가 있었다. 이번 선거에서 보듯이 학생운동 출신 386세대의 정치진출, 몇몇 시민운동 지도자들의 정계진출 등이 그것이다. 그러나 기존의 정치체제 안에 몇사람의 신진인사가 들어간다고 해서 그 구조 자체가 바뀔 가능성은 거의 없다. 그리고 민중당, 민주노동당, 청년진보당 등 사회운동세력의 정치세력화 시도가 있었지만 실패가 연속되었다. 그러므로 한국 시민운동의 정치세력화는 그리 낙관적인 전망이 아니다. 오히려 시민운동은 지금까지 해온 대로 감시와 비판 세력으로 자리를 굳혀나가야 할 것이다. 시민운동은 비정부(non-governmental), 비영리(non-profit), 비당파(non-partisan)라는

세 가지 원칙을 지키는 독자적인 영역으로 남아 있어야 할 것이다.[5]

둘째로, 시민운동은 우리 사회의 의식과 가치의 이중성을 얼마나 극복하고 있는가? 우리 사회의 곳곳에는 근대의 도구적 합리성과 봉건적 인연의 사슬이 공존하고 있다. 식민지 과정에서 왜곡된 전통적인 봉건적 의식과 관행들을 혁신하는 의식개혁 차원의 시민운동은 말과 구호로만 진행될 성질의 것이 아니다. 혈연중시와 가족이기주의, 줄서기와 패거리의 문화, 지연·혈연·학연의 중시, 상하서열적 위계의 강조와 같은 우리 모두의 의식 속에 스며들어 있는 전근대적 유습을 해체하고 새로운 문화적 가치와 규범을 창출하는 시민운동이 필요한 것이다. 한국사회는 정신혁명, 가치의 혁신을 이루지 못한 채 경제적·물질적·외형적 성장만이 빠른 속도로 이루어진 사회이다. 한국의 시민운동은 쉽게 표적이 되는 권위주의 정권과 싸우고 부패한 정치권을 비판하고 감시하는 일에 강조점을 두었기 때문에 사회의 제도와 의식을 지배하는 가치문화 차원에서의 이중성과 전근대성을 지속적이고 심층적으로 비판하지 못했다. 한국사회에는 근대적 요소와 전근대적 요소가 혼합된 가치문화가 굳어져 있다. 그래서 쉽게 가시화되는 독재자와 부패한 정치인과 비합리적 제도에 대한 비판은 쉽게 점화되었지만 눈에 보이지 않는 방식으로 은밀하게 작동하는 잘못된 기존의 의식과 가치, 규범과 관행은 지속적인 공격과 비판의 대상이 되지 못하였던 것이다.[6]

여기서 우리는 세번째 문제를 제기하지 않을 수 없다. 시민운동은 시민들의 삶의 현장과 어떻게 만날 것인가? 중앙정치 비판형 시민운동은 결과적으로 지역에서 시민들이 일상적 삶의 영역의 문제에 직접 참여하는 양식을 개발하는 데 큰 힘을 기울이지 않았다. 큰 시민단체의 지역조직들은 마치 정당조직과 마찬가지로 중앙의 활동을 지역에서 실행하는 하부조직처럼 인식되었다. 기업이나 정부조직과 마찬가지로 시민운동단체의 조직방

---

5) 현실정치와 시민운동에 대해서는 정수복 「현실정치와 시민운동」, 『계간 대화』 1995년 여름호, 166~73면을 볼 것.
6) 한국인의 모임에서 나타나는 전근대적 연고주의와 그것의 극복방안에 대해서는 정수복 「한국인의 모임과 미시적 동원맥락」, 일상문화연구회 편 『한국인의 일상문화』, 서울: 한울 1996을 볼 것.

식도 위로부터 아래로 이루어졌던 것이다. 그 결과 지역의 자생적이고 독자적인 시민단체의 성장이 미약하고 지역 고유의 문제를 발굴하고 해결하는 주민자치운동은 깊이 뿌리내리지 못하고 있다. 지방자치제 실시 이후 많은 시민단체들이 지역의 풀뿌리 민주주의를 강조하였지만 시민운동의 주요 인적·물적 자원은 항상 중앙정치 비판에 투여되었다. 그러므로 앞으로의 시민운동은 중앙정치 비판과 더불어 지역의 자치와 공생적 공동체를 강조하는 '삶의 정치' 운동으로 발전해나가야 한다. 중앙의 거대 시민조직의 하부조직이 아니라 지역주민들의 일상의 삶에 관심을 갖는 작지만 강한 주민자치운동을 활성화시키는 것이 한국 시민운동의 주요 과제의 하나이다.[7]

네번째 문제는, 시민운동이 산업사회의 경제성장 제일주의를 넘어서는 21세기의 대안적 발전모델을 제시하는 문명전환운동으로 발전할 수 있을 것인가란 문제이다. 사회주의 붕괴 이후 새로운 사회를 꿈꾸는 사상은 거의 종말을 고하였다. 이제 시장경제와 대의민주주의 그리고 지구화로 불리는 대외개방정책은 지구촌 어느 곳에서나 통용되는 보편적인 원칙이 되었다. 마거릿 새처는 "대안은 없다"고 주장하였고, 푸쿠야마(Fukuyama)는 '역사의 종언'을 선언하였다. 그러나 21세기는 이대로는 지속될 수 없다는 주장도 나오고 있다. 월드워치연구소의 레스터 브라운(Lester R. Brown) 소장은 "지난 세기의 산업화 모델이 21세기에는 더이상 유지될 수 없으며, 인류는 환경친화적인 새로운 성장모델을 찾지 않으면 생존 자체가 위협받을 수 있다"고 경고한다. 인류 전체의 보편윤리를 모색하는 독일의 신학자 한스 큉(Hans Küng)은 말한다. "인류는 이제 근대성의 성취가 가져온 부정적 영향을 근본적으로 깨닫고 있다. 이성의 산물인 과학기술, 산업화, 국민국가 등이 인간의 문제를 해결해주는 만능수단이 아니라는 것이 판명되었다." 유럽은행 총재였던 프랑스의 경제학자 자끄 아딸리(Jacques Attali)는 "아무리 늦어도 21세기 중반이면 새로운 혁명이 일어나 현재의 발전모델을 휩쓸어버릴 것이다"라고 말한다. 중앙권력 비판을 넘어서 산업문명

---

[7] 시민운동의 중요성과 리더십 형성에 대해서는 정수복 「지역운동이 새로운 리더쉽」, 크리스챤 아카데미 편 『주민자치, 삶의 정치』, 서울: 대화출판사 1995를 볼 것.

자체를 비판하고 대안문명을 추구하는 시민운동의 역할이 요구되는 것이다. 필자는 아래에서 대안문화운동이며 동시에 문명전환운동으로서의 시민운동의 방향을 제시해볼 것이다.[8]

4. 새로운 세기, 새로운 가치

부정부패와 속임수가 판치는 한국사회에서 대다수의 국민들은 시민운동에서 희망을 찾고 있다. 사회문제와 사회개혁을 이야기하는 사람치고 시민단체의 역할에 기대를 걸지 않는 사람은 없다. 시민단체들이 그동안 꾸준히 우리 사회의 공공선을 위해 일해왔기 때문이다. 그러나 시민운동이 중앙정치 비판형 사회운동으로 전개되면서 새로운 대안을 제시하는 문명전환운동의 차원은 경시되어왔다. 이제 21세기를 맞이하여 한국의 시민운동은 기존 체제의 문제점을 비판하고 고쳐나감과 동시에 대안적 가치와 삶의 양식을 바탕으로 정치·경제·사회·교육·문화 등 모든 영역을 재구성해나가는 대안문화운동을 전개해나가야 한다. 시민운동말고는 다른 어떤 집단과 조직도 새로운 가치에 입각한 대안문화를 구상하고 실천하기가 어렵기 때문이다.

문명전환운동이자 대안문화운동으로서의 시민운동은 먼저 기존의 사회체계가 근거하고 있는 근본적인 가정과 지향점들을 점검하고 새로운 가치지향성과 세계관을 제시해야 한다. 그리고 그와같은 새로운 세계관에 입각한 행동프로그램들을 만들어나가야 한다. 아래에서는 21세기형 시민운동으로서의 대안문화운동이 지향해야 할 가치에 대한 논의의 출발점으로 네가지 가치를 제시해본다. 생태주의적 전망, 탈물질주의적 삶의 양식, 영성의 재발견, 여성주의적 시각이 그것이다.

첫째, 21세기형 시민운동은 인간과 자연이 공존하는 생태적 세계관에 기초해야 한다. '중단 없는 전진' '지속적 고도성장'이라는 구호 대신 '하나뿐

---

8) 대안적 발전모델에 대해서는 정수복 「제3의 길로서의 생태주의 패러다임: 정치적 대안에서 문명사적 대안으로」, 『현대사상』 1999년 1월(통권 7호) 248~67면을 볼 것.

인 지구' '환경은 생명이다'라는 구호를 외쳐야 한다. 선진국 모델이 세계의 지배적 발전모델이 되는 한 머지않아 지구 자체의 생존이 위기에 처할 것이다. 그러므로 생태주의적 전망은 21세기형 시민운동의 가장 기본적인 전제가 되어야 한다.

둘째로, 21세기형 시민운동은 탈물질주의 세계관에 입각한 새로운 삶의 양식을 제시하고 실천해야 한다. 지난 30~40년 동안 우리는 물질적 욕망의 추구에 모든 것을 걸어왔다. 의미있게 살고 보람있게 사는 것이 무엇인지를 생각하지 않고 무조건 앞만 보고 달려왔다. 이제 시민운동은 '더 많이 소유하는 것이 더 큰 행복'이라는 생각에서 벗어나 '덜 소유하지만 더 행복한 대안적 삶의 양식'을 만들어내는 일에 앞장서야 한다. 이와같은 대안적 생활양식의 실천은 현재 우리의 삶을 근저에서 붙잡고 있는 물질주의적 세계관에서 얼마나 벗어나는가에 달려 있다.

셋째로, 21세기형 시민운동은 심신수련문화와 유기적으로 결합되어야 한다. 현재의 시민운동은 현실세계에 매몰되어 있어 새로운 문명전환을 위한 영성의 차원이 빈곤하다. 그런데 최근 참선, 명상, 기공, 단전호흡, 요가 등 심신수련법을 통해 몸과 마음을 닦으며 새로운 정신문명을 추구하는 수련인구가 늘어나고 있다. 그러나 이러한 심신수련은 개인적 깨달음의 수준에 머물러 있다. 두 운동이 유기적으로 결합함으로써 심신수련은 사회의식의 차원을 갖게 되고 현실세계에 매몰된 시민운동은 초월적 영성의 차원과 만나게 될 것이다.

넷째로, 21세기형 시민운동은 여성주의적 시각에 서야 한다. 인간과 인간, 인간과 자연 사이의 관계를 지배와 정복의 관계로 설정한 남성주의적 시각을 벗어나 모든 생명체들 사이의 관계를 보살핌과 나눔의 관계로 보는 여성주의적 시각은 시민운동의 또 하나의 전제가 되어야 한다. 여성주의적 시각에 설 때 여성문제뿐만 아니라 노인, 아동, 장애인, 실업자, 외국인 노동자, 조선족 동포와 북한 동포 등 모든 사회적 약자들을 바라보는 새로운 시야가 열릴 것이다. 여성의 권익신장만이 아니라 보살핌과 나눔이라는 여성주의적 사회적 관계가 확산됨으로써 세상의 모든 사회적 약자들이 인간으로서 존중받는 사회를 만들어야 한다.

5. 시민운동에서 대안문화운동으로

대안문화란 무엇인가? 그것은 지금까지 당연하게 받아들여왔던 지배적 삶의 방식들에 근본적인 의문을 제기하면서 새롭게 만들어가는 또 하나의 삶의 방식을 말한다. 말하자면 '경제성장은 지속되어야 한다' '남성과 여성의 역할은 구분되어야 한다' '학교는 꼭 다녀야 한다' '성적인 애정의 교환은 이성간에만 이루어져야 한다'와 같은, 대부분의 사람들이 당연하게 받아들이는 주장들에 정면으로 도전하면서 '경제성장보다 자연 속의 생명이 더 중요하다' '남녀간의 역할구분은 고정적인 것이 아니다' '학교 밖에서도 교육은 가능하다' '동성간에도 성적인 애정교환이 이루어질 수 있다'고 주장한다면 우리는 그것을 하나의 대안문화라고 부를 수 있다. 그리고 대안문화운동은 기존의 사회체계가 제시하는 삶의 방식에 동의하지 않는 사람들이 집합적으로 새로운 양식을 실천하는 운동이다. 단순히 기존의 삶의 양식에 동의하지 않고 그것에서 벗어나는 몸부림을 일탈행동이라고 한다면, 옛 삶의 양식을 대신할 수 있는 새로운 삶의 양식을 모색하고 실천하는 움직임을 대안문화운동이라고 할 수 있다. 대안문화운동에 참여한 두 사람의 생생한 목소리[9]를 들어보자.

살아남기 위해 사람들이 치러야 하는 대가는 너무 혹독하다. 많은 사람들이 경쟁의 대열에서 탈락하여 자신에 대해 회의하고 무력감을 느끼는 사회, 살아남은 사람들은 끝없이 자신을 경쟁의 대열에서 채찍질하며 자신을 죽여가는 사회, 사람다운 삶의 크기가 새로운 욕망, 무한한 욕망을 채우는 것이라고 생각하는 생각 없는 사람들의 사회를 벗어나 사람다운 삶의 새로운 모습을 작게나마 만들어보고 싶다.

더 똑똑해지고 싶었고, 좋은 차, 넓은 집의 사람이 부러웠고, 맛있는 것 먹

---

9) 귀농운동본부에서 펴내는 『귀농통문』(1998)에서 발췌한 것이다.

212

으면서 편안하게 살고 싶었다. 그래서 당연히 바쁘게 살았다. 그것이 유일한 최선이었다. 그런데 어느 한순간 또다른 길도 있다는 것을 깨달았다. 내가 조금만 욕심을 줄이면 세상이 다르게 보임을 알게 되었다. 반드시 남보다 앞서가지 않아도 되었고, 덜 가져도 불안하지 않고 편해지기 시작했으며, 요란하지 않게 단순소박하게 살고 싶어졌다.

대안문화운동은 초기단계에는 소수의 사람들이 기존의 문화 밖에서 자기들끼리만 공유하는 하위문화로 출발한다. 그러나 그 문화가 점차 많은 사람들에게 호응을 얻게 되면 이제는 기존의 문화를 비판하고 거부하며 자신들의 하위문화를 적극적으로 주장하는 단계에 들어서게 된다. 기존의 문화와 대안문화 사이의 갈등과 경쟁이 일어나게 되는 것이다. 그래서 대안문화운동은 문화의 차원을 넘어 정치적인 차원의 사회운동으로 발전하기도 한다.

최근 몇년 사이에 우리 사회에도 '시민운동'에 이어서 '대안문화운동'이 그 모습을 드러내고 있다. 시민운동이 민주화된 체제 안에서 더 많은 참여 민주주의와 올바른 공공정책의 형성을 지향한다면 대안문화운동은 정치적인 차원보다는 문화적인 차원에서 새로운 대안을 모색한다. 대안문화운동은 기존의 사회체계를 떠받드는 근본 가정 자체에 의문을 제기하면서 구체적인 삶의 현장에서 변화를 추구한다. 보기를 들자면 모든 환경운동이나 여성운동이 다 대안문화운동은 아니다. 기존의 체제 내에서 정부의 환경정책을 비판하는 환경운동이나 여성의 정치참여를 주장하는 여성운동은 대안문화운동이라기보다는 시민운동이라고 보아야 한다. 그러나 경제성장 제일주의를 거부하고 생태공동체 만들기 운동을 벌이거나 도농직거래운동, 지역화폐운동 등을 통해 비시장적 대안경제를 만들려는 노력은 대안문화운동이라고 할 수 있다. 여성운동이 가부장제를 거부하며 보살핌과 나눔의 문화를 모든 사회적 약자와 함께 나누며 파괴된 자연을 살리려는 운동으로 나아간다면 그것은 대안문화운동이 될 것이다. 또 교육개혁운동에서도 입시제도 개선을 위한 운동이 시민운동이라면 학교를 거부하는 탈학교운동, 대안학교운동, 가정학교운동 등은 대안문화운동이라고 할 수 있다.

또 동성애자들이 동성애자라는 이유로 어떠한 차별대우도 받아서는 안된 다고 주장하면 시민운동이지만 그것이 부모와 자식으로 이루어지는 기존 의 가족제도를 거부하고 다양한 가족제도의 공존을 주장한다면 대안문화 운동이라고 할 수 있다.

여기서 우리는 대안문화운동의 의미를 여러가지 차원에서 따져볼 수 있 다. 첫째로, 대안문화운동은 사회체계가 순조롭게 작동하기 위해 개인에게 부여된 사회적 역할보다는 개개인의 삶의 욕구와 의미를 중요시한다. 진정 자기가 원하는 가슴 뛰는 삶을 살려는 주체적 삶의 의지를 표명한다. 더 많 은 소유와 소비가 더 큰 행복이라는 고정관념에서 벗어나 덜 소유하고 덜 소비하지만 더 행복한 삶이 가능하다는 확신이 대안문화운동의 기반이 되 고 있다. 그래서 일류대학에 진학하여 안정된 직업을 갖기 위한 교육이 아 니라 진정한 자아를 발견하고 남과 어울려 자연 속에 사는 삶의 양식을 배 우는 것이 중요하다고 생각하며, 남성이기 이전에 또 여성이기 이전에 하 나의 인간으로서 가치있는 삶을 사는 것이 중요하다고 생각한다. 둘째로, 대안문화운동은 인간의 자연 착취와 사람과 사람 사이의 경쟁에 기반하는 산업사회적 삶의 양식을 거부하는 반체제운동이며 자연과 인간, 인간과 인 간 사이의 관계를 재정립하려는 문명전환운동의 의미를 갖는다. 모든 것을 중앙에서 결정하는 것을 거부하고 작은 단위로의 분권화를 주장하면서 지 역을 재발견하고, 수직적이고 서열적인 인간관계를 거부하고 수평적이고 호혜적인 인간관계를 지향하며, 획일적인 기준보다는 다양한 기준이 작용 하는 다양성의 사회를 만들려고 한다.

현재 우리 사회에서도 생태공동체운동, 유기농산물의 도농직거래운동, 귀농운동, 지역화폐운동, 대안교육운동, 생태여성주의운동, 동성애자운동 등이 진행되고 있다. 이러한 운동은 기존의 시민운동과는 구별되는 새로운 지향성을 갖고 있기 때문에 새로운 것을 찾는 언론매체의 관심의 대상이 되면서 그 실체가 현실보다 크게 과장되는 점도 있다. 그러나 그것은 이들 의 주장이 널리 확산되는 기호가 된다는 긍정적인 면도 있다. 문제는 대안 문화운동이 초기의 소수자들의 하위문화운동에 머무르지 않고 어떻게 지배문화에 도전하면서 그 영향력을 확대해나갈 것인가에 있다. 여기서 우리는 시민운동과 대안문화운동 사이의 관계를 논의하지 않을 수 없다.

사회적 영향력의 수준에서 보건대 시민운동이 대안문화운동보다 더 큰 영향력을 갖고 있는 것은 틀림없다. 그러나 시민의 참여를 불러일으키는 의미체계의 면에서는 대안문화운동이 시민운동보다 훨씬 더 풍부한 자원을 가지고 있다. 부정부패 추방, 경제정의 실현 등의 의미체계는 모두가 당연하게 받아들이는 것이지만 적극적인 참여를 불러일으키지는 못하고 있다. 그러나 자기다운 진정한 삶의 양식을 추구하는 대안문화운동은 한번 시작하면 자신의 삶 전체를 바꾸는 개종의 차원으로 발전할 수 있다. 따라서 새로운 세기 한국의 사회운동이 정치체제의 민주화의 차원과 더불어 대안문화운동의 차원을 갖게 될 때 그 의미와 영향력의 차원이 더 확대·심화될 수 있을 것이다. 개인적 삶의 의미세계까지 파고들어가지 못하는 메마른 의미체계로는 전문가들과 활동가들의 운동은 가능할지 모르지만 시민들이 적극적으로 참여하는 운동이 되기 어렵다. 시민운동이 진정한 삶을 위한 새로운 사회의 건설을 위한 상상력을 자극하는 대안문화운동의 차원과 결합할 때 그것은 한국적 맥락을 넘어서 지구촌 수준에서 영향력있는 대안운동으로 발전하게 될 것이다.

다른 한편 대안문화운동은 소수의 사람들만의 폐쇄적이고 자족적인 운동이 되기 쉽다. 대안문화운동은 경쟁에서 탈락한 패배자들의 운동이 아니다. 대안문화운동이 지배문화에 도전하는 좀더 넓은 사회적 차원의 운동으로 발전하기 위해서는 공공선을 위해 생각하고 움직이는 시민운동과 적극적으로 결합할 필요가 있다. 정치적 차원의 시민운동과 문화적 차원의 대안문화운동이 합쳐짐으로써 더욱 광범위한 행위의 주체가 더 깊은 의미체계에 뿌리내린 사회문화운동의 물결을 형성할 수 있을 것이다. 그것은 메마른 일상의 삶을 극복하고 새로운 삶 속에서 보람을 느끼며 지배문화를 넘어서 대안문화를 추구하는 거시적인 문명전환운동의 일환이 될 것이다. 21세기형 시민운동은 이와같이 새로운 문명을 지향하는 대안문화운동이 되어야 한다. 그것은 더 장기적 전망에서 새로운 세계관과 인간형을 만들어내고 새로운 생활양식을 실천하며, 새로운 사회적 관계를 일구어내는 문명전환운동이 되어야 할 것이다. 높게 날 수 있으면서도 지상의 일에 관여하고, 지상에서 활동하면서 더 멀리 내다볼 수 있는 시민운동을 만들어나가야 할 과제가 우리를 기다리고 있다.

시민사회 사상 길들이기

기디언 베이커

이 글은 1990년대 민주화에 관한 가장 포괄적이고 영향력있는 두 갈래의 학술문헌, 즉 중동부 유럽 및 라틴아메리카 관련 문헌들로부터 나타난 시민사회의 개념화에 대한 비판이다. 이 두 갈래 문헌 속에 담긴 시민사회 이론의 지평이, 국가와 사회의 관계에 대한 자유민주주의적 전망에 얽매여 있다고 이 글은 주장할 것이다. 첫째, 이 점을 밝히는 것은 두 지역에서 1980년대에 잠시 유행했던 초창기의 더 급진적 시민사회 모델의 쇠퇴과정을 기술하는 데 중요하다. 둘째, 민주화 연구자들 사이에서 현존하는 자유민주주의만이 현재까지 나와 있는 유일한 민주주의 형식이라는, 거의 만장일치에 가까운 합의가 폭넓게 부상하고 있다. 1989년 이후 정치학 내에서 자유민주주의적 교의가 상승세를 타고 있는 것은 놀랄 바가 아니지만, 시민사회 이론을 분석해보면, 일부 영역에서는 이러한 상승세를 차라리 패권이라고 보는 것이 더 정확하다는 사실이 드러난다. 이렇게 자유민주주의적 '시민사회'가 당위라고 여기는 자발적 동의는, 토론의 종결을 반대하는 사람들에게는 더 급진적인 대안을 주창하느냐 마느냐 여부를 떠나 상당한 우려를 자아낸다. 왜냐하면 민주화에 관한 이같은 논쟁에서 위험스러운 것은,

* Gideon Baker, "The Taming of the Idea of Civil Society," *Democratization*, Vol. 6, No. 3 (Autumn 1999).

** 기디언 베이커: 리폰-요크쎄인트존대학 사회학·정치학 교수.

자유민주주의적 '역사의 종언'을 점점 더 많은 이들이 대체로 무비판적으로 수용하는 것이기 때문이다. 급진주의자들이 자유주의적·자본주의적 유형을 넘어서는 형태의 민주주의에 대한 모색을 점차 포기하기 때문에 민주주의 이론에 대한 관심을 배가시킬 필요가 있으며, 그것은 무엇보다도 지배 이데올로기인 자유민주주의적 사고를 지속적으로 비판할 것을 요구한다. 이 글의 목적과 관련해서, 이 글은 새로운 시민사회의 통설이 과연 얼마나 자명하고 가치중립적인지 의문을 제기하려고 한다.

중동부 유럽의 민주화 관련 문헌에 나타난 시민사회

1970, 80년대의 반체제이론가들에게 시민사회는, 그 안에서 자주관리와 민주주의가 작동할 수 있고 국가로부터 자율적이며 사회활동 공간이라는 이상을 지탱하는, 분명히 규범적인 개념이었다.[1] 다시 말해 시민사회 사상은, 예컨대 폴란드의 철학자이자 자유노조운동(Solidarity) 활동가인 레셰끄 노바끄(Leszek Nowak)가 1982년 수차례에 걸쳐 '권력과 시민사회'(Power and Civil Society)라는 제목으로 자유노조운동의 피수감자 동료들에게 행했던 강의에서 시민사회를 '시민자율성의 공간'[2]으로 정의했듯이, 정치적이고 규범적인 것이다. 이와 대조적으로, 1989년 이래 시민사회는 주로 여러가지 비국가기구[3]를 묘사하는 용어로 사용되거나(아래에서

---

1) 시민사회에 관한 반체제 담론은 다음을 보라. Andrew Arato, "Civil Society Against the State: Poland 1980~81," *Telos*, No. 47 (1981) 23~47면; John Keane, ed., *Civil Society and the State: New European Perspectives*, London: Verso 1988; Gideon Baker, "The Changing Idea of Civil Society: Models from the Polish Democratic Opposition," *Journal of Political Ideologies*, Vol. 3, No. 2 (1988) 125~47면.

2) Leszek Nowak, *Power and Civil Society: Towards a Dynamic Theory of Real Socialism*, Westport, CT: Greenwood Press 1991, 29면.

3) 이런 경우 시민사회 초기의 규범적·정치적 사상, 또는 자유노조가 스스로를 '시민사회'로 규정한 사실 등은 흔히 완전히 잊혀진 것 같다. 시민사회라는 용어는 기본적으로 이행기 직전에 발생한 '대중의 궐기'를 묘사하기 위한 레이블로 사용된다. 예를 들어 스플리칼은 다음과 같이 말한다. "시민사회는 중동부 유럽에서 극히 짧은 시기 동안 발생했다. 시민사회는 거의 하룻밤 사이에 구체제를 전복시키고 의회민주주의를 수립하는 데 성공했다." S.

명백해지겠지만, 은연중에 규범적인 뜻을 내포하고서), 아니면 좀더 재귀적으로(reflexively) 사용되는 경우 이 지역의 민주화를 설명할 도구로서, 그리고 민주주의 공고화의 가능성을 탐색할 도구로서 사용되었다.[4] 자콜차이(Szakolczai)와 호르바트(Horvath)가 관찰한 대로, "1989년 동유럽에서 발생한 혁명적 변화를 설명함에 있어 흔히 시민사회의 복원에 중점을 두는 담론을 접하게 된다."[5] 정치적 동원을 지향하는 하나의 이상이었던 초기의 형태와는 대조적으로, 이러한 새 담론 내에서는 이제 시민사회가 중립적인 사회과학 개념으로만 추정되고 있다. 예를 들어 루이스(Lewis)는 "1980년대 동유럽에 관한 한 '시민사회'가 분석적 개념이라기보다 일종의 구호가 되었다"고 비판한다.[6] 또한 프렌츨–자고르스까(Frentzel-Zagorska)도 다음과 같이 말한다. "나는 시민사회 개념을 동유럽에서 일어나는 특정한 역사발전의 분석적 도구로 사용하고 싶어서, (시민사회에 대한 이론적 접근을—인용자) 피하려 한다."[7] 요컨대 시민사회 이론영역 내에서 가치중립적 과학이라는 실증주의적 오류가 우리 가까이에 있는 것이다.

왜 루이스나 프렌츨–자고르스까와 같은 논평가들은 시민사회의 '과학적' 이론을 위해 시민사회의 정치적 이론을 회피할 수 있다고 믿는 것일까? 앞으로 그 함의를 더 자세히 살펴보겠지만, 한가지 이유는 이런 논평가들에

  Splichal, "Civil Society and Media Democratization in East-Central Europe," Bibic and Graziano, eds., *Civil Society, Political Society, Democracy*, Ljubljana: Slovenian Political Science Association 1994, 305면.
4) 비빅과 그라찌아노가 저술한 시민사회 및 민주주의 관련 저서의 개론은 그 전형적인 예이다. 그 글은 다음과 같이 시작된다. "시민사회는 권위주의적 체제로부터 정치민주화로 이행하는 데 있어 결정적인 역할을 했다. 강력한 시민사회는 이미 성립된 자유민주주의를 심화시킬 뿐 아니라, 포스트권위주의 체제의 민주주의 강화에도 중요하다." 같은 책 i면.
5) A. Szakolczai and A. Horvath, "The Discourse of Civil Society and the Self-Elimination of the Party," P.G. Lewis, ed., *Democracy and Civil Society in Eastern Europe*, London: Macmillan 1992, 16면.
6) P.G. Lewis, "Democracy and its Future in Eastern Europe," David Held, ed., *Prospects for Democracy*, Cambridge: Polity 1993, 300면.
7) Frentzel-Zagorska, "Patterns of Transition from a One-Party State to Democracy in Poland and Hungary," Robert F. Miller, ed., *The Development of Civil Society in Communist Systems*, Sydney: Allen and Unwin 1992, 40~41면.

게는 시민사회 개념이 어떤 것이어야 하는지가 명백하기 때문이다. 간단히 말하자면, 시민사회 개념을 통해 자유민주주의로의 이행과 그 공고화에 필요한 조건을 더 잘 이해하도록 해야 한다는 것이다. 이렇게 이론의 여지가 없는 듯한 목적을 알고 있으므로 시민사회 이론의 수단이 빈틈없이 맞아떨어지게 된다.

자유민주주의를 위한 시민사회의 도구화

폴란드·헝가리·체코슬로바키아 같은 공산국가의 1970, 80년대 급진적 반체제인사들에게 시민사회는 그 자체가 민주적 정당성과 실천의 근거지였다.

> 희망은⋯ 형식화되고 기능화된 사회구조가, 이렇게 '새로 발견된' 자발적 시민행동에 의해 규제되고 통제되는 사회질서를 구현하는 데⋯ 있다. 이러한 시민행동은 사회적 자각의 영구적이고 필요불가결한 원천이 될 것이다.[8]

그러나 밀러(Miller)의 인용이 예시하듯, 이제 시민사회는 매우 다른 행동을 지칭한다.

> (반체제적─인용자) 시민사회 모델은 대체되었다. 그렇지만 시민사회 사상이 폐기된 것은 결코 아니다. 그와 반대로 시민사회 사상은 공산주의 이후의 정치담론에서 사실상 공식 통용어가 되었다. 그러나 시민사회에 부과된 과제는 실질적으로 다르다. 시민사회의 역할은 자유민주주의 정치체제와 자유시장경제를 구성하고 보존하는 것이다.[9]

---

8) R. Battek, "Spiritual Values, Independent Initiatives and Politics," Vaclav Havel et al., *The Power of the Powerless: Citizens Against the State in Central-Eastern Europe*, London: Hutchinson 1985, 108면, 강조 첨가(이 글은 77헌장 서명자들의 글모음집에서 따온 것으로──하벨의 "The Power of the Powerless"가 그 중심부분임──1979년 『자유와 권력에 대해』 *On Freedom and Power*라는 제목으로 출간되었다). Z. A. Pelczynski, "Solidarity and the Rebirth of Civil Society," Keane, ed., 앞의 책 375면; Adam Michnik, *Letters From Prison and other essays*, London: UCLA Press 1985, 148면; J. Hajek, "The Human Rights Movement and Social Progress," Havel et at., 앞의 책 138면; L. Hejdanek, "Prospects for Democracy and Socialism in Eastern Europe," 같은 책 144면.

민주화가 이렇게 요약되는 것이다. 밀러는 시민사회의 개념적 지위를 인정하다가 시민사회의 가정된 특성을 '실제 현실에서' 묘사하는 것으로 입장을 바꿈으로써, 노골적으로 시민사회의 범주를 물화(物化)하고 있다. 그러나 시민사회 이론의 핵심적 변화는, 이제 시민사회가 국가를 통제할 정치적 메커니즘으로 이해되는 민주주의에 있어 중요하긴 하지만 외적인 요인으로 간주된다는 점이다. 이것은 "공산주의 이후의 경험이 보여주듯 공산주의 몰락 이전에 유행하던 대안적 시민사회 형태는 민주주의 사회에서 역기능적이라고 판명되었다"[10]는 스까쁘스까(Skapska)의 주장에서 드러난다. 여기서 스까쁘스까는, 급진적·자율적·반국가주의적 시민사회 모델이 낳은 "공식제도에 대한 불신과 적대감" 때문에 발생한, 새로운 정치적 민주주의 제도에 대한 부정적 충격을 거론하고 있다. 스까쁘스까의 분석이 옳을 수도 있지만, 그것은 이행 이전에 존재한 시민사회 기획이 '공식제도'와 '행동법규'가 없는 가운데 제 스스로 민주사회를 창조할 수 없었다는 기본 전제를 깔고 있다.[11]

민주주의 이론의 이러한 전환은, 그와 비슷하게 재배열된 시민사회 사상과 함께 1989년 이후 민주주의와 시민사회에 관한 문헌에서 거의 보편적인 현상이 되었다. 본질적으로 이러한 전환은 1989년 이전에 두드러지던 민주적 참여의 본거지로서의 시민사회가 아니라, 자유민주주의의 단순한 보조역으로서의 시민사회의 도구화를 뜻한다. 이런 예는 수없이 많다. 예를 들어 비빅(Bibic)과 그라찌아노(Graziano)는 "민주주의 및 민주화와 관련해서 시민사회의 현실적 혹은 잠재적 역할은⋯무엇보다도 정치적 민주화와 정치적 민주주의와 관련된다"[12]라고 쓰고 있다. 마찬가지로 베른하르

9) Robert F. Miller, "Civil Society in Communist Systems: An Introduction," Miller, ed., 앞의 책 8면.
10) G. Skapska, "Learning to be a Citizen: Cognitive and Ethical Aspects of Post-Communist Society Transformation," *Democratization*, Vol. 4, No. 1 (1997) 158면.
11) 같은 곳.
12) Bibic and Graziano, eds., 앞의 책 ii면.

트(Bernhard) 역시 다음과 같이 단정하면서 중동부 유럽 시민사회와 민주화 이행을 분석하기 시작한다.

> 근대 민주주의는… 시민사회와 결합해서 존재해왔을 뿐이다. 시민사회는, 사회의 다양한 이해관계를 대변하는 정치세력들이 국가권력을 다투는 자율의 영역이다. 시민사회는 민주주의를 포함한 대의제 정부의 존재를 위해 필요한 조건이 되어왔다.[13]

논문의 서론에서 베른하르트는 시민사회가 "이런 것 이상의 무엇이 될 수 있을지" 질문을 던지겠다고 선언한다. 그러나 베른하르트의 결론을 보면 그의 의도가 민주주의의 목적 그 자체로서 시민사회의 잠재성을 검토하는 것이 결코 아니고, "국가 자율성 축소와 이해대변 기반으로서의" 역할을 떠나 시민사회가 단지 "민주주의의 공고화와 시장경제로의 이행과정"을 지원할 수는 없을까를 고려하려는 의도였음이 분명하다.[14] 명백히 베른하르트의 민주주의 이론의 지평에서는 시민사회를 현재 통용되는 자유민주주의의 지지구조 이상으로 상정할 수 없다. 사실상 이것은 시민사회 이론의 지평을 권력분산, 권력통제 및 다원적 이해관계 대변이라는 자유주의적 의제에 국한시킴을 의미한다. 1970년대 말과 1980년대 동안 민주적 반체제세력——폴란드의 미치니끄(Michnik)와 꾸론(Kuron), 체코슬로바키아의 하벨(Havel)과 벤다(Benda), 헝가리의 콘라드(Konrad)와 키스(Kis)와 벤스(Bence) 등의 이론가들——이 퍼뜨린 시민사회 모델은 완전히 잊혀진 것처럼 보인다. 이 이론가들은 견제와 균형의 자유주의적 정치를 촉구하기도 했지만, 원래 시민사회를 공동체와 연대라는 좀더 긍정적이고 사회주의적인 견지에서 바라보았다. 실제로 이들 수많은 이론가들에게 시민사회는 탈국가주의로의 운동을 의미했다. 권력통제가 중요하지 않은 것은 아니지만 권력의 근본적 재배치 또는 심지어 권력 그 자체의 부정에는 미흡할 것

---

13) M. Bernhard, "Civil Society and Democratic Transition in East Central Curope," *Political Science Quarterly*, Vol. 108, No. 2 (1993) 307면.

14) 같은 글 326면.

이기 때문이었다. 이것을 달성하기 위해서는 시민사회의 자주관리가 필요했다. 하벨이 1979년에 표명한 대로 "전통적 민주주의 조직의 고전적 무기력은"(다른 맥락에서 하벨은 이것을 의회제도라고 지칭) "진정한 자발조직의 결과로서 아래로부터 자연스럽게 형성되는" 구조를 통해서만 극복될 수 있다.[15] 콘라드가 1980년대 초부터 말한 것처럼 헝가리의 관점에서도 이 점이 드러난다.

> 오늘날 동유럽에서 자주관리는 사회의 일차적 요구이다.… 개인적 접촉과 일상적 실천, 그리고 항구적 검증과정에 기반한 작업장과 지방공동체의 자치는 다당제 대의민주주의보다 우리쪽 세계에서 더 매력적이다. 그 이유는 민중이 선택권을 가지면 4년마다 한번씩 투표하는 데 만족하지 않을 것이기 때문이다.… 자치 없이 의회민주주의만 있을 경우 정치계급만이 무대를 독점하게 된다.[16]

콘라드와 동시대 인물인 폴란드의 미치니끄 역시, 비록 과거의 시민사회로 되돌아가려는 듯이 보이기도 했지만, 자주관리를 시민사회의 핵심으로 강조했다. "자발적으로 성장하는 독립·자치적 자유노조의 본령은 사회적 연계와 자발조직의 복원에 있었다.… 폴란드의 공산주의 통치역사상 최초로 '시민사회'가 재건되고 있었다."[17]

민주화에 대한 현재의 논쟁과, 또 거기에 포함된 완전히 대조적인 시민사회관으로 돌아가자면, 1989년의 이행에 관한 영향력있는 해설가인 랄프 다렌도르프(Ralf Dahrendorf) 역시 시민사회를 단순히 자유민주주의를 위한 전략으로만 재정의하는 분석가이다.[18] 그는 시민사회(반체제적 사고에

---

15) Havel et al., 앞의 책 93면.

16) G. Konrad, *Antipolitics*, London: Quartet 1984, 137면.

17) Michnik, 앞의 책 124면; Arato, 앞의 글 46면 참조; J. Kuron, "Not to Lure the Wolves out of the Woods: An Interview with Jacek Kuron," *Telos*, No. 47 (1981) 96~97면; Battek, 앞의 글 108면; Hegadus, "Interview with Hungarian philosopher Hegedus," *Telos*, No. 47 (1981) 144면.

18) 흥미롭게도 미치니끄는 폴란드 반체제운동의 급진적 시민사회 모델 초기에 공헌했음에

있어 중심적인 사상이었다고 그가 스치듯이 언급하는)를 "정치적·경제적 개혁의 상이한 시간척도와 차원들을" 통합하는 관건으로서 도입한다. "정치적·경제적 개혁이 날려가지 않도록 단단히 묶여 있어야 하는 발판이 바로 시민사회이다."[19] 다른 곳에서도 다렌도르프는 이와 비슷한 논지를 폈다. "시민사회는 작동하는 민주주의와 효과적인 시장경제의 공통분모이다. 시민사회가 창조된 경우에야 정치적·경제적 개혁이 믿을 만하다고 말할 수 있다."[20]

다렌도르프, 베른하르트 등이 시민사회를 기본적으로 민주주의의 외부 요소로, 자유민주주의를 위한 기능으로만 보는 데는 몇가지 이유가 있다. 첫째, 지금까지 말한 것처럼, 그들은 민주주의를 국가를 통제할 제도적 메커니즘에 불과한 것으로 이해한다. 둘째, 그들은 시민사회를 단순히 국가 영역 바깥의 결사체 생활로 본다. 그렇다면 이들 이론가에게 시민사회는 참여와 자주관리를 위한 민주적 공간이 아닌 것이다. 대신 시민사회는 기능주의적 형식으로 이익을 대변하는 장으로만 간주된다.[21] 시민사회가 경

도 불구하고 이제는 다렌도르프를 따라 다음과 같이 주장하고 있다. 즉, 여기서 결정적인 쟁점은 단순히 "포퍼가 말한 '열린 사회'를 선호하는 사람이냐, 아니면 폐쇄사회를 선호하는 사람이냐"의 차이밖에 없다는 것이다. Adam Michnik, "The Three Cards Game: An Interview with Adam Michnik," *Telos*, No.89 (1991) 101면. 이것은 다수의 초기 급진주의자들이 이제는 시민사회 범주의 자유민주주의적 해석이 소극적 자유의 영역을 구성한다는 점을 수용한다는 뜻이다. Adam Michnik, "The Presence of Liberal Values," *East European Reporter*, 4 (1991) 70면; "Interview with Adam Michnik," *Constellations*, Vol.2, No.1 (1995) 8~10면; G. Konrad, "Chance Wanderings: Reflections of a Hungarian Writer," *Dissent*, No.37 (1990) 189면; "What is the Charter?," *East European Reporter*, 5 (1992) 36~37면; J. Kis, "Interview with Janos Kis," *Constellations*, Vol.2, No.1 (1995) 18면; Andrew Arato, "The Rise, Decline and Reconstruction of the Concept of Civil Society and Directions for Future Research," Bibic and Graziano eds., 앞의 책 10면.

19) R. Dahrendorf, *Reflections on the Revolution in Eastern Europe*, London: Chatto & Windus 1990, 93면.

20) R. Dahrendorf, "Roads to Freedom: Democratization and its Problems in East Central Europe," P. Volten, ed., *Uncertain Futures: Eastern Europe and Democracy*, New York: Institute for East-West Security Studies 1990, 15면.

21) 이러한 기능주의적 접근의 예는 많다. "시민사회를 시민적(civil)으로 만드는 요소는 그것

제적·정치적 양 영역에서 선택의 여지가 있기 위해 필요불가결한 것이긴 하나, 본래부터 민주적이라고는 보지 않는다.[22] 이것이 바로 다수의 이론가들이 '미개한(uncivil) 사회'의 위험성과 시민사회 내 비민주적 요소의 위험성을 경고하는 이유이다.[23] 물론 반체제이론가들에게는 결사체가 민주적(민주주의를 민중적 자주관리로 이해했을 때)이지 않으면 그것은 시민사회의 일부가 아니었다.

반공화제 시민사회 모델과 '과도한' 참여의 공포

'자기제한적 혁명'이라는 용어를 처음 만들어낸 반체제이론가들(이 경우는 꾸론)에 일견 동의하는 것처럼 보이는 보조끼(Bozoki)와 수꼬스드(Sukosd)는 민중운동의 자기제한이 중요함을 강조한다. 이들은 자기제한을 인권을 보장하는 것이자 반드시 필요한 것으로 보는데, 그 까닭은 자기제한이 "사회의 **집합적 경험**"이 될 때에만 민주주의가 가능하기 때문이라는 것이다.[24] 그러나 보조끼와 수꼬스드는, 자신들의 자기제한에 대한 열광이 반체제이론가들이 염두에 두었던 비폭력적 정치에 대한 옹호라기보다는('폭력'혁명은 제 자식을 잡아먹는다'는 깨달음),[25] 바로 반체제이론가들이 촉구했던 일반시민의 동원 그 자체에 대한 반감임을 드러낸다. 그들은 "민주화 이행에 사회의 역할은 결정적이지만, 그럼에도 불구하고 그것은 일차적으로 상징적이다.… 대중을 끊임없이 정치동원할 필요성은 없다"고 말한다.[26] 기본적으로 엘리뜨주의적 견해를 굳히면서 보조끼와 수꼬스드는

이 공식적인 공권력에 압력을 넣어 그들의 이익과 부합되는 정책을 채택하게끔 할 수 있도록 시민들이 자유롭게 결사체를 구성하는 장소라는 사실이다"(Miller, 앞의 글 8면). "시민사회의 기본적 기능은 다양한 중개 메커니즘을 통해 국가활동의 목표와 독자적 구조를 지닌 국민을 연계시키는 것이다"(Frentzel-Zagorska, 앞의 글 41면).

22) 예를 들어 다렌도르프는 다음과 같이 말한다. "나는 시민사회를, 경제적 요소를 포함해서 자유의 정박지를 제공하는 곳으로 생각하고 싶다." Dahrendorf, 앞의 책 96면.

23) 같은 곳; Lewis, 앞의 글 302면; P. Hirst, "The State, Civil Society and the Collapse of Soviet Communism," *Economy and Society*, Vol. 20 (1991) 222면.

24) A. Bozoki and M. Sukosd, "Civil Society and Populism in the Eastern European Transitions," *Praxis International*, Vol. 13, No. 3 (1993) 228면.

25) Nowak, 앞의 책 57면.

다음과 같이 묻는다. "원래 시민사회 프로그램을 통해 동원되었던 대중이 어떻게 하면 ··· 탈동원화될 수 있을까?" 비록 시민사회의 탈동원화와 정치사회(정당)의 성장이 "아주 좋은 것"으로 판명났다고는 해도, 보조끼와 수꼬스드가 체제이행 이전에만 높은 참여를 고무하는 시민사회를 선호한다는 사실은 이미 명백하다.[27]

보조끼와 수꼬스드만 이런 생각을 하고 있는 것은 아니다. 다렌도르프 역시 반체제이론가들이 다양하게 추구하던 시민사회의 공화주의적 측면을 폄하하려 한다. 다렌도르프는 다음과 같이 말한다.

시민사회는 품위있고 개명된 것이며, 이렇게 되려면 모든 시민이 타인을 존중하고, 더 중요하게는 자기가 할 일을 스스로 행할 능력이 있고 그럴 의향도 있어야 한다. ··· 나는 '적극적 시민의식'과 같은 개념을 딱히 좋아하지 않는데, 왜냐하면 사회구성원에게 주어지는 의무만 강조하는 듯싶기 때문이다. ··· 시민적 덕성은 필요불가결하지만, 이 점에 있어서는 자립 역시 마찬가지이다.[28]

다렌도르프의 이같은 진술 뒤에는 '과동원화' 사회에 대한 자유주의자의 지속적인 공포가 숨어 있으며, 이것은 고삐 풀린 시민사회의 위험에 관한 루이스의 엘리뜨주의적 설명에서 더욱 적나라하게 나타난다.

공산주 독재에 대한 시민사회의 외견상 승리는 정치적 민주주의로 이어지기보다는, 헌법적 장치나 권력관계의 제도적 중재 또는 소수자 권리의 보호 등을 거의 고려치 않는, '민중'의 직접적인 정치지배를 뜻하는 민중주의로 이어진다고 해석할 수도 있다. 이는 정치과정이 최소한 초창기에는 비교적 자유로웠던 동유럽과 비슷한 여러 사회에서도 나타난 결과이다. ··· 어쩌면 그러한 정치질서를 배치함으로써 사회 대다수의 욕구와 염원이 더 잘 충족될지도 모른다. 그러나 이것은 정치적 민주주의를 확립하는 길이 아니다.[29]

26) Bozoki and Sukosd, 앞의 글 229면.
27) 같은 글 223면.
28) Dahrendorf, 앞의 책 99면.

다렌도르프와 루이스 유의 정통 자유주의 이론과는 다르다 해도, 심지어 '급진적' 이론마저도 반체제이론가들이 주창한 공화주의적 또는 자주관리형 시민사회의 비전을 폭넓게 배척하는 데 일조했다. 여기서 중심 역할을 한 것은 신좌파의 거두 하버마스(Habermas)인데, 그는 "민주적 절차를 거쳐 의사소통적 권력으로 발전된 여론은 스스로 '다스릴' 수는 없고 다만 행정권력이 특정 방향으로 사용되도록 가리킬 수 있을 뿐이다"라고 주장했다.[30] 하버마스를 따라, 완전히 자율적인 시민사회에 적대적인 사람으로 예컨대 밀러를 들 수 있는데, 그는 시민사회의 '자제'(self-restraint)를 반체제이론가들 식으로 비폭력이 아닌, "정부정책 형성과 규제권 행사를 위해 특화된 전문성의 필요성"을 인정하는 것으로 이해한다.[31]

자유민주주의 모델에 의한 시민사회 이론의 식민화

시민사회를 동서 양진영의 국가사회주의와 자유자본주의를 뛰어넘는 민주주의의 '제3의 길'이 이루어질 장소로 본 반체제이론가들의 초창기 시민사회 모델에도 불구하고, 이제 시민사회는 자유민주주의의 독점자산으로 간주된다.[32] 예를 들어 커리(Curry)는 다음 질문으로써 '공산주의 이후 사회에 비추어본 시민사회의 현실'에 관한 연구를 끝맺는다.

'시민사회'와 같은 민주주의/다원주의 제도를 서구식 모델대로 작동시키는 데 필요한…조건이 무엇일까?…어떻게 하면 지역집단들이 서구민주주의 방식으로도 작동하는 일국 차원의 '시민사회' 발전에 기초를 마련하고, 또 그 발전을 고무할 수 있을 것인가?[33]

---

29) Lewis, 앞의 글 301~302면.
30) J. Habermas, "Three Normative Models of Democracy," *Constellations*, Vol. 1, No. 1 (1994) 9면.
31) Miller, 앞의 글 8면.
32) V. Havel, "Anti-Political Politics," Keane, ed., 앞의 책 397면; Bernhard, 앞의 글 319면; Konrad, 앞의 책 140면.
33) J. L. Curry, "A Reconsideration of the Realities of 'Civil Society' in the Light of

시민사회가 자유민주주의 사회 안에만 온전히 존재한다고 보는 이론가들이 시민사회 사상을 받아들였다는 사실은, 중동부 유럽 국가에 어째서 시민사회가 존재하지 않을까 하는 질문에 대한 점점 공유되는 전제들에서도 잘 나타난다. 그중에서 중동부 유럽의 이론가들 스스로가 흔히 내놓는 한가지 전제는, 시민사회가 존재하려면 이 지역 내에 전혀 존재하지 않는 다원적 정치문화가 있어야 한다는 것이다. 이것이 바로 슈똠쁘까(Sztompka)가 공산주의 이후 국가의 '문명의 무능성'이라는 비판으로 제기한 주장이며,[34] 따르꼬프스까(Tarkowska)와 따르꼬프스끼(Tarkowski)가 '부도덕한 가족주의'와 '사유화된 사회'라는 주제로 제기한 분석과 일치한다.[35] 실제로 『민주화』(*Democratization*) 최근판에서 템페스트(Tempest)는, 헝가리 농촌의 '모든 외부인에 대한 뿌리깊은 냉담과 의심'에 관한 한(Hann)의 보고를 거론하면서, 그것이 "다원주의적 시민사회 주제와 모순된다"고 간주한다.[36]

이러한 논평가들——그중 몇몇은 인류학자로서 자기들이 살고 활동하는 사회에 관해 폭넓은 지식을 갖고 있다——의 분석을 의문시하는 것은 여기서 중요치 않다. 그리고 템페스트 자신도 서구사회에다 은연중 '문명적 유능성' 이미지를 투사하는 것에 대해 비판적이다. 그러나 정밀한 연구조사와는 별개로 이런 분석가들은 시민사회가 특정 문화 속에 존재할 수 있느냐 없느냐만 조사하고 있다는 듯한 인상을 준다. 이들에게 시민사회는 분명, 반체제 시민사회 이론가들이 유념했듯 민주적 행동을 위한 초역사적 정치공간이라기보다는 자유주의적·다원적 정치체의 사회학에 관한 것이

Postcommunist Society," Bibic and Graziano, eds., 앞의 책 247면.

34) P. Sztompka, "The Intangibles and Imponderables of the Transition to Democracy," *Studies in Comparative Communism*, Vol. XXIV, No. 3 (1991) 295~311면.

35) E. Tarkowska and J. Tarkowski, "Social Disintegration in Poland: Civil Society or Amoral Familism?," *Telos*, No. 89 (1991).

36) C. Tempest, "Myths from Eastern Europe and the Legend of the West," *Democratization*, Vol. 4, No. 1 (1997) 137면; C. Hann, 'Philosophers' Models on the Carpathian Lowlands," J. A. Hall, ed., *Civil Society: History, Theory, Comparison*, Cambridge: Polity 1995 참조.

다.[37] 이 점은, 예를 들어 템페스트가 서구의 '시민사회' 위기를 이야기할 때 드러난다. "중산층이 해체되고 있으며, (따라서—인용자) **시민사회의 주된 사회적 필요조건이 와해되고 있다.**"[38]

루이스 역시 '시민사회'라는 딱지가 동유럽에 적절한지 의문을 제기한다. 그는 예전에 이 지역의 시민사회를 사회운동과 동일시한 것이 다음과 같은 문제점을 가렸다고 우려한다.

> 이러한 (운동은—인용자) 흔히 일반적 민주화 과정이나 현대 대의민주주의의 중요한 제도적 표현인 다당제의 발전에 도움이 되지 않았다. 사회운동은 다양한 정도로 포괄적이고 비교적 미분화된 형태의 조직이었다.…(그리고—인용자) 이것은 다원주의에 대한 맑스주의자의 저항과…크게 다르지 않았다.…이러한 운동은…현대 민주주의의 핵심과정 중의 하나인…이익대변 과정에 적합치 않았다.[39]

폴란드 자유노조와 같은 조직은, "선진 서구민주주의에서 찾을 수 있는 이익의 명확한 표현 및 추구와 어떤 식으로든 연결되는 대의적 과정"을 구성하지 않았다는 것이 루이스의 주장이다.[40] 이러한 분석으로써, 루이스가 염두에 두는 유일한 민주주의 모델이 '발언권'(voice)보다 '출구'(exit)의 가능성을 선호하는 자유민주주의에 기반한 모델임을 분명히 알 수 있다. 따라서 폴란드 자유노조와 같은 운동의 공헌을 그가 탐탁치 않게 여기는 것이 놀랍지 않다. 왜냐하면 이 운동의 참여자들이 일반적으로 생각했듯, 민주주의가 다원적 이익대변과 개인의 자기이익 추구의 선택권이 보장되는 '출구'의 가능성보다는 '발언권'——즉 공표, 참여, 집단행동——을 더 중시한다는 것을 루이스가 받아들이지 않기 때문이다.[41]

---

37) Havel, 앞의 글 397면; Hegadus, 앞의 글 144면.
38) Tempest, 앞의 글 139면, 강조 첨가.
39) Lewis, 앞의 글 302~303면.
40) 같은 글 303면.
41) 루이스는 민주화가 사회의 '아래'로부터가 아닌 '위'로부터 오기 쉽다는 헌팅턴 유의 엘리뜨민주주의에 동조하기 때문에, 자유노조 같은 운동이 민주주의에 중요한 역할을 했다고

급진적 반체제이론가들——정치영역뿐만 아니라 경제영역에서도 (사회주의적) 자주관리를 흔히 촉구했던[42]——과 불편한 관계를 유지했을 자유민주주의적 시민사회 모델과 관련된 또 하나의 일반적인 주장은, 시민사회가 실질적인 즉 사회·경제적 평등의 영역으로 이해되어서는 안되고 다만 시민권이나 정치적 평등으로만 이해되어야 한다는 점이다.

중동부 유럽의 반공산주의적인 반대세력이 자유를 위한 투쟁에서 구사했던 시민사회의 비전은 하나의 사회적 강령으로서 실효성을 잃었다. 반자본주의적 공동체인…이러한 도덕적 시민사회는 그것이 진짜 선택을 할 필요가 없는 경우에만 실현 가능한 이상으로 지속될 수 있었다. 공산주의 이후 시민사회의 실상은…수많은 여론조사에서 중동부 유럽인들의 마음에 깊이 뿌리박혀 있다고 밝혀진 평등지향성에 의문을 던진다.[43]

스몰라(Smolar)는 시민사회가 실제로는 사유재산과 시장경제의 토대라고 주장한다. 스몰라는 "공산주의 이후 사회가 직면한 주요 문제는 사유재산과 개방사회가 몰고 온 불확실성을 감당하면서 그것들을 어떻게 재정당화시키느냐는 점"이라고 말하고 나서, 시민사회가 "사유재산의 도덕적 기반"을 제공해주기를 기대한다. "시민적 원칙은 단지 평등의 원칙만은 아니다. 그것은 또한 시민사회와 정치체제의 통합뿐만 아니라 시민사회 자체의 통합을 위한 규범적 토대를 창조한다."[44]

시민사회가 성공적인 시장경제의 전제조건이라는 주장은 또한 여러가지 이유에서 역전된다. 다른 말로, 시장화 자체가 성숙한 시민사회의 전제조

보려 하지 않는다. 이러한 이론가들과 같은 식으로 루이스는 엘리뜨간 협약(elite pacting)의 역할을 강조한다. 같은 글 304~305면.

42) Arato, "Civil Society Against the State," 46면; J. Rupnik, "Totalitarianism Revisited," Keane, ed., 앞의 책 285면의 J. Kuron과 Helen Luczywo의 인터뷰; Havel et al., 앞의 책 94면; Hejdanek, 앞의 글 142면; Hajek, 앞의 글 140면; Konrad, 앞의 책 137면.

43) A. Smolar, "From Opposition to Atomization," *Journal of Democracy*, Vol. 7, No. 1. (1996) 37면.

44) 같은 글 37~38면; M. Federowicz, "The Actors and Mechanisms of Systemic Changes in the Economy," *Sisyphus*, Vol. 9, No. 2 (1993) 98면을 보라.

건이라는 주장이다. 이런 주장 중에서도 극단적인 입장인 나로제끄 (Narojek)는 시민사회의 재건은 다름아닌 시장개혁 철회라는 사안을 민주적 의사결정의 영역에서 무조건 제외하는 것이라고 본다.[45] 좀더 온건한 방식이긴 하지만 모라프스끼(Morawski) 역시 "성숙한 시민사회로의 변혁"은 "경제적 변화로 인해 시장화와 재산권 변경이 (사유재산권의 강화 쪽으로) 효과를 볼 때에만" 가능하다고 본다.[46] 꼬르본스끼(Korbonski)도 "사적 경제영역 또는 경쟁적 시장경제가 없는 상태에서 시민사회를 거론하는 것은 아무 의미가 없다. 많은 학자들이 시민사회가 시장에 의존한다고 강조해왔다"고 확신한다.[47]

시민사회에 관한 자유민주주의적 전제의 세번째 요소는 민주주의가 국가 차원에서 일어나는 과정이라는 점이다. 이러한 신념에 따르면 시민사회 이론에 대한 자유민주주의적 접근에서 국가의 정당성은 의문의 여지가 없는 측면이다. 예를 들어 비빅은 민주주의와 시민사회에 관한 자기 저작을, 우선 정치적 민주주의에 대한 슘페터(Schumpeter)와 립쎗(Lipset)의 절차주의적 모델을 약술하고, 다음으로 "정치적 민주주의가 최근의 민주혁명과 민주주의 논쟁의 목적"이라는 오도넬(O'Donnell)과 슈미터(Schmitter)의 주장에 동의하면서 시작한다.[48] 이와 반대로, 초창기의 급진적 시민사회 이론가들은 국가와 민주주의의 메커니즘이 여러모로 서로 대조적이라고 보았다.[49] 물론 대다수 급진적 이론가들은 무정부상태를 막기 위해서, 또한

---

45) W. Narojek, "The Making of Democratic Order and Market Economy: Social Engineering for Democratic Transformation," *Polish Sociological Review*, No. 105 (1994) 15면.

46) W. Morawski, "Economic Change and Civil Society in Poland," Lewis, ed., 앞의 책 110면.

47) A. Korbonski, "Civil Society and Democracy in Poland: Problems and Prospects," Bibic and Graziano, eds., 앞의 책 222면.

48) A. Bibic, "Democracy and Civil Society," 같은 책 45면; G. O'Donnell and P. Schmitter, *Transitions from Authoritarian Rule: Tentative Conclusions about Uncertain Democracies*, London: Johns Hopkins University Press 1986 참조.

49) 급진적 이론가들은 시민사회와 자주관리를 동일시함으로써, 시민구성체가 국가를 간접석으로 동세일 수밖에 없는 현실 속에서 국가가 기소적인 민주적 정당성에 필요한 조건을 충족시킬 수 있을 것인가 하는 점에 의문을 제기하기 때문에 철학적 아나키즘에 가깝다.

자주관리가 극대화될 경우 사회 전체가 또다시 정치화될 것이기 때문에 제한된 규모의 국가가 필요하다는 점을 인정했었다(폴란드의 미치니끄와 헝가리의 키스, 벤스는 이같은 위협을 특히 잘 인지하고 있었다).[50] 그러나 그들은 결코 국가를 사회의 민주적 배치를 위해 긍정적인 것으로 추천하지는 않았다——이것이 바로 그들의 민주주의 이론에서 시민사회가 중심적인 이유이다. 그러나 1989년 이후 중동부 유럽의 시민사회에 관한 대부분의 학술문헌은 시민사회와 관련한 국가의 긍정적 역할을 되풀이해서 강조하고 있다.[51] 실제로 초기의 모델과 대비되며 자유주의적 계약이론의 영향을 반영하는 자유주의적 국가의 정당성은 시민사회 자체의 정당성보다 앞서는 것으로 간주된다.

주권국가의 권력은 시민사회의 민주화에 필요불가결한 조건으로 간주될 수 있다.[52]

(사회전체적——인용자) 동인이 시민사회를 구성하려면 국가의 지원이 필요하다. 국가가 앞장서서 공적 공간을 국가로부터 자유로운 영역으로 보장해주어야 한다. … 이것을 막는다면 해방된 공적 공간은 이익들이 서로 경쟁하는 무정부상태에 지나지 않을 것이다.[53]

예를 들어, 헤자네끄는 "통제경제정책의 속박과 국가기구의 통제로부터 결사체와 개인들 대다수가 해방되지 않는 한" 철저한 민주화는 불가능하다고 주장한다. 이 비판이 반드시 국가사회주의만 대상으로 한 것이 아니라는 점을 유의해야 한다(Hejdanek, 앞의 글 150면). 이런 사상은 꾸론의 쌩디깔리슴(Kuron, 앞의 글 97면), 그리고 노바끄의 (네오맑스주의적) 단순한 행정집행자로서 국가의 유토피아적 비전에 대비된다(Nowak, 앞의 책 64면). Michnik, 앞의 책 148면; Konrad, 앞의 책 142면; V. Benda, "Cathloicism and Politics," Havel et al., 앞의 책 122면; P. Uhl, "The Alternative Community as Revolutionary Avant-Garde," 같은 책 195면도 보라.

50) Michnik, 앞의 책 105면; 키스와 벤스에 관해서는 Arato, 앞의 글 31면을 보라.
51) 어떤 설명에서는 국가의 민주화가 처음부터 시민사회를 실제로 구성하는 것으로 나온다. "시민사회는 시민들의 사회이며, 이 개념은 다소간 정치적 민주화에 해당된다." S. Ehrlich, "Introductory Remarks," Bibic and Graziano, eds., 앞의 책 ix면.
52) Lewis, 앞의 글 302면.
53) Bernhard, 앞의 글 309면.

232

사실 베른하르트는 폴란드 반체제세력이 "시민사회의 자기해방에 중요한 이정표"를 세웠지만 "시민사회 자체의 총체적 재구성에는 실패했는데… 이것은 폴란드의 일당국가가 반대파, 반대파가 존재할 권리, 또는 반대파가 개척했던 경계나 공적 공간을 합법적으로 인정하지 않았기 때문"[54]이라는 관점을 보완하기 위해 이 주장을 내놓는다. 이 말대로라면 일단 국가에 의해 정치적 다원주의가 안착되어야만 시민사회가 존재할 수 있게 된다. 다른 말로, 시민사회는 자유민주주의로의 이행과정에서 확립된 법적 테두리 내에서 생겨나며, 이런 이행과정 바깥에 실체가 있다고는 할 수 없다.[55] 물론 급진적 반체제이론가들이 전혀 다르게 생각했다는 것은 두말할 나위도 없다. 그들이 의도했던 (자주관리형) 시민사회는, 흔히 동유럽과 마찬가지로 서유럽에도 존재하지 않았다고 말해진다.[56]

마지막으로, 자유민주주의적 시민사회 모델은 '제3의 길' 유의 시민사회 모델을 더이상 고수하지는 않지만 여전히 시민사회의 급진적 잠재성에 관심을 두는 급진적 이론가들에게도 근본적인 영향을 미친 것으로 보인다. 여기서 아라토(Arato)의 저술이 진화한 것을 보면 시사하는 바가 많다.[57] 1981년에 행한 폴란드 시민사회 모델에 대한 초기의 분석에서 그는 '시민사회 우선' 전략이 제기했던 전영역에서 거대한 자주관리의 가능성을 낙관했다. 그는 또한 서구의 자유민주주의가 급진적·공화주의적 시민사회와의 조우를 통해 변화될 필요가 있다고 확신했다. 그러나 1994년 「시민사회 개념의 홍망과 재건, 그리고 향후 연구의 방향」(The Rise, Decline and Reconstruction of the Concept of Civil Society and Directions for Future Research)이라는

---

54) 같은 글 315면.

55) 이와 비슷한 시각에서 다렌도르프는 이렇게 묻는다. "누군가 시민사회를 세울 수 있겠는가? … 틀림없이 시민권은 세워질 수 있다. … 그건 합법성과 지원정책의 문제니까." Dahrendorf, 앞의 책 96면.

56) Hajek, 앞의 글 138면; Hejdanek, 앞의 글 149~50면; Battek, 앞의 글 108면을 보라.

57) 필자는 여기서 아라토를 급진적 반체제이론가들——요즘 들어 시민사회 주제에 관해 침묵을 지키는——과 구분한다. 그 이유는 아라토가 아직도 시민사회의 이론화를 모색하고 있기 때문이다. 디 니이기 이피토는 한때 반체제이론가였던 사람들과는 달리 현재두 급진적이라고 볼 수 있다.

분석에서 아라토는 위에서 검토한 민주화 이론가들과 크게 다르지 않은 지점에 도달하고 있다. 즉 아라토의 초점은 자유민주주의 정당성의 확대와 민주적 실천의 심화라는 관점에서, 시민사회가 자유민주주의를 위해 할 수 있는 것이 무엇인가라는 데에 한정되었다. 아라토는 시민사회 이론에 중요한 몇가지 쟁점을 조명하면서 연구의 결론을 내린다. 여기에는 우선 민주적 정당성의 문제가 있다. 시민사회는 참여의 네트워크를 제공함으로써 절차적·의회주의적 정치의 정당성을 확대하는 데 공헌한다고 간주된다. 게다가 아라토는 '헌법제정, 헌법안정, 헌정 애국심의 발전'을 위해 시민사회가 할 수 있는 역할을 더 탐색해보자고 촉구했다.[58] 그는 다음과 같은 말로 끝을 맺는다. "나는, 시민사회 이론을 앞으로 지적으로 더 개연성있고 더 분화된 분석도구로 바꿔보려는 사람들에게 이러한… 연구영역만이 적합하다고는 생각지 않는다."[59]

따라서 아라토는 민주주의 심화를 위해 시민사회가 제시하는 가능성을 자유민주주의 이론가들보다 더 잘 알고 있지만, 마지막 분석에서 그는 기존의 자유민주주의가 어떻게 향상될지를 탐구할 분석도구로서의 시민사회 개념에 기대를 건다. 이런 기획은 완전히 새로운 정치형태에 대한 전망을 견지했던 시민사회 민주주의에 대해 그가 원래 품었던 열의와는 거리가 있다.

라틴아메리카의 민주화 관련 문헌에 나타난 시민사회[60]

1980년대에 라틴아메리카 전체의 군부정권을 휩쓸어버린 민주화 이행

---

58) Arato, "The Rise, Decline and Reconstruction of the Concept of Civil Society and Directions for Future Research," 15면.

59) 같은 글 16면.

60) 1989년의 분수령은 라틴아메리카의 민주화 문헌에 그다지 확연하게 적용되지는 않는다. 그 이유는 단순히 이 지역의 민주화 이행이 1980년 초기에 시작되었기 때문이다. 그러나 자유민주주의 시민사회 모델의 대두가 1990년대의 현상임을 확인해줄 수 있는 일종의 발견적 도구로서 1989년은 여전히 유용한 표지가 된다. 실제로 이 절에서 필자는 1989년 이전의 문헌은 단 하나만 살펴볼 것이다. 왜냐하면 라틴아메리카의 민주화 문헌이 시민사회를 중점적으로 언급한 것은 1989년부터이기 때문이다.

은 학술연구자들을 놀라게 했다. 그 이전에는 연구자들이 이 지역 민주주의의 성공보다는 민주주의의 실패를 설명해야만 했었다.[61] 결과적으로 이 분야를 지배한 갖가지 종류의 구조주의 모델은 라틴아메리카의 권위주의 정치를 다음과 같은 다양한 원인으로 설명했다. 즉 낮은 수준의 근대화와 그로 인한 미약한 중산층,[62] 에스빠냐계의 식민주의와 가톨릭교로부터 전수된 권위주의적 가치,[63] 제도가 발전되지 않은 가운데 민중세력의 과도한 정치적 요구,[64] 그리고 핵심과 주변 간의 경제적 의존 등이다.[65] 그러나 이 같은 구조적 조건 중 어떤 것도 크게 변하지 않은 상태에서 민주화가 일어났을 때, 구조주의 패러다임은 즉시 예측능력을 상실했으며 또한 새로운 설명과제 앞에서 쓸모없게 되어버렸다.

민주화 이행 논쟁

1980년대 중후반부 구조주의 패러다임의 몰락에 대한 가장 흔한 반응은 '주의주의(voluntarism)로의 후퇴'였다.[66] 민주화를 장기적 변화과정으로 설명하려는 대신, 이런 유의 학술문헌 특히 오도넬·화이트헤드(Whitehead)·슈미터의 역저 『권위주의 지배로부터의 이행』(*Transitions from Authoritarian Rule*, 1986)은 결정론을 부정하고, 이행기 동안 '핵심 행위자'의 역할을 개방적으로 설명했다. "(민주화 이행은—인용자) 골동품이 된 지도자와, 여러 상황들의 조합인 운명의 여신이 예측 불가능하게 결합해서 결정적인 차이를 낳는 바로 그런 지형이다."[67]

---

61) K. L. Remmer, "New Wine or Old Bottlenecks?," *Comparative Politics*, Vol. 23, No. 1 (1991) 479면.

62) S. Lipset, *Political Man: The Social Basis of Conflict*, New York: Doubleday 1959.

63) A. Almond and S. Verba, *The Civic Culture: Political Attitudes and Democracy in Five Nations*, Princeton, NJ: Princeton University Press 1963.

64) S. Huntington, *Political Order in Changing Societies*, New Haven, CT: Yale University Press 1968.

65) T. Dos Santos, "La Viabilidad de Capitalismo Dependientey la Democracia," *America Latina: Estudiosy Perspectivas*, Vol. 1 (1979). 자료원은 Remmer, 앞의 글 479면.

66) Remmer, 앞의 글 483면.

67) O'Donnell and Schmitter, 앞의 책 17면.

라틴아메리카 민주화 이행에 관한, 주로 주의주의적인 이러한 문헌 내에서 시민사회의 범주는 거의 쓸모가 없다. 물론 시민사회 영역은 어떻게 규정하든 엘리뜨중심적 시각을 가진 이론가들에게는 크게 중요치 않다. 그러한 설명에서 비국가 행위자는 단지 이행의 배경을 이룰 뿐이며, 이 점은 오도넬과 슈미터가 '시민사회의 부활(과 공적 공간의 재편)'이라는 장을 다음과 같은 주장으로 시작할 때도 나타난다.

> 엘리뜨의 성향·계산·담합이 … 개방이 일어날 것인지 말 것인지를 주로 결정한다. … 그들은 가능한 자유화 및 궁극적인 민주화 정도를 놓고 중요한 경계를 확정한다. 일단 (엘리뜨 내에서―인용자) 무엇인가가 일어나면 … 일반화된 동원이 이루어질 가능성이 높아지며, 그것을 우리는 '시민사회의 부활'로 부른다.[68]

시민사회를 민주화 이행 이후에야 나타나는 일반화된 동원으로 이해하는 경향이 라틴아메리카 민주화 관련 문헌들에서 도처에 나타나기 시작했다. 예를 들어 스테판(Stepan) 역시 "일단 자유화가 시작된 후 출현하는 시민사회"라고 썼다.[69] 시민사회를 '민중궐기' 또는 '아래로부터의 압력'으로 보는 것은 도구주의적 인식이다. 시민사회의 결사체와 운동은 그 자체로는 중요하다고 간주되지 않았고――예를 들어 대중참여의 소규모 공공영역으로서――단지 그들의 "영웅적이고 모범적인 행동"이 엘리뜨가 (아니 엘리뜨 내부의 개혁주의자들이) 정치적 민주화 이행을 협상할 수 있는 조건을 조성한 만큼만 중요하다고 간주되었다. "시민사회 부활의 중요성은 아무리 강조해도 지나치지 않다. 이같은 동원과 그것이 모든 정치행위자에게 가하는 격렬한 요구는 민주화 반체제세력의 입지를 크게 강화시킨다."[70]

---

68) 같은 책 49면.
69) A. Stepan, "Introduction," A. Stepan, ed., *Democratizing Brazil*, Oxford: Oxford University Press 1989, 67면.
70) G. O'Donnell, "Transitions to Democracy: Some Navigation Instruments," R. A. Pastor, ed., *Democracy in the Americas: Stopping the Pendulum*, London: Holmes & Meier 1989, 67면.

도구주의적 민주주의 이론(국가를 통제할 수단으로서의 민주주의)과 그와 유사한 공리적 시민사회관 사이의 관련성은 명백하다. 이런 식의 접근 중 고전적인 예로서 린쯔(Linz)와 스테판이 있다.

민주주의는 선거라는 수단을 통해 국가권력을 장악하기 위한 공개경쟁이며, 국민의 대표들이 국가권력을 감시하고 통제하는 것이다.⋯ 따라서 당연히 시민사회는 군부·경찰·정보기관의 민주적 통제에 어떻게 기여할 수 있을지 고려해야만 한다.[71]

시민사회의 공헌을 '민중궐기'로 이해하는 것은, 시민사회가 반체제운동에 극히 중요하다고 예고되는 측면도 있지만, 이행이 끝난 후에는 그 쓸모에 의문이 제기됨을 뜻한다. 민주화 이행의 분석가들은 그들이 가장 추종하는 엘리뜨민주주의 이론가들처럼, 민중계급의 '과도한' 정치적 동원이 신생 민주주의의 정치적 안정에 해가 될 것이라고 우려한다.

라틴아메리카의 역사적 경험으로 보아, '대중이 체제이행기에 잠시라도 전통적 지배계급에 대해 통제권을 획득한 경우 안정된 정치적 민주주의가 실현되지 않았다'는 점을 감안하면, (대중의—인용자) 탈동원화⋯의 중요성이 강조된다. 이러한 동원의 양상으로부터 드러나는 이중 역설은, 민중부문의 정치적 중요성이 실제로는 민주체제의 복원 이전에 더 크며 이것이 민주주의를 위해 사실 더 좋을 것이라는 사실이다![72]

오도넬 역시 민주주의의 '공고화'를 위해서 '사회의 탈동원화'와 '정부의 주요 대화당사자로서' 정당의 재등장을 유감으로 생각지 않는 또다른 분석가이다.[73] 오도넬은 정당을 시민사회의 일부로 간주하지 않기 때문에 민주

71) J. Linz and A. Stepan, "Political Crafring of Democratic Consolidation or Destruction: European and South American Comparisons," 같은 책 51면.
72) P. Oxhom, "Where Did All the Protesters Go?: Popular Mobilization and the Transition to Democracy in Chile," *Satin American Perspectives*, Vol 21, No, 3 (1994) 50면.
73) O'Donnell, 앞의 글 72면.

화 이행 이후 시민사회 범주의 중요성을 간과하는 느낌이 든다. 요컨대 오도넬 같은 민주화 이행의 논평가들은, 헌팅턴(Huntington)과 '정치발전학파'의 학자들이 의회민주주의를 일찍 몰락시킨 원인으로 간주하는 일반적 동원보다는, 자유주의적 정치제도의 강화에 더욱 관심을 기울인다.[74] 이러한 모델에 따르면, 시민사회가 민주주의 공고화를 위해 할 수 있는 유일한 구체적 공헌은 자신의 요구를 자제하는 것뿐이다.[75]

이러한 모델의 또다른 함의는, 시민사회단체가 이행기 동안에는 '일반적 궐기'를 해주고 민주주의 공고화 기간 동안에는 조용히 있을 수 있는 한, 민주화 이행의 이론가들에게 시민사회단체의 성격은 별 관심거리가 아니라는 점이다. 이는 시민사회에 대한 순전히 전략적인 접근이며, 연대·결사·의사소통과 같은 시민사회의 비전략적 잠재성을 놓치는 것이다.[76] 따라서 시민사회는 민주주의 자체와 상당히 별개로 표현된다. 또한 비국가 결사체 활동이 왜 애초부터 '시민사회'와 동일시되어야 하는지 분명한 이유가 없는 것처럼 보인다. 왜냐하면 상당히 비시민적(uncivil)인 집단이라도 '일반적 궐기'의 역할을 잘 수행할 수 있기 때문이다.[77] 이것이 시민사회를 결과론적으로 개념화하는 데 따르는 역설이다.

시민사회가 권위주의 엘리뜨 내에서 '일단 무엇인가가 일어난' 후에야 등장한다는 오도넬과 슈미터의 주장을 감안하면, 전형적인 엘리뜨중심주의 이론가로서 이들은 사실 민주화 이행의 기원을 설명함에 있어 어려움에 봉착한다. 오도넬과 슈미터는 다소 모순적인 방식으로, 권위주의 정권의 규범적·지적 토대의 잠식에 있어 시민사회의 역할이 얼마나 중요한지를 지적함으로써 이 문제에서 빠져나가려 한다.[78] 실제로 이들은 체제정당성

---

74) F. Hagopian, "After Regime Change," *World Politics*, Vol. 45, No. 3 (1993) 480면.

75) J. Pearce, "Civil Society, the Market and Democracy in Latin America," *Democratization*, Vol. 4, No. 2 (1997) 60면.

76) 같은 글 61면; J. A. Cohen and A. Arato, *Civil Society and Political Theory*, Cambridge, MA: MIT Press 1992, 80면.

77) Pearce, 앞의 글 62면.

78) O'Donnell and Schmitter, 앞의 책 51면.

의 중요성, 아니 체제정당성 부재의 중요성을 인정하는 것처럼 보인다. 그러나 셰보르스끼(Przeworski)가 관찰하듯이, 궁극적으로 "'정당성 상실' 이론은 체제이행의 '상층' 이론"인데, 그 이유는 이 이론이 체제의 정당성 위기가 우선 시민사회에서 일어나며 지배블록은 이런 위기가 명백해질 때에만 반응을 보인다고 시사하기 때문이다. 이 경우 대중소요나 집단적 불복종이 자유화 이전에 관찰되어야만 한다.[79]

이것은 분명 시민사회에 관한 오도넬과 슈미터의 분석에서 문제가 되는 부분인데, 그 까닭은 이들이 민중의 압력 자체가 직접적으로 자유화 과정을 유도할 수 있는 경우를 고려치 않기 때문이다. 시민사회는 "일단 정부가 집단행동의 참여에 따르는 비용을 낮추고, 이전에는 접근금지 영역이었던 이슈에 약간의 논쟁을 허용한다는 신호를 보내야만" 부활한다고 주장함으로써, 시민사회가 순전히 대응적(reactive)으로 그려지는 것이다.[80] 시민사회에 대한 최대의 찬사라면 그것이 "시민사회가 아니었더라면 더디었을 민주화 이행을 더욱 진척시키는 역할을 수행한다"는 점이다.[81]

본질적으로, 문제는 이러한 이론가들이 민주화 이행기로만 초점을 좁게 잡는다는 것이다. 만일 시민사회가 주로 '민중궐기'로만 경험된다면, 국가가 자유화를 개시하고서야 궐기가 일어난다는 게 하나도 놀라울 게 없다. 그러나 이것은 라틴아메리카의 최소한 몇 나라에서는(예를 들어 칠레), '궐기'를 단행했다고 인정되는 운동과 결사체들이 민주화 이행 훨씬 전에 형성되었고 실제로 가장 극심한 탄압시기에 부상했다는 사실을 무시하는 것이다. 이렇게 궐기의 결과에만 초점을 두게 만드는 것은 민주화 이행기의 불확정성이다. 실제로 궐기를 단행한 집단과 운동의 부상에 필요한 조건을 탐색하려면 구조적 변수를 재도입하는 것이 필요하다. 그러나 아는지 모르는지 주의주의자들은 구조를 다루는데, 그 이유는 그들이 "관찰기간 동안

79) A. Przeworski, "Some Problems in the Study of the Transition to Democracy," O'Donnell, Schmitter and Whitehead, eds., *Transitions from Authoritarian Rule: Comparative Perspectives*, London: Johns Hopkins University Press 1986, 50면.
80) O'Donnell and Schmitter, 앞의 책 47~49면.
81) 같은 책 56면, 강조 추가.

실제 변하지 않는 상황의 구조적 특징을 은연중에 상수로 유지"하기 때문이다.

바로 이 때문에 과정지향적 역사연구는——단순한 서술을 넘어서고, 이론적·설명적 의도를 갖고 이루어진다 하더라도——흔히 자발적 결정의 역할만을 강조하고, 역사행위자들의 선택을 제한하거나 고무하는 구조적 제한요소를——주어진 것으로 받아들임으로써——과소평가하는 경향이 있다.[82]

마지막 분석으로, 불확정성 명제는 라틴아메리카 민주화 이행에 대한 가장 우세한 설명으로 꼽혀왔는데, 그 이유는 이러한 민주화 이행 그 자체로 인해 이론구성이 위기에 처했기 때문이다. 좀 심하게 말하자면, 사태를 완전히 불확정적으로 묘사하는 것은, 실천적 의도에도 불구하고 이론의 부적합성을 인정하는 것이 된다. "사건을 설명할 방법이 없을 때 우리는 사건을 예측 불가능하고, 무작위적이며, 특이한 것으로 묘사한다."[83] 이러한 패러다임 위기의 와중에서 민주화 이행의 분석가들이 시민사회를 적절히 이론화하지 않은 것이다. 자기들이 확인한 시민사회의 기원을 설명하지 못한 것은 처음부터 시민사회의 범주를 대체로 간과하는, 엘리뜨중심주의가 만연해 있었기 때문이다.

민주주의 공고화 논쟁

라틴아메리카의 민주주의 공고화에 관한 최근의 문헌은, 엘리뜨중심적 관점이 팽배한 민주화 이행에 관한 문헌보다 시민사회 개념을 더 많이 다루고 있다. 그러나 시민사회에 대해 점차 늘어나는 문헌에도 불구하고 민주주의 공고화에 관한 문헌에서도 시민사회가 순전히 자유민주주의를 위한 기능으로만 간주되는 것이 사실이다.[84]

---

82) D. Rueschemeyer, E. H. Stephens and J. D. Stephens, *Capitalist Development and Democracy*, Cambridge: Polity 1992, 33면.
83) Remmer, 앞의 글 485면.
84) 해석하기에 따라서는 '공고화'라는 용어 자체가 '이행기' 유의 접근과 맥이 이어져 있음을

다이어먼드(Diamond)와 린쯔는 시민사회를 민주주의 공고화의 달성을 위해 중요한 역할을 하는 요소로 이해하는 전형적인 방식을 보여준다.

민주주의는 효율적이지만 제한된 국가를 필요로 하는 것처럼, 또한 국가의 권력을 견제하고 민중적 이익을 민주적으로 표현하는 다원적·자율적으로 조직된 시민사회를 필요로 한다.… 결사체 생활의 힘과 자율성 그리고 민주주의의 존재와 활성도 사이에는 강한 상관관계가 있다.[85]

젤린(Jelin)도 이러한 실증적 시민사회관에 공감하면서 "(국가에—인용자) 요구하고, (국가를—인용자) 설득하고, 자극하고, 감시하는 막중한 임무가 시민사회의 건설자에게 주어진다"고 주장한다.[86] 여기서 민주화 이행 관련 문헌에서보다는 시민사회가 훨씬 더 중요하게 취급되지만, 그럼에도 불구하고 시민사회는 국가와의 관계 속에서만 그려진다. 다이어먼드·린쯔·젤린이 열거한 시민사회의 모든 강점은, 국가의 균형을 잡거나 또는 이익 대표 과정에서의 국가의 효율성을 증진시킬 시민사회의 역할과 연결된다. 요컨대 이들 저자는 1980년대 라틴아메리카의 민주사회주의 이론가들의 자주관리 의제와는 동떨어져 있는 것이다. 중동부 유럽의 이론가들처럼 라틴아메리카의 급진적 이론가들은 국가를 겨냥한 반대로부터 벗어나—전위적인 형태에서만 그런 게 아니라—시민사회의 자율적 자기조직의 민주주의를 지향했다.

직시해야 한다. 왜냐하면 민주주의자의 과업이 신체제 내에서 참여를 확대시키는 것이 아니라, 단순히 국가의 공식적 민주제도의 확립을 보장하는 것에 불과하다는 함의가 있기 때문이다. '공고화'라는 말은 의도한 목표가 이미 달성되었고, 미래에 필요한 것은 이런 목표를 유지하는 것뿐이라는 의미를 담고 있다. 여기서 다시 민주주의는 충분히 실현되지 못할 정치적 가치나 가치들의 집합이라기보다는 이미 존재하는 일군의 제도들과 등치된다.

85) L. Diamond and J. Linz, "Introduction: Politics, Society, and Democratization in Satin America," L. Diamond, J. Linz and S. M. Lipset, eds., *Democrcay in Developing Countries Volume Four: Latin America*, London: Lynne Rienner 1989, 35면.

86) E. Jelin, "Building Citizenship: A balance Between Solidarity and Responsibility," J. S. Tulchin, ed., *The Consolidation of Democracy in Latin America*, London: Lynne Rienner 1995, 92면.

급진적으로 민주적이고 집단적인 이런 태도는… 시민사회 쪽에서 재생의 의지가 대두되었음을 증명한다. 시민사회는 '정치적 개방'이 단순히, 예전에 사회적 불의, 계급 불평등, 전통적 부르주아 지배를 온존케 하였던 자유주의적·개인주의적 원칙에 입각한 재민주화 수준에서 이루어진다는 생각을 거부한다.[87]

민주주의 공고화 관련 문헌에 나타나는 시민사회에 대한 실증적 접근은 시민사회가 국가를 감시해야 한다고 촉구하긴 하지만, 시민사회 활동이 국가체제를 위협해서는 안된다는 점을 강하게 암시한다. 예를 들어 발렌수엘라(Valenzuela)는 민주화 이행에서 시민사회의 자제가 도움이 된다는 오도넬과 슈미터의 견해에 동의하지만, 이들과는 달리 민주화 이행 이후에 시민사회가 실제로 탈동원화되어야 한다고 주장하지는 않는다. 이와 반대로 그는 시민사회의 압력을 민주주의 공고화에 바람직한 것으로 본다. 그러나 발렌수엘라에 따르면 이런 압력은 '요구-처리-해결'의 판단기준 내에 들어 있어야 한다. 이 판단기준은 "대중결사체 등의 결사체를 설립·확대·재건하여 요구사항을 내걸고 이에 대한 해결책을 시위 등의 집단행동을 중지시키는 데 필요한 정당성과 지지를 가진 지도자와 협상하는 것"이다.[88] 다시 말해 발렌수엘라는 시민사회의 요구를 지지할 용의가 있지만,

87) F. H. Cardoso의 1983년 글 "Associated-Dependent Development and Democratic Theory," Stepan, ed., 앞의 책 323면; F. Weffort의 1983년 글 "Why Democracy," 같은 책, 특히 329, 345면; S. Mainwaring and E. Viola, "Political Culture and Democracy: Brazil and Argentina in the 11980s," *Telos*, No. 61 (1984) 28면; M. Lowy, "Mass Organizations, Party and State: Democracy in the Transition to Socialism," R. Fagen et al., eds., *Transition and Development: Problems of Third World Socialism*, New York: Monthly Review Press 1986, 264면; S. Mainwaring, "Urban Popular Movements, Identity, and Democratization in Brazil," *Comparative Political Studies*, Vol. 20, No. 2 (1987) 149면; J. G. Castaneda, *Utopia Unarmed*, New York: Vintage Books 1994, 201면에서의 J. Villalobos 인터뷰; Pearce, 앞의 글 63면; S. Ellner, "The Changing Status of the Latin American Left in the Recent Past," B. Carr and S. Ellner, eds., *The Latin American Left*, London: Latin America Bureau 1993, 11면.
88) J. Valenzuela, "Consolidation in Post-Transitional Settings," Mainwaring, O'Donnell

이러한 요구가 현상태를 심하게 혼란시키지 않거나 또는 사회의 거시적 권력구조에 의문을 제기하지 않는 한에서만이다. 사실 발렌수엘라는 "이러한 해결책은 모든 당사자들이 최소한 정치화된 상태에서 시행된다고 이해할 때, 민주주의 공고화의 촉진에 가장 적합하다"는 주장을 계속한다.[89] 이같은 반정치적 시민사회 모델은 시민사회를 순전히 기술적인 기능으로만 본다. 그것은 또한 엘리뜨주의적이다.

요컨대 사회적 갈등과 요구가, 모든 관계집단을 포함하지만 동시에 특정한 쟁점과 특정한 국가적·정치적·사회적 행위자라는 측면에서 가능한 한 좁은 경계 내에 절연된, 예측 가능하고 일반적으로 통용되는 절차를 통해 다루어지는 형태의 민주주의 공고화가 바람직하다.[90]

국가 내에서 이익의 대변을 촉진하는 것이 시민사회의 공헌이라는 사고가 민주주의 공고화에 관한 문헌에서 가장 유력한 생각이다. 슈미터는 라틴아메리카의 민주주의 공고화에 관한 최근 저작에서 사회운동이 "민주주의 공고화의 정도를 결정했는지 아니면 민주주의의 유형을 결정했는지" 의문을 제기한다. 그러나 그는 "그럼에도 불구하고 (이러한 운동이—인용자) 대다수 신생 민주주의의 정책의제를 확대하고 복잡하게 만들었다"라는 점을 인정하려 한다.[91] 더 나아가 슈미터는 수많은 사회운동이 그들의 요구가 충족됨에 따라, 또한 그들이 "후속 쟁점들에 제대로 초점을 맞추지 못할" 것이므로 쇠퇴하리라고 믿는다.[92] 그는 1970, 80년대에 생성된 수많은 새로운 사회운동의 비도구적인 성격——예를 들어 빈민가의 지역결사체들과

and Valenzuela, eds., *Issues in Democratic Consolidation: The New South American Democracies in Comparative Perspective*, Indiana: University of Notte Dame Press 1992, 86면.

89) 같은 곳.

90) 같은 글 86~87면.

91) P. C. Schmitter, "Transitology: The Science or the Art of Democratization," Tulchin, ed., 앞의 책 24면.

92) 같은 곳.

여성단체들——을 놓친 것으로 보인다. 그러한 운동은 처음부터 공식적인 정치적 영역을 지향하지 않았다. 실제로 이런 수많은 운동단체들은 국가화된 정치(정당 일반 그리고 심지어 좌파 정당까지 포함해서)로부터 자율성을 지키는 것이 자신의 존재의의 그 자체라고 자각하고 있었다.[93] 일부 사회운동이 1990년대 들어 정당에 인입되는 현상이 나타나기도 했지만 이것은 '수요 해결'과 같은 것은 전혀 아니었다.

도구적 시민사회관에서 놀라운 점은 급진적 모델이 제기한 가능성, 시민사회가 참여를 위한 공간을 제공할 수 있고 실제 시민사회 자체가 공공영역을 이룰 수 있는 가능성을 간과한다는 것이다. 웨포트(Weffort)가 1983년 썼듯이 "반체제세력 내에서, 민주주의 가치의 발견과 정치적 공간으로서의 시민사회의 발견은 분리될 수 없다."[94] 웨포트 등이 약술한 대로, 현대 공고화 이론가들 대부분은 공공성이 '풀뿌리'로부터 자양분을 얻어 성장할 수 있는 가능성을 도외시한다. 예를 들어, 어떤 책의 편자들은 "시민사회가, 정당과 기타 대의적 채널을 통해 변화하는 정치적 토론에 적절히 연결"되고 있는지를 묻는다.[95] 이것은 공공성이 국가 차원에서 일어나고, '진짜' 공적 공간인 국가와 다른 방식으로 연결되지 않는 한, 시민사회는 비교적 비정치적(apolitical)이라는 의미를 함축한다.[96] 급진적 시민사회 모델은 여기서 또다시 거꾸로 서 있고 우리는 다시금 주류 정치학에 너무나 팽배한 국

93) Mainwaring and Viola, 앞의 글.

94) Weffort, 앞의 글 345면. 라틴아메리카 맥락에서의 급진적 시민사회 모델에 관한 더 상세한 논의는 Gideon Baker, "From Structuralism to Voluntarism: The Latin American Left and the Discourse on Civil Society and Democracy," *Contemporary Politics*, Vol. 4, No. 4 (Dec. 1998) 참조.

95) Mainwaring et al., eds., 앞의 책 4면.

96) 민주주의 공고화에 관한 문헌에서 시민사회가 시민권을 위한 공간으로 여겨진다 하더라도 그것은 흔히, 예를 들어 릴리(Reilly)의 경우처럼 '이차적 시민권'만을 포함하는 것으로 규정된다. 따라서 또끄빌 식으로 시민사회에 '협상, 경쟁, 제한적 갈등, 합의의 모색'이 존재하지만, 이러한 경험은 암묵적으로 국가적 차원에서 고유한 의미의 정치를 대체하는 '모의 훈련'(dry run) 정도로만 간주된다. 여기에서 강조점은 참여 그 자체가 아니라 시민사회가 민주주의적 정치문화에 기여할 수 있는 바이다. 다른 말로, 시민사회는 시민권의 보조역이며 애초부터 (급진적 모델에서처럼) 시민권을 위한 공간으로 여겨지지는 않는 것이다.

가주의적 편견을 목도한다.[97] 이러한 시각에서 보면, 비국가결사체는 그들의 비교적 미약한 제도화와 '미시적' 시야를 감안할 때, 정치과정의 이해에 그다지 중요치 않다. 그러나 이렇게 강단학문적인 초점을 두게 되면, 비엘리뜨들에 관한 한, 덜 제도화된 정치적 운동이 흔히 더 효과적이고 더 큰 정당성을 가질 수 있는 여러 방식을 체계적으로 간과해버린다. 라틴아메리카 연구분야 내에서 이것의 좋은 사례가 1980년대에 등장한 다수의 신사회운동, 특히 지역운동단체들일 것이다. 이들 사회운동은 기본적 욕구를 집단적으로 충족시키고 정치적 참여의 기회를 제공함으로써, 라틴아메리카의 국가——자유민주주의든 아니든——가 늘 실패한 영역에서 성공할 수 있었던 것이다.

라틴아메리카 민주화 관련 문헌에서의 민주주의에 대한 최소주의 접근

그렇다면 왜 라틴아메리카 민주화 과정의 분석가들은 민주화 이행을 설명할 때 시민사회를 경시하며, 왜 민주주의 '공고화' 과정에서의 시민사회의 역할에 대해 순전히 도구주의적 개념화만 하는가? 그들을 변호하자면, 이들이 시민사회의 역할을 제한하는 데 있어 중용이론(the theory of

---

97) 초기 시민사회 모델, 특히 신사회운동 맥락 속의 반국가주의에 대해서는 다음을 보라. T. Evers, "Identity: the hidden Side of New Social Movements in Latin America," D. Slater, ed., *New Social Movements and the State in Latin America*, Amsterdam: CEDLA 1985, 51면; J. L. Coraggio, "Social Movements and Revolution: the case of Nicaragua," 같은 책 206면; A. Escobar and S. Alvarez, eds., *The Making of Social Movements in Latin America*, Oxford: Westview 1992, 186면의 J. Quijano의 1986년 인터뷰; O. A. Borda, "Social Movements and Political Power in Latin America," 같은 책 311~13면. 이러한 초기 이론가들은 순수한 의미의 공공담론(publicity)이 시민사회에서만 일어난다고 생각했으므로 정당의 형태에 관해서도 회의적이었다. 왜냐하면 정당은 정치를 국가로 되돌리는, 그리하여 보통사람들의 관심과 그들의 통제로부터 국가를 배제시키는, 또하나의 방법밖에 되지 않았기 때문이다(N. Vink, "Base Communities and Urban Social Movements: A Case Study of the Metal-Workers' strike 1980, Sao Bernardo, Brazil," Slater, ed., 앞의 책 117면; J. A. Hellman, "The Study of New Social Movements in Latin America and the Question of Autonomy," Escobar and Alvarez, eds., 앞의 책 53면). 물론 자유민주주의 이론가들에게 맑딩은 권리 기능된 방법으로 이해관계저 요구를 명백하게 드러내는 데 적대적으로 필요하다. 따라서 이들은 정당을 흔히 시민사회 범주에 포함시킨다.

moderation)의 영향을 많이 받았다고 주장할 수도 있다. 중용이론은 과도하고 급진적인 민중행동이 반동적인 반격을 초래한 것처럼 보이는, 1973년 칠레의 경우와 같은 라틴아메리카의 정황에서 생겨났다. 그러나 이것은 논쟁의 여지가 없는 사실[98]이라기보다는 역사적 상황의 주관적 해석에 지나지 않으며, 실제로 시민사회에 대한 이 학자들의 개념화는 대부분 멀리 갈 필요 없이 바로 이들의 민주화 이론을 보면 설명이 된다.

점차 득세하는 자유민주주의 이론과 그것에 수반하는 형식적·제도적 민주주의관 덕분에 이제 시민사회를 자체의 권리를 가진 민주적 공간으로 이해하는 경우가 거의 없음이 분명해졌다. 민주화 이행과 공고화에 관한 대다수 해설에서 공통된 한가지는, 민주주의를 서구식 자유민주주의에 현존하는 제도들로 구성된 정부형태로 보는 최소주의적이고 대단히 동어반복적인 관념이다. 이러한 이론가들에게 특히 중요한 것은 달(Dahl)의 '다두정(多頭政)' 개념이다.[99] 달이 "일국 정부의 민주주의 과정이 획득할 수 있는 가능한 최대치"라고 정의한 다두정은 다름아닌 시민권의 보편적 확산——이것은 "정부의 최고위 관리에 맞서 그를 투표로 몰아낼 수 있는 권리"로 협소하게 규정된다——을 기대하는 데 지나지 않는다.[100]

달의 절차주의적 또는 제도주의적 민주주의 모델은 놀랄 만큼 폭넓게 수용되었다. 예를 들어 다이어먼드, 린쯔, 립셋은 다두정을 라틴아메리카 민주화 이행에 관한 자신들의 책에서 민주주의의 기준점으로 사용한다.[101] 이와 유사하게 화이트헤드는 "달의 관찰은 라틴아메리카에서 특히 유효하게 적용된다"고 주장하면서, 그가 말한 민주주의의 '리트머스 검사'가 다음과 같은 질문으로 포괄될 수 있다고 서술한다. "민주주의라고 소문난 정권이 교도소

---

98) 보르메오는 만일 라틴아메리카 민주화 이행의 이론가들이 뽀르뚜갈이나 에스빠냐까지 연구했더라면, 민주주의 이행이 아래로부터의 급진적 압력 그리고 심지어 급진적 임시정부조차 견뎌낼 수 있다는 사실을 알았을 것이라고 주장한다. N. Bermeo, "Myths of Moderation: Confrontation and Conflict During Democratic Transitions," *Comparative Politics*, Vol. 29, No. 3 (1997) 305~22면.

99) Pearce, 앞의 글 59면.

100) R. A. Dahl, *Democracy and its Critics*, London: Yale University Press 1989, 220~22면.

101) Diamond, Linz and Lipset, eds., 앞의 책 xvi면.

의 수감자를 어떻게 다루는가?" 그리고 "그 정권을, 선진적인 서구식 민주주의라 할 만큼 충분히 민주적이라고 할 수 있는가."[102] 같은 책에서, 헌팅턴은 ──민주주의 이론의 근본적 냉소주의자인 슘페터가 '마침내 승리했다'고 선언하면서──"민주주의를 구호가 아닌 상식적인 용어로 바꾸려는… 도처의 노력. 민주주의는 제도적 조건으로 규정될 때에만 유의미하다.… 핵심제도는 경쟁적인 선거를 통해 지도자를 선출하는 것"이라고 자축한다.[103]

민주주의 공고화 관련 문헌에서 우리는 또한 다음과 같은 서문이 실린 중요한 논문집을 찾을 수 있다. "이 책에 실린 논문들은 민주주의 공고화의 개념을 민주주의의 최소주의적·절차적 정의에 배속시킨다."[104] 이와 비슷하게 발렌수엘라의 '민주화 이행 이후 환경의 공고화'(Consolidation in Post Transition Settings) 논문은, 다음과 같은 주장과 함께 민주주의에 대한 달의 정의를 옹호하면서 시작된다. "민주주의 공고화의 개념은 민주주의에 대한 최대주의적 개념이 아닌 최소주의적 개념과… 연결되어야 한다." 슘페터의 경쟁적 민주주의 개념에 입각해서 발렌수엘라는 '참여'모델이 그저 '부적합'할 뿐이라고 폭로한다.[105] 민주주의 공고화에 관한 같은 책에서, 메인웨어링(Mainwaring) 역시 정치엘리뜨와 정당들의 선거경쟁을 역설한 슘페터의 주장이 '승리했다'고 인정한다. 메인웨어링은 이같은 슘페터식 준거들에 보통선거만 추가하여(그는 이것을 '참여적' 요소라고 부른다), 민주주의를 결과론적으로는 좀더 작게(그나마 조금이라도 있다면) 그리고 그것을 통치의 규율에 따라서는 좀더 크게(전체는 아니더라도) 정의하는 달 유의 다두정 개념에 도달한다.[106] 이처럼 민주주의의 절차가 제대로 지켜지는 한, 민주주의의 결과에 대해서는 관심을 기울이지 않는 학설의 극단적인 형태로서 발렌수엘라를 들 수 있다. "그 사회가 아무리 평등주

---

102) L. Whitehead, "The Consolidation of fragile Democracies," Pastor, ed., 앞의 책 77면.
103) S. Huntington, "The Modest Meaning of Democracy," 같은 책 15면.
104) Mainwaring et al., eds., 앞의 책 5면.
105) Valenzuela, 앞의 글 60면.
106) S. Mainwaring, "Transitions to Democracy and Democratic Consolidation: Theoretical and Comparative Issues," Mainwaring et al., eds., 앞의 책 297면.

의적이라도, 사회정책이 아무리 진보적이라도, 국가 하부 수준에서 민주적 절차가 아무리 발전했어도, 민족국가 수준의 형식적 민주절차가 없으면… 민주주의가 존재한다고 말할 수 없다."[107]

민주주의에 대한 이런 식의 접근에 발맞춰, 민주주의의 영역이 아니라고 여겨지는 곳에 민주주의를 적용하는 식의 더 실질적인 민주주의 정의가 민주화 문헌에서 배척당한다. 스테판은 "민주화는 근본적으로 국가와 시민사회 사이의 관계에 관한 것이다"라고 주장한다.[108] 파스터(Pastor)에게 민주주의는 "정부가 경제를 완벽히 통제한다면 불가능한" 것이다.[109] 다이어먼드, 린쯔, 립셋 역시 민주주의를 가장 좁은 의미에서 '정치적'이라고 본다.

우리는 '민주주의'라는 용어를… 경제·사회 체제와 분리되고 별개로 존재하는 정치적 체제를 의미하는 것으로 사용한다.… 실로, … (우리는—인용자) 이른바 경제적·사회적 민주주의를 정부구조의 문제와 분리할 것을 주장한다.[110]

영역들간의 엄격한 분리를 강조하므로 '풀뿌리' 민주주의의 비전은 불신을 받는다. "실질적 민주주의관… 은, 흔히 대의제를 더욱 '진정한' 인민의 의사표현으로 대체하거나 인민의 의사표현에 대의제를 종속시키려는 '참여'민주주의라는 다소 유토피아적인 개념과 연관되어 있는 것 같다."[111]

간혹 좀더 직접적인 민주주의에 대한 이러한 반감이 대단할 정도로 나타난다. 메인웨어링의 반(反)실질적인 민주주의 개념은 민주주의 이론이라기보다는 자유주의 이론에 더 가까울 정도다. 실제로 메인웨어링은 '정치적 전문성'과 특성을 보호하고, '다수의 독재'를 막아내는 데에만 너무 신경을 쓴 나머지, 결과적으로 민주정치체 비전으로부터 다수결주의를 완전히 배제하기에 이르렀다. 민주주의가 '제도화된 불확실성'을 대표한다는 셰보

---

107) Valenzuela, 앞의 글 61면.

108) Stepan, 앞의 글 ix면.

109) Pastor, ed., 앞의 책 18면.

110) Diamond, Linz and Lipset, eds., 앞의 책 xvi면.

111) B. Lamounier, "Brazil: Inequality Against Democracy," 같은 책 150면.

르스끼의 주장을 비판하면서, 메인웨어링은 예를 들어 노동자들이 생산수단의 국유화에 투표할지도 모른다는 우려를 제기한다.

그러나 설령 노동자가 생산수단 국유화에 투표하더라도 이 사실 자체로서는…민주주의 체제 내에서 아무런 법적 효과도 갖지 못할 것이다. 왜냐하면 이런 식의 결정을 내리는 것은 보통 노동자들이 아니라, 명확하게 규정된 제도적·법적 구조 내에서 작동하는 행정부와 입법부이기 때문이다. 노동자들이 의사결정을 하는 사람을 선출하는 것은 사실이지만 현대의 대중민주주의는 직접민주주의가 아닌 대의제 민주주의인 것이다.[112]

아주 전형적으로, 풀뿌리 차원의 민주주의는 정치적 민주주의에 전혀 중요치 않다고 여겨진다. "나는 결사체들이 … 참여민주주의의 모델이라고 믿지 않는다. 또한 소집단 민주주의가 국가 차원의 민주정치 유지에 필요하다고도 생각지 않는다."[113]

이 모든 민주주의 해설에서 특기할 점은, 급진적 시민사회 모델이 주장하는 민주적 실천에는 중요성을 거의 두지 않는다는 것이다. 국가 테두리 바깥의 참여민주주의적 실행과, 기본 욕구 및 사회변혁을 향한 (사회주의적) 지향으로부터 초점이 멀어졌다.[114] 따라서 근래 들어 1983년에 까르도쑤(Cardoso)가 묘사했던 시민사회 모델은 이미 전혀 다른 시대에 속한 것 같다.

브라질이 권위주의와 결별하고 있는 이유에 관해, 시민사회 자율을 강조하는 급진적 비전과 사회적 지배에 대한 사회주의적 비판을 결합한 설명이 있다.…권리를 빼앗긴 사람들의 자발적 연대 속에서 민주주의가 결정화될 때에 진짜 민주주의가 도래한다.…민주주의는 공동체로서, 즉 같은 인생경험에 근거하여 집합성을 형성하는 공통된 고통의 경험으로 살아가는 것이

---

112) Mainwaring, 앞의 글 313면.

113) D. H. Levine, "Venezuela: The Nature, Sources, and Future Prospects of Democracy," Diamond, Linz and Lipset, eds., 앞의 책 280면.

114) 중동부 유럽과 마찬가지로 라틴아메리카의 시민사회 개념을 최초로 다룬 이론가들은 여러 갈래의 사회주의자들이었다. 즉, 그들의 관심사는 정치적 평등과 일종의 사회·경제적 평등이 조화를 이루는 실질적 민주주의에 있었던 것이다.

다. 그 경험은, 함께 소멸될 국가와 착취자가 동시에 고립될 때에만 근원적 변화를 통해 변모된다.[115]

실제로 시민사회 이론은 풀뿌리 민주주의가 아닌 형식적인 정치민주주의에 대한 시민사회 이론의 중요성을 평가하기 위해 새로이 쓰여졌다. 급진적 시민사회 비전이 라틴아메리카의 일부 정치활동가와 지성인들 사이에 남아 있겠지만 주류 정치학은 그것을 거의 완전히 망각했다. 가능한 것에 대한 가치중립적 과학이라는 역설적으로 이데올로기적인 추구를 통해, 엘리뜨민주주의와 실제로 탈동원화된 시민사회가 현재 유일한 민주주의와 시민사회 형태라고 선전된다. 사실상 '역사의 종언'이라는 식의 주장이 여기보다 더 성행하는 분야도 찾기 힘들 것이다.

마지막으로, 중동부 유럽과 관련해서 시민사회에 관한 오늘날의 담론과 마찬가지로, 라틴아메리카의 민주화 문헌 속에 존재하는 좀더 진보적인 시민사회 개념조차 초창기의 급진 모델에서 멀어진 것처럼 보인다. 예를 들어 셰보르스끼는 대항헤게모니('대안적 미래를 위한 집단기획')의 조직화를 통해서만 권력이 정당성을 상실할 수 있다는 그람시의 이론을 고수한다.[116] 그럼에도 불구하고 셰보르스끼는 국가 바깥에서 목적 그 자체로서의 민주주의를 고대하는 시민사회 모델을 절대 거론하지 않으면서, 여전히 '이행게임'이라는 식으로만 시민사회를 이야기한다. 이 점에서 그람시의 범주를 재구성했던 급진적 시민사회 이론가들과는 대조적으로, 셰보르스끼는 그람시에 대해 정통적 접근을 고수한다.[117] 즉 셰보르스끼는 국가와 영

---

115) Cardoso, 앞의 글 313면.

116) A. Przeworski, "The Games of Transition," Mainwaring et al., eds., 앞의 책 107면.

117) 1980년대 이후 급진적 시민사회 모델 내에서 그람시적 범주의 재구성에 관해서는 다음을 보라. Baker, 앞의 글 395~99면; R. Barros, "The Left and Democracy: Recent Debates in Latin America," *Telos*, No. 68 (1986) 66면; C. M. Villas, "Popular Insurgency and Social Revolution in Central America," *Latin American Perspectives*, Vol. 15, No. 1 (1988) 58면; R. H. Chilcote, "Post-Marxism: The Retreat from Class in Latin America," *Latin American Perspectives*, Vol. 17, No. 2 (1990) 12면; R. Munck, "Farewell to Socialism?," *Latin American Perspectives*, Vol. 17, No. 2 (1990) 118면; Castaneda, 앞의 책 119면.

원히 결별하는 대중적이고 대항헤게모니적인 시민사회의 조직화에 초점을 맞추는 것이 아니라, 시민사회가 국가 자체에 영향을 미치기 전에 어떻게 하면 국가 내부의 권력을 먼저 변화시킬 수 있을까에 초점을 맞춘다.

휴버(Huber)는 "엄격히 말해 생산과 연관되지 않고 친숙한 정부통치적 성격도 아닌, 공식적·비공식적 사회제도와 결사체의 총합"이라는 그람시의 시민사회 이해를 받아들인다고 자인하는 점에서 셰보르스끼와 비슷하다.[118] 그러나 휴버는 그람시의 이해로부터 영향을 받긴 했지만 초창기의 급진적 모델로부터는 단절되어 있다. 휴버가 시민사회의 밀도가 피지배계급 자율성의 범위와 정도를 반영하는 것이라고 보면서도(휴버에게는 다른 어떤 형태의 시민사회도 '지배이데올로기의 통로'밖에는 안된다),[119] 시민사회를 반드시 국가와 관련해서——즉, 이러한 피지배계급이 국가에 대해서 권력을 가지는 정도로서만—— 규정하기 때문이다. 따라서 셰보르스끼처럼 휴버도 시민사회를 본질상 자율적이라고 생각지 않는다. 휴버는 그람시적인 접근을 계속할 뿐, 초창기 급진적 이론가들처럼 그람시의 정치적 방법론(시민사회 내의 대항헤게모니)을 사용하되, 국가 내 권력쟁취라는 그람시의 맑스주의적 관심을 넘어서려고 하지는 않는다.

맺음말

민주화 문헌 내부의 시민사회 이론이 가치중립적 과학이 아니라는 점이 이제 분명할 것이다. 규범적 배경이 자유민주주의적이며, 시민사회가 국가 수준에서 실제 존재하는 민주주의의 지원구조 이상의 역할을 할 수도 없고 또 해서도 안된다는 공감대가 형성되어 있다. 흔히 경쟁적 엘리뜨주의밖에 되지 않는 이러한 무비판적 유착은, 자유민주주의가 '역사의 종언'을 대변한다는 푸쿠야마(Fukuyama)의 테제를 은연중 수용하는 것, 그리고 더 나

---

118) E. Huber, "Assessments of State Strength," P.H. Smith, ed., *Latin America in Comparative Perspective*, Oxford: Westview Press 1995, 172면.
119) 같은 글 173면.

아가 민주주의의 개선 전망에 관한 슘페터 유의 냉소주의를 반영한 것이다.[120] 거칠게 말하자면, 이것은 대다수 분석가들이 '너무 많은' 민주주의를 두려워하기 때문이다. 이것은 물론 드문 관점은 아니다. 사실 플라톤 이래 이러한 생각이 학계에서 주종을 이루어왔다.

그러나 민주화 관련 문헌은 그것이 큰 관심을 기울이는 민주주의의 가치와 제도를 제외하고, 다른 가치와 제도에 대해서는 애매모호하다. 민주화 관련 학술문헌 내부의 시민사회 개념을 분석하면 이런 가치들이 더욱 분명히 드러난다. 이러한 가치로서, 첫째 진정한 정치와 민주주의의 영역으로서 국가의 공식적 제도에만 초점을 맞추는 데서 엿보이는 팽배한 '위계주의'(블라우그 Blaug가 효과적인 정치행위에는 '명령계통의 위계, 중앙화된 통제 및 전문성과 지도력 역할의 제도화'가 필요하다는 믿음이라고 규정한)[121]를 들 수 있다. 둘째는 경제자유화 및 그에 수반되는 자유시장제도와 사유재산의 고수 등 광의의 신자유주의적 주장을 거의 만장일치로 수용하는 것이다. 셋째, '제한된' 정치의 필요성에 관한 폭넓은 믿음을 찾을 수 있는데, 그것은 민중부문의 탈동원화와 정치 일반의 정례화를 촉구하게 된다.

시민사회는 '성숙한' 민주주의의 특징에 불가결한 것으로 여겨지며, 상당히 동어반복적인 양태로 그러한 민주주의의 조건으로만 규정된다. 위의 예를 차례로 살펴보자. '위계'는 시민사회 개념에서 분업의 조건으로부터 기능적으로 생겨나는 집단들로 구성되는 것으로 나타나고, 따라서 시민사회는 사회와 국가 사이를 중재하는 역할 외에는 비교적 대수롭지 않거나 비정치적이라고 규정된다(시민사회가 사회 전체의 이해관계 속에서 곧바로 국가를 프로그램할 수 있다는 생각은 이상화된 다원주의 사고가 부활하고 있음을 나타낸다). 이런 식의 도구주의적 접근은 중립적이기는커녕, 좀더 공화주의적인 견해에는 반대한다. 공화주의적 견해는, 목적 그 자체로서의 시민사회가 일종의 자주관리가 일어나고 이해관계들이 의사소통적으로 출

---

120) F. Fukuyama, "The End of History?," *The National Interest*, Summer 1989.
121) R. Blaug, "The Tyranny of the visible: Problems in the Evaluation of Anti-Institutional Radicalism," 리즈대학 정치학부에 제출한 미간행 논문, 1998년 9월, 4면.

현하는 적극적인 시민권의 연계와 결부된다고 본다. 둘째, 자유시장적 자본주의가 지지하는 소극적 자유를 민주주의와 동일시하는 것은, 위에서 본 대로 시민사회와 시장이 흔히 겹치거나 아니면 최소한 서로를 강화하는 것처럼 논의한다는 의미이다. 그리고 형식적 정치권력이 민주화되었어도 경제권력의 분포양상으로 인해 시민사회가 손상되거나 위협받을 수 있다는 점은 거의 고려되지 않는다. 이 경우만 보더라도 시민사회 이론은 또다시 시장의 정치를 공론(forum)의 정치보다 상위에 두는, 즉 소비자를 위한 선택적 공정거래를 시민을 위한 공적 공간보다 상위에 두는 규범적 우선순위를 반영한다. 셋째, 정치의 탈급진화에 대한 폭넓은 관심은 시민사회가 서로 가로지르는 이익과 충의로 이루어져 있다는 관념과 공명하므로, 시민사회는 공통의 이익과 목적을 가진 집단행위자, 다시 말해 이른바 '폭도'의 접합과는 정반대되는 개념으로 제시되는 것이다.

그러나 자유민주주의 정치의 소극적 자유, 특히 권력분립, 권력통제, 다원주의적 이익대변 등을 부르짖는 이 모든 주장은 시민사회 개념이 부활하기 이전에도 자유주의자들이 이미 적절히 표현하고 있었다. 그렇다면 왜 지금 시민사회 개념이 필요한가? 실제로 중동부 유럽과 라틴아메리카의 급진적 이론가들이 애초 시민사회 개념을 다시 전개했던 것은 바로, 이미 나와 있는 것보다 더 실질적인 민주주의를 향한 관심 때문이었다. 이들은 민주주의에 필요한, 무언가 새로운 조건을 이야기하고 싶었기 때문에 그때만 해도 거의 잊혀진 상태였던 시민사회 사상을 내세운 것이다. 1980년대 이후 그들의 시민사회 모델은 정치권력의 상층을 통제할 필요성에만 초점을 맞추는 자유주의로 회귀한 것만은 결코 아니고, 참여와 자주관리 또는 풀뿌리로의 권력재분배(정치적·사회경제적 양 측면에서)를 추구하는 급진민주주의적 관심도 갖고 있었다. 이것은 1990년대 민주화 관련 문헌에 성행한 실증적 접근이 거짓임을 드러낸다. 그러한 접근은 용어(시민사회)와 대상(세상에서 시민사회와 연관된다고 생각되는) 간의 관계를 전혀 문제삼지 않는 것처럼 보인다. 분명 시민사회 개념의 의미는 고착된 것이 아니며 더 큰 정치적 맥락에 따라 상당히 크게 변화해왔다.

실제로, 1989년 이후 시민사회의 급진적 사상을 손상시킨 것은 바로 반체제사상으로서의 지위를 상실했기 때문이라고 볼 수 있다. 1980년대 기간 동안 중동부 유럽과 라틴아메리카 두 지역에서 일단 민주화가 진전되자 반(反)국가 및 자주관리 담론이 그다지 필요하거나 적합하다고 생각되지 않았고 국가는 더이상 적이 아니었다. 이처럼 급진적 시민사회 사상은, 이른바 민주주의의 '제3의 물결'이 몰고 온 정치적 기반의 변동을 잘 견뎌내지 못했다.[122] 급진적 모델에 아이디어를 제공했던, 명백히 변혁적이던 정치는 시민사회의 자유민주주의 이론가들이 내놓은 현실주의에 의해 가려졌다. 자유민주주의 이론가들은 의심할 나위 없이 민주주의가 현재 실제로 무엇을 의미하는지 우리에게 잘 설명해주고 있지만, 그들은 민주주의의 현실적 의미와 민주주의의 당위적 의미를 혼동한다. 자유민주주의 모델의 규범적 내용이 이런 식으로 왜곡되었으므로 현상에 대한 대안은 거의 논의되지 않고 있다. 시민사회는 우리가 희구해야 할 어떤 이상이 아니라 우리가 이미 가지고 있는 어떤 것이 되었다. 특히 시민사회 이론의 비판적 예봉이 무뎌진 것은 우려할 만하다. 왜냐하면 그것은 10년 전만 해도 변혁을 지향했던 한 사상이 이제 실질적으로 탈동원화되었음을 드러내기 때문이다.

---

122) 필자가 다른 곳에서 주장한 것처럼(Baker, "The Changing Idea of Civil Society") 급진적 시민사회 모델이 쇠퇴한 또다른 이유는 그것의 내적 모순이었다. 사회전체적 자주관리로 해석된 시민사회는 유토피아적인 국가쇠퇴론과 상반되었다. 대다수 시민사회 이론가들, 특히 중동부 유럽의 이론가들은 국가쇠퇴론을 사회를 또다시 정치화시키는 것이라고 비판했다. 다른 말로, 시민사회의 자주관리 극대화 욕구는 같은 이론가들이 주장한 '총체화' 정치를 배제하기 위한 국가와 사회 영역의 분리 요구와 배치되었다.

시민사회 구하기

마이클 월저

오늘날 세계 여러 곳에서(최소한 학계의 정치이론가들 사이에서) 재현되고 있는 미국의 유명한 자유주의 대 공동체주의(communitarianism) 논쟁은, 현실정치에서는 별로 중요하지 않지만 국가에 초점을 두는 것과 시민사회에 초점을 두는 것 두 종류의 경쟁적 공동체주의가 있다는 인식에 있어서는 중요하다. 필자는 이 두 가지 공동체주의를 설명한 다음, 그 각각이 현대사회의 가장 어려운 문제를 우리가 해결하도록 돕는 일정한 역할을 수행할 수 있다고 주장하려고 한다.

①시민공화제·자꼬뱅주의적 국가주의 모델은 정말 중요한 공동체는 정치공동체 하나밖에 없으며, 그 구성원과 행위자는 민주적 의사결정의 적극적 참여자라고 간주되는, 전체 시민 자신들이라고 가정한다. 이상적으로 본다면(예를 들어 루쏘의 설명에서), 시민들은 대중적 회합에 '쇄도'한다. 시민들은 공공정책을 둘러싼 토론에 열성적으로 참여한다. 자신의 입장을 선택해야 할 경우가 생기면 시민들은 통상 공동선을 사익보다 위에 놓는다. 시민들은 '스스로를 다스릴 법을 만들고' 이러한 자율적 입법에 의거해서 생활한다. 시민들은 시민적 덕목을 자랑스럽게 솔선수범한다. 이처럼 시민들의 덕목이 고귀한 이미지이긴 하지만 어쩌면 바로 이 때문에 그들의

* Michael Walzer, "Reccuing Civil Society," *Dissent*, Winter 1999.
** 마이클 월저: *Dissent*지 공동편집인.

활동은 공화국의 훨씬 단조로운 행정적·재분배적 활동으로까지 이어지지는 않는다. 시민들은 고결한 뜻을 지닌 아마추어이자 헌신적인 자원봉사자이긴 하지만 이것은 고상한 과제에서 그렇다는 말이다. 시민들은 그 시대의 매우 중요한 쟁점을 놓고 모여서 토론을 벌인다. 행정과 분배는 전문가와 공무원이 전담하며, 일반시민들은 전문가와 공무원의 업무를 결정은 하지만 직접 맡아 처리하지는 않는다. 최소한 원칙적으로는, 모든 시민은 자신들이 어떻게 섬김을 받을 것인가에 관한 결정과정에만 참여하며 실제로는 공무원들이 모든 사람을 섬기는 것이다.

②다원주의·다문화주의 모델은 계급, 종교, 민족성, 지역 등에 근거한 많은 공동체가 존재한다고 가정한다. 여기서 국가는 하나의 테두리로서, 즉 사회연합체들의 사회연합체(미국과 같은 이주 사회의 경우 '민족체들의 민족')로 이해된다. 이때 사회 공동업무에 대한 열의, 헌신, 그리고 가장 만족스런 형태는 단일국가가 지원하고 촉진하는 다원적 사회연합체 내에서 구현된다. 각 공동체 내의 참여는 강렬한 연대감에서 우러나오기 때문에, 논쟁과 의사결정보다는(물론 구성원이 결정을 내려야 하지만) 상호부조에 더욱 초점이 맞춰져 있고, 전문 공무원제도는 부분적으로 자발적 사회봉사제로 대체된다. 보통사람들이 일상적 복지활동, 교육, 공동체 유지, 경축행사 등에 참가하면서 서로 돕는 것이다. 공화제의 시민과 마찬가지로, 이들 역시 아마추어이지만 이들은 보통의 시민들보다 훨씬 폭넓게 사회활동에 참여한다. 그들은 사회봉사의 참가권유자로서, 조직담당자로서, 관리자로서, 교사로서, 기금조성자로서, 그리고 그저 '도움을 주는 사람'으로서 활동한다. 이들은 빈자를 돕고, 병자를 방문하며, 유족을 위로한다.

이상의 두 가지 공동체주의 원칙은 모두 대응적이라는 특징이 있다. 양자 모두 포부만큼이나 우려를 표출하며, 그 우려는 간혹 과장되기는 하나 그럼에도 불구하고 정당한 것이다. 첫번째 공동체주의는 선거불참, 정부기구와 관리에 대한 불신, 체념과 무관심 등으로 나타나는 시민헌신·시민참여의 쇠퇴에 대응하는 모델이다. 두번째 공동체주의는 종교적·민족적·계급적·지역적 정체감을 잠식하며, 이보다 더 중요하게 모든 형태의 집합적 정체성을 묶어주고 그것을 재생산하는 가족적 충실성을 약화시키는, 일종의 제멋대로식 개인주의에 대응하는 모델이다. 미국의 경우 최근의 많은 연구에 의하면(물론 학문적 논쟁의 여지가 있긴 하지만), 매우 중요한 여러 사회연합체의 구성원이 줄고 사회적 회합의 참석률이 급격히 감소하는 등 결사체 활동이 심하게 쇠퇴하고 있다고 한다. 실제로 하버드대학 정치학자 로버트 퍼트냄(Robert Putnam)이 펴낸 여러가지 도표는 바로 이같은 쇠퇴의 여러 양상, 즉 투표율 하락, 기타 여러 형태의 정치적 활동의 쇠퇴, 주류 교회의 구성원 감소(복음주의파와 오순절파는 늘고 있지만), 정당·노동조합·박애단체·사친회의 구성원 감소, 신문의 정기구독자 감소, 단체 경기 참여자의 급감(급증하고 있는 단독형 운동과 대비되는)을 정확하게 드러낸다. 이 모든 현상이 무엇을 뜻하는지 속단하기 이르지만, 위의 두 가지 공동체주의가 모두 염려스러운 정치현상을 반영한다는 점에서, 양자는 서로 비슷해 보인다. 양자 모두 부흥이란 목표를 품고 있는 것이다.

필자는 이같은 두 가지 공동체주의가 서로 도울 수 있으며, 또한 (사회에─엮은이) 조금이라도 도움이 되기 위해서는 반드시 그렇게 해야만 한다고 주장하고 싶다. 그러나 두번째 공동체주의가 첫번째 공동체주의를 구출해야 한다는 것이 더 일반적인 생각이다. 흥미롭게도 보수주의자와 급진주의자가 함께 결사체의 활력과 자발적 활동, 박애주의적 기부 등에 희망을 걸고 있는 것이다. 따라서 바로 여기서부터 이야기를 시작해보자.

공동체와 결사체는 국가의 틀 속에 있지만 국가의 지배를 받지 않는 시민사회의 공간 내에 존재한다. 현대국가의 다양한 재정적·정치적·도덕적 곤란을 감안하여 많은 사람들이 과거엔 국가에 기대던 문제, 무엇보다 빈곤·실업·박탈 등을 해결하기 위해 이제 시민사회에 기대를 건다(필자 역시 『디쎈트』Dissent지 1988년 여름호의 기사 「복지국가를 사회화하기」Socializing the Welfare State를 통해 시민사회에 기대를 건 바 있다). 단일한 사회연합체를 구출하기 위해 다원적 사회연합체를 호출하고 있는 것이다. 같은 사람들이겠지만, 시민사회의 구성원이 국가의 시민이 하지 못하는 것을 해내야만 한다.

그러나 솔직히 말해 이러한 구출작전이 제대로 이루어지려면 그것의 장애가 되는 시민사회의 세 가지 특징, 즉 불평등, 분절화, 불안정성을 먼저 해결해야만 한다. 그렇게 할 때 우리는, 시민사회의 공동체들이 자기가 구출하려는 그 국가의 도움을 되레 필요로 한다는 사실을 알게 될 것이다. 사회연합체들의 사회연합체는 그것의 단일성과 다원성 그 둘 모두를 반드시 필요로 한다. 단일성과 다원성은 철학 문헌에서 흔히 서로 상반되는 것처럼 기술되지만, 정치와 사회의 영역에서는 양자가 협조하기를 기대해야만 한다. 그러나 이런 말은 너무 추상적이다. 지금부터 시민사회 구출계획의 세 가지 장애물을 자세히 살펴보기로 하자.

불평등

시민사회는 불평등의 영역이다. 그 안의 다양한 집단들은 자원을 축적하고 써비스를 제공할 역량이 결코 동일하지 않다. 모든 형태의 불평등──교육, 부, 정치적 접근도 및 전문적 능력 등──이 시민사회의 조직생활 내에 반영되고 확대되기까지 하므로 가장 미약한 집단은 가장 미약한 조직을 가질 수밖에 없다. 물론 노동조합이 노동자 일반의 이익을 위해 활동한다거나, 또는 교회가 운영하는 병원과 요양원이 더 넓은 공동체를 대상으로 하는 것처럼, 간혹 강한 집단이 약한 집단의 구성원을 돕기도 한다. 그러나 우리가 시민사회에서 바라는 것은 자조와 상호부조이다. 다원적 공동체주의는 반드시 역량의 평준화를 목표로 삼아서, 모든 사람들이 자신의 이익을 지키기 위해 조직화할 수 있도록 도와야 한다. 시민사회 내에 공존하는 모든 집단은 그 집단의 구성원에게 써비스를 제공함과 동시에 자기 조직 경계 밖에 있는 약자에게도 써비스를 제공할 수 있어야 한다. 이것을 달성하지 못하면, 국가복지 써비스의 특징이자 그 효율성을 저해하곤 하던 피보호성(clientage)과 의존성의 패턴을 시민사회에서도 답습하게 될 것이다. 그러나 이러한 공동체 역량의 평준화를 이루기 위해서는 국가 자체의 개입이 필요하다.

죠지 부시(George Bush)는 1988년 공화당 전당대회에서 행한 유명한 연설에서, 포괄적인 국가가 마치 암흑의 영역이기라도 한 것처럼(미국에서는 흔하지만 유럽에서는 다소 드문 견해), 시민사회 보통사람들의 자발적인 활동을 "수많은 불빛들"이라고 표현했다. 사실은 미국에서도 시민사회 안의 수많은 불빛들은 국가가 주로 세금의 형태로 제공하는 전기에 의존한다. 미국사회의 가장 강력한 집단(주로 아일랜드계 가톨릭교도, 독일 및 스칸디나비아계 루터교도, 유태교도 등)도, 국가기금의 보조를 받지 않고는 그들이 현재 제공하는 탁아방, 유치원에서부터 양로원과 장의협회에 이르는 평생써비스를 감당하지 못할 것이다. 필자가 잘 아는 사례로서, 가톨릭 자선단과 유태인협회가 쓰는 기금의 약 60%가 일반 세원으로부터 충당된다. 원칙적으로는 이보다 약한 집단(미국의 오랜 인종주의 역사를 감안하면 이 중에서 흑인 침례교도가 제일 중요하다)도 같은 돈을 받을 수 있게 되어 있지만, 현실적으로는 그렇지 못하다. 이들은 정부기금을 받을 만큼 조직화되지 않았고, 그들만의 물적·제도적 기반이 충분치 않으며, 더 오래되고 더 발달한 공동체만큼 정치권력에 접근할 능력이 없다. 만일 국가 프로그램으로 그들을 도우려고 한다면 그 목적을 위한 프로그램을 특별히 짜야 할 것이다. 이런 종류의 도움은 정치적·도덕적 지원을 제외하고는 시민사회 내부로부터 나올 수가 없다.

자발적으로 돈과 시간과 정력을 기부하는 것이 결사체 생활의 핵심이다. 그러나 현대사회에 필요한 써비스를 강제력 없이 혼자 힘으로 감당할 수 있는 분산된 공동체는 없다. 맑스는 공장제도가 그 구성원을 대규모로 조직화하고 매우 수준 높은 협동작업을 요구함으로써 노동계급을 이러한 분산으로부터 구해낼 것이라고 생각했다. 사실 유럽식 사회민주주의는 바로 그러한 집중과 협력의 산물이었다. 광범한 조직적 네트워크, 지지자들에게 제공한 수많은 써비스, 그 목적을 위해 투입한 시간과 정력과 돈, 이 모든 것이 현대식 공장의 경험에 기원을 둔 공통의 계급문화 덕분에 가능했다. 그러나 오는날 노동계급은 다른 수많은 민족적·종교적 공동체만큼이나 분산되어 있다. 아니 사회계급·종교적 신앙·민족적 역사·거주지에 근거하든 안하든, 어떤 배타적인 공동체의 재생산을 허용하지 않는 대중사회 및 상업문화에 노동계급의 구성원들이 다같이 흡수되었다고 말하는 편이 나을지도 모른다. 바로 이같은 점 때문에 예전보다 시민사회의 자원을 동원하기가 힘들어졌으며 국가의 역할은 결정적으로 중요해졌다.

그러므로 국가는 영원하며 결코 쇠퇴하지 않을 것이다. (국가가 쇠퇴할 것이라는—엮은이) 구식 맑스식 비전은 미국에서는 자유만능주의자와 자유시장 만능론자가 받아들였는데, 오늘날에도 여전히 환상일 따름이다. 그러나 국가가 자기 역할을 수행하려 한다면 시민들의 연대가 있어야 한다. 첫번째 종류의 공동체주의인 시민공화제 모델은 계급·신앙·민족·거주지 등의 다원적 연대를 초월하여 존재하는 또다른 현실성을 갖고 있어야만 한다. 이 순간 필자는 스스로도 실천방법을 알지 못하는 어떤 프로그램의 중요성을 재강조하면서 당위론적으로 말하고 있다. 그렇지만 필자는 무엇이 중요한지는 알고 있다. 민주적 참여는 하나의 가치일 뿐만 아니라, 수많은 시민들의 값진 경험이어야 한다. 따라서 다함께 노력한다는 느낌이, 시민사회의 다원적 공동체에서 먹혀들듯이 단일한 정치공동체에서도 작용한다. 그러나 오늘날 미국에서 시민의 투표참가율은 50%를 밑돈다(몇 나라에서 감소하고 있긴 하지만 유럽의 투표참가율은 이보다 훨씬 더 높다). 이것은 미국식 복지주의를 위협하는 정치적 소외의 정도를 보여준다. 또한 국가가 복지에 관여를 덜 할수록 가톨릭교도, 루터교도, 유태교도 등이 자체적인 써비스를 제공할 수 있는 역량도 함께 줄어든다.

그러나 이 과정은 다른 방향으로 일어나기도 한다. 만일 정치적 소외가 시민사회를 잠식한다면, 결사체의 약화 역시 시민권의 가치를 잠식하게 된다. 시민사회에의 참여가 민주제도에의 참여를 대체할 수는 없지만 전자는 후자를 고무하고 유지시킬 수 있다. 현재 나와 있는 증거를 모두 찾아보아도, 시민사회의 활동가가 동시에 활동적인 시민이라는 점이 분명하다. 따라서 두 가지 공동체주의를 결합해야 한다고 주장하는 것이다. 즉 결사체 생활을 재생시켜야 정치적 재생이 이루어질 것이며, 또한 정치적 재생만이 결사체 생활의 불평등을 극복하는 데 필요한 헌신(그리고 궁극적으로 필요한 자원)을 창출할 수 있는 것이다. 이 두 가지가 결합되어야만 소외된 사람들을 공통의 삶으로 불러올 수 있다. 시민사회 구출계획을 가로막는 두번째 장애요소와 관련해서도 동일한 상호의존성을 적용할 수 있다.

분절화

시민사회는 분절화와 분열의 영역이다. 이와 반대로 국가는 최소한 원칙적으로는 보편적인 사회이다. 시민권은 국가가 통제하는 영토 내의 모든 주민에게(새로 이주해오는 이민자에게는 그 당시 적용하는 제한규정에 따라) 부여되는 지위이다. 필자는 민주주의 국가가 다 그렇지는 않다는 걸 알지만, 생활이 국가에 의해 직접적으로 결정되는 모든 사람, 그리고 국가 강제력의 직접적인 대상이 되는 모든 사람이 국가의 의사결정 과정에 반영되는 것이 민주정치의 적절한 목적이라고 생각한다. 이와 대조적으로, 시민사회의 결사체들은 보편적 신조를 옹호하고 자신의 특정한 성격과 목적이 허용하는 만큼 새로운 구성원에게 개방적이라 해도, 불가피하게 배타적이다. 그 이유는 서로 다른 결사체들이 공존하면서 서로 다른 종류의 보편적 신조를 옹호하며 새로운 구성원을 놓고 서로 경쟁하기 때문이다. 그리고 물론 어떤 의미로도 보편적이지 않은 결사체가 많다. 그들은 특정 이익을 촉진하며 그 이익은 또다른 특정 이익과 충돌한다. 위의 두 가지 경우 모두에서, 결사체는 일정한 사람들끼리만 공유하는 정체성을 증진시키며, 일정한 사람들만 시민사회의 활동에 참여하게 된다. 이 모든 것은 신조·이익·제휴·활동 등 차이점의 패턴을 명백히 보여준다. 그 이유는 결사체가 특수하고 폐쇄적이므로 그 안에서 강렬한 연대의식이 우러나오기 때문이다. 시간·정력·돈을 희사할 수 있게 하고, 또한 정치적 투쟁·종교적 친교·상호부조 행위에 광범위하게 즉각 참여할 수 있게 하는 것이 바로 이러한 연대의식이다.

이런 집단을 강하게 만들면 그들 사이의 차이들 역시 강화된다. 최소한 이것이 시민사회에 상존하는 위험 중의 하나이다. 이런 문제는 현대(일부의) 정체성의 정치(identity politics)를 통해 명백하게 입증된다. 사실 정체성의 정치는 필요한 연대의식을 강화하는 데 도움이 되지만 그렇게 하기 위해서 값비싼 대가를 치러야 한다. 왜냐하면 정체성의 정치는 시민을 분열시키고 필요 이상으로 민주정치를 어렵게 만들기 때문이다. 이러한 분열의 치유책은 시민사회 자체 안에서 나온다. 시민사회가 분절화의 영역이라 해도 그 안의 다양한 정체성은 항시적으로 고정된 것이 아니며 단일한 성격도 아니다. 같은 사람이 다른 종류의 결사체에 참여할 수 있으며 이러한 중복가입과 그로 인한 모호한 경계는 민주정치에 있어 최선의 사회적 배경이 된다. 따라서 교회는 계급·직종·정당이 다른 사람들을 한곳에 불러모으고, 노동조합은 종교적·민족적 귀속이 다른 사람들을 한곳에 불러모으는 식이다. 그러나 이런 중복적 결사 유형이 유지되려면 루이스 코저(Lewis Coser)가 '탐욕스런 단체'——구성원의 완전한 헌신을 요구하면서 그들의 시간, 정력, 가용한 돈에 대해 권리를 주장하는 조직화된 집단——라고 부른 조직에 대한 비판과 강력한 저항이 필요하다. 너무나 당연하지만, 탐욕스런 단체는 불관용에 이바지하는 반면, 복수가입과 분리된 충성심은 관용에 이바지한다.

프린스턴대학 정치학자 셰리 버먼(Sheri Berman)의 바이마르공화국에 관한 최근 연구에 따르면, 바이마르의 가장 중요한 집단들(일부)이 가졌던 총체적 야망이 그 이후 닥쳐올 재난의 원인이었다고 한다. 예를 들어 가톨릭결사체와 사회민주주의 결사체의 구성원들은 다른 독일인보다 나찌의 호소에 더 저항적이었다. 그러나 이들 두 집단 사이에는 중복가입이 거의 없었다. 두 집단간 상호교류가 거의 없었고 구성원들 사이에도 상호이해나 상호존중이 거의 없었다. 따라서 그들은 협력해서 나찌에 대항할 수 없었다. 어쩌면 협력이 아예 안중에 없었을지도 모른다. 당시 교회는 오늘날보다 훨씬 더 보수적이었고 사회민주주의자는 흔히 전투적인 무신론자였다. 그러나 이러한 심대한 이념적 분열은 두 집단 사이의 거의 완전한 제도적 분리와 긴밀하게 맥이 닿아 있었다. 탐욕스런 단체는 시민사회의 적이며, 현대세계에서 유일하게 존립 가능한 민주정치인, 동맹정치와 타협정치의

적이다. 그럼에도 불구하고 이런 단체들의 바로 그 탐욕성이 구성원에게 특별한 애착과 헌신을 불러일으킨다. 이런 결속을 와해시키면 (단체로 보아서는—엮은이) 진짜 손실이 되겠지만 그래도 그것이 다원주의의 생존을 위해서는 필요하다.

시민사회의 분열을 치유하는 또다른 방책은 민주정치를 실제 경험하는 데 있다. 왜냐하면 국가에 대한 귀속은 언제나 기타 다양한 결사체 가입과 중복되기 때문이다. 즉 하나가 다수를 포함하는 것이다. 그리고 만일 국가가 민주주의 국가이고 시민들이 그 안에서 활발하게 활동한다면, 그들은 필히 갈등과 협력 속에서 수많은 다양한 방식으로 매일 서로를 대해야 할 것이다. 그들은 논쟁을 벌이고 끼리끼리 조직하겠지만 또한 협상과 타협을 할 것이다. 따라서 민주적 만남은 시간이 지나면서 결사체간의 차이들을 완화시키는 데 도움이 된다. 만일 그러한 만남이 자주 있고 그 만남의 결과가 시민들에게 중요하다면, 최소한 이런 현상이 일어날 수가 있다. 무관심과 회피가 크면 민주국가를 약화시킬 뿐만 아니라 시민사회를 위험한 장소로 만들게 된다. 미국에서 가장 극단적인 정체성의 정치 형태는, 정치의 장에서 거의 발언권을 갖지 못하거나, 그곳으로부터 철수 또는 배제된 집단들에서 발전해왔다. 이런 집단을 국가로 다시 회귀시키면 시민사회 내의 새로운 협력 가능성도 열릴 것이다. 그러나 시민사회의 마지막 특징을 감안한다면 이러한 가능성이 실제 얼마나 클지는 여전히 의문으로 남는다.

불안정성

시민사회는 불안정하고 파트타임 참여적이며, 임시적이고 짜임새 없는 활동영역이다. 물론 시민사회에도 상근 전문가들이 있다(요즘 미국의 경영대학에서는 학생들에게 비영리단체 경영기법을 가르친다). 그러나 대다수 사람들에게 시민사회에서의 자원봉사는 방과후 활동이다. 그 수가 줄어들고 있긴 하지만 아직도 가장 흔한 자원활동인 미취업 여성이 행하는 자원활동은 가족과 가사를 돌본 후 시작된다(사실 이런 여성을 결코 미취업이라 할 수도 없을 것이다). 취업 남성과 여성이 행하는 자원활동은 일과 또는 한 주 근무가 끝난 후 시작된다. 자원활동은 시장이나 관료적 통제를 받지 않는 간헐적인 행동이다. 단 한번도 자원봉사에 참여하지 않은 사람도 많다. 자원활동을 하더라도 얼마 동안 열성적이다가 그후 떠나는 사람이 많다. 가장 양심적인 자원활동가라 하더라도 시민사회 활동은 결코 항상적인 헌신이 되지 못한다. 또 그럴 수도 없다. 생계를 꾸리고 가정을 돌보고 아이를 키우는 것이 언제나 우선이다. 원칙적으로 시민사회 활동은 사회적으로 가치있는 일이다(따라서 죠지 부시의 '수많은 불빛들'). 분명히 다양한 결사체들은 자기 단체의 가장 중요한 자원활동가를——특히 자원해서 돈을 기부하는 활동가를 포함해서——예우할 줄 안다. 그러나 무보수 활동은 자본주의 사회에서 그리 크게 존중받지 못한다. 이것은 특히 남성들한테 그러한데, 왜냐하면 남을 돕는 활동은 주로 여성의 몫이라 생각되기 때문이다. 좋은 일이긴 하지만 시장에서의 성공과 부합되지 않는 일이라고 생각하는 것이다. 물론 이미 성공한 남성에게, 박애활동이나 종교단체 또는 문화단체의 명예대표직을 맡는 것은 단순히 좋은 일 이상의 뜻이 있다. 그것은 이전의 경제적 성공을 과시하고 강화하는 것이다. 그러나 이보다 못한 일은 품위가 떨어진다고 생각될 가능성이 높다. 평범한 자원활동가에게는, 활동 자체가 보상이 되어야 한다. 다른 보상은 없다. 어떤 종류의 보상도, 경비 지원도, 건강보험도, 연금도, 심지어 대중의 인정도 없다.

  시민사회를 이용해 국가를 구출하자는 가장 급진적인 제안 중에는(주로 유럽의 반체제 사회민주주의자로부터 나옴. Claus Offe, "Full Employment: Asking the Wrong Question," *Dissent*, 1995년 겨울호를 보라) 위와 같은 관행을 모조리 바꾸자는 것도 있다. 그것은 단순히 결사체 활동을 강화하는 문제가 아니라, 시장경제하에서 유용한 일자리를, 또는 요즘 여러 나라의 경우 일자리 자체를 찾기 어려운 다수의 사람들에게 결사체 활동을 상시적 활동으로 변환시키자는 것이다. 이것은 분명 시민사회의 상시적 활동가에게 상당한 헌신——투사들이 운동의 대의를 위해 거의 상근하다시피 했던 구좌파에게는 어쩌면 친숙한 헌신——을 요구할 것이다. 이런 사람들은 분명 자원활동가

264

이긴 했지만 최저생계비를 지급받았고 혁명의 승리를 기약하며 살았다. 이들은 최소한 운동진영 내부에서는 대단한 존경을 받았고 간혹 진짜 권력을 행사하기도 했다. 그러나 영광스런 결말의 기약도 없이 그저 똑같은 일만 반복되는 결사체에서는 이런 식의 조건을 재현하기가 쉽지 않을 것이다. 심지어 교회도, 아니 대다수 교회도 20세기의 마지막 이 시기에 세상의 종말을 선포할 태세가 되어 있지 않은 실정이다.

그렇지만 사람들이 시민사회 내에서 생계를 유지하거나 시민사회와 시장 사이를 오가며 한곳에서 수년간 일하게끔 하는 새로운 형태의 보상을 상상해볼 수 있다. 연간 확정보수도 하나의 가능성이지만, 그같은 활동과 보상 사이의 확연한 구분은 도덕적으로 문제가 있다고 여기는 사람이 많을지도 모른다(또한 정치적으로도 문제가 많을 것이다). 만일 모든 사람이 똑같은 조건을 보장받을 수 있다면 시민사회 활동가는 진정한 자원활동가가 될 수 있을 것이다. 그러나 이때 치러야 할 사회적 비용이 있다. 자원활동에 참여하는 사람의 혜택을 위해서뿐만 아니라 자원활동에 참여하지 않는 대신 레저를 선택하는 사람을 위해서도 생산활동에 세금을 물려야 할 것이다. 그러나 18,9세기 부르주아의 귀족기생론 비판, 19,20세기 사회주의자의 부르주아기생론 비판, 그리고 현대 우익의 복지기생론 비판 캠페인을 감안하면, 필자는 위와 같은 조치를 상상하거나…또는 정당화하기가 매우 어렵다고 본다.

좀더 가능한 대안은 평생을 또는 일정 기간을 시민사회에 바치기로 작정한 사람에게 최저생계비와 수당을 지급하는 것이다. 이 사람들은 시장에서 더 큰 수입을 올릴 수도 있지만 그것을 포기했으므로 여전히 자원활동가로 보아야 한다. 이때에도 헌신이 요구될 것이다. 급여를 지급하는 의미는 경제적으로 그러한 헌신을 가능하게 하자는 데에 있다. 급여수준은 시민사회의 모든 (또는 대다수) 구성집단에서 동일할 것이므로 결사체 생활의 불평등을 줄이는 데에도 도움이 될 것이다.

많은 사람들이 이같은 식의 자원활동을 선택할지는 결코 분명치 않다. 그러나 자원활동가의 수가 늘면 시민사회가 제공하는 써비스가 향상될 것이고, 급여를 지급하면 아마도 다양한 결사체 내의 불안정성이 줄어들고 질서가 늘어날 것이다. 그러나 다시 한번 강조하건대, 아주 강력한 국가만이 이것에 필요한 재원을 걷고 분배할 수 있을 것이다. 또한 생산적인 일에 종사하는 사람이 시민사회에 종사하기로 한 사람들을 부양하기 위해 세금을 내는 데 동의하기 위해서는, 시민들간의 연대가 무척 강력해야 할 것이다. 시민사회 내의 활동이 중요한 생산활동이 아니라는 뜻은 아니다. 다만 시민사회 활동을 하는 사람은 세금을 내지 않고, 경제활동을 하는 사람의 선의에 의존하게 될 것이라는 말이다. 그리고 제도를 악용하는 일이 분명 생길 것이기 때문에, 이러한 선의가 아주 단단한 기반을 갖고 있어야 할 것이다.

국가를 구출하기 위해 시민사회를 불러들이는 것은 무척 거대한 규모의 국가적 행동을 필요로 할 것이다. 필자 생각으로 이것은 역설이지만, 최소한 이론상으로는 해소될 수 있는 문제이다. 이것을 위해 필요한 것은, 현재 전망은 없지만 역사적으로 드물지는 않은, 일종의 정치적 운동일 것이다. 이 운동의 활동가는 시민사회로부터 배출될 것이며, 그 활동은 민주정치의 장에서 벌어질 것이다. 그것은 사회변혁운동이 될 것이다. 최소한 초반에는, 자원봉사활동을 대중이 인정할 경우 이득을 얻는 다양한 결사체에서 이미 활동중인 사람들이 이 운동의 활동가로 나설 것이다. 주류 종교집단, 그리고 새로운 환경운동·여성운동 단체가 주도할 수도 있겠다. 그러나 이런 종류의 사회적 변혁은, 노동조합의 자원활동가들도 혜택을 입기 때문만이 아니라 시민사회 내의 일자리 가능성으로 인해, 유럽형 '노동예비군'의 규모가 줄거나 또는 미국형 '2차경제'에 대한 대안이 창출됨으로써, 노동시장이 강화될 것이기 때문에, 노동조합에도 이익이 될 것이다. 다시 말하지만, 우리는 이 정도 크기의 사회운동을 아주 오랫동안 목격하지 못했으며, 공동체주의 부흥의 계기가 되었던 국가와 시민사회의 약화로 미루어보건대 이런 운동이 실현되는 데는 오랜 시간이 걸릴지도 모른다.

그러나 한가지는 분명해 보인다. 우리가 시민사회의 개화를 희망하려면, 오늘날 신자유주의적인 국가대항 캠페인(또는 국가예산 반대 캠페인)을 격퇴시켜야 한다는 점이다. 민주정치는 강건한 결사체를 필요로 한다. 그러나 민주정치는 또한 결사체의 세계에서 발생하는 불평등, 공동체적 연대의 잦은 분열, 그리고 자원봉사활동의 불안정하고 무질서한 특성을 견뎌내야만 한다. 시민사회에서 활동하는 모든 사람들이 헌신적인 시민으로서, 자신의 활동을 높이 평가하고 지원하는 국가를 창조하기 위해 (자발적으로) 노력하지 않는 이상, 시민사회 활동가들이 이루고자 하는 결과를 결코 얻지 못하리란 의미이다.

NGO 정당성의 네 가지 판단기준

이언 애턱

1. 들어가며

NGO는 남측 국가의 개발과정에서 점점 더 중요한 행위자가 되었다. 이 현상은 인도적 구호, 장기개발, 정책형성, 정치적 주창활동 등 NGO의 주된 활동분야에서 모두 나타나고 있다. 이 때문에 개발과정에 관여하는 NGO의 규범적 토대에 관한 질문이 제기된다.

이 글에서 필자는 이러한 규범적 질문들을, 정치적·사회적 행동의 도덕적 정당화를 문제삼는 '정당성'의 개념 아래 묶을 수 있다고 주장할 것이다. 더 나아가 정당성의 판단기준에는 형식적·절차적 정당성과 실질적·목적적 정당성 두 가지 종류가 있다. NGO의 경우, 개발과정에 참여할 때에 정당성의 네 가지 판단기준이 있을 수 있다. 즉 형식적·절차적 범주인 대표성과 특유의 가치, 그리고 실질적·목적적 범주인 유효성과 자력화가 그것이다. 개발을 유익한 사회적·경제적 개혁이라고 이해할 때, NGO와 국가가 그러한 개발의 대항적 행위자가 아닌 보완적 행위자가 될 수 있다는 결론을 이 글에서 내리고자 한다.

＊ Iain Atack, "Four Criteria of Development NGO Legitimacy," *World Development*, Vol. 27, No. 5. ⓒ 1999 Elsevier Science Ltd.
＊＊ 이언 애턱: 아일랜드 연합신학대학 교수.

2. NGO와 개발과정

서구의 정치이론가들은 사회를 세 가지 기본요소, 즉 국가, 사기업, 시민 사회로 나누곤 한다. 이것은 "정치적 권력을 대표하는 군주, 경제적 권력을 대표하는 상인, 인민적 권력을 구현하는 시민"(Korten 1990, 96면)이라는 은유로 나타낼 수 있다. 시민사회는 더 나아가 시민과 국가의 활동이 집합적으로 그리고 조직화된 형태로 발생하는, 개별 시민과 국가 간의 공적인 공간으로 정의된다(Stewart 1997, 1면).

개발NGO를 포함한 비정부기구는 그 이름이 지칭하듯 교회, 노동조합, 특수이익단체, 미디어 등과 함께 시민사회의 중요한 부분이다(MwMakumbe 1998, 305면). 시민사회의 일부이며, 따라서 국가 및 사기업과 구분되는 NGO는 비정부적이고 비영리적이다.

개발NGO들은 대단히 이질적이고 다양하다. 이러한 다양성은 지정학적 소재지(남측 또는 북측), 규모, 활동종류(현장활동, 교육, 캠페인 등), 이념이나 동기와 같은 여러가지 요인에서 기인한다. 특히 정당성과 관련해서 핵심적인 구분법 중 하나는 "스스로를 위한 회원조직과 남을 위한 봉사조직"으로 나누는 것이다(Bratton 1989, 571면). 필자가 언급할 NGO 정당성의 판단기준의 대부분은 특히 북의 개발NGO와 관련이 있으며, 이들은 거의 예외없이 후자의 범주에 속한다. 코턴(D. Korten)은 이런 조직을 '제3자 조직'이라고 부르는데 그 이유는 "이들 조직이 그 구성원이 아닌 사람들, 즉 제3자의 요구에 봉사하기 위해 존재한다는 전제 위에 자신의 사회적 정당성을" 근거지었기 때문이다(Korten 1990, 96면).

자주 인용되는 코턴의 분류에 따르면 개발NGO의 전략에는 세 단계(또는 어쩌면 네 단계) 세대가 있으며 이런 식으로 특정 개발NGO의 활동을 분류하거나 분석할 수 있다. 코턴은 이 세 단계를 "① 구호와 복지, ② 지역 자립, ③ 지속 가능한 씨스템 개발"로 지칭한다(Korten 1987, 147면).

"첫째세대의 전략은 수혜를 받는 주민이 경험하는 식량·의료·주거 욕구와 같은 당면한 결핍이나 부족을 해결하기 위해 NGO가 써비스를 직접 제공하는 것이다"(Korten 1990, 115면). 이러한 전략은 즉각적인 인간욕구가 채워져야 하는 기근·홍수·전쟁 같은 재난 또는 위기상황에서 긴급구호나 인도적 구호에 특히 알맞은 방법이다.

이와 달리 지역자립은 "NGO원조가 끝나더라도 그 혜택이 지속될 수 있도록"(Korten 1987, 148면), NGO가 장기적 개발사업이나 역량구축에 관여하는 것을 말한다. "제2세대 전략은 자립적인 지역행동을 통해 주민들이 자신의 욕구를 더 잘 충족시킬 수 있도록 주민의 역량을 발전시키는 데 NGO의 힘을 집중하는 것이다"(Korten 1990, 118면).

NGO활동의 제3세대인 '지속 가능한 씨스템 개발'은 개발NGO 활동에 영향을 주는 "거시적인 제도적·정책적 맥락"에 개입하거나, 또는 정부나 다자간기구의 정책형성 과정에 참여하는 것이다(Korten 1987, 148면).

> 제3세대 전략은 개별 공동체 수준 이상을 바라보며 지방·국가·지구적 수준에서 특정 정책과 제도의 변화를 추구한다. 자립적 촌락개발 계획은 국가적 차원의 개발지원 씨스템과 연계되어야만 지속될 가능성이 높다. (Korten 1990, 120면)

개발NGO 전략의 이러한 세 가지 차원에 덧붙여, 코턴은 광범위한 "사회적 비전"을 촉진시킬 '민중운동'을 지원하는 제4세대 전략을 밝힌 바 있다 (같은 책 127면).

그런데 이렇게 추가된 제4세대 NGO활동을 범주화할 대안적 방법도 있다. 이것은 제3세계 부채·군비·국제무역체제와 같은 쟁점에 관해, 이 쟁점들이 특정 공동체, 국가 또는 지역의 발전 전망에 영향을 미치는 한 정치적 주창활동과 캠페인을 전개하는 것이다. "다자간체제와 지구적 경제의 관리 영역에서 선진산업국들이 압도적인 영향력을 발휘"하기 때문에 특히 북의 개발NGO가 이러한 정치적 주창활동을 발의할 책임이 있다는 주장이다 (Brodhead 1987, 4면).

코턴은 한 종류의 개입이 다음 단계의 개입으로 이어지고 또한 이것을

NGO 개발사업의 진화적 역사로 볼 수 있기 때문에, 이같은 과정을 '개발 NGO 전략의 세대간 발전'이라고 부른다. 대다수 개발NGO들은 처음에는 시급한 인적 재난이나 위기상황에 대응해서 활동을 시작하지만 개발의 쟁점과 문제의 복잡성을 더욱 정교하게 이해함에 따라 활동반경을 한 세대에서 다음 세대로 옮긴다는 것이다.

코턴은 제1·2세대의 활동이 효과적이기 위해서는 NGO가 정책형성 과정에 참여하는 것이 필수적이라고 주장한다. 마찬가지로, 오늘날 개발 NGO들은 사하라 이남지역과 제3세계 일부 지역의 빈곤확대 추세를 반전시키기 위해서는 제3세계 외채 같은 쟁점을 놓고 로비나 캠페인 활동을 벌이는 것이 필요하다고 주장할 수 있겠다.

이와 동시에 코턴은 모든 단계의 전략들이 개발NGO의 활동에 있어 중요하며, 이러한 전략들이 광범위한 NGO공동체 내에 공존할 뿐만 아니라 개별 NGO 안에 함께 들어 있기도 하다는 점을 인정한다. 코턴은 이러한 전(全)단계 전략이 어쩌면 "전체 조직과 연결되기보다는 개별 프로그램과 더욱 적절하게 연결되어 있을지도" 모른다고 말한다(Korten 1987, 149면).

개발NGO는 현장활동이나 써비스제공(제1·2세대), 그리고 정책형성과 정치적 주창활동(제3·4세대) 양자의 영역에서 더욱더 중요지고 있다. 예를 들어 인도적 구호와 장기개발의 영역에서 각국 정부와 유엔은 써비스 전달을 위해 NGO에 점점 더 의존하고 있다. 1970년대에 공식개발원조 (ODA) 전달의 0.2%만을 담당했던 NGO가 현재는 10%가 넘는 ODA 전달을 책임지고 있다(Gordenker and Weiss 1995a, 372면).

NGO활동에서 공식기금의 증가와 관련해 한가지 주의할 점은 특히 요즘 공식기금이 흔히 긴급구호 활동에 집중되고 있다는 것이다. 이러한 긴급구호 기금의 증액으로, 역량구축이나 장기적 개발프로그램으로부터 지구적 정의 쟁점을 둘러싼 캠페인이나 로비에 이르는 NGO의 여타 활동분야가 희생되면서, 제1세대 NGO활동만이 부각되는 역전현상이 초래된 점은 위험하다고 볼 수 있다. 이런 추세는 또한 NGO의 자율을 해치고, NGO가 사회변혁의 독자적이자 왕왕 논쟁적인 행위자로서 행동할 수 있는 능력을 저하시킬 수 있다.

이 때문에 코튼은 그가 '자발기구'(VO)라 부르는 것과, NGO를 통한 ODA기금의 확충을 놓고 경쟁을 벌이거나 그것의 혜택을 보는 경향이 있는 '공공써비스 하청단체'(PSC)를 구분한다. "기부자들이 기금제공 프로젝트의 수행자로서 NGO의 역할을 이야기할 때, 그들은 보통 VO보다는 PSC를 염두에 두고 있다"(Korten 1990, 103면).

NGO는 또한 점점 더 북과 남의 정부들, 그리고 다자간제도나 정부간기구(제3세대 활동)의 개발정책에 영향을 미치기 위한 활동을 늘리고 있다. 예를 들어 유엔 난민고등판무관(UNHCR)과 유니세프(UNICEF) 같은 유엔 기구들은 써비스제공을 위해 NGO에 의존할 뿐만 아니라, 프로젝트 형성과 정책자문 등에 NGO를 참여시키려고 노력한다. 해외개발연구원(Overseas Development Institute, ODI)은 "이제 NGO의 접근과 활동방식이 거꾸로 기부자와 공식원조 프로그램의 활동과 인식에 영향을 미치는 의제 역전현상"에 관해 거론한다. 해외개발연구원은 공식원조가 빈곤의 완화, 환경, 여성의 지위 등을 목표로 삼는 것을 보면 NGO의 영향을 감지할 수 있다고 주장한다(ODI 1995, 4면).

코튼이 NGO와 VO를 구분한 것은 NGO의 개발원조 관련 수치를 해석할 때 주의가 필요함을 말해준다. 이와 함께, 그의 NGO활동 4단계 분석은 남의 개발과정에서 북의 NGO 개입의 점증하는 중요성과 복합성을 보여준다. 이 점은 다시, 개발과정에서 시민사회 조직인 NGO의 역할에 있어 정당성 또는 규범적 토대를 면밀히 검토할 필요가 있음을 입증한다.

3. 개발과정에 관여하는 NGO의 규범적 판단기준

개발NGO의 중요성과 영향력 증대는 개발과정에 대한 NGO개입에 관해 규범적인 질문들을 제기한다. 이러한 질문들은 아마 정치적·사회적 행동에 대한 도덕적 정당화와 관련해서 '정당성'(legitimacy)의 개념 아래 분류될 수 있을 것이다. 도덕적 용어인 정당성은 서구 정치이론에서 통상 국가에 적용되는 개념이지만, 개발NGO와 같은 시민사회 조직 또는 정치적 행위자에게도 적용될 수 있다.

브래턴(M. Bratton)은 정당성 문제의 맥락에서 국가-NGO 관계의 규범적 차원을 약술했다.

> 본질적으로 정부와 비정부기구의 관계는 영향력을 행사하는 여러가지 기구의 정당성에 관련된 정책적 질문이다. 개발사업에서 지도력을 발휘하고, 민중을 조직하며, 자원을 분배할 권리를 누가 가지는가? (Bratton 1989, 570면)

바로 이같은 여러 다른 기구들(국가 또는 NGO)이 개발과정에 참여할 수 있는 권리에 대한 관심 때문에 특정한 정치적·사회적 행동의 정당성에 관해 규범적 질문이 제기되는 것이다.

국가와 관련해서 두 종류의 정당성 판단기준, 즉 형식적·절차적 기준과 실질적·목적적 기준을 제시할 수 있다(Flathman 1995, 529면). 형식적·절차적 판단기준은 국가의 작동원칙에 적용되는 반면, 실질적·목적적 판단기준은 국가가 성취할 수 있는 결과와 관련이 있다.

국가와 관련된 정당성의 형식적·절차적 판단기준으로서 권위 및 국민적 동의와 같은 전통적인 예를 들 수 있다. 국가의 권위는 지휘할 권리와 복종받을 권리로 이루어진다. 이러한 국가의 권위는 특정한 명령이나 법률 내용 또는 그 영향과는 관계없이 이루어진다는 점에서 내용-비연관적(content-independent)이라 할 수 있다. 그럼에도 불구하고 홉스(T. Hobbes) 이래 이러한 국가권위는 피지배자의 동의로부터 비롯된다고 보았고, 비덤(D. Beetham)에 따르면 "국민주권 원칙은 이제 정치적 정당성의 거의 보편적인 조건이 되었다"(Beetham 1991, 39면).

국가권위의 기능은 사회질서를 수호하면서 가장 광범위한 공익을 추구할 수 있는 절차를 정의하고 제공하는 것이다. "국가의 법률은 그 결과 및 목적과는 무관하다. 법률은 우리에게 **무엇을** 하라고 말하지 않는다. 법률은 우리가 무엇을 하든 그것을 **어떻게** 할 것인지를 말해준다"(Flathman 1995, 529면).

형식적·절차적 판단기준과는 대조적으로, 실질적·목적적 판단기준은 공동선 또는 나눔선을 추구하거나, 아니면 확립되었거나 공인된 절차 또는 법률을 국가가 형식적으로 잘 준수하느냐를 넘어서 국가권위가 실제 이룩한 결과를 추구하는 경향이 있다. 국가 정당성의 실질적·목적적 판단기준의 예로는 분배적 정의 또는 시민의 복지를 들 수 있을 것이다.

국가와 마찬가지로 NGO는 개발과 같은 공익 또는 공동선과 공동가치를 촉진한다고 주장한다. 그러나 그 형태가 공적이며 국민동의나 국민주권이라는 용어로 정의될 수 있는 국가와는 달리, NGO는 그 형태가 사적이며 자율적이다. 이 점은 특히 북의 개발NGO에 맞는 말이다. 이들 대다수는 회원조직이 아니며, 조직구조상 자신들의 지지기반이라 할 만한 직접적 토대가 남측 국가 내에 전혀 없다. 고덴커(L. Gordenker)와 와이스(T. G. Weiss)는 다음과 같이 지적한다.

NGO들이 반드시 민주적이지는 않으며, 이것은 누가 무엇을 누구에게 대변하는가 하는 문제를 제기한다.… NGO는 대표성을 지닌 정부가 작동하는 방식으로 작동하지는 않는다. (Gordenker and Weiss 1995b, 553면)

NGO들은 자기들이 대표한다는 대중과의 관계에서 자기 요구의 도덕적 기반에 대한 필수적인 검토 없이, 예를 들어 국제회의에 참가할 권리를 요구하는 것이다. 심지어 유엔, 세계은행, IMF와 같은 정부간기구들도 그 가맹국 정부를 통해 위임받은 권한이 있으나 NGO는 그러한 주장을 할 권리가 없다. 이 점은 최소한 정당성의 형식적·절차적 판단기준이라는 면에서 NGO에게 규범적인 문제를 제기한다.

게다가 NGO는 자신의 이해관계와 상관없이 개발과정에 전체적으로 이로운 변화를 지원하기 위해 정부정책에 영향을 행사하려고 하지만, 그들은 또한 사업재원 확충과 같은 사익을 위해 정부에 로비를 하기도 한다. 이 점을 개발NGO에 적용하면 정당성의 실질적·목적적 판단기준이라는 문제가 제기된다.

따라서 형식적·절차적 판단기준과 실질적·목적적 판단기준 모두 개발과정에서의 NGO의 역할에 관한 정당성과 관련해 규범적 문제를 제기할 듯하다. 그렇다면 다음 단계는 NGO에게 특히 관련있는 이런 두 가지 판단 기준의 내용을 채우는 것이 된다.

에드워즈(M. Edwards)와 흄(D. Hulme)은 최근 저작을 통해 성과 (performance)와 책무성(accountability)이라는 NGO 정당성의 두 가지 판단기준을 강조한다.

> 개발NGO 개입의 정당성은 궁극적으로 책임있는 활동의 필수요건인 효 과적인 수행과 투명한 책무성에 의존하고 있다. (Edwards and Hulme 1995, 6 면)

이에 근거해 필자는 개발과정에 깊이 뿌리박혀 있으며, 특히 개발NGO 에 적용되는 두 가지 형식적·절차적 판단기준과 두 가지 실질적·목적적 판단기준을 제시하고자 한다. 두 가지 형식적·절차적 판단기준이란 대표 성(책무성 포함)과 특유의 가치이다. 그리고 두 가지 실질적·목적적 판단 기준이란 유효성(또는 성과)과 자력화이다.

대표성(Representativeness)

개발NGO에 적용된 정당성의 형식적·절차적 판단기준은 활동방식을 문 제삼는다. 판단기준으로서의 대표성이란, NGO 자신이 절차적 이유로 정 부 및 다자간 개발프로그램을 비판할 때 사용하는 것과 같은 기준, 즉 투명 성·책무성·참여를 말한다. 예를 들어 에드워즈와 흄에 따르면 "자발기구 는 회원제로 운영되지 않는다 할지라도 투명하고 책무성있고 다른 주체와 진정한 동반자적 정신으로 행동한다면 정당성을 확보할 수 있다"(Edwards and Hulme 1996, 967면). 다시 말해, 북의 개발NGO는 회원조직이 아니라 하 더라도 남의 지지기반·동반자·수혜집단과 상대할 때 책무성있고 투명하 게 행동함으로써 다소간의 대표성을 가질 수 있는 것이다. "NGO는 정당성 을 갖추기 위해 반드시 회원조직일 필요는 없으나, 정당성에 대한 주장이 계속 유지되기 위해서는 자기 활동에 대해 반드시 책무성이 있어야 한다"(Edwards and Hulme 1995, 14면).

NGO의 대표성이 반드시 공식적·법적 테두리에 꼭 맞아야 하는 것은 아닌데, 왜냐하면 NGO의 구조와 성과가 흔히 비공식적이고 개인적인 관계망 속에서 지탱되기 때문이다(Gordenker and Weiss 1995a, 375면). 여기에 따르는 위험성(risk)은, 비공식적 구조 탓에 암암리에 존재하는 조직 내 권력과 영향력의 분열상이 쉽사리 은폐되며, 조직규모가 커지면 이런 위험도 증가한다는 점이다.

고덴커와 와이스는 NGO가 "평평하고 수평적인 조직형태"인 네트워크에 의존하는 방식에 바로 이러한 비공식성이 반영되어 있다고 말한다. 이점은 수직적·위계적 조직형태인 국가와 대조를 이루는데, 왜냐하면 국가의 형식적·절차적 정당성은 주권과 권위에 대한 주장에 의존하기 때문이다. "국가의 자연스런 조직원리가 위계이며, 기업체의 자연스런 조직원리가 시장인 데 비해, NGO와 쉽사리 연결되는 조직원리는 네트워크이다"(같은 곳).

국가와 비교해볼 때 NGO의 대표성에는 최소한 이론적 한계가 있다. 국가는 "사회적으로나 공간적으로나 사회 전체를 다루는" 반면, NGO는 시민사회의 분리된 부분들의 특수이익에 반응한다(Frantz 1987, 122면). 더 나아가 NGO와 개발과정에 관여하는 NGO활동의 직접적 대상이 되는 사람들 간의 관계를 평가할 때 너무 이상적이어서는 안된다. 북의 개발NGO는 예를 들어 자신의 프로젝트를 구축하거나 동반자조직을 선정할 때 지역 내의 기존 단체를 무시할 수도 있다. 이런 문제는 NGO가 지역주민들에 대해 책무성을 갖거나 호감을 줄 만한 메커니즘이 없는 상태에서 지방정부의 기능을 떠맡을 때 특히 첨예하게 드러난다(Crowley 1995, 37면).

응당 개발과정의 수혜자여야 할 제3세계의 빈곤계층이 언제나 북의 개발NGO의 가장 중요한 지지기반인 것은 아니다. 아일랜드-모잠비크 연대(Irish Mozambique Solidarity)의 닐 크롤리(Niall Crowley)는 요즘처럼 '시장주도형 원조' 시대에 개발NGO가 직접적으로 책무를 느끼는 집단이 세개 더 있다고 지적한다. 이러한 집단은 기금을 대는 대중, 원조제공 정부 및 다자간기구, 그리고 국제적 미디어 등이며 이들은 대다수 북에 기반을 두고 있다(같은 글 40면).

이것은 북의 원조제공자에 대한 NGO의 책무성과, 남의 동반자단체 또는 수혜집단에 대한 NGO의 책무성 사이에 잠재적인 갈등이 있을 수 있음을 보여준다. 이러한 "다중적 책무성——동반자단체·수혜집단·활동간사·지지자들에 대한 '하향'책무성과 법인이사·기부자·원조제공 정부에 대한 '상향'책무성" 문제가 대표성과 정당성이라는 측면에서 모든 NGO의 문제라고 지적한다. "NGO의 취약한 책무성에 관한 우려는 대부분 이러한 다중적 책무성들 사이에서 우선순위를 매기고 관계를 조정하면서 NGO가 부닥치는 어려움과 관련이 있다"(Edwards and Hulme 1995, 9~10면).

위에서 말한 대로 북의 정부들이 점점 더 많은 원조기금을 NGO를 통해 기탁하고, 써비스 전달을 NGO에 의존하는 경향 때문에 NGO의 대표성과 더 나아가 정당성마저 훼손될 수 있다. 찰턴(R. Charlton)은 ODA기금이 NGO를 우선시하는 경향 때문에 NGO들이 국가의 제도와 행동을 모방하게 되고 NGO 스스로가 대표한다고 주장하는 시민사회와의 연계가 약화되는 역설을 찾아낸다(Charlton 1995, 570면).

에드워즈와 흄은 바로 이런 점이, NGO를 개발원조의 수단으로 선호하는 이른바 공식원조의 신정책의제(New Policy Agenda) 시대에, NGO의 정당성에 결정적인 문젯거리가 되었다고 주장한다.

> 과연 신정책의제로 인해 정당성의 문제가 중심적인 과제로 떠올랐다. 왜냐하면 만일 NGO가 외부적 이해관계에 더욱 민감해지면 그들의 가치와 소명 및 그들의 지지자와 기타 대중에 대한 연계——그것을 통해 개발과정에 개입할 권리를 주장하는 바로 그 연계——가 어떻게 되겠는가? (Edwards and Hulme 1995, 14면)

다시 말해, 국가제공 원조금의 증액이 기금제공자나 기부자에 대한 NGO의 '상향책무성'을 증가시키기 때문에, 수혜집단이나 지지기반에 대한 '하향책무성'을 약화시킨다면 개발의 행위자로서 NGO의 정당성이 약화될 수도 있다.

특유의 가치(Distinctive values)

개발NGO 정당성의 두번째 형식적·절차적 판단기준은 NGO활동과 관련된 특유의 가치에 달려 있을 것이다. 토마스(A. Thomas)는 "가격이라는 시장원리와 권위라는 국가통제 원리"와는 구별되는 것으로서, 연대를 NGO의 규범적 원리로 제시한다(Thomas 1992, 132면). 이 주장은 각기 NGO, 기업, 국가의 조직원리로서 네트워크, 시장, 위계를 구분하는 것에 상응한다. NGO는 강제성 또는 교환관계로부터 되도록 많은 돈을 추출하려는 욕망이 아닌, 공통의 이해와 욕구에 기반해서 서로 상대한다.

브래턴은 이와 비슷하게 권위와 이익과는 구분되는 '자발성'을 NGO의 특징 또는 동기로 꼽는다(Bratton 1989). 다시 말해, 시민에 대한 국가의 권위는 궁극적으로 국가의 강제력에 달려 있지만 자발적 결사체인 NGO는 그 구성원, 지지기반 또는 동반자의 협력 또는 참여에 의존한다. 코턴은 그러한 자발성의 기초로서 공유된 가치가 중요하다고 강조한다. "자발조직은⋯ 인적·경제적 자원을 동원할 기반으로서 공유된 가치에 대한 호소에 주로 의존한다." 더 나아가 이러한 "가치헌신이야말로 자발조직 특유의 강점이다"(Korten 1990, 2면). 시민사회단체인 NGO는 조직적·제도적 힘과 존재를 위해 사회의 여타 부문이 쓰지 않는 방식인, 주로 가치에 기반한 헌신에 의존한다.

'개발권리' 또는 사회·경제적 변화에 참여하고 그 변화로부터 혜택받을 권리와 같은, 타인의 권리나 도덕적 주장을 인정하고 촉진하는 것에 기반한 관계가 바로 연대성이다. 그러므로 연대성은 NGO식 활동방식의 특징일 수도 있고 동시에 NGO가 사회 속에서 일반적으로 추구해야 할 가치일 수도 있다. 연대성의 관계는 다른 NGO 또는 시민사회단체 또는 공동체 또는 그런 공동체 내의 특정 대상집단으로 파급될 수 있다.

NGO는 이런 방식으로 행동하고, 또한 더 일반적으로는 사회적·정치적 관계의 기초로서 연대성을 촉진할 수 있는 독특한 위치에 있다. 왜냐하면

NGO의 근원적인 에토스인 '자발성'은, 권위(또는 강제)나 교환에 근거한 관계와는 다른 방식으로, 타인의 권리나 주장을 인정할 수 있기 때문이다. 연대성과 자발성이라는 가치가 개발의 행위자인 NGO의 역할을 규범적으로 지원하고 도덕적으로 정당화하는, NGO 정당성의 독특한 원천이 된다는 것은 바로 이같은 의미에서이다.

NGO를 주로 PSC나 공식개발원조의 수단으로 여기는 기부자의 압력과 관련하여 NGO운영의 범위와 유효성을 '일정분 확대'할 필요가 있다는 인식 앞에서, NGO활동과 정당성의 근저에 있는 특유의 가치를 고수하기란 결코 쉽지 않다. 코턴은 다음과 같이 지적한다.

NGO 특유의 규정성인 가치합의를 다룰 때 부닥치는 난관 때문이기도 하지만, 성장의 문제는 기업체보다 자발조직에서 훨씬 복잡하다. 조직이 커짐에 따라 어려움도 기하급수적으로 늘어난다. 따라서 자발조직은 내재적으로 대규모 사업운영에 부적합한지도 모른다. (같은 책 104면)

더욱이 코턴은 PSC가 "가치보다 시장에 대한 고려에 의해 움직이므로 VO라기보다는 사업체에 더 가깝다"고 주장한다(같은 책 102면).

이것은 개발NGO 활동에서 아주 흔히 나타나는 핵심적 긴장, 즉 NGO에게 영감을 주고 동기부여를 하는 가치, 그리고 효과의 규모·재현성·지속가능성으로 측정한, 개발행위자로서의 유효성 사이에 존재하는 긴장을 드러낸다. 개발의 행위자로서 NGO와 정부의 적절한 역할을 명확히하면 NGO가 이같은 압력에 저항하는 데 도움이 될 것이며, NGO가 자신의 특유한 가치와 자발적인 에토스를 유지할 수 있도록 지원하는 것이 될 것이다. 이 쟁점은 결론부에서 재론할 것이다.

유효성(Effectiveness)

NGO 정당성의 실질적·목적적 판단기준 중의 하나는, 빈곤완화 그리고 교육·보건·수명 등의 인간개발지수 향상과 같은 개발목표를 달성하는 데서의 NGO의 유효성이다. 개발과정에서 NGO의 역할이 증대된 한가지 이유는 사업달성과 빈곤층 욕구 충족이라는 측면에서 NGO가 효율적이고 효과적이라고 생각되기 때문이다. 이것은 국가, 다자간기구, 민간부문의 개발촉진 노력이 실패하고 문제를 야기한 것과 좋은 대조를 이룬다.

> NGO는 지속 가능한 빈곤완화와 관련해서 민간부문 및 정부와 견주어 비교우위를 가진다. 이것은 NGO의 빈곤층에 대한 접근성, 수혜대상 집단과의 관계, 그리고 조직상의 자유로부터 기인한다. (Jennings 1995, 26면)

NGO는 국가나 정부에 결여된 개발역량과 장래성을 갖고 있으며 바로 이 점 때문에 개발과정의 필수적인 부분으로 받아들여진다.

코턴은 NGO 특유의 가치헌신에 부합하는 "자발적 시민행동의 도구"로서 NGO의 역할과 더불어, NGO의 "정당성과 신뢰성"이 "왕자와 상인이 놓치는 사회적 욕구의 충족에 있어서의" 유효성에 달려 있다고 시사한다(Korten 1990, 96면). 더 나아가 연대성이나 자발성과 같은 NGO 가치가 개발행위자로서의 NGO의 유효성을 위한 동기나 인쎈티브를 제공한다.

NGO가 활동하면서 성공과 경험, 기초적인 능력을 갖추게 되면, 정부 및 다자간기구의 개발정책 형성에 참여하고 외채 경감 및 탕감과 같은 쟁점의 캠페인과 같은 제3·4세대 전략에 개입할 때 신뢰를 얻게 된다. "NGO가 이미 실적을 쌓았고, 제1·2세대 활동의 결과로 정부 내에 호의적인 인적 접촉통로가 마련되어야만 정부정책에 영향을 미칠 수 있는 능력이 생긴다"(Holloway 1989, 220면).

최근의 수많은 문헌들은 개발행위자로서 NGO의 유효성이 과장된 것이거나 혹은 입증되기보다는 단지 추정된 것이라고 한다. 한가지 문제는 NGO활동의 결과를 평가하기 위한 합의된 기준과 방법론을 어떻게 마련하느냐 하는 것이다. 더욱이 에드워즈와 흄이 지적하듯이, "NGO가 자기 활동 결과에 영향을 미치는 모든 요인을(심지어 주된 요인조차) 통제할 수 없기" 때문에 NGO의 개발과정 개입의 효과를 측정하기란 매우 힘들다(Edwards and Hulme 1995, 11면).

NGO의 유효성에 관한 또다른 쟁점은 개발과정 개입의 영향력을 '일정분 확대'시키는 문제이다. 예를 들어 NGO는 지방 차원에서 특정 조건을 다룰 때 혁신적이고 민첩해질 수 있다. 다른 한편, 바로 이러한 지방적 초점과 한정된 자원 때문에, 중요한 개발효과를 내기 위해서는 흔히 필요한 성공적인 개발 사업·프로그램의 폭넓은 복제나 반복이 어려운 것이다.

NGO는 특정 지역이나 특정 공동체에 역량을 집중하므로 NGO활동에 지나치게 의존하면 그 나라의 모든 국민을 위한 통일되고 신뢰할 만한 사회복지 써비스 제공이 결여될 수도 있다. NGO는 미시적 차원에서는 일을 잘하지만 거시적 차원에서는 정부를 대체할 수 없다. 바로 이 점 때문에 지방NGO의 주도성을 보호하고 그것을 더 넓은 수준에서 촉진시키기 위한 "적절한 제도·정책 준거틀" 창조를 위한 제3세대 NGO 전략의 필요성이 강조된다(Brodhead 1987, 2면).

자력화(Empowerment)

개발과정의 NGO 정당성을 위한 두번째 실질적·목적적 판단기준은 '자력화'라고 할 수 있다. 토마스는 다음과 같이 말한다.

자력화란, 전형적으로 '최극빈층'을 비롯한 개인들이 자기 생활을 직접 통제하는 바람직한 과정을 말한다. (Thomas 1992, 132면)

빈곤완화와 인간개발지수에 대한 관심은 그 자체로도 중요하지만, 자력화라는 광범위한 개발목표의 필수불가결한 조건이기 때문에도 중요하다.

브로먼(J. Brohman)은 개발과정의 맥락에서 자력화의 세 가지 양상 또는 구성요소로서 자조와 자립, 집단적 의사결정과 집단적 행동, 그리고 참여적 방안을 제시했다. 참여적 방안은 민중이 "의사결정의 모든 단계에 적극적으로 개입하는 것"을 보장하기 위해 핵심적인 것이다. 더 나아가 참여는 단순히 사업을 더욱 효율적으로 완수하기 위한 수단으로서가 아니라 지방공동체의 자력화에 결정적으로 도움이 되기 때문에 목적 그 자체로 보아야 한다(Brohman 1996, 265면).

이러한 세 가지 특징에 근거했을 때, 우리는 시민사회단체인 NGO가 어떻게 하여 개발과정의 맥락에서 자력화의 수단으로서 특히 적합해 보이는지를 알 수 있다. NGO는 "보통사람들이 개발과정의 결정을 통제할 수 있게 해주는 자력화의 도구"라고 생각된다(Bratton 1989, 569면). NGO는 또한 지방공동체가 단지 외부 요인이나 세력에 기대거나 영향을 받기보다는 자기 스스로의 개발목적을 결정하고 성취할 수 있도록 역량을 강화시켜줄 수 있다. 더 일반적으로, 연대성이나 자발성과 같은 NGO의 가치는 개발의 한 목표인 자력화와 분명히 공존할 수 있다.

NGO는 흔히 자력화에 대한 관심을 근거로 국가와 구분되곤 한다. 그 이유는 국가 정당성의 규범적 원천이 권위이며 그것에 상응하는 조직적 형태가 위계이기 때문이다. 브래턴은 다음과 같이 말한다. "국가가 행정적 지배와 통제라는 조직상의 요청에 의해 움직이는 반면, NGO는 통상 자율적이고 참여적인 행동을 고취하려고 노력한다." 국가의 기본적 역할은 통치하는 것이며 이것을 위해 정치적 질서가 필요하다. 자력화와 개발이라는 목표가 통치성과 상충될 때 국가는 예외없이 정치적 질서를 선택할 것이다(같은 글 573면).

자력화의 한 구성요소인 참여는 개발행위자인 NGO에게 특별한 난점을 제기한다. 브로먼은 "공동체를 동질적인 것으로 개념화하는" 경향 때문에, 참여가 흔히 "외부 개발행위자와 지방공동체 간의 문제일 뿐만 아니라, 그러한 공동체 서로간의 내부적 관계"의 문제이기도 하다고 지적한다(Brohman 1996, 271면). 공동체와 각 가구 내의 계급·민족·성과 같은 사회적·정치적 분할이 무시되므로, 개발계획이나 개발프로그램에 지방의 엘리뜨나 특정 사회집단만이 포함되어 그 지역 내의 불평등과 차별을 역전시키는 게 아니라 오히려 강화시킨다는 것이다. 또한 브로먼은 진정한 참여가 "가난한 사람들에게 오히려 힘들고 시간이 많이 드는 과정"이며, NGO를 포함한 외부의 개발행위자들이 이 점을 간과하곤 한다고 지적한다(같은 책 266면).

자력화처럼 광범위하고 또 어떤 점에서는 모호한 가치와 목표가 있다손 치더라도, 행동에 대한 NGO의 열망과 정당화 때문에 그들의 실제 행동에 대한 평가에 지장이 초래되어서는 안된다는 점이 중요하다. 다시 말해, 수사 또는 이데올로기와 현실을 혼동하지 않는 것, 혹은 정당화 노력과 진정한 정당성을 혼동하지 않는 것이 중요하다는 뜻이다. 라네마(M. Rahnema)는 참여의 이름으로 자력화를 주장하는 사람들은 그저 말로만 그렇게 하고 있을지도 모른다고 시사한다. "자력화라는 개념은 참여가 한 가지 중요한 정치적 기능을 수행할 수 있도록, 즉 개발과정에 정당성의 새로운 원천을 부여하도록 고안된 것이다"(Rahnema 1993, 122면). 제3세계 여러 곳의 빈곤완화나 경제성장과 같은 측정 가능한 목표 달성에 실패한 나머지, NGO를 포함한 개발과정의 수호자들이 그들의 최신 목표로 '자력화'를 들고 나왔다는 것이다. 그렇다고 해서 자력화와 관련된 목표가 가치를 결여하고 있다는 뜻은 아니다. 다만 그러한 목표를 명기할 때 조심해야 하며 그런 용어를 오용하지 않도록 주의해야 한다는 말이다.

자력화는 아마도 위의 네 가지 판단기준 중 북의 개발NGO가 충족시키기에 가장 어려운 기준인지도 모른다. 북의 NGO는 고작해야 보조역을 맡을 수 있을 뿐이며, 동반자인 남의 NGO보다 재정·병참·조직적 자원에 대한 접근성이 훨씬 더 크게 마련이므로, 이 역할조차도 아주 조심스럽게 다루어야 한다. 마쿠슨(H. S. Marcussen)은 다음과 같이 결론내린다.

> 북의 NGO는 현지 NGO와의 관계에서 2차적 역할을 맡는 것이 필요하다. 그들이 주장한바, 현재 꼭 필요하다는 자력화 전략을 실현할 역량이나 지역적 수완을 갖추지 않았다는 점을 인정해야 한다는 뜻이다. (Marcussen 1996, 421면)

자력화라는 수사를 실천하려면 북의 NGO가 남의 NGO의 손아래 동반자가 되어야 할지도 모른다. 또한 남의 NGO도 스스로 대변한다고 주장하는 지역공동체, 사회집단, 풀뿌리단체에 대해 이와 똑같이 행동해야 할 것이다.

필자는 지금까지 정당성의 판단기준으로 제시된 네 가지 기준을 놓고 NGO가 직면한 어려움을 다루었다. 예를 들어 NGO의 대표성은 그들의

'다중적 책무성'으로 인해 방해받을 수도 있다. 개발NGO 활동의 기초를 이루는 특유의 가치헌신과, 그들의 영향력을 '일정분 확대'시키라는 압력 간에 긴장이 있다. 개발과정에 대한 NGO개입의 유효성을 측정하는 데 따르는 실제적 어려움이 있는가 하면, 개발의 한 목표로서 자력화를 수사적으로 말하기는 쉽지만 현실적으로 달성하기는 어렵다는 점도 있다.

이러한 어려움을 놓고 볼 때 개발NGO 정당성의 네 가지 판단기준은 서술적이라기보다는 당위적인 것으로 생각된다. 다시 말해, 이러한 판단기준은 현재 NGO활동의 실상이라기보다는 NGO가 달성하도록 노력해야 할 이상 또는 기준임을 뜻한다. 말은 이렇게 했지만, 사실 대다수는 아닐지라도 많은 NGO들이, 명백하게 또는 은연중에, 개발활동에서 이같은 이상을 최소한 일부라도 구현하기 위해 최선을 다하고 있다. 이것은 결코 쉬운 일이 아니며, NGO가 가진 한정된 자원에 대한 엄청난 수요와 압력을 감안해 볼 때, 개발활동에서 그러한 판단기준을 구현하려고 노력하는 NGO가 직면하는 실무적·정치적 장애물이 많이 있다. 이 말의 요점은, 이러한 정당성의 네 가지 판단기준이 더 많이 충족될수록, 남측 국가의 개발과정에 NGO가 개입할 수 있는 규범적 기초가 더 굳건해진다는 것이다.

4. 맺음말

NGO는 남측 국가의 개발과정에서, 때로 국가에 대항하기도 하고 때로 국가의 역할을 보완하기도 하면서 점점 더 중요한 개발행위자가 되고 있다. 이와 동시에, NGO와 국가는 특히 개발과정에서뿐만 아니라 전체적 사회조직 내에서도 서로 다른 기능을 수행하고 있다. 우리가 정당성의 형식적·절차적 판단기준과 실질적·목적적 판단기준이라는 폭넓은 범주 내에서, 개발과정에 대한 NGO개입의 규범적 정당성의 특정한 판단기준을 모색할 수 있는 것도 바로 이러한 근거에서이다. 필자는 규범적인 관점에서 제3세계 개발의 NGO 역할을 평가하기 위한 판단기준들, 즉 두 가지 형식적·절차적 판단기준인 대표성과 특유의 가치, 그리고 두 가지 실질적·목적적 판단기준인 유효성과 자력화를 제시하였다.

개발과정에서 국가와 NGO의 역할이 구분되기는 하지만 실제로 어느 정도나 보완적인지 아니면 모순적인지에 관한 문제가 남아 있다. 국가나 정부의 개발에 대한 책임완수까지 포함하는 폭넓은 과정의 일부로서 NGO의 개발활동을 보아야 한다는 견해도 있다. 예를 들어 토마스는 "개발의 일반적 모델은, NGO의 단독행동을 넘어서 여타의 개발행위자 특히 국가와 관련된 공공정책 속에 NGO의 위치를 포함시킬 필요가 있다"고 주장한다 (Thomas 1992, 145면). 마찬가지로 찰턴은 제3세계 빈곤에 대한 가장 효과적인 대응책은 정부와 NGO의 상호작용과 협력이라고 주장한다(Charlton 1995).

코턴은 국가에 부적당하다고 여겨지는 것을 제2세대 NGO활동으로 대체하는 대신, 제3세대 활동을 통해 장기적 개발 욕구를 충족시킬 수 있도록 적절한 정책과 제도를 입안하려는 정부의 노력을 NGO가 지원하는 편이 더 나을 것이라고 시사한다(Korten 1987, 148면). 이것은 특히 북의 NGO에게 적합하다. 핸런(J. Hanlon)은, 예를 들어 모잠비크의 경우 "만일 효과적으로 모잠비크 국민의 빈곤을 줄이고 그들을 자력화시키기를 원한다면, 직접 농민이나 극빈층과 함께 활동하려 해서는 안된다"고 주장한다. 그 대신 국제NGO들은 정부를 통해서든 아니면 자체 조직을 통해서든 "모잠비크 국민이 빈곤완화와 자력화를 직접 달성할 수 있도록 그들의 역량구축에 활동을 집중시켜야 한다"(Hanlon 1995, 27면).

이처럼 보완적 관계이므로 NGO가 국가를 대체하거나 국가의 종이 될 필요는 없다. 이 점은 이 글의 첫부분에서 논한 대로 정부와 다자간기구가 NGO를 공식개발원조의 통로로 기대하는 추세를 감안할 때 특히 중요하다. 가능한 한 NGO는 그러한 기금제공자의 단순한 하청단체가 아닌 동반자가 되어야 한다. 이렇게 되면 개발의 행위자인 NGO의 자율성을 저해하는, 국가에 대한 '상향책무성'의 압력 문제를 줄일 수 있을 것이다.

NGO-국가간 협력은 개발NGO 활동의 영향력을 '일정분 확대'시키는 데 결정적인 요인이 될 수 있다. 이것은 또한 NGO 정당성의 실질적·목적적 판단기준의 하나인, 개발의 행위자인 NGO의 유효성을 보장하기 위해서도 중요하다. 마쿠슨은 다음과 같이 말한다.

> 개발의 영향력을 증대시키기 위해 NGO는 반드시, 적어도 국가가 중대한 결정자 역할을 수행하는, 더 큰 정치·사회·경제적 과정과 연결되어야 할 것이다. 소규모 NGO프로젝트의 영향력을 확대하는 것조차 그 규모 자체는 관계가 없으며, 오히려 더 큰 구조에의 전략적 연계와 관계가 있다. (Marcussen 1996, 413면)

개발NGO의 정당성은, 최소한 NGO가 개발에 광범위하게 적용될 수 있는 전략이나 접근방식을 개발하는 데 어느 정도나 도움이 되느냐는 유효성에 근거한다. 이 전략과 접근법에서는 국가와 정부가 핵심적인 역할을 수행하게 된다. NGO 조직과 활동의 규모와 종류를 늘리지 않으면서도 NGO 영향력을 일정분 확대시키기 위한 그러한 접근은, NGO 정당성의 판단기준인 특유의 가치헌신과 유효성 사이에 존재하는 긴장을 해소하는 데 도움이 될 것이다.

물론 국가-NGO 협력 가능성은 대체적으로 한 나라 또는 사회를 통치하는 국가나 정부의 유형에 달려 있다는 점을 인지하는 게 중요하다. NGO는 두말할 나위도 없이, NGO를 지배엘리뜨의 이익이나 정치적 안정의 적으로 보고 억압 또는 제거하려 드는 권위주의 국가보다는 시민사회단체인 NGO의 자율성과 독립성을 수용하는 민주주의 국가와 협력하기가 쉽다는 것을 알 것이다.

구체적인 써비스제공이나 개발정책을 놓고 NGO와 국가가 의견이 맞든 틀리든 간에, 아마도 개발NGO와 국가의 관계가 제도적 관점에서 보완적이라고 보는 것이 최상일 것이다. 양자는 사회의 다른 구성요소로서, 그리고 개발과정의 보완적 행위자로서, 서로 구별되는 역할과 정당성의 원천을 갖고 있다.

고덴커와 와이스는 개발과정의 맥락에서 국가-NGO 관계가 "갈등·경쟁·협력 그리고 인입(cooptation, 공식기구가 비정부기구의 인적 자원을 자기 조직 속에 끌어들이는 것—엮은이)이 혼합된" 특징을 지닌다고 말한다(Gordenker and Weiss 1995b, 551면). 그러나 이러한 국가-NGO 관계의 네 가지 특징이 양자간의 기본적인 제도적·기능적 보완성을 위협할 필요는 없다. 예를 들어 현장활동 차원에서 협력뿐 아니라 어느정도의 경쟁이 있는 것이 전체적으로 써비스 전달을 향상시키는 한 건전할 수 있다. 개발정책을 둘러싼 갈등 역시, 만일 그것이 궁극적으로 지방자치단체를 통하든 현지 단체를 통하든 어쨌든 공동체가 개발 의사결정 과정에 참여해 통제할 수 있는 능력을 향상시킨다면 유익하다고 할 수 있다. NGO와 정부는, 개발과정에 대한 제도적 역량을 반드시 저해하지 않고서도, 써비스제공 및 정책은 물론 심지어 정치적 견해에 있어서도 서로 의견이 다를 수 있는 것이다.

참고문헌

Beetham, D. (1991) "Max Weber and the legitimacy of the modern state". *Analyse & Kritik* (13).

Bratton, M. (1989) "The politics of goverment-NGO relations in Africa". *World Development*, 17 (4).

Brodhead, T. (1987) "NGOs: In one year, out the other?". *World Development*, 15 (Suppl.).

Brohman, J. (1996) *Popular Development*. Oxford: Blackwell Publishers.

Charlton, R. (1995) "Sustaining an impact? Development NGOs in the 1990s" (review article). *Third World Quarterly*, 16 (3).

Crowley, N. (1995) "The NGOs are really government". *Pitfalls in Development Aid*. Dublin: Irish Mozambique Solidarity.

Edwards, M. and D. Hulme. (1995) "NGO performance and accountability: Introduction and overview". M. Edwards and D. Hulme. eds. *Non-Governmental Organizations-Performance and Accountability: Beyond the Magic Bullet*. London: Earthscan.

_____ (1996) "Too close for comfort? The impact of official aid on nongovernmental organizations". *World Development*, 24 (6).

Flathman, R. E. (1995) "Legitimacy". M. Edwards and D. Hulme. eds. *A Companion to Contemporary Political Philosophy*. Oxford: Blackwell Publishers.

Frantz, T. R. (1987) "The role of NGOs in the strengthening of civil society". *World Development*, 15 (Suppl.).

Gordenker, L. and Weiss, T. G. (1995a) "Pluralising global governance: Analytical approaches and dimensions". *Third World Quarterly*, 16 (3).

———(1995b) "NGO participation in the international policy process". *Third World Quarterly*, 16 (3).

Hanlon, J. (1995) "The 'success' of aid to Mozambique". *Pitfalls in Development Aid*. Dublin: Irish Mozambique Solidarity.

Holloway, R. (1989) "Afterword: Where to next? Governments, NGOs, and development practitioners". R. Holloway. eds. *Doing Development: Government, NGOs and the Rural Poor in Asia*. London: Earthscan.

Jennings, M. (1995) "New challenges for northern NGOs". *Trocaire Development Review*.

Korten, D.C. (1987) "Third generation NGO strategies: A key to people-centred developmen". *World Development*, 15 (Suppl.).

———(1990) *Getting to the 21st Century: Voluntary Action and the Global Agenda*. West Hartford: Kumarian Press.

Marcussen, H.S. (1996) "NGOs, the state and civil society". *Review of African Political Economy*, 23 (69).

MwMakumbe, J. (1998) "Is there a civil society in Africa?". *International Affairs*, 74 (2).

Overseas Development Institute. (1995) "NGOs and official donors". Briefing Paper No. 4 (August). London: Overseas Development Institute.

Rahnema, M. (1993) "Participation". W. Sachs. ed. *The Development Dictionary: A Guide to Knowledge as Power*. London: Zed Books.

Stewart, S. (1997) "Happy ever after in the marketplace: Non-government organizaions and uncivil society". *Review of African Political Economy*, 24 (71).

Thomas, A. (1992) "Non-governmental organizations and the limits to empowerment". M. Wuyts, M. Mackintosh, and T. Hewitt. eds. *Development Policy and Public Action*. Oxford: Oxford University Press.

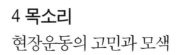

4 목소리
현장운동의 고민과 모색

NGO들의 이종성에 대해서는 권두논문에서 언급한 바 있지만 NGO활동의 다양함을 짧은 지면 속에서 모두 다루기는 불가능했다. 따라서 4부 '목소리'는 국내외 NGO 현장운동의 중요한 측면들을 선택적으로 소개함으로써 독자들에게 생각거리를 제공하려고 한다.

지역주민운동이 중요한 까닭은 그것이 인간의 공동체적 생활양식에 가장 밀접한 운동으로서 개인의 직접적 문제의식에 근접한 일차적 공익을 추구한다는 점에 있다. 지구화와 지방화가 동시에 진행되는 하나의 과정임을 기억하면 이 점은 더욱 분명해진다. 신명호는 공동체적 공동선을 지역주민운동의 화두로 삼으면서 중앙집중식 운동이 어떻게 지역사회운동으로 전이되었는지를 소개한다. 특히 사회변혁 운동가들이 새로운 실천의 장으로 지역주민 공동체를 택한 것은 사회운동의 현실적 방향을 암시한다. 자치의 뿌리가 없으면 실질적 민주주의는 공염불에 그치게 마련이다. 이와 함께 지도자의 품성, 자질, 활동가의 역할, 지역사회 내 재원마련 등 NGO활동에 중요한 내용들이 실제 사례와 함께 다뤄지고 있다.

데이비드 허시만의 글은 제3세계, 여성, 시민사회 등의 중첩된 문제영역을 다루고 있다. 중성적·무성적 시민사회론(사실은 이것조차 위장된 것이지만)에 익숙한 우리에게 허시만은 성차별 문제를 덮어두고서 시민사회를 거론하는 것은 허위임을 통렬히 비판한다. 또한 '전략적인 것이 실용적인 것이며, 실용적인 것이 전략적인 것'이라는 남아프리카 여성활동가들의 주장은 이 글이 성정치학의 차원을 넘어서는 문제제기로 읽힐 수 있음을 보여준다.

마지막에 실린 앰네스티 인터내셔널의 글을 통해 이 저명한 국제NGO가 얼마나 진지하고 성찰적으로 지구화시대의 진로를 모색하고 있는지 엿볼 수 있다. 앰네스티는 1990년대 초부터 지구화 동향이 앰네스티 활동에 미칠 영향을 예의주시해왔고 그 총점검으로 1998년 7월 13~14일 런던의 씨티대학에서 국제쎄미나를 개최하였다. 여기에 실린 글은 그 쎄미나의 최종 보고서이며 그후 앰네스티의 지구적 통합전략 계획에 사용되었다. 전체 사회운동의 일부로서 '아래로부터의 지구화'에 일익을 담당하려는 앰네스티의 모색을 보여주는 이 보고서는 대외비는 아니지만 앰네스티의 내부 동학을 드러내는 희귀한 문건으로서, 분석적 접근방법, 민주적 의사수렴, 시간의 지평 속에 위치하는 운동방식 등 우리 NGO들에게 참고가 될 만한 내용을 적지않게 담고 있다.

한국 지역주민운동의 특성과 교훈

신명호

1. 들어가며

'지역운동' 혹은 '주민운동'이란 용어가 쓰이기 시작한 지 20여 년이 되어 가지만 이 단어들의 개념은 여전히 모호하다. 사회운동이 조금씩 확산되고 보급되어가는 만큼 실제로 일어나고 있는 운동의 꼴과 주역들도 다양해지고 있다. 그런데다가 이런 유의 단어들은 서로 다른 맥락에서 서로 다른 현실태를 가리키는 말로 쓰이는 까닭에 몇마디 개념을 가지고 운동을 유형화하기는 점점 어려워진다. '지역'이란 용어만 해도, 그 공간적 범위는 동네 (또는 마을) 정도 크기의 아주 작은 것에서부터, 한 국가를 몇등분한 것 중의 하나(지방), 그리고 몇개의 국가를 포괄하는 권역처럼 매우 큰 것에 이르기까지 천차만별이다.

그렇더라도 '지역주민운동'이라 하면, 일단 중앙에서 대(對)사회 여론조성과 압력행사에 치중하는 '기구형 시민운동'과는 대비되는 것으로 이해된다. 다시 말해서 근거지로서의 일정한 지역과 사람을 실제로 가지고 있는, 뿌리가 있는 운동이라는 인식이 있다. 또 '지역주민운동'이라 할 때의 '지역'은 '지방'이란 의미보다는 '마을'(community)이나 이것이 몇개 합쳐진 규

＊ 사단법인 한국도시연구소 편 『지역주민운동리포트 · 1999 12』, 1999
＊＊ 申明浩: 한국도시연구소 부소장.

모를 가리킨다. 상대적으로 작은 범위는 구체성과 실체를 갖는 일을 가능하게 해준다. 그리하여 여전히 엉성하기는 하지만, 지역주민운동을 '일정한 지리적 공간 안에 거주하는 주민들이 주체가 되어 자신들의 공통된 문제를 해결하고자 벌이는 사회운동'으로 우선 정의해두기로 한다. 여기서 '자신들의 공통된 문제'는 생활상의 이해가 걸린 문제에서부터 주민자치의 실현에 이르기까지 다양할 수 있으나, 궁극적으로는 민주주의의 발전과 확산이라는 가치를 지향하는 공통점을 가진다고 할 수 있다.

이상의 개념으로 포괄할 수 있는 일련의 수많은 움직임들은 이제 그 역사를 더듬어도 좋을 만큼 연륜을 쌓아가고 있다. 이 글에서는 풀뿌리 주민운동의 성격에 관해 중요한 시사점을 던져주는 몇몇 현장사례들을 중심으로, 지역주민운동의 일반적 특성을 그 조직이 지향하는 목적과 목표, 사업의 종류, 조직의 형태, 회원의 특성, 핵심그룹의 성격이라는 측면에서 살펴보고, 그 운동의 종사자들이 이구동성으로 지적하는 조직과정상의 유의점에 관해 정리해보기로 한다.

2. 지역주민운동 조직의 일반적 특성

목적과 목표

몇년 전부터 지역주민운동 조직들이 정관이나 회칙 등을 통해서 공식적으로 표방하고 있는 목적들을 살펴보면, 가장 빈번히 발견되는 단어가 '참여와 자치' 그리고 '공동체'이다. '평화와 참여로 가는 인천연대'의 경우 '참여민주주의의 발전을 통한 지역공동체 건설과 평화통일을 통한 민족공동체 건설', '열린사회시민연합'은 '건강한 지역공동체 형성과 인간존중의 공동체사회 실현', '안성천살리기시민모임'은 '민주적이고 참여적인 지역사회의 생명공동체 건설', '과천을 사랑하는 시민들의 연구모임'은 '살기 좋은 과천 건설과 시민자치의 실현', '두루생활협동조합'은 '협동정신을 바탕으로…더불어 사는 사회를 이루는 것'을 목적으로 표방한다.

요컨대 지역주민들의 삶의 질을 높이고, 지역이 하나의 공동체로 긴밀하게 통합되게 하며, 주민들이 생활정치의 주역이 되는 것을 목적으로 한다. 이를 좀더 추상화시켜서 표현하자면 지역 차원에서의 민주주의의 발전(민주화), 즉 민주적 가치의 심화와 확산이라고 할 수 있다. 이처럼 지역주민운동단체는 일반적으로 주민 참여·자치의 구현이나 공동체 건설을 공통요소처럼 제시하고 있고, 그밖에 운동의 주제로 삼고 있는 이슈에 따라서 그 조직만의 특징적인 목적을 덧붙이고 있다.

예를 들어 빈민운동의 연속선상에 있는 '관악주민연대'의 경우는 '저소득 지역주민들의 생활권 획득', 두루생활협동조합은 '자연생태계 질서의 보존' 등을 부가적인 목표로 설정하고 있다. 건강과 의료문제를 운동의 주제로 삼고 있는 '광진복지센터'는 '건강한 복지사회 구현', 재개발·철거지역 주민을 기반으로 생성된 주민조직의 경우는 '가난한 사람들의 협동과 연대를 통한 새로운 사회 건설'을 지향한다. 또 과거 변혁운동이나 통일운동의 전력을 갖고 있는 단체의 경우는 사회민주개혁의 완성, 통일에의 기여라는 목적을 첨가하기도 한다.

오늘날 우리나라 사회운동의 일반적 가치로서 떠오르고 있는 공동체의 개념은 가장 민주적인 방법으로 공동선을 추구하는 틀이라는 긍정적인 의미를 담고 있다. 즉 집단주의가 연상시키는 전체주의나 사회주의의 비민주적 요소를 극복한 '함께 살기'의 원리라는 공감대를 갖고 있다. 그리하여 90년대에 들어서면서 많은 주민운동단체들은——과거 80년대에는 맑스주의에 경도되었던 변혁운동세력에 이르기까지——자신들의 운동목표로서 '공동체'를 언급하기를 주저하지 않게 되었다. 우리나라에서 80년대까지는 교회나 수도회 같은 종교집단 안에서만 쓰이던 '공동체'라는 낱말이 자연스럽게 사회운동권의 일반적 목표로서 (그것도 80년대에는 그토록 치열했던 운동노선간의 이론투쟁 과정을 전혀 거치지 않고서) 채택된 것은, 종래의 좌파적 사회운동에 대한 반성 위에서 계급주의적 평등론을 대체할 수 있는 개념이라는 데 대체로 공감하기 때문인 듯하다.

어쨌거나 '공동체'라는 말 속에는 구성원 개개인간에 존재하는 격차, 즉 소득, 직업, 성별, 사회적 지위, 출신지, 가치관 등등의 상이함이 전체로서 소망스럽지 못한 결과를 가져올 때 그 격차를 민주주의 원리에 따라 보완하고 극복해보자는 의지가 담겨 있다. 따라서 공동체운동의 근본적 관심은 '평등'이라고 할 수 있는데, 다만 평등을 실현하는 방법이 투쟁적이고 대립적이고 강압적이기보다는 평화적이고 자발적이고 민주적이어야 한다는 인식이 전제되어 있다고 할 수 있다.

공동체는 그것을 구성하는 개인들이 각각의 차이를 넘어서 하나의 동아리로 인식됨을 의미하고, 그 동아리는 전체로서 어떤 공동의 선을 추구한다고 여겨진다. 그리고 공동체의 구성원들은 같은 동아리로 인식되기에 충분할 정도로 긴밀한 인간관계와 연대의식을 갖게 마련이어서, 사회적 상호작용과 공통의 유대감은 흔히 공동체의 구성요소라고 지적된다. 따라서 전통적 의미의 공동체는 높은 수준의 인격적 친밀도, 정서적 깊이, 도덕적 헌신, 사회적 응집력, 시간의 연속성 등을 특징으로 하는 모든 형태의 사회관계를 포괄하는 것[1]이라는 설명도 가능해진다. 그러나 현대사회로 올수록 구성원의 관계가 느슨하고 개방적인 공동체의 비중이 높아진다.

오늘날에는 지역성(locality)이 공동체의 필수요소는 아니라고 하지만, 공동체는 역시 일정한 지역을 근거로 하는 것이 일반적이다. 공간적으로 각각의 공동체는 그것을 둘러싼 더 넓은 범주의 공동체에 포함된다[2]고 할 수 있다. 서울시 송파구 가락동에는 비닐하우스로 이루어진 '통일촌'이라는 무허가 주거지가 있다. 이곳에는 적법한 주거공간을 구할 수 없는 가난한 사람들 130여 세대가 화훼용 비닐하우스를 개조해서 살고 있다. 주민자치 조직까지 갖추고 있는 이곳 사람들은 스스로를 하나의 공동체로 인식하고 있다. 한편 서울 송파구를 주요 근거지로 활동하고 있는 '강동송파시민단체협의회'(이하 '강송시협')는, "인간의 존엄성을 옹호하는 공동체정신을 실현하고 지역사회의 시민단체와 연대하여 공동체적인 가치와 생활질서를 구현하며, 복지·환경·문화·지방자치·통일·실업대책 등 시민의 권익 옹호와

---

1) 신용하 『공동체이론』, 문학과지성사 1985; 이호 「서구 공동체운동의 역사와 그 시사점」, 『도시와 빈곤』 제18호, 1995에서 재인용.

2) Amitai Etzioni, ed., *The Essential Communitarian Reader*, 1998, xiv면.

주민자치의 활성화"를 설립 목적으로 하고 있다. 강송시협의 다양한 사업으로는 실직가정 아동들을 주대상으로 하는 탁아소와 공부방 운영, 지방의정 감시활동, 절기 살리기 행사 및 지역문화답사 활동, 지역생태 탐사와 환경교실 운영, 남과 북의 어린이 돕기 사업, 실직가정 '사랑의 먹거리 나누기 운동' 외에도, 송파구 내 비닐하우스촌(개미마을, 화훼마을, 통일촌 등) 주민을 위한 주소지 찾아주기 운동 등이 있다.

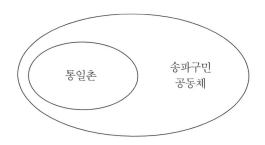

통일촌 주민공동체는 상대적으로 구성원수가 적고 서로의 접촉이 빈번하며 연대의식이 강한 반면, 송파구민 공동체는 같은 행정구역 안에 거주하는 구민이라는 의식 이상의 유대감이 희박하고, 그 구성원의 수가 훨씬 많고 상호접촉의 기회가 적음으로 해서 익명의 관계로 이루어져 있다. 따라서 송파구민 공동체는 공동체의 기본 요소라고 할 수 있는 상호작용의 기회와 연대의식이 희박하다는 점에서 완성된 공동체라고 보기는 어려우며, 지향하는 목표가 공동체라고 보는 편이 타당할 것이다. 강송시협은 지역운동을 통해서 송파구의 구민들이 상호작용을 활성화하고 공통의 지역문제와 타인의 고통에 관심을 기울이며 깨끗하고 투명한 지방행정 문화를 가꿈으로써 민주적이고 호혜적인 분위기가 충만한 송파구를 만들 것을 꿈꾸고 있는 것이다. 강송시협이 통일촌과 같은 저소득 주민들의 문제에 주목하고 그들을 옹호·지원하는 것은, 같은 송파구 구민으로서 불평등의 고통을 겪고 있는 이들에 대해, 다른 송파구민들이 관심과 애정을 갖도록 촉구하고 유도하는 과정이라고 할 수 있다. 통일촌이 하나의 공동체로서 주민들 자신의 이익을 지키고 확장하기 위해서 움직이고 있다면, 강송시협은 그것을 둘러싼 송파구라는 미완의 공동체를 목표로 설정하고 지역공동체 운동을 벌이고 있는 것이다.

참여와 자치의 구현, 그리고 공동체의 건설이 지역주민운동 조직의 일반적인 목적이라면, 그것을 이루기 위한 목표는 주민운동세력–민주세력의 (지역 안에서의) 정치적 영향력의 확대라고 할 수 있다. 지역을 민주화하기 위해서는 그런 목적과 지향을 갖는 세력이 지역 전체를 변화시켜나갈 수 있을 정도로 영향력을 강화해서 힘을 갖는 것이 필요하기 때문이다. 그러나 정치세력화라는 표현은 경우에 따라서 서로 다른 의미로 해석된다. 우선 지방자치단체나 지방의회에 대한 정치력과 같은, 지역사회에서의 정치적 영향력을 확대해나가는 것만을 뜻한다고 보는 견해가 있는가 하면, 한 단계 더 나아가 직접 후보를 내고 당선시켜서 제도권정치에 개입하고 의사결정에 직접 관여해야 한다는 주장도 있다. 양자는 간혹 활동가그룹간에 순수성 시비를 불러일으키기도 한다. 후자의 경우는 기존 정당의 공천을 받는 방법과 시민단체 독자후보로 나오는 방법이 있는데, 당리와 당략이 우선시되는 정당구조 안에서 시민단체의 멤버십과 철학을 유지하고 관철시킨다는 것은 쉽지 않은 것 같다. 즉 기존 정당의 공천을 받은 경우, 당선된 뒤 제도권에 참여하려 했던 애초의 목표의식이 흐려지고 시민조직과의 연대도 약화돼서 정당 메커니즘 속으로 흡수되어버리는 사례가 흔히 발견된다.

활동(사업)의 종류

어떤 지역주민운동 조직이 활동의 공간적 범주를 자치구 단위로 설정하고 있는 경우, 조직가그룹은 대도시 자치구민들의 구(區)에 대한 정주의식이나 정체의식이 약한 데서 오는 조직화의 어려움을 겪는다. 이것은 지역신문이나 케이블TV 같은 지역언론들이 지역사회에 대해 영향력을 거의 갖지 못하는 사실로도 뒷받침된다. 이런 한계가 있다 하더라도 풀뿌리 지역운동을 활성화하기 위해서는 주민의 관심과 참여를 이끌어낼 수 있는 일감(또는 사안)을 발굴하는 것이 일차적 과제이다.

보통 지역주민운동단체는 활동의 중심으로 삼고 있는 주제가 단일한가, 혹은 종합적인가(즉 생활상의 문제 전반을 다루면서 다양한 주제와 프로그램을 갖고 있는가)에 따라서 유형을 나눠볼 수 있다. 지역의 환경문제나 건강·보건 문제를 주요 관심사로 하고 있는 단체들, 예를 들면 안성천살리기시민모임, 과천시민모임, 두루생활협동조합 등은 특화된 주제를 자신들의 전문활동 영역으로 삼고 있는 경우이다. 한편 지역정치, 교육, 문화, 복지 등의 주제를 가지고 다양한 사업으로 종합형 운동을 하는 조직들, 예를 들면 열린사회시민연합의 구지부, 평화와 참여로 가는 인천연대, 관악주민연대 등은 대체로 일상적인 프로그램을 운영하면서 그때그때 지역에서 발생하는 크고 작은 사안을 운동으로 연결시켜나간다. 단일한 운동주제를 갖고 있는 단종형(單種型) 운동과 여러개의 복합적인 주제를 갖는 종합형(綜合型) 운동을 비교해보면, 단종형 운동은 지역사회의 민주화나 지역사회에서의 영향력 강화에 관심이 집중돼 있는 반면, 종합형 운동은 지역사회의 변화를 일차적 과제로 삼는다 하더라도, 동시에 우리 사회 전체의 변화를 염두에 두고 그것과의 관련 속에서 지역사회 및 지역민의 변화를 모색하려는 경향을 띤다. 다시 말해서 종합형 운동은 대체로 우리 사회 전체 혹은 한국민 전체에 대한 변화의 구도와 전망을 상정하고, 전체의 변화와 개혁에 기여하는 운동으로서 지역운동을 바라보는 경향이 있다. 그러다 보니 종합형 운동은 종래의 계급운동 이론이 퇴색하고 그것을 대체할 만한 새로운 패러다임의 출현이 늦어지는 데서 오는 혼란과 어려움을 단종형 운동에 비해 더 직접적으로 겪는 경향이 있다.

사업의 종류는 크게 지역민의 생활상의 이해가 걸린 사안을 집단투쟁화하는 민원성 캠페인과, 주민(회원)들의 지적·정서적 욕구를 충족시켜주는 일상적인 문화프로그램이나 이벤트 사업, 그리고 정치적 지향을 담고 있는 대중사업으로 대별할 수 있다. 각 유형별 사업의 예를 들면,

①민원성 캠페인: 우장산 살리기 운동, 버스 차고지 이전 및 궁산 문화유적 지키기 운동, 대중교통 감시운동, 쓰레기소각장 반대운동, 관악구 조례(재개발, 공공시설 위탁) 개정운동, 정계산 송전선로 전자파 방지 운동,

수돗물 불소화 사업 등.

②일상적 문화프로그램 및 이벤트

㉠교육: '방과후 학교' 및 각종 어린이교실, 탁아소 또는 유아학교, 어머니 자원활동가 및 아동지도사 교육, 견학활동, 도서실 운영 등.

㉡문화: 풍물강습, (역사기행·자녀교육·지방자치 등을 주제로 한) 주민교양강좌, 문화교실(비디오·노래·사진·인형극·단전호흡 등), 취미별 동호회(독서회·글쓰기모임·연극단·영화감상모임·비디오제작동호회·산악회·축구회 등), 절기 살리기 행사(대보름 지신밟기·단오잔치·백중놀이), 노래극 공연, 야외영화제 개최, 청소년거리축제, 지역문화유적 답사 등.

㉢환경: 생태환경 탐사, 환경교실 운영, 시민환경음악회 개최, 환경감시단 활동, 쓰레기 자원화 현장 견학 등.

㉣복지: 결식아동·무의탁노인 돕기 사업, 실직자 돕기 사업 등.

③정치성 사업: 의정감시활동, 구청장 판공비 공개 캠페인, 우리 땅 미군부대 되찾기 운동 등.

조직적 기반

조직이 어떤 동기와 배경에서 탄생했는가에 따라서 참여하는 대중의 범주가 다르다. 크게 지역 내 다양한 계층이나 집단을 포괄하는 경우와 지역 내 특정 계층이나 집단——저소득 노동자, 철거민 등——에 실질적으로 기반하고 있는 경우로 나누어볼 수 있다. 안성천살리기시민모임이나 두루생활협동조합은 전자[3]의 유형에, 빈민운동의 전통을 갖고 있는 관악주민연대[4]

---

3) 전자의 유형에 속하는 수원환경운동센터의 경우, '수원시민환경한마당'이라는 행사에 참여했던 15개 시민단체들이 환경전문단체가 필요하다는 데 인식을 같이해서 설립했다. 탄생 초기부터 불특정 다수의 수원시민을 대상으로 한 조직이었으며 따라서 수원지역을 단위로 한 '시민운동'의 성격이 강하다.

4) 관악주민연대는 관악구 내의 4개 재개발지역에서 세입자들의 철거반대 투쟁을 지원하던 지역쎈터들이 재개발문제에 대한 공동대응의 필요성을 느끼고 구성한 협의체 조직이다. 따라서 초창기 대중기반은 재개발지역 철거민조직이었으나, 관악구를 민주적 지역공동체로 만들겠다는 목표를 설정하면서 빈민이라는 특정 계층의 조직화에 집중하려는 경향과

와 '금호·행당·하왕지역기획단'은 후자의 유형에 속한다고 할 수 있다. 그러나 후자의 경우도 출발은 특정 집단에 기반해서 했다 하더라도 지역운동을 추구하는 한, 점차 다양한 계층을 포괄하려는 경향을 띠게 된다.

회원의 특성

회원들은 흔히 조직과 관련된 활동에 투여하는 시간이나 노력의 양, 조직에 대한 충성심과 주인의식, 조직운영에 기여하는 방식에 따라서 핵심간부, 열성회원, 소극적 회원 또는 명목상 회원, 후원회원 등으로 나뉜다. 핵심간부나 열성회원의 일부는 처음 조직을 결성할 단계부터 중심인자로 참여하게 마련이어서, 조직의 목적 등을 정확히 이해하고 있고 조직에 대한 애착심도 높은 편이다. 문제는 조직이 결성된 뒤에 조직의 취지에 찬동하고 사업에 참여하는 일반회원들의 수가 얼마나 증가하는가이다. 조직이 일반주민들을 흡수하고 그들과 밀착하기 위해서는 그들의 정서와 욕구에 부합하는 프로그램을 제공하는 것이 관건인데, 주민의 연령이나 성별에 따라 정서나 욕구가 다르게 마련이다. 따라서 어떤 계층을 주요 조직대상으로 삼느냐는 지역운동조직마다 다르지만, 특정한 계층이나 연령 그룹을 한정하지 않고 주민 일반으로 대상을 열어놓고 있는 경우에는, 일반적으로 말해서 30~40대 주부들의 비중이 높은 편이다. 이는 자기개발의 욕구나 사회적으로 의미있는 활동을 하고자 하는 의지가 있고 또 활동을 할 수 있는 시간적·정신적 여유를 가진 사람들이 바로 30~40대 중산층 주부들 가운데서 가장 많이 발견되기 때문이다.

다양한 주제를 갖고 있는 종합형 운동조직은 정치의식, 가치관 등에 있어서 단종형 운동조직에 비해 참여자들간에 일반적으로 큰 편차가 존재한다. 환경과 같은 단일한 주제를 매개로 하는 조직인 경우에는 비교적 의식이 동질적인 사람들이 모이는 반면, 프로그램의 성격이 다양할 경우에는 거기에 모인 사람의 가치관도 서로 다를 수밖에 없는 것이다. 예를 들면 회원 확대를 위해 개설하는 취미모임──예를 들어 풍물강습──에 참여하는

중간층 이상을 새롭게 네트워크화하려는 경향이 공존하는 상태이다.

사람 중에는 '지역의 민주화'라든가 '주민의 자주적 권리' 따위의 목표에는 전혀 관심이 없고 그저 '풍물치는 것이 재미있어서' 참가하는 회원들이 상당수 있다. 이들을 조직의 목표와 관련해서 어떻게 위치짓고 융화해나갈 것인가가 조직가들의 고민거리 가운데 하나이다.

핵심그룹의 성격

지역주민운동 조직을 만들고 이끌어가는 핵심그룹은 학생운동을 포함해서 정치성이 강한 사회변혁운동에 직접 투신했거나 깊이 관여했던 사람들로 이루어진 경우와, 그런 전력이 없는 사람들로 구성된 경우로 나눌 수 있다. '열린사회강서·양천시민회'와 '열린사회북부시민회'는 1987년 대통령 선거 당시 공정선거감시단 활동을 하던 회원들을 주축으로 하여 결성되었기 때문에, 독재정권과 사회체제에 대해 비판적인 의식을 갖고 있던 변혁 지향적인 운동권 출신들이 중심을 이루고 있다. 관악주민연대 역시, 80년대에 빈민의 조직화를 통해 우리 사회의 근본변혁을 꾀하고자 했던 빈민운동 종사자들이 주축을 이룬다. 평화와 참여로 가는 인천연대의 경우도 인천에 있는 옛날 사회운동권 인사들이 총집결해서 결성한 것이고, 따라서 학생운동 시절부터 맺어진 인맥들이 의사결정 과정에 주요한 역할을 한다. 한편 안성천살리기시민모임은 핵심그룹에 학생운동에 직접 참여하지는 않았지만 적극적으로 동조했던 사람들이 두어명 있는 정도이고, 과천시민모임은 현실참여형 지식인과 사회의식이 있는 주부들이 중심을 이루고 있지만 변혁운동에 관여했던 전력을 가진 사람은 없다. 또 두루생활협동조합을 만드는 데 앞장섰던 사람들은 반독재 민주의식을 가지고 있기는 했지만, 사회구조의 변화뿐 아니라 자아에 대한 성찰과 변화를 사회문제 해결의 주요한 요건으로 보았다는 점에서 이른바 과학적 사회변혁론과는 다른 철학을 가지고 있었으며, 따라서 운동에 대한 관점과 방법론 역시 그런 변혁론의 전통과는 다른 것이었다. 이를 종합해보면 주민운동의 핵심인물들은 과거 사회변혁운동에 참여했던 전력의 유무와 관계없이, 성향상 자신과 가족의 울타리를 넘어서 타인과 사회를 배려할 줄 아는 열린 자세와 이타심을 가지고 있었음을 발견하게 된다. 이는 대중지도자의 자질론과도 연결이 되는데, 주민운동 지도자로서의 요건은 일차적으로 이웃과 사회에 대한 관심과 포용적 자세라고 할 수 있다.

사회운동권 출신들이 초창기부터 핵심그룹을 형성하고 있었던 단체는, 일반주민들이 격의 없이 참여할 수 있을 정도로 대중조직화하는 데 성공하는 경우가 있는가 하면, '운동가들의 조직'으로서의 성격을 고수하는 경우도 있다. 초창기의 열린사회북부시민회도 주민들에게 쉽게 다가갈 수 있도록 그들의 정서와 요구에 부합하는 프로그램을 위주로 하자는 주장과 지역 전체를 조망하면서 대중정치사업을 해야 한다는 주장이 갈등을 빚기도 했다. 사회운동으로서의 목표와 성격을 우선시할 것인가, 아니면 주민대중들의 가입과 참여를 늘리고 그들과 밀착하는 데 치중할 것인가는 운동권그룹이 주도하는 조직이 반드시 겪게 되는 딜레마이다. 평화와 참여로 가는 인천연대는 비록 옛 운동권인사들을 모으는 것으로 출발했지만, 이후 비운동권 출신 회원의 비중이 점점 높아짐으로써 대중화에 성공하였다. 또한 열린사회북부시민회도 지역 현안에 대한 대응보다는 주민들이 자발적으로 참여할 만한 일상 프로그램들을 폭넓게, 꾸준히 실시함으로써 질과 양 모든 면에서 회원의 증가를 가져왔다. 반면 관악주민연대는 처음에는 주민대중단체를 지향했지만, 개별 쎈터들 중심으로 사업이 전개되고 이들 쎈터들간의 공동보조와 협력에 대한 필요성이 부각되면서 점차 지역운동가들의 협의체로서의 성격을 분명히해나가고 있다. 다시 말해서 주민대중 권익의 주창자(advocate) 혹은 대변자로서의 지역운동 종사자들의 조직인 것이다.

상대적으로 정치성이 강하고 사회변혁운동의 전력이 있는 그룹들은 대체로 다양한 주제와 프로그램을 가지고 접근하는 종합형 운동을 지향하는 반면, 변혁운동과의 연관성이 약한 그룹의 경우는 전문적인 단일주제를 가지고 조직을 만드는 경우가 더 많은 것 같다. 이러한 경향은 종합형 운동이 우리 사회 전체의 점진적 변화를 염두에 두고 그러한 큰 변화에 기여하고 공헌할 수 있는 지역운동을 모색한다는 사실과 관계가 있어 보인다.

조직의 형태

지역운동조직에는 각 부분이 단계와 서열에 따라 짜여지고, 각각의 부분에 고정된 역할과 임무가 할당되는 계서형(階序型) 조직이 있는가 하면, 권위체계가 느슨한 네트워크식 조직이 있으며, 양자를 절충한 중간 형태의 조직도 있을 수 있다. 전자가 전통적인 형태의 조직이라면, 네트워크식 조직은 서구 신사회운동의 조류 속에서 등장한 형태로서 체계가 느슨하고 성원들이 자주 바뀌며 따라서 성원의 수가 유동적이라는 특징을 지닌다. 이러한 조직형태는 조직을 유지하고 관리하는 비용이 적게 들 뿐 아니라 고정적인 형태에 의존하지 않기 때문에 새로운 이슈에 유연하게 대응할 수 있다는 장점을 지닌다. 예를 들어 경기도 과천시의 '과천을 사랑하는 시민들의 연구모임'은 전업활동가, 즉 상근 실무자와 사무실이 없이——회원들은 그 필요성조차 느끼지 않고 있다——회원 중 자원봉사자들로 운영되며, 특히 소그룹들이 네트워크식 연대틀을 유지하면서 지역 사안에 대해 발빠르게 대응하고 있다. 이같은 조직형태는 아직 보편화되지는 않았지만, 새로운 사회운동을 요구하는 사회적 분위기의 확산과 함께 주목해볼 만한 형태이다.

보통 계서형 대중조직은 각 구조에서 결정된 의사를 집행하기 위한 계통 이외에, 주민대중을 그들의 취미나 기호에 따라서 자연스럽게 조직할 수 있는 소모임들(소그룹)을 갖고 있다. 이 소모임들은 그 모임에서 다루는 주제가 전체 조직의 목적과 취지에 부합해서 만들어진 경우——예를 들어 '통일에의 기여'를 주요 목적의 하나로 생각하는 지역운동조직에서 '역사교실'을 프로그램으로 운영하는 경우——도 있다. 그러나 상당수는 주민들의 관심과 자발적인 참여를 유도하기 위한 것이어서, 이러한 소모임들의 회원 수가 늘고 회원들의 활동이 왕성해졌다고 해서 조직 전체가 애초의 목표를 향해서 한 단계 발전했다고 보기는 어려운 경우들이 있다. 이 소모임 회원들의 관심은 전체 조직이 벌이는 사업보다는 자신이 속한 소그룹의 활동에 한정돼 있고 그것에만 애착을 갖는 경우가 많아서, 때로는 조직 전체의 통일성을 약화시키는 문제점을 드러내기도 한다. 그러나 이와 반대로, 처음에는 전체 조직에 대한 이해나 관심이 전혀 없다가 소모임활동을 통해서 그 단체에 호감을 갖고 회원으로 가입하는 경우도 생겨서, 소모임활동이 분명 전체 조직이 활성화될 수 있는 가능성을 높이는 것임에는 틀림없다.

3. 조직과정상의 몇가지 교훈

참여대중과의 관계는 신뢰와 권위에 바탕해야 한다

운동은 사람간의 관계맺기라고 할 수 있다. 서로 몰랐거나 설사 알았다 하더라도 서로 교류하지 않았던 사람들이 운동이라는 집합적인 행위를 통해서 마침내 서로 알고 교류하게 되는 것이다. 이들은 회원과 회원으로서, 회원과 지도자로서, 회원과 활동가(실무자)로서 관계를 맺게 된다. 그리하여 이들은 상대방이 어떤 사람인지를 이해하려 하고 상대방과 무언가——감정이나 정보를 포함해서——를 주고받으며 그에게 일정한 역할을 기대하고 그 기대가 어떻게 처리되느냐를 가지고 그를 평가한다. 이 과정에서 이들 사이에는 호감과 반감이, 신뢰와 불신이, 관심과 무관심이 교차한다.

두말할 것도 없이, 풀뿌리운동 조직이 튼튼하게 자라나려면 구성원들간의 관계, 특히 지도자 혹은 활동가와 참여대중의 관계가 신뢰에 기반해야 하고, 지도자는 그 역할상 진정한 의미의 권위를 가져야 한다. 따라서 이들은 끊임없이 사람들과의 관계가 어떠한지를 예민하게 파악하고 있어야 하고, 신뢰와 권위에 금이 갔다면 그 원인이 어디 있는지를 분석할 줄 알아야 하며, 신뢰와 권위는 어떻게 형성되고 쇠퇴하는지에 대해 정통해야 한다. 그런데 '대중과의 관계에서 신뢰가 중요하다'는 명제는 누구나 당연하다고 여기고 또 스스로 알고 있다고 생각하면서, 자신이 회원들로부터 불신당하고 있지 않은지, 왜 그런지, 관계를 개선하려면 어떻게 해야 하는지에 관해 둔감한 경우가 많다. 객관적으로 인간관계에 문제가 있는데도 본인이 그것을 모르거나 인정하지 않음으로써 영영 해결이 어려워지는 경우가 있다. 그런 점에서 인간관계에 둔감한 사람이나 관계의 문제를 대수롭지 않게 여기는 사람은 지도자나 활동가로서의 자질이 부족하다고 할 수 있다.

주민운동에서 인간관계는 어떤 큰 사건이나 협상 혹은 담판에 의해 발전·후퇴하기보다는 일상적인 접촉이나 대화, 그리고 사소한 사건 등을 통해 변화한다. 따라서 평소에 어떤 마음가짐이나 태도, 버릇을 가지고 사람들을 대하는가, 그리고 관계맺기에 얼마만큼 정성을 기울이는가에 따라서 인간관계는 달라진다. 품성의 문제는 운동에서 여전히 중요한 요소가 되고 있다.

신뢰는 동류의식과 성실하고 헌신적인 태도를 통해서 싹튼다

신뢰는 마음의 문을 열고 상대방을 받아들이는 것에서부터 시작된다. 그리고 받아들임의 시작은 '상대방이 나와 같은 부류'라는 의식, 그래서 '상대방과 나의 이해관계가 대체로 일치할 것'이라는 판단에서 비롯된다. 보통 학생운동이나 지식인 출신 운동가들은 처음에, 대중들과의 이러한 '관계트기'에 애를 먹는다. 마음속에는 대중에 대한 막연한 두려움이나 불편한 감정도 깔려 있다. 상대방으로부터 받아들여지지 않으면 어떻게 할까 하는 두려움, 그리고 관심영역이 다름으로 인해 일상생활에서 좀처럼 공통의 화제를 찾지 못하는 초조감 등에 시달린다. 운동가에 따라 이런 증세를 성공적으로 극복한 경우도 많지만, 세월이 흐르고 활동경험이 쌓여도 내면에 깔린 대중에 대한 공포와 불편한 느낌을 떨쳐버리지 못하는 운동가들도 있다.

한편 주민대중은 지식인 출신의 지도자나 활동가를, '우리보다 많이 배운 사람, 그래서 뭔가 우리와는 생각하는 바가 다른 사람'이라고 인식하는 경향이 있다. 자신들과는 다른 부류의 사람으로 규정하는 것이다. 따라서 어떤 계기에 의해서든 이같은 인식의 벽이 허물어지지 않으면 양자 사이에는 일정한 선입견과 편견이 존재하게 된다.

이에 대한 해답은 70년대 조직가들이 믿었던, '조직가이기 이전에 스스로 주민이 되어야 한다'는 '동화(同化)의 원칙' 속에 있다. 주민과 완전히 일체가 되어야 주민의 입장에서 생각하고 주민의 정서를 이해할 수 있다. 일체가 된다는 것은 상대를 평가하거나 판단하지 않고 '있는 그대로 인정한다'는 것을 뜻한다. 노동운동가 출신의 한 주부는 새로 이사간 동네의 자연

발생적인 주부친목조직에 받아들여지기까지의 어려웠던 과정을 다음과 같이 털어놓았다.

어떻게 소문이 났는지 과거에 노동운동 했다는 얘기가 퍼져서 처음에는 나를 경계하기 시작했습니다. 그 모임에는 다소 건전하지 못한 향락문화 같은 것이 있었는데, 그들의 판단으로는 데모하고 다녔던 여자니까 내가 그들의 문화를 도저히 이해하지 못할 거라고 여기는 듯했고 따라서 자신들을 좋지 않게 평가할 거라고 예단해서 나를 따돌리곤 했습니다. 그러나 나는 기회 있을 때마다 그들의 이야기에 대단한 관심을 보이고 박장대소하면서 재미있게 들었고 이야기를 더 해달라고 조르는 등, 내가 잣대를 가지고 그들 행동의 좋고 나쁨을 판단하고 있지 않다는 사실을 보여주었습니다. 마침내 그들은 내가 그들과 다른 부류가 아님을 느끼기 시작했습니다. 자신들이 흥미있어 하는 주제에 나도 똑같은 반응을 보이자 나를 받아들이기 시작한 것입니다.

활동가들의 연대모임인 'K협의회'의 한 지도자는 그 조직 안에서 적지 않은 업적을 남겼음에도 불구하고 그 조직의 회원인 후배활동가들로부터 긍정적인 평가를 받지 못한다. 한 활동가는 이렇게 말한다.

그분(지도자)한테서는 언제나 우리와 함께하는 모습을 찾아볼 수 없습니다. 고위관리를 만나야 한다든지 다른 회의에 가봐야 한다든지 하는 이유 때문에 늘 바빠서, 우리와 같이 모임을 하다가도 도중에 가버리곤 하는데, 그러고 나면 남아 있는 사람은 능력이 없어서 남아 있는 것 같은 씁쓸한 기분이 듭니다. 능력있고 똑똑한 사람이라는 것은 인정하지만, 그가 우리 옆에 '있다'는 느낌은 안 듭니다.

지도자가 회원으로부터 운명을 함께하는 사람이라는 인정을 못 받고 있는 경우이다. 이처럼 신뢰는 일상생활 속에서 같은 부류의 사람임을 확인할 수 있는 교류를 지속적으로 하는 가운데 자라난다.

또한 지도자나 활동가는 성실하고 헌신적인 자세를 보일 때 참여대중으로부터 신뢰를 받게 된다. 두루생활협동조합이 결성 후 일정 궤도에 오르기까지는 실무책임자의 철두철미한 자세가 큰 역할을 했다. 선한 목적을 위해서 원칙을 세우고 이 원칙에서 한치 어긋남이 없게 자신을 관리하면서 온갖 노력을 쏟아붓는 상근자의 모습에서 회원들은 진한 '감동'을 느꼈다고 한다. 지도자나 활동가가 묵묵한 실천활동을 통해서 회원들에게 '감동'을 자아낼 수 있다면 그들과의 관계맺기는 일단 성공하게 된다. 두루생활협동조합의 경우처럼 회원들은 상근자의 헌신적인 모습을 보면서 미안하다는 느낌과 함께 그에게 깊은 믿음을 갖게 되기 때문이다. 평화와 참여로 가는 인천연대의 상근자들이 회원을 관리하는 데 쏟는 정성도 귀감이 될 만하다. 회원들의 생일을 파악해서 일일이 축하해주고, 다른 회원들에게 연락해서 주인공에게 축하의 전화를 해주도록 독려하는 일은 평화와 참여로 가는 인천연대가 거둔 남다른 성공의 밑거름이 되고 있다. 상근자가 참여회원들에게 쏟는 각별한 관심과 노력은 회원들의 조직에 대한 애정을 깊게 해서 자발적인 참여를 촉진하고 회비납부율을 높여줄 뿐 아니라, 더욱 중요하게는 조직의 핵심그룹과 회원 간의 관계를 튼튼하게 유지시켜준다.

권위는 민주적인 인간관계에서 형성된다

지도자는 참여대중으로부터 권위를 인정받아야 한다. 권위가 없는 지도자는 짠맛을 잃어버린 소금과 같다. 그러나 진정한 의미의 권위란 상급자가 하급자에게 주장하거나 강요해서 생기는 것이 아니라, 밑으로부터의 기대와 요구를 잘 수렴함으로써 하급자가 자발적으로 존경심을 표하고 지도자의 능력을 인정할 때 생기는 것이다. 따라서 지도자가 회원대중과 실무자들의 의견을 늘 경청하고 그들의 의견에 의거해서 조직을 이끌어가려는 자세, 즉 민주적인 자세와 품성은 결국 지도자 스스로의 권위를 확보해가는 방법이기도 하다. 역으로 비민주적인 지도자는 시간이 흐르면서 조금씩 권위를 실추하게 된다. K협의회의 경우 초창기에 활동가들의 지도자 역할을 하던 한 선배활동가는, 후배활동가들과 머리를 맞대고 의논하기보다는 주로 혼자서 결정하고 처리하는 독단적인 태도 때문에 후배들의 불만을 사면서 서서히 권위가 약화되는 과정을 겪게 되었다. 이와 반대로 한 모범적인 지도자는 실무자들에게 일방적으로 지시하거나 간섭하지 않고 회원들의 불만이나 어려움을 미리 간파해서 위로하고 해소해줌으로써, 회원들이 개인적인 고민거리까지 가지고 와서 털어놓을 정도로 신뢰를 받고 있었다. 민주적 의사결정 과정을 중시하는 조직운영의 자세는 지도자가 스스로의 권위를 높이고 유지하는 데 일차적인 요건이다.

권위는 공평무사, 불편부당의 원칙을 벗어날 때 흔들린다

지도자는 만인의 생각과 이익을 대변하는 자리이다. 따라서 지도자의 위치에 있으면서 전체가 아닌 부분에 집착하거나 특정한 사람들의 이익을 우선적으로 고려하는 태도를 보이면 그 권위에 금이 가게 된다. 한 지역 내 소규모 조직들의 협의체인 K협의회의 어떤 지도자는 외부로부터 사업재원을 끌어오는 혁혁한 공을 세웠는데, 일단 끌어온 재원을 K협의회 차원에서 공평하게 배분하려 하지 않고, 자신이 이끄는 소조직에 우선적으로 배당함으로써 '이기적'인 지도자가 되고 말았다. 그는 이후에도 K협의회라는 큰 조직보다 자신이 속한 소조직의 이익을 우선시한다는 비난을 자주 받음으로써, 지역 전체의 지도자로서의 자기 위상을 스스로 끌어내리는 결과를 초래했다.

자발성과 참여도는 참여자에게 충분한 재량과 권한을 줄 때 높아진다

'대중주체의 원칙'은 가장 흔히 입에 오르내리는 운동의 기본 원칙이다. '참여대중이 조직의 주인이 돼야 한다'든지, '모든 결정은 결국 대중이 스스로 내리게 해야 한다'든지 따위의 말은 하도 자주 인용돼서 구태의연한 수식어처럼 되어버렸다. 또 우리나라 운동의 환경이나 경향도 서구의 경우처럼 회원과 조직의 관계가 느슨해지고 멤버십이 유동적이 되면서, 대중들의 자발적인 참여를 높이는 방안이 운동의 주요한 고민거리가 되고 있다.

인간은 남녀노소를 불문하고 창의적인 일을 좋아한다. 결정된 것을 그대로 따라야 한다든지, 다른 사람이 계획한 행사에 동원돼야 한다든지 하는 일을 달가워하지 않는다. 따라서 이런 경우가 반복되면 사람늘은 그 일에 흥미를 잃고 더이상 참여하지 않음으로써 피동적인 존재가 되기를 거부한다. 그보다는 자신이 직접 결정하고 스스로 해보고 결과에 대한 책임도 지는 쪽을 선호한다. 열린 가능성 속에서 자신이 재량과 권한을 행사할 수 있을 때 참여자들은 흥미를 느낀다.

경기도 성남의 '주민생활협동조합'은 이런 교훈을 극명하게 보여준다. 주민생활협동조합의 실무자들은 각종 행사와 사업을 하는 과정에서 철저히 보조자로서의 위치를 지키고자 했다. 즉 주부조합원들이 모여서 스스로 행사의 계획을 짜고, 역할을 나누어 직접 실행하고, 끝난 후에는 평가를 하도록 장(場)을 만들어주는 역할만을 했다. 실무자는 필요한 물품을 구해달라든지 하는 참여자들의 요구사항을 수행했을 뿐, 방향을 제시하기 위해 앞에 나서는 경우는 없었다. 결국 계획·실행·평가 등 일련의 작업은 순전히 참여 조합원들의 몫이었다. 이 과정에서 실무자는 회원들의 놀라운 잠재력을 발견했다고 한다. 처음에는 다소 불안해 보였지만, 공동의 논의를 통해 스스로 문제점을 발견하고 그 해결책을 찾아내는 과정에서 실무자들보다 더 뛰어난 능력을 발휘하더라는 것이다.

그러나 한층 더 중요한 사실은 이러한 과정에서 참여자들이 생협에 대해 더 깊은 애착을 느끼고 자신의 역할을 점점 확대해나갔다는 것이다. 하나의 행사를 통해서 참여의 기쁨을 맛본 조합원들은 다른 행사나 사업에도 관심을 갖고, 단순한 역할에서 생협과 좀더 깊은 관계를 맺는 역할로 발전시켜나갔다. 그리하여 현재 임원을 맡고 있는 한 주부는 "생협에 가입할 때는 그저 먹거리만 바꾸려고 했던 것인데, 지금은 내 생활 전체가 바뀌었다"고 고백하게 되었다.

참여대중에게 재량권과 창발성을 발휘할 수 있는 기회를 부여하지 못하도록 방해하는 요소는, 지도자나 활동가가 갖고 있는 불안감이다. 흔히 '참여자들에게만 맡겼을 때 실패하면 어떡하나' '내가 구상하고 있는 계획과 달라지면 어떡하나' '예상치 않은 부작용이 발생하지는 않을까' 하는 불안감이 참여대중이 주체가 되는 길을 막는다. 이는 달리 말하면 지도자나 활동가 자신이 갖고 있는 계획이나 기준에 대한 집착으로서, 그것에서 벗어나는 것을 용인하지 않으려는 태도이다. 그러나 지도자나 활동가가 갖고 있는 기준이나 계획은 절대적인 것이 아니다. 또 일시적인 실패나 미숙한 운영이 장기적인 조직발전의 관점에서 나쁜 것만도 아니다. 그것을 통해서 참여자들이 새로운 깨달음을 얻고 더 큰 책임감을 느끼게 된다면 오히려 실패는 유익한 경험일 수 있는 것이다.

때로는 지역운동을 상층에서 기획하고 주도하는 그룹의 영향력이 너무 강해서 오히려 다양한 주민활동을 제약하는 경우도 있다. 금호·행당·하왕 지역기획단의 경우, 운동의 중심이 기획단의 활동에 치우쳐 있어서 오히려 주민들의 참여를 제한하는 역작용이 발생하는 듯하다. 다시 말해서 기획단이 주민들의 다양한 이해를 반영하지 못한 채, 자체적으로 구상한 몇가지의 높은 의식을 필요로 하는 사업에 모든 역량을 쏟아넣기 때문에 주민들의 참여가 구조적으로 제한당하는 측면이 있다는 것이다. 혹시 앞에서 말한 실무일꾼들의 헌신적인 자세가 참여회원들이 해야 할 역할까지 대신해주는 것으로 오해되어서는 안될 것이다. 참여회원들이 할 수 있는 역할, 해야 할 역할까지 실무일꾼이 대신하는 것은 헌신성이 아니라, 자발적 참여를 가로막는 비민주적 월권행위이기 때문이다.

지도자와 활동가의 역할은 일차적으로 참여자에 대한 지지와 격려이다

사람은 누구나 타인으로부터 인정받고 싶어하는 욕구가 있다. 자신의 존재가 어떤 조직에서 꼭 필요하다든가 자신의 역할이 조직을 위해서 아주 유익했다는 평가를 듣게 되면, 그 조직에 대해서 더 많은 관심과 애착을 갖게 된다. 따라서 지도자와 활동가는 참여자의 존재가치와 역할을 긍정적으로 확인시켜주는 것을 게을리하지 말아야 한다. 참여자 개개인에게 관심을 가지고 그의 사기를 북돋우며 칭찬하고 격려하는 것은 지속적인 참여를 이끌어내는 데 매우 중요한 요소이다. 그러기 위해서는 작은 역할이라도 참여자 각자가 할 수 있는 일감을 찾아주고 그것을 통해서 보람을 느끼게 해주는 것이 필요하다.

지역운동에 필요한 자원은 지역 안에서 마련되어야 한다

지역주민운동을 하는 데는 인적·물적 자원이 필요하다. 지역을 기반으로 하는 운동이라면 이에 필요한 자원 역시 지역 안에서 해결하는 것이 마땅하다. 그러나 지역운동의 역사가 깊지 못한 우리나라에서는 자원의 원천이 참여주민이어야 한다는 인식이 희박하다. 지역 안에서 인적 자원을 찾고 주민으로부터 회비를 걷어야 한다는 생각은 비단 주민들뿐 아니라, 실무일꾼들 사이에서도 투철하지 않다. 그러한 시도를 해보긴 해도 그 성과가 미미해서 반쯤 포기하고 지내는 경우가 많다. 그러나 몇몇 성공사례들은 이러한 지역 자체 조달의 원칙이 장기적으로 뿌리내릴 수 있음을 시사한다.

안성천살리기시민모임의 대표는 '주민참여에 의한 지방자치제의 정착과 지역운동의 완성을 목표로 한다면 지역사회에서 자생적으로 꾸려지는 조직을 만들어야 한다'는 신념하에서 중앙의 유명 단체(환경운동연합, 경실련 등)의 지부조직이 되기를 철저히 거부했고, '자원과 재정도 자력갱생하고, 정 안되면 그 수준에 맞는 상태로 꾸려가기'로 원칙을 정했다. 그러다보니 자연히 지역 내 자원을 발굴하고 양성하는 데 각별한 관심을 쏟게 되었다. 예를 들면 지역 내 대학의 학생들이나 전문가를 적극적으로 찾아서 사업에 연결시킨다든지, 안성천 환경·생태 탐사 초기부터 회원들이 아예 물고기·식물·곤충 등 분야를 나누어 스스로 공부를 해가며 조사를 하게 해서, 이후에는 이 회원들이 직접 탐사를 지도하도록 준비하는 등 사람을 양성하는 데 많은 노력을 기울였다. 또 지역여건에 맞는 프로그램을 개발해서 운영하는데, '푸른안성어린이학교'의 경우 농촌지역임을 감안하여 농민 자녀의 참가비를 농산물로도 받고 있다.

열린사회북부시민회의 경우도 지역자원을 활용하는 데 아주 능숙하다. 예를 들어 '북한동포돕기 사업'이나 '책잔치글마당' 행사를 하면서 지역 내 정치인뿐만 아니라 공무원, 상인, 일반주민에 이르기까지 다양한 사람들을 참여주체로 끌어들이는 데 남다른 면모를 보였다. 또 '글쓰기교실'을 마친 어머니들이 '책마을유치원' 교사를 맡고 있고, '방과후 아동지도사' 교육을 받고 있는 주부들이 수료 후에는 공부방을 만들 계획을 하고 있다. 이처럼 지역의 인적 자원을 최대한 활용하려고 노력하는 것은 단순히 행사(사업)의 규모를 크게 하거나 재정적·기술적 지원을 이끌어내기 위함이 아니라, 참여자 한 사람 한 사람이 행사의 의미를 알고 스스로 주인이라는 의식 속에서 참여하도록 관계를 발전시켜나가려는 것이다. 즉 어떤 사업이나 행사를 계기로 그 조직과 주민 개인 간의 관계가 싹트고 점차 깊어지도록 하는 것이다.

회비납부율은 회원과 조직의 결합 정도에 비례한다

'사람은 어떤 일을 위해 자신이 내는 돈만큼 그 일에 관심을 가진다'는 말이 있다. 평화와 참여로 가는 인천연대의 회비납부율이 90%에 육박하는 것은 실무자들이 회비납부를 철저히 독려하고 관리하기 때문만은 아니다. 그렇다고 회비의 액수가 적은 것도 아니다. 조직 안에서, 회비납부는 회원의 가장 일차적인 의무이자 권리라는 점이 끊임없이 강조되어 회비납부의 중요성에 대한 인식이 높은 것은 사실이다. 그러나 더욱 중요한 점은 회원들이 스스로 주인임을 느끼도록 조직에 대한 애정을 키워주는 일상활동이 활발하게 이루어지고 있다는 것이다. 무엇보다도 실무일꾼과 회원들이 평상시에 일대일, 면대면(面對面) 접촉을 자주 가지면서 인간적으로 친밀하고 상부상조하는 관계가 형성되어 있다는 것이 특징이다(자영업을 하는 회원이 같은 회원한테는 물건을 싸게 준다든지, 실직한 회원을 위해 다른 회원들이 일거리를 적극 알아봐준다든지 하는 연대의 분위기가 자리잡고 있다). 또 IMF 한파로 실직했거나 수입이 크게 줄어든 회원에 대해서는 월회비를 대폭 하향조정해준다든지 한 예는, 개개인에 대한 배려를 통해서 공동체적인 분위기를 북돋아나감과 동시에, 그럼에도 회비납부의 의무는 철저히 준수되어야 할 원칙이라는 점을 성원들이 함께 확인하는 계기인 것이다.

열린사회북부시민회 역시 회비납부율이 거의 100%에 육박하는데, 주로 프로그램 위주의 사업을 하는 이 단체는 각 프로그램에 참여하는 회원들의 호응도가 매우 높다. 프로그램을 중심으로 한 소그룹 내의 응집력과 결속도가 높기 때문에 열린사회북부시민회 자체에 대한 회원들의 이해도는 낮아도 총회참석률은 매우 높게 나타난다.

이상에서 볼 때 회비납부를 의무로서 회원에게 일방적으로 요구하기보다는, 그 조직이 회원 자신에게 유익하다고 느끼고 호감을 가질 수 있도록 무형의 써비스를 제공함으로써 조직과 회원 쌍방간의 교환이 이루어질 때 회비수납률도 높아질 수 있다. 즉 조직과 회원은 서로 주고받는 관계가 되어야 한다는 점을 인식하고, 조직을 운영하는 사람들은 써비스 개념에 더욱 투철할 필요가 있는 것이다. 이때 써비스란 회원 각자에 대한 관심과 배려를 포함해서 정서적 만족도를 높일 수 있는 행동들을 말한다. 이러한 써비스를 통해 회원들의 조직에 대한 애착과 결합력을 충분히 높이고자 노력하는 한편, 회비관리를 철저히 해야 할 것이다. 회원들은 주민운동이 자신을 포함한 지역주민의 공동이익을 실현하기 위한 것이고, 주민의 일원인 자신도 마땅히 금전적·시간적 기여를 해야 한다는 의식을 가져야 하지만, 주민운동이 자신에게도 이득이 되는 일이라는 점을 회원들로 하여금 느끼게 만들 책임은 역시 지도자와 활동가들의 몫인 것이다.

재정문제와 관련해서 열린사회북부시민회에서 눈여겨볼 또 한가지 점은, 어떤 사업을 기획할 때 그 사업내용에 예산확보 방안까지 포함시켜 고민함으로써 단위 사업별로 독립채산의 원칙을 지키려 한다는 것이다. 즉 재정 마련을 위한 행사 따로, 운동적으로 유의미한 행사 따로가 아니라, 양자를 결합해서 기획하고 진행하는 것이다. 예를 들어 야외영화제 같은 행사를 할 때 재정이 주로 티켓 판매대금으로 충당되도록 계획을 세우고, 이 계획에 차질이 없게끔 준비·진행 과정에 만전을 기함으로써 적자가 발생하지 않게 하는 것이다. 개별 사업이 비용문제를 책임지도록 하고 치밀한 계획과 철저한 관리를 해서, 적자가 누적될 수 있는 여지를 아예 단위 프로그램 차원에서 차단하는 것이다.

조직화의 경로는 다양해야 한다

흔히 지역운동에서 조직화의 경로는 ①지역민의 생활과 관련이 있는 사안이나 이슈를 매개로 이를 해결하거나 개선하기 위한 운동을 벌이는 경우와 ②일상적인 사업이나 프로그램을 운영함으로써 참여자들을 조직하는 경우로 대별할 수 있다. 전자는 보통 주민대중의 이해관계와 직결돼 있기 때문에 사람을 결집시키기가 용이하고 따라서 겉으로 드러나는 폭발력이 큰 장점은 있으나, 문제의 해소와 함께 조직이 해체돼버릴 수 있다든지, 집단이기주의로 흐를 수 있다는 단점을 가지고 있다. 반면 후자는 참여동기가 개인의 관심과 욕구에서 비롯되므로 자발적이고 지속적인 참여가 이루어지고 소그룹 내의 결속력과 친밀도가 높은 이점이 있지만, 그 프로그램이 담고 있는 관심의 영역을 넘어서서 지역공동체의 문제를 생각하는 단계로 나아가기가 쉽지 않다는 한계가 있다.

지역주민운동이 지향하는 궁극적 목표가 주민대중의 의식과 삶의 변화라고 할 때 그런 목표에 다가가기 위해서는, 그간 많은 조직가들의 실천경험 속에서 추출된 몇가지 명제를 짚어볼 필요가 있겠다.

①대중은 피동적 학습(교육)을 통해서보다는 자신의 삶의 문제를 함께 해결하는 실천과정을 통해서 변화될 수 있는 가능성이 더 높다.

②대중이 새로운 영역의 문제, 새로운 인생관과 세계관에 관심을 보이고 그것을 수용하려 하는가의 여부는, 그러한 기회를 제공하는 사람들(지도자나 활동가들)과의 인간적 신뢰관계가 어떠하냐에 달려 있다.

③지도자나 활동가가 대중의 정서와 의식세계를 깊이 이해하고 그 속에서 운동의 주제와 이슈를 찾아내지 않으면, 대중의 자발적 참여를 기대할 수 없다.

대중이 운동에 참여하지 않는 것은 의식수준이 낮아서라기보다 그들에게 제시된 운동이 그들의 문화와 욕구와 동떨어져 있기 때문이다. 또한 참여할 의사가 있어도 그 방법과 길을 모르는 경우도 적지 않다.

④참여대중의 의식은 지역공동체를 지향하는 조직 안에서 지지와 격려를 받으면서 자기 역할의 수준이 점차 높아질 때 변화·발전할 가능성도 높

아진다.

　이상과 같은 점에서, 프로그램 위주의 사업으로 회원 늘리기에 치중해온 열린사회북부시민회는 지금까지의 성과를 이어가면서, 한편으로 지역 사안을 발굴하는 운동을 병행함으로써 회원들의 관심영역이 지역공동체로 확산되는 계기로 삼아야 할 것 같다. 회원들의 관심사가 몇몇 프로그램의 주제에 국한되지 않고 자기 생활의 터전인 지역의 문제로 확대되어서 자신이 직접 관여하고 개입할 수 있는 실천의 장이 마련될 필요가 있는 것이다.

　예를 들면 아파트 주민이 대다수를 이루는 서울의 강북구에서 아파트 주민자치조직을 만들어나가는 장기적 전망을 세워볼 수 있을 것이다. 반대로 이슈별 캠페인에 치중해온 지역운동단체라면 지속적이고 안정적으로 회원을 발굴하고 다시 그들을 자원운동가로 양성할 수 있는 프로그램사업을 병행하는 것이 좋을 것이다.

　이처럼 의식의 변화를 목표로 하는 조직화는, 개인 내면의 욕구와 이해를 충족시켜서 그의 자발성과 주체적 의지가 발휘되도록 하는 과정과 공동의 지역사업이나 캠페인을 통해서 개인의 관심과 실천활동이 지역의 민주화로 확장되는 과정이 모두 필요하다. 따라서 조직화는 다양한 매개와 경로를 통해서 동시에 모색되는 것이 바람직하다.

지역민의 이해가 걸린 이슈가 운동의 주제가 되려면 정당성을 확보해야 한다

　시민들의 권리의식이 신장되면서 쾌적한 생활을 침해하는 각종 지역현안들이 캠페인의 주제가 되고 있다. 혐오시설의 설치를 반대하거나 어떤 문제의 시정·개선을 요구하는 집단적 움직임이 심심찮게 일어나고 있다. 사람은 자신의 이해에 따라서 움직이고 무언가를 도모하는데, 이러한 동기에서 일어나는 모든 집단적 움직임을 지역운동이라고 할 수는 없다. 여기에는 흔히 말하는 집단이기주의의 함정이 도사리고 있다. 지역주민운동이 추구하는 바는 공동체이고 공동의 선이어야 하며, 따라서 어떤 특정 주민들이 선이라고 주장하는 바가 지역 내 다른 주민들, 혹은 일반시민들의 선과 상충되거나 그들로부터 공감을 얻지 못한다면, 그들의 움직임을 사회운동이라고 인정하기는 어려울 것이다.

앞에서도 얘기했듯이 지역주민운동의 궁극적 목표가 주민대중의 의식변화라면 의식의 변화와 발전을 수반하지 않는 운동은 운동이라고 할 수 없다. 따라서 참여대중들이 자신의 이익을 지키는 싸움을 통해서 그러한 투쟁이 사회적 정당성을 띤다는 확신에까지 이르지 않고, 그저 대가를 얻어내는 데만 급급하고 만족한다면 그것은 일회성 '밥그릇 싸움'에 지나지 않는 것이다. 그러므로 지역민의 이해와 관련된 이슈를 내건 캠페인이 '민주시민의 권리'라는 관점에서 정당한가'를 참여자들이 점검하고 그렇지 않다면 정당성을 확보할 수 있는 방향의 싸움으로 전환해나가야 한다. 운동의 도덕성이라는 측면에서뿐 아니라 전략적 측면에서도 정당성을 확보해야 더 많은 세력과 집단——언론, 종교단체 등 여론을 선도하는 그룹들——으로부터 지지와 호응을 받고 그래야만 싸움에서 승리할 가능성이 높아지는 것이다.

그런 점에서 열린사회강서·양천시민회의 우장산과 궁산 지키기 캠페인은 주목해볼 만하다. 처음 강서구청이 우장산에 구민체육쎈터를 건립하겠다고 발표했을 때는 우장산 인근(서울 화곡동·발산동)의 일부 주민들만 반대했다. 그러나 '강서양천겨레사랑주민회'(열린사회시민회의 전신)가 이들과 결합하면서 우장산이 강서구 전체에서 지니는 자연휴식공간으로서의 가치, 환경·문화적 의미 등이 널리 홍보되었고, 각종 종교기관, 의료인조직, 노동조합 등이 참여하는 시민대책위원회가 구성되면서 강서구민 전체가 호응하는 캠페인으로 발전했다. 처음 버스 차고지 저지 투쟁에서 비롯됐던 '궁산 문화유적 지키기 운동'에서도 대중교통 차고지를 반대하는 싸움이 집단이기주의로 흐를 수 있는 위험을 간파하고 차고지가 문화유적지를 훼손한다는 점에 착안해서 문화유적지 보호운동으로 그 차원을 한 단계 승화시켰다. 또 금호·행당·하왕지역기획단의 탄생 배경이 된 하왕2-1 재개발지구 투쟁의 경우에는, 주민들이 자신들의 요구사항만을 가지고 싸우지 않고, 자신들과 같은 처지에 있는 영세세입자 주거권 운동과 맥을 같이하면서 인권 차원에서 불합리한 재개발법의 개정운동에도 적극 참여하였다.

조직은 참여대상과 지역의 특성에 맞게 유연하게 사고해야 한다

서구의 신사회운동은 조직형태에 있어서도 그전과는 다른 양상을 띠기 시작했다. 일반적으로 신사회운동의 조직은 ①특정한 이슈, 보통은 지역적인 이슈를 중심으로 조직되고, ②권위체계가 느슨하며, ③활동의 고조기와 침체기가 빈번히 교차하고, ④성원들이 자주 바뀌고 성원의 수가 유동적이며, ⑤특정 지역에 기반을 두거나 소집단을 중심으로 조직되는 등의 특징을 가진다고 한다. 우리나라도 90년대 들어서는 과거와 같이 높은 수준의 규율과 책임이 요구되는 조직을 만들거나 유지하는 일이 쉽지 않게 되었다. 그래서 서구의 경향이 우리의 사회적 분위기 속에도 부분적이나마 나타나고 있다. 90년대 사회운동은 일반적으로 다양화·다원화·지역화의 경향을 보이는데, 운동의 주체와 주제가 다양해지고 운동의 중심이 다변화함으로써 조직의 형태도 주체와 지역적 특성에 따라 때로는 느슨하고 유동적으로 운영되는 '합리성'을 띠게 되는 것이다.

경기도 과천시의 시민단체 조직은 긴장된 관계나 강도 높은 의무보다는 편안한 교제와 교류 속에서 '무리하지 않는' 선에서의 협동을 더 선호하는 고학력 중산층 시민들의 성향을 잘 반영하고 있다. 따라서 때로는 독립된 사무실과 상근자를 두지 않고 자원봉사 회원들이 조직을 운영한다든지, 하나의 틀 속에 결집된 형태가 아닌 분산형 네트워크식 조직을 선호하는 등의 현상이 나타난다. 또한 단체들간의 관계도 지역 내에서 헤게모니를 갖고 역할을 독점하려는 경향보다는 각 단체의 특성에 맞게 역할을 분담하고 협력하는 철저한 연대의 정신에 입각해 있다.

그러므로 조직의 개념은 이제 고정된 결집형 조직, 항상적으로 활동하는 조직뿐 아니라 때로는 네트워크식 점(點)조직, 필요에 따라 활성화되는 비상시적 조직, 그리고 활동인자들의 풀(pool)이라는 의미로까지 확대되어야 한다. 결집되고 안정된 조직은 분산형 유동적 조직보다 항상 '더 좋은' 것이라는 고정관념에서 벗어나 운동적 상황과 조건에 따라 합리적 선택을 하는 탄력적 사고가 필요하다.

4. 맺음말

유럽 신사회운동의 원년을 보통 1969년쯤으로 잡는다. 우리나라로 말하면 이때는 정확히 구(?)사회운동의 맹아가 싹트기 시작할 무렵이다. 사회운동이란 말 자체가 존재하지 않았을 때이니 신·구의 구분도 있을 수 없었지만, 어쨌든 가난한 노동자, 농민, 도시빈민에 대한 사회적 관심이 미미하게나마 생겨나기 시작했던 시기이다. 그러나 노동조합의 결성이 일반화되고 구사회운동이 합법적인 영역에서 공식화된 것은 그러고도 20년이 흐른 1980년대 말이었다. 그리고 이때부터 우리나라에서도 신사회운동에 대한 논의가 시작됐다.

요컨대 서구에서 새로운 사회운동을 논할 무렵에 우리는 옛날식 사회운동의 첫발을 막 내디뎠고, 그것이 본궤도에 오르는가 싶어졌을 때 벌써 새로운 사회운동을 고민해야 했던 것이다. 우리에게는 제2의 길을 제대로 실험해보기도 전에 제3의 길을 모색하지 않으면 안되는 상황적 다급함이 있었다. 역사의 길이 다름으로 해서 최소한 20년의 세월을 압축적으로 경험하지 않으면 안되었던 것이다.

우리나라 지역주민운동은 1970년대 초 이래 주로 도시빈민지역을 중심으로 확산되고 뿌리내려오다가, 마침내 90년대 중반부터 오늘날과 같이 다양한 모습으로 발전하고 있다. 총체성과 통일성이 강조되던 시기의 사회운동이 간과했거나 미처 손대지 못했던 영역의 과제들이 이제 지역주민운동을 통한 해결의 시험대 위에 올라 있다. 지역주민운동의 중요성은, 정권이 바뀌고 권위주의 시대의 법제가 부분적으로 개선되었지만, 결국 사회구성원들이 주체가 되는 참여와 자치가 뿌리내리지 않으면 실질적인 민주주의는 요원할 것이라는 우리 역사의 뼈저린 경험과 맞닿아 있다. 또끄빌(Alexis de Tocqueville)의 표현을 빌리자면 "정치제도적 수준의 민주화와 더불어 시민사회적 수준의 민주화가 진행되어야 하는데, 시민사회 내의 다양한 제도·습속·실전은 권력의 집중화를 견제하고 시민들의 공공정신을 발양하며 사적 이익의 추구를 제한하는바, 시민들의 이러한 적극적이고 자발적인 참여를 통해서 진정한 민주주의가 달성"될 수 있는 것이다. 그리하여 이제 막 다양화의 길을 걷기 시작한 우리나라의 지역주민운동이, 현재로서는 위에서 정리된 것 이상의 공통된 이데올로기와 전망을 드러내지는 않고 있지만, 민주주의의 활성화와 고양이라는 시대적 과제를 실현해나가고 있는 것만은 분명하다.

남아프리카 시민사회와 여성

데이비드 허시만

1. 들어가며 그리고 연구방법에 대해

이 글의 목적은 성(性, gender) 개념으로 어떻게 남아프리카의 시민사회를 이해할 수 있는지를 제시하는 데에 있다. 이 글은 성 개념을 직접적으로 시민사회에 적용하지는 않는다. 오히려 이 글은 (일단의) 남아프리카 여성운동과 그들에 대한 반응이 어떻게 중성적 시민사회 개념을 주지시키고 또 거기에 도전하는지를 이해하고 전달하기 위한 하나의 준거틀로서 성 개념을 사용한다.

이 글은 사적 영역과 공적 영역의 구분과 중복——앞으로의 논의에 초석을 놓는 일차적 성 주제——을 논의하는 것으로 시작해서, 계속해서 실용적 이익과 전략적 이익 사이의 개념적 구분, 정치에서의 여성의 뛰어난 공헌 및 폭력, 특히 여성에 대한 폭력의 문제가 시민사회에 적절한지 아닌지를 논의한다. 이 글의 두번째 목적은, 뒤의 결론부분에서 드러나겠지만, 성문제에 대한 관심이 어떻게 성 자체를 넘어 시민사회에 대한 분석과 특성, 심지어 그 정의를 변화시키고 풍부하게 하는지를 광범위하게 제시하는 데에

＊David Hirschmann, "Civil Society in South Africa: Learning from Gender Themes," *World Development*, Vol. 26, No. 2. ⓒ1998 Elsevier Science Ltd.

＊＊데이비드 허시만: 아메리칸대학 교수.

있다.

이 글의 연구는 1993년 남아프리카의 이스턴케이프에서 이루어졌다. 이때는 경제적인 우려와 정치적인 실망감이 겹쳐 특히 빈곤층 사이에 상대적 비관주의가 생겨나고 있었던 시기였으며, 이같은 분위기는 전반적인 경제적 불평등과 실업이 계속됨으로써 또다시 대두될 것이었다. 여기서는 정보와 여론 수집을 위해 두 가지 중요한 방법을 사용했다. 그 하나는 우편이나 구두로 지역공동체에 기반한 개발단체에 아주 간략한 질문을 하는 것이었다. 모두 합해 32개 조직이 이 질문에 응답했다. 두번째, 더욱 중요한 정보 수집 방법은 상세한 면접조사를 통한 것이었다. 56건의 면접조사가 이루어졌는데 그중 40명은 도시여성의 횡단조사(cross-section)였으며, 이들 대부분이 흑인이었고, 저소득층・실직자・소외집단에 속해 있거나 또는 그들 편에서 일하는 사람들이었다. 이 글의 논조나 내용은 일차적으로 이들 여성의 인식이나 견해로부터 도출된 것이다. 여성들의 답변내용에 대해서 질문을 받은 남성 면담대상자들은 강조점이나 논조는 달랐으나 일반적으로 여성들의 답변 취지에 동의하였다.

2. 시민사회: 논란의 영역

남아프리카의 정치변혁 과정을 지켜본 관측자들은 이 나라 시민사회가 응집력있고 풍부하다는 점에 동의하는 것 같은데, 대중사회운동에서부터 전국적 주창단체, 이익단체, 그리고 지방의 자생・자력단체에 이르기까지 수많은 다양한 정치적・경제적・상업적・시민・문화적・종교적 조직들이 그 증거로 제시된다(Ottaway 1993, 114면). 이들 중 일부는 이런 현상이 그 자체로 좋다거나 통합적이거나 혹은 반드시 다원주의를 강화하지는 않는다는 사실을 인정했다. 프리드먼(S. Friedman)은 다음과 같이 지적한다.

우선 불균등한 조직분포로 인해 강력한 시민사회에 대한 전망에 지장이 온다. 안정된 도시거주자들은 결집할 수 있는 능력이나 자질을 가지고 있는

반면 '주변적' 집단들——움막이나 수용소 거주자들 또는 농촌지역 사람들
——은 그보다 훨씬 못한 자원을 보유하고 있다. 우리는 이렇게 다수가 배제
된 상태인 '강력한' 시민사회의 전망에 직면해 있는 것이다. (Friedman 1991,
15면)

두번째 유형의 우려는, 대부분 아프리카민족회의(ANC) 및 그와 연계된
조직과 아주 밀접하게 관련된 인종차별 철폐운동의 성공으로부터 대두되
었다. 야당이었을 때 그 조직은 독립적인 사회운동의 우수한 한 본보기였
다. 그러나 이제 인종차별 이후 시대에 그것은 새 여당과 너무 가까운 관계
를 맺고 있어서 시민사회 내의 '자유주의적' 세력이 아니라 '조합주의적' 세
력을 대변한다(Schmitter 1991, 16면). 그 예로 하이먼즈(C. Heymans)는 인
종차별 철폐운동의 아주 중요한 지역기관이었던 씨빅스(civics)에 대하여
쓴 논문에서 ANC가 돌아옴으로써 씨빅스의 역할 재평가가 불가피할 것이
라고 했다. 그는 이전에 자치적인 그림자 지방정부이던 씨빅스가 새 지방
정부의 비당파적인 감시기구로서의 역할을 효과적으로 해낼 수 있을지에
대하여 의구심을 표했다(Heymans 1992, 313~14면). 라네그란(K. Lanegran)
은 더 큰 시민자치를 위해서 시민단체연합이 ANC를 방해할 것 같지는 않
다는 데에 동의했다(Lanegran 1995, 119면). 슈베인(K. Shubane) 역시 헤게
모니적 경향과, ANC와 너무나 밀접한 시민사회 내의 정치그룹들이 경쟁하
는 방식의 장애에 대해 우려를 표했다(Schubane 1992, 3면). 마지막으로, 한
사례로 쿠바디아(C. Coovadia)는 인종차별 철폐 이후 시민사회단체들이
다루어야 할 지역공동체의 변화양상을 관찰했다.

시민단체들이 깨달은 것은, '공동체'가 결코 동질적이지 않고, 그전 10년
간의 인종차별 철폐투쟁이 지역공동체 내의 단합에 의존했다면 개발프로그
램은 극히 다양하고 대다수 상충되는 이해관계를 인식해야 한다는 사실이
다. (Coovadia 1991, 349면)

이러한 우려들은 남아프리카 시민사회의 성격에 관해 계속되는 논쟁 중

일부분에 불과하다. 강한 반대와 여러가지 이견들이 그대로 남아 있다. 그 중 한가지는 대중운동이 이질적인 이념적·조직적 이해관계로 이루어졌다는 사실이고, 다른 한가지는 기업의 이해관계가 국가정책에 중요한 영향력을 계속 발휘할 것이라는 사실이다. 국제적으로 민주화 이행에 대한 시민사회의 긍정적인 공헌이 강조되고 낙관주의가 대세를 이루고 있는 현시점에, 이 글이 벌일 논쟁의 의미는 시민사회가 반드시 내재적으로 양호하고 통합적인 세력이 아니며, 논란이 없는 영역도 아니라는 점을 인식하자는 데에 있다.

앞서 설명한 것처럼, 이 글의 의도는 몇가지 성 주제를 논쟁에 도입함으로써 남아프리카 시민사회의 성격 규명에 한걸음 더 나아가자는 것이다. 시민사회의 정의에 관한 논쟁은 결론부분으로 미룰 것이다. 왜냐하면 성 주제를 적용하는 한가지 목적이 시민사회의 정의 그 자체에 논쟁의 여지가 있음을 나타내는 데 있기 때문이다.

3. 사적 영역과 공적 영역

대부분의 민주주의 이론과 시민사회 개념화에 대한 페미니즘 이론의 가장 날카롭고 끈질긴 비판은, 그 개념들이 사적/공적 이분법을 전제하므로 (예를 들어 Okin 1991, 82면; Dean 1996, 75면; Shettima 1995, 86, 89면), 가족·가사 혹은 지역단체 등 사적 영역의 역동성과 실용성, 그리고 정치·정책·경제 등 공적 영역과의 결정적인 연결점과 중첩에 대하여 너무나 무지하다는 것이다. 이런 식으로, "그리고 외견상 순수한 중성의 탈을 쓰고, 남성성이 용어정의를 독점한다"(Phillips 1991, 5면). 이러한 구분과 여기에 부수하는 구분(사적/정치적, 예외적/보편적, 사소한/중요한, 자연적/문화적, 종속적/자유적)이 주는 영향은, 시민사회로부터 여성의 **구조적인** 배제와 함께(여성 및 그 관심사를 배제하는 식으로 시민사회를 규정함) 여성의 **실제적** 배제를(경제적·법적 장벽으로 인한 제한을 통해) 강화시킨다(Dean 1996, 77면).

페미니즘 문헌 내에는, 이분법적이고 배제적인 범주를 적용하기보다 정의를 확장하고 참여공간을 넓히고 개방할 수 있는 방안을 모색해야 한다는 광범위한 합의가 존재한다(예를 들어 Waylen 1992, 300면; Phillips 1991, 114면; Robinson 1994, 50면). 그 예로 딘(J. Dean)은, 시민사회를 다층적으로 연결되는 담론영역들이 모인 것으로 이해하도록 촉구한다(Dean 1996, 88면). 그 목표는, 특히 가부장제에 도전함으로써 시민사회 내의 참여 및 자력화를 포함해야 할 뿐만 아니라, 시민사회 자체 성격을 변화시켜야 할 것이다(Cohen and Arato 1992, 508면).

위에서 말한 구분들이 타당하지 못하며 '개인적인 것이 정치적인 것'이라는 점에 대한 폭넓은 동의가 있는 반면, '개인적인 것이 정치적인 것'이라는 말이 얼마나 비약할 수 있는가에 대해서는 의견의 불일치가 있다. 한가지 해석은 사적 영역과 공적 영역 사이의 모든 구분을 폐지해야 한다고 주장하는 반면, 다른 해석들은——두 영역 사이의 완벽한 의존성을 인정하면서도——그럼에도 불구하고 사적 영역을 개념적으로 유지시키거나, 실제적으로 보호해야 할 영역으로 강조한다(예를 들어 Okin 1991, 767~77면; Cohen and Arato 1992, 537면; Phillips 1991, 109, 119면; Elshtain 1981, 325~26, 333면).

'개인적인 것이 정치적인 것'이라는 주장과 비민주적 가족구조와 비민주적인 사회구조 사이에 불가분의 관계가 있다는 사실은 민주주의 이론과 그 실행에 대한 주요한 개념적 도전이 된다(Shettima 1995, 67면). 그 예로, 아주 구체적으로 말하건대 중성적 이론과 정의들은 여성의 법적·정치적·경제적 능력에 가해지는 많은 제한들이——여성들의 유동성(mobility), 계약상의 권리, 여성에게 기대되는 사회적 행동 같은 것들——실은 가사 내에 설정된 한계에서 파생된다는 사실을 간과함으로써, 여성이 정치활동과 민주화 이행기에 겪는 어려움을 이해하지 못한다(Pateman 1983).

남아프리카에서 이러한 연구에 대한 반응은, 이런 구분이 존재하고 따라서 어느정도 적절하기도 하다는 점을 이해하는 것이 도움이 되기도 하지만, 공적 영역과 사적 영역 사이의 본질적인 상호관계와 그것이 남성과 여성의 공적 생활 참여에 얼마나 다르게 영향을 끼치는지를 인지하는 것이 훨씬 더 중요하다는 사실을 새삼 확인시켜준다.

사적 영역과 공적 영역, 그리고 그 둘의 겹침에 관련된 주제가 거의 모든 면접조사에서 나타난다. 다른 여러 나라에서처럼 공식·비공식 공공정책 및 실천의 일반 사례들이 가정 내 여성의 역할을 결정짓는 경우가 많다. 출산휴가, 봉급체계, 계약상의 권리 등이 그 예이다.

면접조사 여성들은 또한 공공조직에 적극적으로 참여하는 데 가해지는 여러 형태의 제한을 논했다. 이런 것들은 사적 영역의 행동이 그들이 결사체 생활에 참여하는 데 미치는 영향을 보여준다. 예를 들어, 그들 남편의 반대와 일련의 장애요인들이 서로 연관되어 있다. 남편의 반대는 근거없는 질투 ——'아내가 다른 남자를 만날지도 모른다'——때문이거나, 아니면 그들이 여자들의 노력이 가치있거나 중요하다고 믿지 않기 때문이다. 어떤 남자들은 여자들의 활동이 보수를 받지 못한다고 반대했고, 다른 이들은 아이들이 엄마가 없어 제대로 보살핌을 못 받는다는 이유로 반대했다. 심지어는 여자는 신문을 읽을 시간이 없다는 사소한 이유로 남자가 정치에 대해 더 잘 알며, 정치적 정보를 남편에게 의존하게 된다고 한 여성은 지적했다. 그들은 또 여성들의 바깥활동을 제한하며 시간이 많이 드는 과중한 가사노동 요구를 언급하기도 했다.

그러나 여성들을 주변화시키는 경향이 있는 사적인 의무에서 비롯된 제한에 초점을 맞추기보다, 이 절은 여성이 변화의 주체가 되고자 하는 경우에 공적 영역과 사적 영역 간의 연관성에 주의를 기울이려고 한다. 아버지와 어머니 모두 딸에게 더욱 자신있고 확신을 가지도록 격려하는 고무적인 경우도 있었다. 이런 경험을 가진 여성들은, 여성이 집안에서 그런 격려를 받는 경우가 아주 드물지만, 그럴 경우 여성이 지역사회나 공적인 활동을 하는 데 결정적인 도움이 된다고 말했다.

자기 아이들이 경찰에 의해 학대받은 것 때문에 정치적 행동을 취하게 된 여성들의 경우는 두 영역이 중첩되는 또다른 예를 보여준다. 이와 유사하게, '아이들'이 술집을 폐쇄하려고 해서 어른과 '아이들' 사이에 폭력적 충돌이 일어날 것 같다는 소식을 들은 경우 여성들은 그것을 막기 위해 즉각적이고 효과적인 공공갈등 해소방안을 강구했다. 많은 여성들이 가정 내 자신들의 특별한 의무 때문에 보건, 사회복지, 여가시설, 거리의 아이들, 노인관련 정책에 대하여 남자들보다 더 잘 이해하고 더 노력하려 한다고 말했다.

특히 필자는 공적인 것과 사적인 것의 관계를 보여주기 위하여 동기유발과 시간관리의 두 가지 주제를 이용하고자 한다. 앞으로 다루겠지만 시민사회에 참여하려는 여성들의 동기는 부모의 지도나 영향에서부터 가난에 대한 개인적 경험, 지역단체나 정치에 대한 헌신, 개인적 고취의 필요성, 여성과 어린이 권리에 대한 관심에 이르기까지 상당히 다양하다. 어린시절 가정에서의 격려는 종종 의무감과 자신감을 고양시키는 핵심요소로 작용한다. 예를 들어 한 여성은 "우리 어머니는 혼자서 큰소리로 말하시곤 했어요. 우리 아버지는 내가 마음먹은 것은 무엇이든지 할 수 있다고 생각하게끔 해주셨죠. 아버지는 하고 싶은 대로 해보라고 하셨어요. 그래서 난 그런 삶을 살아왔고 이젠 전문가가 되었습니다"라고 말했다. 여성들이 응답 속에 여러가지를 함께 포함시키는 점을 감안하면 그들의 답변을 일목요연하게 분류하기란 불가능한 일이다. 그럼에도 불구하고 몇가지 주요 테마를 끌어내고 몇가지 사례를 제시할 수는 있다.

여성들의 답변 가운데는 주로 자신의 실제적인 욕구를 돌보아야 하는 책임——어떤 면에서 바깥활동 조직은 여성들의 가정 내 역할을 연장시켜놓은 것이다——을 거론하는 것이 많다. 왜냐하면 그들이 스스로 실토하듯이, 만약 자기들이 그렇게 하지 않는다면 아무도 대신 그렇게 해주지 않을 것이기 때문이다.

나는 활동조직이 사회적·정신적·영적으로 고양되는 것임을 알게 되었어요. 여성들 역시 여성으로서 공통된 문제를 해결할 수 있어서 힘이 났지요. 나는 다른 조직들이 해금되기 훨씬 이전에 COSATU(남아프리카 노동조합 총연맹)에 가담하고 있었는데, 거기서 바느질이나 요리 또는 사람들과 만나는 법과 같은 기술도 배울 수 있었어요. 나는 여성문제를 다루었는데, 그 이유는 우리가 일터에서 착취당하는데다 지역사회에서는 남성들로부터 착취당하고 있었기 때문이에요. 만일 위원회 안에 여성이 없으면 아무도 여성에 대해 신경쓰지 않을 거예요. 여성들은 싸워야 해요. 지금 내가 속해 있는 노조나 ANC 같은 곳도 마찬가지예요. 만약 우리가 참여하지 않으면 거기에서도 역시 출산휴가 같은 이슈는 논의도 안될 거예요. 만일 남성 노조위원장들에게 계속 얘기해주지 않으면 노사협상 때 맨 먼저 여성문제를 타협해버릴 거예요.

몇몇 면접조사 대상자들은 그들과 지역공동체가 인종차별정책 때문에 겪은 상실감의 경험과, 그 때문에 사회적·정치적 변혁에 일조하고자 한 소망을 언급했다.

관심은 우리 자신의 경험 때문에 생겨요. 우리 민중들이 겪고 있는 어려움이란 실직, 문맹, 전반적인 무지죠. 그러나 좀더 상세하게 말하라면, 대부분의 중요한 초기경험들은 1970년대 흑인의식화 운동과 스티브 비코(Steve Biko)와 연관된 흑인공동체 프로그램에서 얻은 거예요. 함께 일하던 사람들로부터 많은 것을 배웠어요. 1976년 사태 이후 내 남편이 구속되었고 구치소 안에서 죽었어요. 난 그가 싸운 이유를 알고 있었고 계속 투쟁하기로 마음먹었죠.

아르헨티나의 '실종자'단체 어머니들의 논리를 연상시키는 논리로, 어떤 여성들은 자신들의 자식에 대한 정부의 폭력이 어떻게 그들을 조직화하는 데 영향을 끼쳤는지 설명했다. 남성이라면 이런 이유로 동원되지는 않았을 것이라는 여성들의 말은 경청할 가치가 있다.

1986년 경찰이 우리 애들에게 한 짓을 보고 여성으로서 어머니로서 도대체 참을 수가 없었어요. 우리는 애들의 고통을 걔네 아버지들과는 전혀 다르게 경험했죠. 아버지들은 관심이 없었어요. 그들은 애들이 경찰에게 얻어맞아도 그저 그러려니 했어요. 우리는 애들에게 경찰로부터의 안전, 교육, 자신의 권리, 그런 것들을 알게 해주고 싶어요.

여성이 정치나 지역공동체 활동에 더 활발하게 참여하지 않는 이유는 집이나 직장에서의 과중한 노동 때문이라는 것은 모두가 다 아는 사실이고, 면접조사와 설문조사에서 전부 확인된 것이다(Ashworth 1992, 17면; Painter and Wong 1992, 27면). 그러므로 지역공동체에서 봉사하고자 하는 여성들이 어떻게 자신의 시간을 관리하는지 알아보는 것이 중요하다. 재론하건대, 사적 영역과 공적 영역의 연결은 이러한 설명에서 빼놓을 수 없는 점이다.

어느정도 일반화를 내릴 수도 있다. 여성의 시민사회 참여의 핵심이 여성들의 가정 내 관계와 그들의 바깥활동을 가능하게 하는 특별한 시간 배정이라는 것이 가장 중요한 일반화이다. 만약 이런 여성들이 여성참여의 일반적인 지표로 생각될 수 있다면 미혼여성이 기혼여성보다 훨씬 더 활동적이기 쉬웠을 것이라는 점은 분명하다.

기혼여성에 대한 제한은 부분적으로는 결혼관계 그 자체의 성격, 그리고 앞에서 설명했듯이 공적 활동에 대한 남편의 태도 및 남편이 자신의 요구(needs)를 위해 바치기를 원하는 시간량에서 기인한다. 또한 여성들의 자녀양육에 대한 큰 의무감도 분명 커다란 제한이 된다. 특별히 도시지역의 공동 가계(joint household, 부부가 살림을 공동으로 분담하는 것. 말과는 달리 실제로는 성역할이 분리된 경우가 많다. Elizabeth Bott의 조어─엮은이)에서는 아내가 ──적어도 미혼여성들보다 훨씬 더 높은 강도로──도움을 받을 수 있는 다른 여성이나 친척들의 원조네트워크로부터 단절되는 것이 사실이다. 면접조사에 응한 대다수 여성은 미혼이었다. 그들은 대부분 다른 사람들, 보통 어머니나 자매와 같은 친척여성들의 도움을 받아야 했다.

그레이엄스타운의 한 여성이 아주 전형적인 예를 보여준다. 그 여자는 40대 초반이며 결혼하지 않은 상태였다. 그녀는 자매, 삼촌, 사촌과 함께 살고 있었다. 그리고 열살과 열두살 난 두 아이를 키우고 있었다. 이 여자는 풀타임 직장과 파트타임 직장을 하나씩 갖고 있었다. 게다가 이 여성은 한 여성정치조직, 교회단체, 매장협회, 식료품모임, 모금조직(mgalelo), 저축모임에 속해 있었다. 이 여성에 따르면 교회단체나 매장협회에는 '매우 파트타임적으로' 관여한다고 하며 식료품모임은 일년에 한번만 있었다. 모금조직과 저축모임은 한달에 한번 이상 모이지 않았다. 교회단체 활농에는 참여하지만 불규칙하고 매장협회 일은 아주 가끔 있을 뿐이었다. 정치단체에 대부분의 시간을 할애했다. 여성정치단체는 한달에 한번 모이고, 위원회(남자와 젊은이들, 여성을 포함한)도 한달에 한번 모였다. 그리고 다른 이유가 있거나 급한 일이 있을 때도 회합을 가졌다. 그녀는 아이 돌보기나 집안일 하는 순서를 확실히 지켜야 하지만, 삼촌이나 자매의 도움이 없다면 자신의 시간을 제대로 관리하지 못할 것이라고 말했다. 예를 들어, 그들의 도움이 없다면 직장에서 집에 먼저 들르지 않고 바로 모임에 나가지 못할 것이며 위원회 모임에서 시간을 보내게 되지 못할 것이라고 말했다. 그 여성은 정치단체나 지역공동체 활동에 빠지는 여성들은 순전히 이런 도움을 받지 못하여 시간을 낼 수 없기 때문이라고 말했다.

많은 여성들이 NGO에 자원봉사자로서가 아니라 직원으로 채용되어 있다. 그러나 그들은 더 많은 도움이 필요하다는 사실을 알고 있었고 남편보다는 어머니나 자매들에게서 이런 도움을 좀더 쉽게 얻을 수 있다고 지적했다. 다른 사람의 도움이 필요한 이유는 많은 단체가 상근자들에게 초과근무를 요구하기 때문이다. 예를 들어 문맹자들을 가르치고 상담을 해주고 현장답사를 하고 시외까지 나가 워크숍을 개최하며 기금을 모으러 멀리 나가는 것 따위이다. 자신의 임무를 성공적으로 완수하는 한 조건으로서 이런 여성은 집안에서 추가 도움을 받았다. 몇몇 사례에서는 이런 여성이 생계비를 벌어오는 유일한 가장으로서, 다른 여성들(친척)이 아이를 돌봐주는 대신 그들의 경제를 책임지는 역할을 맡고 있었다.

4. 전략적 이익과 실용적 이익

성과 정치를 연구하는 학자들은 여성의 전략적 이익과 실용적 이익의 추구 사이에 일련의 구분을 짓는다. 전략적 이익은 페미니스트 수준의 의식을 요구하고, 성적 권력분배와 분업을 시정하는 것을 목표로 한다고 한다. 실용적 성이익 문제는 분업체계 내에서 여성 지위의 결과로 대두된다. 여성들은 가사노동에 대해 일차적 의무를 느끼므로 경제적 필요성에 대한 반응으로 동원될 가능성이 높고 지역사회 써비스와 수입원에 대해 접근기회가 다소 많을 수 있으나 성 종속화에 직접 도전하지는 않는다(Painter and Wong 1992, 6면에서 논의된 Maxine Molyneux; Mukyala and Tripp, 연도미상, 4~7면). 전략적 이익은 흔히 더 교육받고 정치적 의식이 높은 여성의 관심을 끌고, 실용적 이익은 가난하고 덜 교육받은 여성의 관심사가 된다.

이러한 구분을 하는 데 있어서, 교육수준이 떨어지는 사람은 이제까지 확립된 남성지배의 성 유형에 도전하지 않고 심지어 그것을 강화하기도 하므로 덜 중요하다는 암시가 있다. 물론 시민사회에 대한 타당성이라는 식으로 항상 논의되는 것은 아니지만 이런 종류의 성구분이 내부적으로 전략적 이익을 추구하는 여성조직, 그리고 시민사회의 정의에 속하는 영역 즉 외부적으로 실용적 이익을 추구하는 여성조직을 가르는 효과를 가져온다는 것은 확실하다.

라틴아메리카 도시여성 조직에 관한 연구(Waylen 1993, 573면)를 한 웨일런(G. Waylen)과 우간다에서 사례연구를 한 무키알라(R. Mukyala)와 트립(A. M. Tripp)은 이런 식의 이분법 및 여성문제에 중요성의 등급(hierarchy of significance)이 있다는 관념에 도전하는 많은 학자들의 대열에 동참하였다. 무키알라와 트립은 실용적 이익을 두고 벌이는 투쟁이 본질적으로 여성의 종속화에 대항하여 싸우는 것이라고 지적한다. 빈곤층의 여성들이 수동적이고 방어적인 방법으로 경제적인 이슈 중심으로만 조직화한다는 견해는 여성에게서 행위주체성(agency)과 의식화를 거부하는 것이며 경제투쟁 그 자체가 정치적으로 변혁과정일 수 있다는 사실을 모르는 것이다(Mukyala and Tripp, 연도미상). 아프리카 농촌지역 여성들이 주로 출생이나 결혼, 병이나 죽음 등의 시기에 서로 돕기 위해 스스로 조직을 만들어나가는 오랜 전통이 있다는 것을 관찰한 랜델-밀스(Landell-Mills)는 여성조직들이 구체적인 사회·경제 이슈를 중심으로 응집하지만, 그들의 이익을 증진시키기 위해서라면 일반정치와 성정치 영역으로 가지를 뻗어나가기도 한다는 사실을 지적한다. 랜델-밀스는 또한 부수적으로 이들 조직의 규율이나 연대를 확인하고 있다(Landell-Mills 1992, 20면).

이스턴케이프 지역에서 나온 이 자료의 내용은 무키알라와 트립이 제기한 것과 같은 주장을 확인시켜준다. 여성 행동을 두 가지 범주로 규정하는 것은 개념적 가치가 있긴 하지만, 전략적·실용적 행동이 분리될 수 있다거나 또는 상황이 다르고 부류가 다른 여성을 초월해서 어떤 것이 더 선호되는 행동인지 일반화해서 말할 수 있다고 볼 수는 없다. 대다수 단체는 자력화 능력이 있어서, 구체적인 상황 속에서 경험과 자신감을 얻을 수 있다. 여성단체와 여성 개인은 흔히 실용적이면서도 전략적일 수 있는 다원적 역할을 갖고 있다. 그리고 섣부른 대결변화를 가져올 수 있는 가장 전략적인 모드도 아닌 것이다.

이스턴케이프의 흑인여성, 특히 빈곤층 여성들이 자신감과 자립심, 조직능력, 리더십, 시민사회에 참여하기 위한 분석기술, 그리고 정책변화를 위한 압력행사 필요성의 자각을 키웠고 현재도 그렇게 하고 있는 것은 다름 아닌 저축모임이나 절약·자조 집단과 같은 조직을 통해서였다.

더 나아가 전략적 실용주의는 이러한 여성들이 활동하는 방식의 강력한 특징이다. 실용주의는 흔히 효과적인 여성조직의 주요한 자산으로 간주되어왔다. 셰티마(K. A. Shettima)는 나이지리아의 여성들이 잠재적인 분열을 막기 위해서 어떻게 종교와 여성들의 외부 비판을 받기보다 내부 비판에 의존하는 쪽을 택했는지 지적했다(Shettima 1995, 68면). 가이즐러(G. Geisler)는 보츠와나의 여성NGO가 여성차별을 유지시키려는 국민투표를 막기 위해 얼마나 재빨리 정당 로비 전략을 쓰기 시작했는지를 묘사한다(Geisler 1995, 563면). 웨일런은 1970년대와 80년대에 '빈 항아리의 행진'과 '단체들'(agrupaciones)이 전개한 실종자에 대한 항의 등 칠레 여성들의 활동, 그리고 영국에서 80년대 크루즈미사일을 반대한 그리넘 코먼 항의 등의 예를 들고 있는데 이 모든 것이 효과적인 정치적 영향력을 발휘하는 데 모성과 여성성을 실용적으로 사용한 예가 된다(Waylen 1993, 300~304면). 마지막으로, 예를 들어 1989년 아르헨티나의 시민교육단체인 콘씨엔씨아(Conciencia)는 혼란스런 사회경제 위기에 대응해서 기금을 모으고 357만명에게 급식을 제공했다(de Martini 1992, 37면).

예를 들어 여성전용 조직 또는 남녀혼성 조직 중 어느 것이 더 나은지를 묻는 질문에 대한 답변에서도 남아프리카의 실용주의가 명백하게 드러난다. 이 응답을 보면 어떤 특정 이념이 전혀 드러나지 않는다. 그 답변들은 특정 시점, 특정 장소에서 특별한 목적을 달성하기를 바라는 특정 여성그룹에게 무엇이 가장 최선인지를 분명하게 보여준다. 대다수 여성이 자신들만의 힘으로 일하는 것이 낫다고 보고 있었다. 어떤 상황에서는 그것이 특별한 혜택이 되기도 했다. 그러나 남성들과 관련을 맺는 것(가끔 긴 기간에 걸쳐)에 대한 유용성도 깨닫고 있었다. 그리고 남성을 배제하는 데 따르는 위험성도 인지하고 있었다.

이런 답변들에서 본질적인 실용주의의 한 예로서, 한 여성은 자립조직의 경우 여성들만의 조직이 이롭지만, 모금조직의 경우 남녀혼성이 낫다고 말했다. 전자의 경우 여성들은 자신들에게 특별히 적합한 주제에 관해 얘기할 필요가 있었다. 예를 들어 아이들, 가정, 남자들의 공격성, 가정 내 폭력, 여성의 일과 같은 것들이다. 만약 남자들이 이러한 주제들을 들어야 한다면 그들은 아마 지루해하고 화를 낼지도 모른다. "우리는 남자들 앞에서 이런 얘기를 할 수가 없어요." 그러나 모금조직의 경우 남자들은 가축을 사서 도살을 한다거나 고기를 시장에 내다파는 등 아주 필수적인 역할을 수행한다. 그 여성은, 여성들이 남자들의 요구에 부응해서 아주 신중하게 감독하고 2인 위원회의 위원 두명을 모두 내놓는다고 지적했다.

더 나아가 면접조사에 응한 많은 여성들은 전형적으로 실용적·전략적 목표를 모두 다루는 여러 단체에 가입해 있었다. 그레이엄스타운 여성의 예를 앞에서 자세히 살펴본 바 있다. 또다른 예는 역시 앞에서 인용한, 정치적·물질적·모성적 이익을 포함한 전체 여성의 권익을 추구하기 위해서 노동조합의 위원회 차원에서 참여하는 여성의 경우이다.

이것은 전략적이고 실용적인 것 사이를 구분하는 모든 의미를 부정하는 것이 아니다. 그리고 결국 여성들이 자신의 가정적이고 사소한 이익만 좇아다니게 될지도 모른다는 것을 부정하는 것도 아니다. 여성들이 간혹 자신의 정치적 이익을 증진시키지 못하는 현실을 부정하는 것도 아니고, 남성들이 간혹 정당의 여성부서를 단지 여성들의 부차적인 써비스그룹으로 격하시키려 한다는 것을 부정하는 것도 아니다. 그 구분이 좋은 것일 수도 있다. 그러나 좀더 실용적 지향을 지닌 조직을 지원하는 대다수 여성도 필요하다면 실용적인 차원을 넘어서야 할 필요성을 잘 이해하고 있었다.

마지막으로, 많은 여성들이 결혼하지 않겠다고 작심하는(이 글의 다른 데서도 언급한) 매우 개인적인 결정을 주목할 필요가 있다. 이것은 일차적으로 현실적인 고려 때문인 것으로 보인다. 즉 남자들이 경제적 부담으로 여겨지고 신뢰할 수 없는 파트너로 보이는데다, 가정 내에서 잠재적으로 폭력적일 수가 있다는 것이다. 그렇지만 이것이 특히 노동계급 여성들이나 빈곤층 여성들 사이에서 광범위하게 나타나는 추세로 해석될 때에는, 그같은 개인적인 현실적 결정이 가정과 성, 세대간 관계의 성격에 대한 중요한 함의가 담긴, 남성의 지배와 여성의 종속에 대한 중요한 전략적 도전에 해당되는 것이다.

5. 여성의 특별한 공헌

아프리카 농촌지역 가정 내에서 여성과 남성 사이에 수입과 지출의 흐름이 특히 다르다는 사실을 알아차리는 데 어느정도 시간이 걸리는 것과 마찬가지로, 관찰자들이 여성의 공적 생활과 정치에 대한 접근도와 공헌이 남성의 그것과 다를지도 모른다는 사실을 알아차리는 데에도 시간이 걸린다. 이 점은 시민사회의 성격뿐만 아니라, 결론부분에서 논하겠지만 그것의 정의에도 영향을 미치는 차이이다. 스타우트(K. Staudt)는 언젠가, 여성들이 그들 정치의 스타일과 내용을 설명하는 데 도움이 되는 특유의 이슈를 공유한다는 결론을 내린 바 있다.

국가가 여성들에게 늘 영향을 주긴 하지만, 사적 영역 그리고(혹은) 생식, 여성들의 중요한 경험과 공통이익의 많은 부분이 정치의 범위 밖에서 정의된다. 이러한 배제는 여성이 공사 구분을 전제로 짜여진 남성주도의 정치적 세계에 합류하는 것을 주저하도록 만든다. (Staudt 1984, 61면)

애시워스(G. Ashworth)는, 많은 사회에서 정치적 대결의 문화가 종종 여성들에게 기괴하고 부조리하고 시간낭비로만 보인다고 지적한다(Ashworth 1992). 월치크(S. Wolchik)는 여성들이 남성보다 더 확산적이고 더 비당파적인 정치감각을 가지고 있다고 했다(Wolchik 1992, 9면). 페이주(M. del C. Feijoo)는 아르헨티나의 여성들이 가정 내 역할, 특히 어머니 역할과 정치를 어떻게 연결짓는지에 관해 쓰고 있다(Feijoo 1992, 15면). 트립은 우간다와 탄자니아의 여성들이 남성들보다 선천적·민족적 경계를 초월해서 더 잘 협조할 자세가 되어 있다고 결론내린다(Tripp 1994, 117~21면). 나이지리아에서 헌법개정안을 두고 논쟁을 하는 동안, 여성들은 가정과 사회 내에서 여성의 역할이 그들에게 특별한 책임과 자원을 주어서 그들로 하여금 정치적 행동의 성격을 재규정할 수 있게 했다고 주장해왔다(Shettima 1995, 68면). 그리고 필자는 다른 곳에서, 아프리카와 관련해 여성들이 종종 남성들과는 다른 방법으로 정치에 참여한다는 점을 이해해야 한다고 주장했다(Hirschmann 1991). 정치에 접근하는 그들의 차이점을 얘기하면서 이스턴케이프의 한 여성은 다음과 같이 말했다.

남자들은 그저 정치에만 관심이 있어요. 여성들은 이 나라 안에서 일어나는 모든 일에 관심을 보여요. 정치란 흑인과 백인, 군대 등에 관한 거지요. 그러나 여성들은 호스피스나 장애인, 거리의 아이들에 대해 생각하고 다른 모든 이들에게 관심을 갖고 싶어해요.

한 흑인남자는 자신이 지방조직 간부로 속해 있던 정당 내에 왜 갈라진 당파들이 있는지를 설명하면서, 여성들이 정치에 있어서 다른 감각과 루트를 가지고 있는 듯하다고 말했다. 그는 당파들이 여성들로 하여금 그들의 능력을 최대한 깨닫게 해주고, 여성들이 에너지를 쏟아부어야 할 여러 분야를 더 살 볼 수 있게 해준다고 했다.

우리 여성조직은 정치뿐만 아니라 지역공동체 참여에도 초점을 맞추고 있습니다. 여성들을 (순전히) 정치적인 단체로 끌어오기란 어렵죠. 여성들은 정치단체가 정확히 무엇을 하는지, 그리고 그들의 역할이 무엇이 될지를 잘 모릅니다.…너무나 추상적이고 모호한 겁니다. 자유화의 모든 과정이 실제 행동으로 구체화되지 않으면 너무 모호하게 되는 것입니다.

인종경계를 가로지르는 지향, 구체적인 성과의 강조, 광범위한 사회적 책임 개념, 갈등의 평화적 해결을 향한 위대한 경향, 여성의 단체조직상의 신뢰성, 이런 것들이 모두 시민사회와 정치적 이행의 진보에 대한 이질적이면서 건설적인 공헌이라 할 수 있다.

이스턴케이프에 관한 이 연구에서, 응답자들은 전형적으로 여성은 남성에겐 없는 조직적인 힘과 능력을 갖고 있다는 데 강하게 동의했다. 지방단체로부터 나온 32건의 응답 중에 30건이 그렇다고 했고, 이 질문을 받은 25명 정도의 여성 중에는 오직 4명만이 뚜렷한 차이가 없다고 말했으나 그중 2명은 금방 차이점을 알아차렸다.

다음은 면접조사 대상자가 왜 집단으로서 여성이 시민사회에 긍정적으로 기여할 수 있는 특별한 능력을 가질 것 같은지 그 이유 몇가지를 설명하고 있다. 응답 중 일부는 특별한 주제를 강조했다. 첫번째 응답자 집단은 여성의 정직성과 신뢰성을 핵심적 조직자산으로 꼽았다. 그들은 "남자들은 스스로도 믿지 않아요"라고 말했다.

여자들은 일반적으로 그리고 작은 모임에서 돈문제와 관련해 정직해요. 여자들은 나눌 줄 압니다. 남자들은 나누지 않아요. 남자들은 사교생활도 거의 못하죠. 여자들은 작은 것에 주의를 기울여요. 예를 들어 그들은 증거로 영수증을 받아두고 물건이 모이는 것을 확인하죠.

여자들은 더 책임감이 있고 유지하는 것을 더 잘해요. 살림에 대한 헌신과 살림살이 기술 때문이라고 생각해요. 여자들은 예산이나 돈에 있어서 좀더 현실적이죠.

여자들이 남자들보다 더 역동적이고 창의적이라고 본 사람들도 있었다.

여자들은 돈을 모으는 데 있어 더 혁신적이에요. 남자는 봉급만 받죠. 여자들은 봉급을 받고 야채를 가꾸어 내다팔고, 빵을 굽고, 가게를 운영하고, 아프리카 전통주를 만들어 팔아요. 남자들은 서로 경쟁만 해요.

많은 응답자들이 여성의 사회적이고 사회복지적인 의식의 전통(어떤 경우에는 그들의 정치적 의식을 설명하기도 하는)에 대하여 언급했다. 그리고 지역사회 내에서 기꺼이 약자를 대신해서 단결하고 희생하려는 태도에 대해서도 얘기했다(남자들은 별로 그렇게 하지 않으려 한다).

다른 응답들은 여성과 남성의 차이에 대하여 다양한 설명을 포함하고 있다. 여러번 되풀이해서 지적된 몇가지 점들 중에서, 여성들이 좀더 협조적이고, 개인적으로 덜 경쟁적이며, 좀더 신중하고, 자신들의 품위에 대해 덜 신경쓰고, 더 융통성이 있고, 계획을 더 잘 짜며, 호전적이지 않음이 드러났다. 여성들이 더 정직하게 행동하고 몸가짐을 더 바르게 하라는 교육을 받아왔다는 점도 지적되었다. 마지막으로, 여성들이 서로 의지하라는 오랜 요구로 되돌아가는 데 대한 설명이 있었다.

여성들은 '동지적' 차원에서 서로를 돕는 친구를 사귀는 게 남자들보다 쉬워요. 남자들도 서로 돕긴 하지만 그것은 자연스런 지원체제가 아니라 정치적인 의무감 때문이에요. 여자들은 다른 여자들에게 도움을 청하고 도움을 받는 것이 쉬워요. 왜냐하면 자신의 가정과 아이들을 위해서 언제나 그렇게 해왔기 때문이죠.

몇가지 예외를 제외하고, 설명이 어떠했든간에 남자들과는 다르고 그들보다 더 건설적인 방법으로 여성들이 지역사회나 조직 내에서 활동한다는 점에 거의 모두가 동의했다. 이런 응답의 성격은 매우 확고한 것이었다. 대체로 흑인남성들 역시 이러한 지적에 동의했다.

역시 흥미로운 것은 면접조사 대상자들이 말해준 차이를 인식하게 된 나양한 이유들이다. 많은 이들이 남자와 여자 사이에 타고난 차이가 있다고 느꼈다. 어떤 이들은, 출산을 하면서 생겨난 의무감으로 인해 타인의 복리에 대하여 더 큰 의무감을 느끼는 한, 그 차이가 아주 자연스러운 것이라고 느꼈다. 많은 이들은 이것이 끊임없는 계획과 예산짜기, 적응과 협동심을 요구하는 가족에의 의무감에서 비롯된 것이라고 주장했다. 몇몇은 여성들에게 스며든 정절에 대한 강고한 교육 때문이라고 했다. 또다른 이들은 지역사회나 가족들에 의해 여자아이들이 아주 어린 나이부터 더 책임감있고 신뢰성있어야 한다는 식으로 사회화된 탓이라고 했다.

이 설명 중 어떤 것들은 모든 여성에게 존재하는 특별한 성질로 보이기 때문에 아마도 '본질주의적'이라고 명명될 수 있는 반면(Waylen 1996, 18면), 많은 이들이 여성들에게 가족의 복지에 대해 더 신경을 쓰도록 강제하고, 또 중요한 가사문제 해결을 도와줄 단체에 의존하도록 강요하는 성별분업 인식을 지적했다.

가능한 또 하나의 부차적인 설명은, 권위주의 체제가 여성들이 활동할 공간을 창출했다는 역설에서 그 근거를 찾을 수 있을 것이다. 웨일런은 칠레에서 정치적인 행동을 억압하는 압력이 정치적인 활동의 중심축을 움직여 여성들이 참여할 기회가 더 많은 지역사회기반 활동으로 옮겨가게 했음을 관찰했다(Waylen 1993, 576면). 남아프리카에서도 이와 유사하게 여성의 상대적인 조직적 재능에 대한 하나의 가능한 심도 깊은 설명은 인종차별주의의 억압적인 행태에 근거를 두고 있다. 흑인여성들이 저축단체나 교회단체, 식료품단체, 복지단체 혹은 자조집단과 같이 가사와 소득확보 의무의 연장선상에서 조직을 이용하는 성향은, 여성들로 하여금 국가의 간섭을 덜 받는, 비정치적으로 위협적인 활동에 참여하게 하는 경향이 있다. 이것은 역으로 여성의 훨씬 더 광범위한 횡단분포가 지속적 조직 경험에 접촉할 수 있게 해주었고 거기에서 상당량의 투명성이나 신뢰성이 허용되었고(정부에 의해), 또 요구되었다(회원들에 의해). 이와 반대로 남성들은 집권 국민당을 위협하는 정책——그것 때문에 기회가 대폭 제한되고 참가자들은 끊임없이 괴롭힘을 당했지만——에만 몰두한 경향 때문에, 여성처럼 개방된 참여는 제한당했다.

6. 폭력: 남성다움의 위기인가?

보통의 중성적인 문헌과 구별되는 인권과 민주화에 관한 성 인식적 문헌의 현저한 특징은(개념이든, 정책이든, 주창이든) 폭력, 특히 가정 내 폭력과 일반적인 여성에 대한 폭력에 초점을 맞춘다는 것이다. 많은 여성단체들이 강간, 폭행, 여성과 아이들에 대한 폭행, 강요된 매춘, 여성할례, 여아살해 등을 직접적으로 인권문제의 맥락 속에 자리매김하는데 이같은 관심은 흔히 시민사회의 분석에서 간과되곤 한다(Ashworth 1992, 19면; VeneKlasen 1991, 15면; Ford Foundation Women's Program Forum 1992). 다섯 가지 상황 아래에서(여기에서 논의한 남아프리카의 예를 비롯해 방글라데시, 인도네시아, 몽골, 말라위), 필자가 여성들에게 민주화(아무리 부분적인 것이라 하더라도)와 자유시장으로 가는 이행기에서 가장 큰 우려가 무엇인지 질문한 결과 여성에 대한 폭력이 가장 중요하고 긴급한 사항으로 나타났다.

남아프리카 면접조사 응답에서 본질적인 주제는 흑인여성들의 흑인남성에 대한 부정적인 인식이었다. 많은 남성들이 갖고 있는 사회적으로 파괴적인 행위, 부주의, 냉혹함과 폭력에 대해 강한 반감이 있었다. 많은 여성들이 결혼을 완전히 기피하고 있었다. 여성들은 여성 다세대 또는 자매들로 구성된 가구에서 더 큰 안전감을 느끼고 있었다.

정치적 폭력을 두고 남자들은 참지 못하고 분노를 터뜨리지만, 이것은 여성과 아이들에 대해 남성이 가하는 폭력으로부터 여성이 느끼는 분노와 공포의 감정에 비하면 약한 것이다. 많은 여성들에 따르면 여성에 대한 폭력과 아이들에 대한 학대는 놀랄 만한 정도에 이르렀다고 한다. 여성강간에 대한 수치는 다양하지만 한 연구자는 그것을 일년에 20만 건 정도로 추산했다(Hanson 1991, 181면).

캠벨(C. Campbell)은 남아프리카 흑인남성에게서 발견되는 남성나움의 위기에 대해 썼다. 그녀는 지금 이 나라의 폭력을, 타운십(township, 남아프리카에서 흑인 또는 유색인종만 거주하는 지역—엮은이)의 노동계급 남성의 정체성 속에서 발전해온 더욱 일반적인 남성다움의 위기와 연결짓고 있다. 이 주장을 요약하자면 가부장적 사회질서 내에서 남자는 강력해지도록 사회화되었다는 것이다. 노동계급 지역 안에서는 남성다움을 특히 강조하는 경향이 있다. 남성다움이 심각하게 위협받을 때, 폭력은 남성들이 이용하는 보상적 반응의 하나가 된다.

인종차별주의와 남아프리카에 독특한 인종주의적 자본주의에 의해 인종조건과 계급조건 양면에서 억압된 까닭에, 가정 내에서 여성과 아이들에 대해 사회적으로 인정되는 남성권력은 흔히 남성들이 지배력을 행사할 수 있는 유일한 무대가 된다. 최근 들어 이런 남성들은 여러 면에서 점점 더 위협받고 있다. 아버지는 흔히 가족들의 최저 기본욕구마저 채워주지 못하고 있다. 따라서 남성들은 모욕당했다고 느끼고 거세당했다고 느낀다(생계의 제공자라는 이상형, 집안의 가장, 그리고 남성다움 등은 타운십의 준거틀 내에서 서로 긴밀하게 연결되어 있다). 덧붙여서, 지역공동체의 의견을 형성하는 데 젊은이들의 역할이 점점 늘어나고 있다. 따라서 지역사회 내의 안건이나 의사결정에서 아버지들의 지배적인 역할이 점점 줄어들고 있다(Campbell 1991).

이러한 주장은 요하네스버그 가까운 타운십 가구 내에서 성억압을 조사한 화이트(C. White)의 연구결과에 의해 더욱 강화된다. 그는 면접조사한 모든 여성들로부터 가정 내 폭력이 만연해 있음을 알게 되었다. 여성들은 이것을 술과 과밀 주거조건, 가난, 그리고 남성의 지배욕구 탓으로 돌렸다(White 1993). 뱅크스(L. Banks)와 홉슨(S. Hobson)은 이스턴케이프 혹은 국경지역에서 남편 없이 사는 여성들의 광범위한 반응과 그것으로 인한 남성의 주변화 현상에 주목한다. 두 연구자는 전체 가구의 약 50%만 남자가 가장인 지역을 사례로 조사했었다. 많은 응답자들이 자기들은 남성과 아무런 관련이 없기를 바라며, 남자들을 믿을 수 없고 무책임하며 흔히 폭력적이라고 묘사했다(Banks and Hobson 1993).

특히 적절한 점은, 캠벨의 해석이 이스턴케이프에서 한번도 그런 얘기를 들어본 적이 없는 사람들과 한 면접조사 중 여러 경우에 걸쳐 확인되었다는 것이다. 면접조사에서 여성들은 정치적으로 관련된 폭력과 여성에 대한 폭력 등 남성폭력의 두 가지 모두를 안타까워했다. 이들 중 많은 여성들이 설명하기를, 여성들이 보기에 폭력의 큰 원인은 남자들의 실직, 돈을 벌지 못하는 무능력, 자존심의 결여로 인해 그들이 느끼는 모멸감으로부터 나온 것이었다. 한 여성이 말한 대로, "실업자가 늘수록 남자들은 더욱 모멸감을 느끼게 되고 더욱 많이 마시게" 된다. 다른 사람도 이 의견에 동의한다. "과거에는 자기 삶을 통제했지만 이제 상처받고 불안정하고 불확실해진 남자들에게는 더이상 힘이 없"다. 좀더 길게 세번째 여성이 설명한다.

자리에서 내몰린 남자들이 많아요. 많은 남자들이 실직했죠. 그들은 할 일이 아무것도 없어요. 그러니 뭔가 재밋거리를 찾는 거죠. 그러다 문제를 일으켜요. 한 남자는 아내의 성공으로 인해 정신적으로 우울해졌어요. 질투가 난 거예요. 가정에서 남자가 실직중이고 여자가 직장에 다니면 남자들은 분개한다구요. 알코올이 아내를 더욱 학대하게 만들어요. 아이들에 대한 학대도 마찬가지예요. 가족 모두가 알코올의 영향을 받아요. 이제는 여자들도 술을 마십니다.

여성에 대한 폭력의 이슈와 그 원인은 남아프리카 시민사회의 본질을 캐내려는 어떤 분석에서도 핵심이 되어야 할 것이다. 일년에 20만 건이나 되는 강간, 만약 백인이 흑인에 대해서 그리고 한 인종이 다른 인종에 대해서 가하는 학대가 이 정도 규모라면 그것은 사회가 근본적으로 붕괴되고 있음을 나타내는 징후로 보아야 할 것이다. 그러나 남성중심의 시민사회 개념 때문에 '정치적인' 것으로 보이는 것에만 온통 관심을 쏟고 나머지는 간과해버리는 것이다. 아무리 다원적이고 효율적인 결사활동이 도래할지라도, 남아프리카 내에서 (다른 나라의 종교적 폭력처럼) 소수민족이나 인종적 폭력이 존재하는 한 그것은 시민사회 질의 긍정적 평가에 대해 근본적인 도전으로 여겨질 것이다. 그러나 성적인 폭력은 아주 내규보나 일지라도 그렇게 여겨지지 않는 게 현실이다.

7. 성 관점을 통해 배우기

이 글의 목적은 성관계에 초점을 맞춤으로써 시민사회에 관한 논의의 성격을 변화시킬 뿐만 아니라 그 내용을 풍부하게 하고 정교하게 만들 수 있는 몇가지 방법을 제시하기 위해서였다. 이 결론의 목적은 어떻게 그러한 성 접근방식이, 성문제를 넘어서서 여러가지 다양하고 중요한 방식으로 시민사회 평가에 기여할 잠재력을 가질 수 있는가를 제안하는 것이다. 즉 시민사회의 개념이나 내용, 그 정의에 영향을 미칠 수 있는 여러가지 중요한 이슈들을 간접적으로 조명하는 것이다.

이와 비슷한 다른 글에서도 필자는, 차잔(N. Chazan)이 설정한 것과 같은, 시민사회를 국가 위주의 편협한 정의로 규정하는 것이 부당함을 입증하려고 시도했었다. 차잔은 일반적인 결사체 활동과 시민사회를 명확하게 구별한다. 그에 의하면 시민사회는 "국가와 상호작용하며, 국가에 영향을 미치지만 여전히 국가와 구별이 되는 사회부문"에 국한된다고 한다(Chazan 1991, 281면). 특히 필자의 이전 글은 여성의 결사체 활동이 얼마나 많이 비국가적 사회영역 안에서 일어났는지, 그렇지만 이런 유형의 행동이 종종 얼마나 밀접하게 더욱 정치적인 국가지향 활동과 연관을 맺고 있는지를 보여주고 있다(Hirschmann 1994). 따라서 협의의 정의는 여성활동의 많은 부분을 배제할 것이라고 지적한 바 있다(같은 글). 이 글의 목적과 연관해서 그러한 관찰의 중요한 교훈은, 협의의 정의를 받아들이면 그 구성원이 남자이든 여자이든간에 싱크탱크와 주창단체를 결성할 자원이나 의향조차 없는 모든 비엘리뜨집단의 많은 활동이 배제될 것이라는 사실이다. 따라서 그러한 정의는 민주화 과정 속에서 엘리뜨들만의 인입에 기여할 것이다.

슈미터(P. Schmitter)는 좀더 포괄적인 정의를 제공한다. 그는 시민사회를 사회의 일차적인 단위——개인, 가족, 대가족, 친척, 여러 종류의 소수민족, 부락단위——와 지배층의 집단적 제도 및 사회조직들 사이에 있는 중간 매개체로 묘사한다(Schmitter 1991, 16면). 그러나 그가 친척이나 소수민족집단 또는 부락단위를 배제한 것은 그것들의 정치적인 중요성을 간과한 것이며, 아마도 이 단위들의 '일차적' 성격보다는 오히려 관습적·'전통적' 성격에 근거한 이유였을 것이다. 면접조사 대상 여성들, 하층계급과 더 주변화된 집단의 여성들의 다양한 결사체 활동 유형을 포함하기 위해서는 가족 혹은 가구와 국가 사이에 존재하는 모든 결사체를 포괄하는 통합적 정의를 갖고 작업할 필요가 있다.

  이러한 여성들의 이야기를 들으면서 확실해지는 것은, 시민사회를 사회의 일차적(국가) 차원과 삼차적(가구) 차원 사이에 위치시키는 구분이 어떤 타당성을 가지긴 하겠지만, 이 양 차원에 영향을 미치는 힘이 필연적으로 시민사회에 침투할 것이란 게 정치현실이다. 국가권력을 추구하는 국가와 정치적 행위자들은 중간의 '이차적' 차원에 영향력을 발휘할 것이다. 가구 내에서 책임할당을 통제함으로써 남성가장들도 흔히 이런 식으로 시민사회 내 여성의 역할을 규정할 것이다. 이에 대해 여성이 미혼을 선택함으로써 대응하면 시민사회를 구성하는 조직 내에서 그들의 역할 영향력이 확실히 달라진다. 뿐만 아니라 최근 남아프리카 흑인 청소년들의 행동주의의 역사가 가족 내의 세대간 관계에 영향을 끼쳐왔다. 마지막으로, 이러한 상호침투를 나타내주는 예로서 정부와 정당들이 세금에서 등록요건에 이르는 모든 종류의 결사체 활동의 환경을 통제하기 위한 권력과 동기를 가지고 있음이 명백하다. 따라서 국가와 정당들이 하향침투해서 시민사회 내 주요 행위자들을 조정할 것이라고 전제해야 할 것이다.

  더 나아가 이스턴케이프의 성 이슈에 관한 이 초점은 시민사회가 내재적으로 여성의 참여에 도움이 되는, 그 자체로서 어떤 호의적인 현상은 아니라는 사실을 확인시켜준다. 오히려 시민사회는 성정치가 경쟁적이고 심지어는 갈등적이며 종종 폭력적이기까지 한 방법으로 그 자신을 드러내 보이는 논란의 영역이다. 시민사회 내의 참여공간은 여성참여의 기회를 열어주지만, 다른 정치적 영역에서 여성의 자력화를 제한하는 공식·비공식적인 많은 제약들이 시민사회 안에서도 발견된다. 이와 유사하게, 계급투쟁과 갈등이 시민사회 역동성의 핵심이 될 것이라는 결론을 내릴 수도 있겠다. 그리고 권력자는 정보력이나 참여할 기회가 거의 없어 보이는 대부분의 권력 없는 사람들보다 더욱 효과적으로 영향력을 조종하는 위치에 있게 될 것이다. 민족적·종교적·인종적·경제적·지역적 차이와 적개심은, 한편으로 더욱 다원적이고 경쟁적인 정치환경에 기여하겠지만, 시민사회의 성격에도 영향을 미칠 것이다. 패턴(R. Fatton, Jr.)이 쓴 대로 "시민사회는 계급과 소수민족, 성적 권력의 불균형을 그대로 반영하기 때문에, 시민사회 조직들은 결국 특권층에게 더욱 특권을 주고, 주변부 사람들을 더욱 주변화시키는 경향을 가진다"(Fatton 1995, 72면).

여성이 흔히 남성과는 다른 방식으로 정치 및 정치적 경쟁과 갈등을 인지하고 정치적으로 활동한다는 사실을 더 잘 이해하게 됨으로써, 성 인식적 접근방법은 시민사회에 관해 훨씬 더 문화적으로 개방된 연구를 장려한다. 이것은 산업화된 서구의 경험에 익숙한 사람의 기대치와는 다른 방식과 제도를 통해 움직이는 행위자들의 활동과 양식을 바라볼 수 있게 하는 가능성을 열어준다. 예를 들어 한 사회나 공동체의 관습적·문화적 결사활동 성향은, 등록된 NGO 수를 파악하는 것만큼이나 특정 시민사회의 강도나 잠재력에 대해서 알려줄 것이다. 패턴은 '자율적 행위자로서의 개인'이 전제되는 서구식 시민사회 개념은 아프리카에서 거의 분석적 가치가 없다고 본다. 그는, 만약 시민사회가 현대 아프리카 역사를 해독하는 데 쓸모있는 발견적 도구(heuristic tool)가 되려면 그것은 '집단적 연대'의 영역으로 개념화되어야 한다고 주장한다. 같은 글에서 패턴은 주술과 모욕을 포함해서 문화적으로 특정한 아프리카식 활동과 의사소통 사례——'시민사회의 웅성거림'——를 많이 제시한다(같은 글 66~77면).

한편으로는 광범위하게 퍼져 있는 정치적·범죄적인 폭력과 여성에 대한 폭력, 그리고 다른 한편으로는 조직과 갈등을 다루는 여성의 특별한 방식에 초점을 맞추는 성 인식적 접근의 심도 깊은 교훈은 시민사회의 '숫자'뿐만 아니라 '질'을 평가할 필요가 있다는 점이다. 우리는 너무 자주 수적인 감각으로 시민사회를 밀도있고 풍부하다고 말하곤 한다. 그것은 다양하고 활동적인 조직과 운동이 많이 있다는 말이다. 여기에서 취할 교훈은, 어떠한 분석이라도 그러한 조직들이 행동하고, 개인적·집단적 열망을 동원하고, 서로간에 상호작용을 하고(즉 협조하고 경쟁하고, 갈등하고, 영향을 주고, 갈등을 해소하고, 참을성을 키우는) 또한 국가와 연관을 맺는 방식을 고려해야만 한다는 것이다.

여성과 폭력에 관심을 기울이는 가운데, 성 접근방식은 또한 필연적으로 아동관련 이슈를 포함할 잠재력을 가지게 된다. 쏘위토 한 지역에서만 15세 미만의 아동들이 한달에 적어도 70명 이상 강간당하고 있다. 경찰 아동보호대책반에 따르면 아동학대는 점점 늘어나고 있다. 이밖에도 폭행당하고, 방치되고, 인신매매되는 아동들의 문제도 있다(*The Star*, 1994년 9월 27일, 2면). 다시 말하건대, 이것을 전국적 차원으로 확대시켜보면, 한 부류의 인간에 대한 이 정도 수준의 학대는 시민사회 성격에 관한 국가적 논쟁거리로 비화되어야 할 것이다. 이 모든 것은 남아프리카가 다른 나라보다 더 열악하다거나 옛날보다 현재가 더 나쁘다고 말하려는 것이 아니다. 또한 이런 종류의 폭력이 시민사회의 일차적 관심이라는 말도 아니다. 다만 분석과 처방을 할 때 이런 점이 포함되어야 한다고 주장하는 것이다.

시민사회의 질은 역시 통제의 수단으로서 폭력의 역할, 그리고 결과적으로 폭력의 공포에 의해 심대하게 영향을 받는다. 먼저 여성에 대한 폭력은 시민사회에 온전히 참여하는 데 필요한, 타인에 대한 신뢰뿐만 아니라 여성의 자존심과 자신감을 위축시키는 역할을 한다(Dean 1996, 92면). 더 나아가 공포는 개인으로서의 여성과 사회집단으로서의 여성 행동을 단속해왔다. "남성의 지배를 유지시키기 위해서… (그러한) 사회화는 여성을 영원히 공포에 떨게 하고 공포가 거의 여성적 정체성의 일부가 되도록 만들 수도 있다"(Ashworth 1992, 17면). 다른 말로 하면, "폭력은 우연이 아니다. 그것은 여성을 종속시키는 정치적인 기능을 수행한다"(Ford Foundation Forum 1992, 3면). 여성에 대한 폭력이 특정한 성격을 지니는 반면, 시민사회 내에서 참여를 억제하는 폭력의 역할은 성관계를 훨씬 넘어선다. 미국 남부의 인종폭력, 전 유고슬라비아의 인종전쟁과 인종청소, 나탈/크와줄루 지방의 잉카타-ANC간

갈등 등은 확실히 이동과 결사의 자유를 제한하고 언론자유를 억압하기 위한 폭력의 의도적 사용과 폭력의 위협을 보여주는 명백한 사례들이다.

마지막으로, 성 주제의 적용과 면접조사 결과가 우리에게 가르치는 것은 빈곤층 여성들은 어떤 정의(definition)에 충실하기 위해서가 아니라, 문제를 풀고 이익을 증진시키기 위해 조직을 형성하는 경향이 있다는 점이다. 그들이 정치적으로 혹은 전략적으로 혹은 다른 방식으로 활동을 하는지 여부, 또는 그들이 국가에 영향을 미치는지 혹은 아닌지 여부는 그들 여성의 관심사가 아니다. 아마 그들은 자기들이 정치적이라 생각하는 영역으로부터 멀찌감치 떨어져 있고 싶어할 것이다. 그러나 그들의 상황 때문에 정치적 행동, 예를 들어 공개시위 같은 것이 필요한 경우, 문제를 해결하기 위해서라면 그렇게 행동할 것이다. 시장의 붕괴와 교육세 그리고 구조조정 프로그램에 반대하여 나이지리아의 시장여성협회(Market Women's Association)가 벌인 공개시위가 그 증거이다(Shettima 1995, 85~86면).

여성들이 반드시 정치적 존재로 남아 있으리라는 보장은 없으며 일단 문제가 해결되면 다시 자신들의 옛날 기능으로 되돌아갈지도 모른다. 이 점은, 예를 들어 간호사나 교사나 상인 같은 전문적·상업적 단체들이 드러내놓고 정치적이지는 않지만 그들이 필요하다고 생각할 때에는 국가에 초점을 맞춘 정치의 안과 밖을 옮겨다니는 것처럼 모든 종류의 경제·사회·소득증대 조직에도 분명 적용될 수 있는 교훈이라 할 수 있다. 이들의 물질적인 이해와 직업적 전문성을 감안하면, 필요한 경우 이들이 매우 효과적인 영향력의 주체가 될 가능성이 높은 것이다. 이 점이 주는 메씨지는 분명하다. 학자들이나 정책입안자들은 서구식 시각과 엄밀성으로 시민사회를 정의하려고 해서는 안된다. 자신들의 지역공동체 내에서 약간의 영향력이라도 행사하기 위해 발버둥치는 불이익집단의 노력을 더욱 훼손할 수도 있기 때문이다.

참고문헌

Ashworth, G. (1992) "Women and human rights". Paper prepared for the Organization for Economic Co-Operation and Development. Paris: DAC Expert Group on Women in Development.

Banks, L. and S. Hobson. (1993) "Informal settlements in the Eastern Cape, Border and Transkei Regions". A pilot study. Grahamstown: Rhodes University Institute of Social and Economic Research.

Campbell, C. (1991) "Learning to kill? Masculinity, the family, and the current political violence". Paper prepared for Conference on Political Violence in South Africa at St. Anthony's College. Oxford: Oxford University.

Chazan, N. (1991) "Africa's democratic challenge". *World Policy Journal*, 9 (2).

Cohen J. L. and A. Arato. (1992) *Civil Society and Political Theory.* Cambridge MA: MIT Press.

Coovadia, C. (1991) "The role of the civic movement". M. Swilling, R. Humphreys and K. Shubane. eds. *Apartheid City in Transition.* Cape Town: Oxford University Press.

Dean, J. (1996) *Solidarity of Strangers, Feminism after Identity Politics.* Berkeley: University of California Press.

de Martini, M. R. S. (1992) "Civil participation in the Argentine democratic process". L. Diamond. ed. *The Democratic Revolution.* New York: Freedom House.

Elshtain, J. B. (1981) *Public Man, Private Women. Women in Social and Political Thought.* Princeton NJ: Princeton University Press.

Fatton, R., Jr. (1995) "Africa in the age of democratization: The civic limitations of civil society". *African Studies Review,* 38 (2).

Feijoo, M. del C. (1992) "Argentina". Summary of a Paper to Conference on Women and Political Transitions in South America and Eastern and Central Europe: The Prospects for Democracy. Los Angeles.

Ford Foundation Women's Program Forum. (1992) "Violence against women. Addressing a global problem". New York: Ford Foundation.

Friedman, S. (1991) "An unlikely utopia: State and civil society in South Africa". *Politikon,* 19 (1).

Geisler, G. (1995) "Troubled sisterhoold: Women and polities in Southern Africa". Case Studies from Zambia, Zimbabwe and Botswana. *African Affairs,* 94.

Hanson, D. (1991) "Working against violence against women". S. Bazilli. ed. *Putting Women on the Agenda.* Johannesburg: Raven Press.

Heymans, C. (1992) "Towards people's development? Civic associations and development in South Africa". P. Styger and M. Cameran. eds. *Development in the Transition: Opportunities and Challenges for NGOs in South Africa.* Pretoria:

Development Society of Southern Africa.

Hirschmann, D. (1991) "Women and political participation in Africa: Broadening the scope of research". *World Development*, 19 (12).

_____ (1993) "Urban women and civil society in the Eastern Cape". Working Paper No. 63. Grahamstown: Rhodes University Institute of Social and Economic Research.

_____ (1994) "Urban women, civil society and social transition in the Eastern Cape, South Africa". *African Rural and Urban Studies*, 1 (2).

Landell-Mills, P. (1992) "Governance, civil society and empowerment in Sub-Saharan Africa". Paper prepared for Society for the Advancement of Socio-Economics. Irvine CA.

Lanegran, K. (1995) "South Africa's civic association movement: ANC's ally or society's 'watchdog'? Shifting social movement-political party relations". *African Studies Review*, 38 (2).

Mukyala, R. and A. M. Tripp. (연도미상) "Negotiating power: The politics of gender identity and interests in community conflict in Uganda". Mimeo.

Okin, S. M. (1991) "Gender, the public and the private". D. Held. ed. *Political Theory today*. Stanford CA: Stanford University Press.

Ottaway, M. (1993) *South Africa. The Struggle for a New Order.* Washington DC: The Brookings Institution.

Painter, F. and M. Wong. (1992) "Gender and democratization in Latin America and the Caribbean". Genesys Special Studies No. 6. Washington DC: USAID Office of Women in Devlopment.

Pateman, C. (1983) "Feminism and democracy". G. Duncan. ed. *Democratic Theory and Practice.* Cambridge: Cambridge University Press.

Phillips, A. (1991) *Engendering Democracy.* Cambridge: Polity Press.

Robinson, P. T. (1994) "Democratization: Understanding the relationship between regime change and the culture of politics". *African Studies Review*, 37 (1).

Schmitter, P. (1991) "Society". *The Transition to Democracy. Proceedings of a Workshop.* Washington DC: National Research Council.

Shettima, K. A. (1995) "Engendering Nigeria's Third Republic". *African Studies Review*, 38 (3).

Shubane, K. (1992) "The germ of civil society". *Double Take*, 11.

Staudt, K. (1984) "Public women, private policies, and development: A review eassay". *Women and Politics*, 4 (1).

Tripp, A. M. (1994) "Gender, political participation and the transformation of associational life in Uganda and Tanzania". *African Studies Review*, 37 (1).

VenKlasen, L. (1991) "Women's legal rights organizing. Building women's political participation in the third word". Paper prepared for Association ofr Women in

346

Development Forum. Washington DC.

Waylen, G. (1992) "Rethinking women's political participation and protest: Chile 1970~1990". *Political Studies*, XL.

_____ (1993) "Women's movements and democratisation in Latin America". *Third World Quarterly*, 14 (3).

_____ (1996) *Gender in Third World Politics*. Boulder: Lynn Rienner.

White, C. (1993) "Close to home in Johannesburg. Gender oppression in township households". *Women's Studies International Forum*, 16 (2).

Wolchik, S. (1992) "Czechoslovakia". Summary of a Paper to Conference on Women and Political Transitions in South America and Eastern and Central europe: The Prospects for Democracy. Los Angeles.

지구화와 사회운동

앰네스티 인터내셔널

1. 들어가며

앰네스티 인터내셔널(이하 '앰네스티')은 4년 전 조직발전 계획의 일환으로 지구화 동향과 그것이 앰네스티 활동에 미칠 영향에 관해 토론을 벌인 바 있다. 우리는 조직 내 토론을 통해 그러한 지구화 동향이 함축하는 의미와 그것이 만들어낼 기회를 다루기 위한 일련의 전략에 동의했다. 당시 지구화 동향에 초점을 맞춘 이유는 몇가지가 있었으며 그것은 오늘날에도 유효하다. ①앰네스티는 지구적 차원의 행위주체이다. ②지구화의 맥락은 현재 지방 및 국가 차원에서 발생하는 현상을 결정짓는 요소로 인정된다. 마지막으로, ③경제적 생산과 교환관계의 지구화 과정에 인간존엄성에 대한 보편적 존중이 수반되지 않았다. 무력분쟁으로 인한 살육, 난민의 물결, 강제이주가 급증했음에도 책임자를 처벌하지 않는 것이 상례화되어 있다. 여성과 소수자에 대한 차별이 더욱 가시화되고 더욱 강화되었다. 북과 남에서 극심한 빈곤과 무기력이 늘고 있으며 권력과 부가 점점 더 집중되고 있다. 사회적·경제적 권리의 보호는 아예 부정되거나 아니면 시장기제에 맡

---

* Amnesty International, *Report of the 1998 Global Trends Seminar: Social Movements in the Context of Globalization*, London: AI International Secretariat 1998.
** 앰네스티 인터내셔널: 국제사면위원회.

겨진다. 이러한 권리를 확보하기 위해 노력하는 사람들은 국가 또는 무장 집단에 의해 탄압받거나 아니면 지배적인 미디어가 더욱 교묘하게 이들의 요구를 탈정당화시킨다. 현재의 지구화된 경제와 사회에서 국가는 그러한 사회적 요구에 대응하지 못하거나 아니면 그럴 의향조차 없다.

이것이 바로 오늘날 앰네스티 활동의 형태를 결정짓는 맥락이다. 우리의 전략목표는 인권에 관한 이러한 과정의 영향력에 대처하는 것이다. 우리는 여러가지 방식으로 이러한 함의에 대처해왔다. 그것에는 ①앰네스티 수임 사항, 조직화 기법 및 조직구조의 변화, ②새로운 활동영역의 확정, ③그리고 더욱 일반적인 형태로서 수감자 지향 단체로부터 인권기구로의 변신 등이 있다.

앰네스티 전략의 또다른 본질적 요소로서 앰네스티가 일찍이 1991년에 인정한 다음의 원칙이 있다. "인권유린에 대한 국제적 규탄 못지않게 중요한 것은, 국제적 캠페인이 인권유린에 대한 국내의 저항을 대체하지 못한다는 사실이다. 그리고 **성공적인 저항은 인권 지지기반의 자력화를 통해 성취된다.**"[1] 우리는 자력화의 필요성에 대해, 안정적 토대에 기반한 전세계 활동회원들의 모집과 동원에 우선순위를 설정하고, 다른 인권단체들과의 협력을 증진하며, 인권활동가와의, 그리고 그들을 대신한, 광범위한 연대활동을 벌이는 등의 방식으로 대응하기 시작했다.

앰네스티 런던 국제사무국이 개최한 1998년의 '지구화 동향 쎄미나' (Global Trends Seminar)는, 지구화의 함의에 관한 토의를 계속하고 자력화된 인권 지지기반을 확대하기 위한 우리 활동을 조사하고 추구할 목적으로 사회운동——사회정의 실현을 위한 중차대한 행위자인——에 초점을 맞췄다. 이행과 불확실성의 현시기에 1998년의 지구화 동향 쎄미나는 이러한 불확실한 바다를 항해하고, 특히 사회정의를 위한 현대적 행동주의와 동원의 성격에 관한 핵심적 질문에 답하기 위해서 다양한 전문가들의 조언을 모색할 수 있는 기회를 제공했다. 제기된 질문들은 다음과 같았다. 지구화의 함의에 대처하고 도전하는 변혁의 행위자는 누구인가? 어떻게 그리고

1) 앰네스티의 다음 보고서를 보라. *Strategic Directions 1995~1998* (POL 50/03/93).

왜 그 행위자들이 등장하고 발전하고 활동하고 동원되는가? 지구적 연대
운동의 발전과 강화를 위한 전망과 요구사항은 무엇인가? 쎄미나는 세 가
지 주요 목표를 달성하고자 했다. ①사회운동과 행동주의의 성격과 발전
에 대한 더 나은 이해, ②서로 다른 경험들을 비교함으로써 교훈과 아이디
어를 추출, ③지구적 연대운동의 발전과 강화에 기여할 수 있는 가능한 행
동과 전략 확인.

　본 보고서는 이틀간에 걸쳐 런던에서 개최된 매우 다양하고 도전적인 토
의와 논쟁의 요약이다. 첫째, 본 보고서는 사회운동, 그 등장과 쇠퇴, 사회
변혁과 정의를 위한 행위자로서 사회운동의 역할 등에 관한 현대적 사고를
간략하게 개괄한다. 둘째, 본 보고서는 집단행동이란 측면에서 쎄미나가
도출한 핵심사항을 정리하고, 세 건의 사례연구에서 제시된 모델들을 비교
한다. 셋째, 본 보고서는 참석자들이 확인한 교훈을 강조함으로써 쎄미나
의 핵심사항에 초점을 맞춘다. 마지막으로, 본 보고서는 인권운동에 확고
하게 뿌리내리고 또한 여러 사회운동과 더 적극적으로 연계된 인권기구로
가려는 우리의 도정을 강화하기 위해 조만간 예정되어 있는 통합전략 계획
에 사무총장이 포함시킬 예정으로 있는 행동권고안을 확정한다.

2. 학문적 성과와 경험

현대 사회운동의 검토[2)]

　지난 30년간 등장한 사회운동이 중요한 정치적·사회적 세력을 대변하고
있음이 점점 더 인정되고 있다. 현대의 사회운동은 다양한 정치적·사회적
저항(예컨대 성평등, 성적 자유, 건강, 시민적 권리, 반인종주의, 국제개발,
환경, 평화 등)을 포함하며, 사회·경제·정치적 변혁의 대안적 프로그램과
함께 사회정의의 대안적 비전을 제시한다. 또한 현대 사회운동은 정치적

---

2) 다음 문헌에 의거함. Jacquetta A. Newman, *Continuing Commitment: The Durability of Social Movements–Project Ploughshares in the 1990s*, PhD Dissertation, Department of Political Studies, Queen's University, Kingston, Ontario, Canada, January 1998.

영역뿐만 아니라, 사회적·문화적 영역에도 관심을 기울인다.[3]

현대 사회운동은 그 이전의 운동과 공통점이 있지만 전개되는 맥락은 과거 운동의 표출맥락과는 매우 다르다. 국가의 성격과 기능의 변화, 사회적·기술적 변형 및 지구화 과정으로 인해 과거와는 다른 자원과 기회에 의존하고, 새로운 전술과 전략을 채택하며, 다양한 목적과 관심사안을 포괄하는 사회운동이 등장했다. 다루는 관심사는 다양하지만 현대 사회운동을 묶는 몇가지 공통주제는 다음과 같다.

- 정치·사회·문화적 변혁에의 헌신.
- '자아로부터 시작해서 공동체 및 사회의 창조와 변형을 통해 변혁을 이룩한다'는 믿음. 예를 들어 사회운동은 '개인적인 것이 정치적인 것' 그리고 '지구적으로 생각하고 지역적으로 행동하라' 등의 구호를 채택한다.
- 참여가 수단일 뿐 아니라 목적이라는 믿음. '자력화'라는 용어가 참여자들의 활동과 목표를 묘사하기 위해 정기적으로 사용된다.
- 참여·통합민주주의(participatory inclusive democracy)의 강조.
- 인권을 포함한 도덕적·사회적 성격의 이슈에 초점.
- 관료적·국가적 의제와 해결방식에 대해 비판적 태도를 견지한다.

현대 사회운동은 조직구조나 또는 조직구조의 부재로 인해 급작스런 쇠퇴에 특히 취약하다고 주장되어왔다. 현대 사회운동은 흔히 조직구조가 없는 불명료한 현상이며, 다양한 믿음과 가치와 정치적 입장을 가졌지만 평화·환경 또는 여성평등과 같은 특정 이슈에 관해 공통의 관심으로 결속된, 느슨하게 조직된 집단과 개인으로 그려지곤 한다. 그 결과 현대 사회운동은 급격한 성쇠, 급격한 등장과 소멸의 대상으로 여겨지며, 장기적 정치·사회적 존재 또는 장기적 영향력을 견지할 가능성이 낮다고 여겨진다.

---

3) 이 점은 정당의 쇠퇴에 관한 현대적 관심에 비추어보아 중요성이 더해진다. 사회운동이 정당을 대체하지는 않겠지만 사회운동의 정치학은 정당에 심각한 도전이 되고 있다. 이 점은 원래 사회정의와 평등에 대한 관심에 대중적 기반을 둔 좌파 대중정당과 사회민주주의계열 정당에 특히 맞는 말이다. 그러나 이 점은 미국 공화당과 같은 우파 정당에 대한 보수적 운동의 도전 속에서도 찾아볼 수 있다.

그러나 많은 연구자와 활동가들은 사회운동에 관한 이런 식의 견해가 최소한 두 가지 근거에서 문제가 있다고 주장한다. 첫째, 이런 해석은 공적인 국면과 매우 가시적인 정치적 표현(특히 정치적 요구, 저항의 정치, 민중의 가두동원, 정치 로비 등)에만 초점을 두며 그 결과 현대 사회운동을 전적으로 '이익집단'과 유사한 **정치적** 운동으로만 취급한다. 그러나 그 대신 헌신성의 네트워크 및 공동체의 결성과 유지, 그리고 운동 내, 더 나아가 사회 전체의 사회적 가치와 태도에 영향을 주고 그 변화에 성공하는 등의 현대 사회운동의 사회적 차원에 대해 주목해야 한다. 그리고 첫째 측면의 결과로서, 둘째 공적인 국면 또는 대결과 같은 **동원**으로부터 잠복기가 포함된 **운동**을 구분해야 한다.[4] 이러한 잠복기가 운동의 쇠퇴기 또는 휴지기를 의미하는 것은 아니며, 그 기간 동안에도 침잠된 네트워크 씨스템이 유지되고 살아 있으며 그 씨스템이 운동의 동원기 또는 흔히 공공정책과의 투쟁기에 표출되는 것이다.

따라서 현대 사회운동의 힘과 연속성은 일상적 활동의 축적된 영향력 속에 있으며, 그리고 운동의 잠재기에도 살아있고, 동원의 시기에는 행동에 나설 수 있는 네트워크의 존재로부터 나온다. 현대 사회운동은 개인의 정체성 및 운동의 정체성——목적과 가치의 풍부화, 그리고 개인과 운동 수준에서 더욱 복합적이고 정치적으로 더욱 세련된 특성의 발전——의 확장과 심화를 동시에 포함하므로 장기적인 정치·사회적 존재와 영향력을 유지할 수 있다. 이런 이유와 기타 몇가지 이유로 인해, 현대 사회운동은 사회정의와 민주주의의 새로운 정치·사회적 비전을 달성하는 데 중요한 정치·사회적 세력이며 정치적 행위자이자, 정치적 도구 심지어 정치적 과정 자체를 이루고 있음이 증명되었다.

---

4) 예컨대 유럽의 평화운동은 어느 시점에 부상했다 다른 시기에는 잠수해 있는 고래로 비유되곤 한다.

집단행동의 진화양태

우리는 산업사회의 유산으로부터 집단행동의 새로운 이해방식으로 옮겨가고 있다.[5]

본 쎄미나의 핵심주제는 사회운동의 변화하는 성격——및 변화하는 인식——이었다. 쎄미나에 초청된 발제자 중 한 사람인 멜루치(Melucci) 박사는 사회운동의 '산업형' 모델을, 연합한 행위자들이 자유·정의·평등의 기치하에 국가에 대항하고 장기적 결과를 성취할 목적으로 동원된 것으로 묘사했다. 멜루치 박사는 우리가 사회운동의 이러한 영웅적인 또는 '신성한' 견해로부터 현대 집단행동에 대한 '탈마법화된 그러나 여전히 열정적인' 견해로 조금씩 옮겨갔다고 주장했다.

새로운 사회운동은 다차원적이다. 미리 전제된 행동통일은 없다. 집단행동은 언제나 특정 국면으로 인해 한자리에 모이고 조직적 노력으로 유지되는 다양한 요소의 합이다.[6]

현대 사회운동은 국가뿐 아니라 문화와 상징의 문제를 포함한 다중적 차원에서 이루어지는 경향이 있다. 현대 사회운동은 새로운 정치의제를 형성하기도 하고, 정치적 참여의 새로운 권리와 형태를 정의하며, 새로운 리더십 자원을 제공하고, 새로운 상징과 담론을 등장시키거나 또는 일상적 수준에서 우리의 관계와 관행을 변화시킨다.

여성운동, 브라질의 무토지운동 및 대인지뢰금지 캠페인 등 세 가지 사례연구가 쎄미나에서 논의되었다. 이 중에서 아마 여성운동이 다차원적 운동의 가장 명확한 사례일 것이다——내부적으로 다양하고 느슨하게 조정되며 여러 수준에서 전개된다. 여성운동은 풀뿌리운동을 포괄하지만 여전히 지구적 성격을 지니고 있다. 여성운동은 공식적·비공식적 테크닉을 모두 구사하며, 차이를 받아들이고, 내부긴장, 갈등과 반대를 예상한다. 또한

5) Dr. Alberto Melucci, 사회학과. 밀라노대학.
6) Dr. Alberto Melucci.

	'신성한' 사회운동 모델	새로운 형태의 집단행동
목적	절대적 이상을 둘러싼 장기적 사명	상황에 달려 있고, 불명료하고 변화하는 개념
의도	국가권력을 겨냥	광범위한 사회변혁을 겨냥
조직	통합된 행위자	다차원적. 느슨하게 연결된 행위자들
행동	지속적·장기적 행동	단기 캠페인을 위한 일시적 동맹
문화	동질적·배타적	다양, 통합적.
	내부이견 있으면 조직 위협	내부긴장을 수용

여성운동은 과정에 초점을 맞추고 경청, 통합 및 포괄을 중시한다.

대인지뢰금지 캠페인은 수많은 행위자들이 어떻게 일시적이고 느슨하게 연결된 동맹으로서 특정 목표 주위에 성공적으로 모여, 각 단체가 그 정체성이나 수임사항을 상실하지 않으면서 각기 독특한 관점에서 캠페인에 기여할 수 있는지를 예시한다.

브라질의 무토지운동(MST)은 '산업형' 모델에 가까웠다. 이 모델은 강력한 내부일체감, 회원들의 결속, 중앙집중식 조직구조, 인권운동을 포함한 기타 행위자들로부터 일정한 거리감 등의 특징이 있다. 이러한 요소들은 MST의 대중동원 능력에 필수적이라고 간주되었고, 그 강점은 또한 운동의 비관료적 성격 속에 있으며 흔히 비합법적이긴 하나 직접적이고 즉각적인 행동과 같은 상징과 행동형태를 창의적으로 이용한 데에도 있었다. 그러나 MST의 거리감과 자신에 찬 고립주의 때문에 다른 단체와의 동맹구축에 문제가 생기기도 한다는 점 또한 인정되었다. MST는 폐쇄적 '교회'가 됨으로써 토지캠페인 분야의 헤게모니를 유지해왔다. 강력한 일체감과 정체성으로 인해 내부적 다원성은 거의 존재하지 않았다.

3. 지구화 동향 쎄미나 토의내용

쎄미나의 발제문에서 제기된 한가지 중요한 통찰은 각 단체와 운동들 간의 협력이 오늘날 성공적 집단행동의 필수적인 특징이라는 점이었다. 왜냐하면 현대의 사회·정치·경제적 문제가 점차 지구화되고 '지구 전체적'인 성격을 띠고 있기 때문이며, 정부의 행동에 영향을 미칠 필요성뿐만 아니라 사회를 변혁시킬 필요성도 있기 때문이다.

대인지뢰금지 캠페인과 여성운동은 다양한 조직들이 독특한 정체성을 유지하면서도 공통의 목적을 달성하기 위해 느슨하게 조정된 동맹 속에서 어떻게 함께 일할 수 있는지를 보여준 좋은 사례이다. MST는 세 가지 사례 중 가장 고립주의적이었다. 다른 단체들로부터 거리를 둔 것이 토지개혁 분야의 주도적 세력으로서 정체성을 유지하는 데에는 도움이 되었지만, 인권운동을 포함한 다른 관련 투쟁들과 동맹을 형성하는 데에는 장애가 되었다.

전체 운동의 한 부분으로서 앰네스티

☞ 앰네스티가 전체 인권운동 내에서 자신의 역할, 즉 현재 그리고 미래에 가시적이고 존속 가능한 인권에 대한 집단행동을 위한 지구적 공간을 창출할 역할에 관해 더욱 숙고할 필요가 있다는 점이 거듭 제시되었다.

☞ 멜루치 박사는 지구적 인권운동이 존재한다고 말할 수 있을지 의문을 제기하였다. 멜루치 박사는 인권에 관련된 초국적 집단행동의 가시적 표징이 점차 늘고 있음을 인정했지만 이런 것을 위한 지구적 공간은 아직 명확히 정의되지 않았다고 강조했다. 그에 따르면 유엔체제는 시민사회의 제한된 참여 때문에 인권의 새로운 내용과 개념이 규정되고 옹호될 수 있는 공간으로 작용하기에는 본질적으로 미흡하다고 한다.

타단체와의 연계와 앰네스티의 정체성

앰네스티는 자신을 하나의 독자적 행위자로 보는가, 아니면 인권단체들 전체 운동의 한 구성원으로 보는가?

앰네스티는 소량 정품을 내놓고 싶어하는가, 아니면 잡화점을 운영하고 싫어하는가?

이 질문에 대해 쎄미나에서 다음과 같은 의견이 나왔다.

☞ 참석자 몇명은 앰네스티가 그 강점과 정체성을 발전시킬 필요가 있음을 강조했다. 그들은 하나의 조직으로서 우리의 정체성에 대해 자책감을 느낄 필요가 없다고 주장했다. 우리는 자신의 역사를 소중히 여기고, 우리의 장점과 단점, 그리고 이런 점들을 바탕으로 우리가 어떻게 현재의 인권투쟁에 적절한 기여를 할 수 있는가 하는 점을 명확히할 필요가 있다는 것이다.

☞ 우리가 꼭 필요한 존재가 되려면 우리의 관심사가 타인의 관심사와 어떻게 연결될 수 있는지를 보여주어야 한다. 그것을 위해 우리가 일하는 맥락을 더욱 분석하고 다른 단체의 의견을 경청하고, 우리가 함께 일할 수 있는 공통분모를 찾기 위해서 다른 단체의 활동을 알아야 한다.

쎄미나에서 나온 또 하나의 핵심적 도전은, 사회변혁을 위한 하나의 행위자로서 앰네스티의 전통적 전제와 인식, 그리고 우리가 '전체 인권운동'이라고 부르는 영역 내에서 우리 역할의 전통적 전제와 인식을 포함한 우리 자신의 이미지를 재검토할 필요가 있다는 점이었다. 이러한 자기성찰 과정이 사회정의를 위한 행동과 동떨어진 것이 아니라 그것 자체가 행동의 한 형태이며 따라서 자기성찰을 장려하고 정기적으로 시행하고 평가해야 한다는 점이 강조되었다.

참석자와 발제자들로부터 다음과 같은 제안과 지적이 나왔다.

☞ 앰네스티로서 우리 정체성을 더 설명할 필요가 있다. 우리가 무엇을 하기로 했고 무엇을 하지 않기로 했는지 의사결정 과정에 대해 명확해질 필요가 있다. 이렇게 했을 때 우리는 더욱 책무성있고 더욱 투명해질 수 있을 것이다.

☞ 내부적 차이·반대·논쟁을 포용할 수 있는 여성운동의 역량이 그 운동의 핵심 강점으로 확인되었다. "우리는 반대를 기대하고, 포용하고, 그것으로부터 배워야 한다. 논쟁과 반대가 있어도 아무 문제가 없으며 간혹 합의를 내리기가 불가능할 때도 있다는 것을 인정해야만 한다."[7]

☞ 우리는 회원끼리, 그리고 외부인사들과 더 자주 접촉해야 한다. 우리는 일상업무만 할 것이 아니라 문제가 되는 이슈를 이야기해야 한다. 우리는 이런 이야기를 더 자주 나눠야 한다.

☞ 단일한 해결책이 없을 수도 있음, 그리고 그것과 함께 살고 그것을 실천함으로써 두개의 반대되는 대안을 한자리에 모을 수 있음을 인정하는 것이 바로 자각이다. 행동은 '이것 그리고 저것'이라는 식으로 해결해야지, '이것 아니면 저것'이라는 식으로 해결해서는 안된다.

협력과 동맹

전체 회의와 분과토의에서 앰네스티 협력경험의 구체적 사례들을 다음과 같이 부각시켰다. ①타단체와 동맹의 일부로서 공동캠페인에 적극적으로 참여하는 것(예컨대 국제형사재판소, 아동병사금지 캠페인, 또는 인권옹호자를 위한 캠페인), ②여성할례에 관한 서아프리카국가 지부들의 활동. 이 활동은 다른 여러 단체와 공동보조로 진행되었고 공론장 제공자로서 앰네스티가 할 수 있는 유용한 역할을 예시한다.

제안과 지적으로 다음과 같은 것이 나왔다.

☞ 앰네스티의 협력과 동맹 경험(예를 들어 국제형사재판소와 여성할례 금지활동)에 비추어보면 앰네스티가 특정 목표를 위해 다른 여러 단체들과 협력했을 때 그 활동이 얼마나 효과적일 수 있는지 드러난다.

☞ 동맹활동을 전개할 때에도 다른 단체의 활동과 겹치거나 다른 단체의 지지기반과 직접 접촉하지 않는 것이 중요하다.

---

7) Sunila Abeysekera. *Inform*의 조정담당자. 스리랑카.

☞ 대인지뢰금지 캠페인의 경험을 보면 매우 엄격한 중앙집중식 조정활동이 필요치 않음을 알 수 있다. 그러나 계획수립과 효과적인 의사소통을 잘해서 개별 단체의 활동이 다른 단체에 의해 방해받지 않도록 하는 것이 필수적이다. 또한 참여 NGO들간에 권한위임과 공평한 과업분담으로 어느 한 단체가 모든 책임을 떠맡지 않는 것이 중요하다.

☞ 개별 국가에 대한 전략을 수립할 때, 그리고 개별 국가 또는 개별 주제 캠페인(고문방지 캠페인과 같은)을 계획하고 정책을 수립할 때 다른 단체들과 더욱 협의하라는 권고가 있었다. 캠페인은 이런 관점에서 평가해야 한다.

일부 참석자들은 우리가 접촉 단체나 캠페인 동반자를 선택할 때 어떤 전제를 두는지에 관해 주의를 환기시켰다. 다음은 제안사항이다.

☞ 우리는 앰네스티의 활동을 아주 밀접하게 반영하는 단체들 외에도 광범위한 접촉을 시도해야 한다.

☞ 동반자를 구할 때 앰네스티는——국제적 그리고 지방 차원에서——인위적인 구성체일 뿐만 아니라 사회 속에 뿌리내리며 국가의 여력이 미치지 않는 곳에서 써비스를 제공하는 NGO들도 찾아봐야 한다.

☞ 앰네스티는 '진자의 진동' 방식으로 협력문제를 다룰 때(경우에 따라 협력방식에 큰 편차가 있음을 뜻함—엮은이) 다른 NGO들의 반응에 신경을 써야 한다. 다른 단체의 의견을 먼저 듣고 신뢰를 쌓는 방식으로, 다른 NGO와 더 많은 교류를 통해 점진적으로 협력을 구축해야 한다.

☞ 다른 단체와 공동으로 활동할 때 명확한 책임구분이 없으므로 책무성의 문제가 제기될 수 있음이 지적되었다. 자기 단체의 제도적 제한 때문에 공동활동에 헌신할 수 없게 되는 잘못된 협력 시도로 인해 실망이나 불만이 야기될 수도 있다.

☞ 앰네스티는 자체 활동가를 다른 단체에 파견하는 방식(secondment approaches, 원문의 'second government approaches'는 오기임—엮은이) 등의 수단을 통해 '까다로운' 사회운동과 접촉하거나 그것에 영향을 미칠 수 있다는 점이 제시되었다.

앰네스티의 수임사항이 협력을 제한하는가?

우리의 수임사항이 협력의 장애로 인식되어서는 안된다는 것이 쎄미나에서 계속 제기된 주제였다. 여성운동이나 대인지뢰금지 캠페인의 동맹에 참가했던 NGO들의 사례에 기반하여, 참석자들은 앰네스티가 다른 운동과 접촉하고 연대를 이루기 위해서 반드시 우리의 수임사항을 변경할 필요는 없다고 지적했다. 일부 참석자들은 앰네스티가 대인지뢰금지 캠페인에 초기부터 참여하지 않은 것을 특히 유감으로 생각했다.

토론으로부터 여러가지 제안과 지적이 나왔다.

☞ 다른 단체와 공조할 때 그 캠페인에 맞춰 우리 수임사항을 확장시켜야 한다고 생각한 나머지 초점을 잃을 위험을 감수하는 것보다, 그 캠페인 중에서 우리 수임사항과 연관이 있는 측면을 다루어야 한다.

☞ 앰네스티의 핵심 전문분야 이외의 사안에 대해 캠페인 공조를 할 수 있는 범위를 더욱 명확하게 설정할 필요가 있다.

☞ 인권옹호자(Human Rights Defenders) 개념은, 모든 종류의 인권 그리고 그것들의 불가분성(indivisibility)을 나타내므로, (다른 인권활동가들과 —엮은이) 연대를 이룰 때에 활용할 수 있는 쓸모있는 패러다임으로 생각된다.

'자국문제에 관한 활동' 정책 수행

그러나 앰네스티 조직정책상의 한가지 측면이 계속 논란이 되었다. 그것은 자국문제에 관한 활동 정책이나. 쎄미나 참석자 일부는 우리가, 인권신장 및 인권침해 예방활동으로 인해 가능하게 된 활동범위를 고려에 넣기 위해, 또한 (앰네스티의—엮은이) 국가전략의 일부로서 각국 지부가 자기 나라의 독특한 맥락 속에서 다른 운동과 접촉하도록 자력화를 지원하기 위해, 자국문제에 관한 활동의 새 정책을 가능한 한 광범위하게 수행해야 할 시급한 필요성이 있다고 느꼈다.

'운동 내의 운동들'을 자력화하는 방안

일부 참석자는 여러 종류의 사회운동이 이미 앰네스티 자체의 회원구조 내에 반영되어 있음을 지적했다. 우리는 여성, 아동, 동성애자, 남(南)의 회원 등의 네트워크를 이미 가지고 있다.

☞ 앰네스티 내에서 이러한 네트워크를 자력화하고 우리 의사결정 과정 내에 이런 네트워크의 의견을 청취할 수 있는 장치를 제공해야 한다는 제안이 있었다.

자력화와 기술공유

외부 개인 및 조직과의 기술공유가 위에서 본 세 가지 운동사례의 중요한 요소였다. 예를 들어 MST는 노숙자단체 같은 집단에게 자체 기술을 전달하고, 외부 집단과 내부 회원들에게 동원방법을 가르친다. 앰네스티는 이미 공조하는 다른 NGO 및 단체들에게 역량구축을 전수해준 경험이 많지만(특히 조사연구, 문헌정리 및 로비), 기술공유 가능성을 더욱 모색해볼 수 있다고 여겨졌다.

국가와의 협력

쎄미나는 국가기관과 협력할 때 나타날 수 있는 잠재적인 위험과 혜택을 확인했다. 다음과 같은 점이 있다.

☞ 국가에 의해 인입되거나 국가의 활동을 정당화해줄 위험이 있다. NGO가 그 자율성의 한계를 규정하는 것이 중요하다. 외부 대중동원으로부터 동

떨어져 고립된 로비활동을 벌이지 않는 것도 국가에 인입당하는 것을 방지할 수 있는 한가지 방법일 것이다.

☞ 또다른 위험은 부정적 제도화의 문제이다. 제도화는 그 자체가 나쁜 것은 아니다. 모든 사회운동은 새로운 제도를 낳고 그것이 바로 집단행동의 기대된 결과이기도 하다. 그러나 사회운동은 이런 제도들이 민주적이도록 보장해야 하며, 내부권력이 가시적으로 도전받고 논의되는 공간을 제공하도록 보장해야 한다.

☞ 국가와 NGO부문 간에 흔히 존재하는 새로운 관계 속에서 역량구축을 위한 새로운 기회가 있다. 그러나 국가가 사회운동 의제의 일부를 담당할 때에 사회운동이 탈동원화될 가능성이 있다.

인권의제의 설정
쎄미나 참석자들은 앰네스티가 새로운 개념(예컨대 '양심수'), 행동수단(예컨대 인권범죄의 공소시효 철폐), 인권의 이해 등을 규정하고 옹호할 수 있는 독특한 초국적 공간을 제공하는 데 있어 대단히 성공적이었음을 인정했다. 앰네스티는 정부간·정부·공동체·일상의 차원에서 인권 개념을 대중화시켰다. 멜루치 박사의 사회운동 정의에 의하면, 앰네스티가 "사회 전체적 구조를 통해 은밀하게 기호화되고 정당화된 권력 형태와 동학을 폭로함으로써, 사회의 기본적 전제에 도전"했다는 점에서 앰네스티는 변혁적이었다고 말할 수 있다.[8]

그러나 쎄미나 참석자들은 오늘날 앰네스티 내에 '인권'과 '보편성'의 기본 개념을 '신성한' 렌즈만을 통해 해석하려는 경향이 있음을 지적했다. 반대로, 이들은 그러한 개념을 덜 절대적이고 좀더 뉘앙스 있는 방식으로 이해할 필요가 있음을 강조했다. 왜냐하면 앰네스티 창설(1961년 5월 28일—엮은이) 이후 급진적인 사회·정치·기술적 변화를 포함한 여러가지 극적인 발전이 일어났기 때문이다.

8) Dr. Alberto Melucci.

참석자들은 신성한 인권관, '보편주의'의 개념, 그리고 그 연장인 지구촌에서의 앰네스티의 역할에 도전하는 몇가지 요인들을 강조했다.

☞ 많은 발제자들이 세계 여러 지역 내에서 국가권력이 상당 부분 작아졌으며, 상호 연계되어 있지만 여전히 주권국들의 공동체인 국제체제에 발생한 취약성으로 인해 권리와 의무에 관한 전체 준거틀이 극적으로 위협받고 있음을 지적했다. 지구화가 의미하는 바는 국민국가가 더이상 인권의 핵심 보장자가 아닐뿐더러 인권의 주요 침해자도 아니라는 점이다. 정부간 인권체제——인권 개념의 강화와 발전을 위한 핵심수단, 그리고 인권보장의 국제적 성격의 확인을 위한 핵심수단인——역시 위기에 처해 있다.

☞ 여성운동, 미국의 시민권운동, 원주민단체와 동성애자 활동가 등의 사회운동이 '인권'의 새로운 정의와 인식을 창출했다.

☞ 일부 참석자들은 앰네스티가 새로운 인권 주장과 개념의 등장을 촉진한 것이 아니라 오히려 저해했다고 주장했다. 예를 들어, 오늘날 특히 앰네스티의 수임사항은——여러 차례 확대에도 불구하고——국제적으로 사회·경제적 권리를 비교적 소홀히하는 경향에 큰 일조를 했으며, 여성에 대한 비국가 행위자의 탄압이 인권의제임을 인식하는 데 방해가 되었다고 여겨진다는 것이다. 비국가 행위자의 인권침해에 대해 앰네스티가 활동하기 시작한 것은 환영할 만하며, 앰네스티가 사회·경제적 불의에 대해 자신의 입장을 개발해야 한다는 제안이 있었다.

☞ 다른 참석자들은 인권'보편주의'에 대한 상당수의 비판이 사이비로 치부될 수 있긴 하지만, 문화적 다원성에 대한 이해와 경험부족으로 인해 흔히 앰네스티와 인권운동세계가 인권보편주의를 옹호하는 데 허점이 있었다고 지적했다. 어떤 참석자들은 종교적 근본주의로부터의 도전에 대해 앰네스티의 입장을 개발해야 한다고 시사했다.

☞ 또한 쎄미나 참석자들은 앰네스티가 자신의 활동 및 인권운동세계 속에서 쌓인 오랜 명성에서 비롯되는 책임을 통감해야 한다고 촉구하고, 세계

의 변화상에 적절히 대응하라고 주문했다.

특히 유럽지역에 관한 분과토의 그룹 내에서 인종주의와 인종차별 문제가 쎄미나의 중요한 주제로 대두되었다. 이같은 문제의식은 유럽대륙 전체의 인권상황 점검, 그리고 난민, 외국 이주자 및 소수민족이 흔히 인권침해의 일차적 희생자라는 인식으로부터 촉발되었다.

☞ 분과토의 그룹 참석자들은 유럽 내 반인종주의운동의 몇가지 취약점, 그 중에서도 우선 반인종주의운동이 소수민족 권리를 하위권리, 즉 다른 권리와 분리될 수 있는 (저급한—엮은이) 권리로 본다는 사실을 확인했다. 앰네스티가 통합적인 인권 준거틀을 활용해서 반인종주의운동을 도울 수 있을 것이라고 제안되었다.

다문화주의

다문화주의는 쎄미나를 통틀어 거듭 제기된 주제였다. 발제자와 참석자들은 앰네스티운동 내의 문화·지역·성·인종 등의 불균형을 부각시켰으며, 우리가 문화적 차이와 앰네스티 내 그리고 사회운동들 사이의 다양성을 좀 더 인식할 필요가 있고, 보편성과 문화적 감수성을 어떻게 건설적으로 논의할 것인지를 배울 필요가 있다고 제안했다. 다문화주의는 앰네스티 조직에 있어 극히 중요한 가치이며 그에 대한 확고한 헌신이 필요한 것으로 여겨지고 인정되었다.

쎄미나에서 도출된 제안은 다음과 같다.

☞ 불평등과 불균형을 보이게끔 부각시켜라. 우리는 특권을 책임있게 구사할 줄 알아야 하고, 차이점을 감추고 덮어두기보다는 보이게 하고 드러내야 한다. "책임은 특권과 권력을 감추는 게 아니라 그것을 드러내어 그것에 도전하고 그것을 변화시킬 가능성을 창출하는 것이다."[9]

☞ 앰네스티 내의 인종주의적 고정관념을 해결하라. 이것은 회원을 훈련시

---

9) Sunila Abeysekera.

키고 소수집단 회원을 확충시키기 위해 더 조직적인 노력을 함으로써 해결될 수 있다.

☞ 앰네스티 내의 성적 차별을 해결하라. 우리는 앰네스티 회원들간에 성 인식을 높이기 위해 더 큰 노력을 기울일 필요가 있다.

☞ 앰네스티의 토착화를 증대시키고, 현지 인권운동에 대한 제국주의적 접근 그리고 후견자적 접근을 지양하라. 앰네스티는 서구식 모델을 강요하기보다는 현지에 적합한 이슈에 대해 활동하는 회원단체와 인권운동을 장려해야 한다. 우리는 인권신장 또는 인권교육에 좀더 혁신적인 모델을 사용할 수 있으며 현지 단체들과의 공동프로젝트를 추진할 수도 있다.

☞ 우리의 발언에 문화적 이해가 없다고 여겨진다는 이유로(문화적 특정성을 고려하지 않는다는 비난을 염려해서—옮은이) 얼마나 더 침묵해야 하는가? 인권유린에 개입하지 않기로 한 경우, 문화적 이해가 있다는 평을 바라지 않고 원칙에 따르기로 할 시점을 언제로 잡을 것인가? 문화적 이해심이 무엇을 의미하는지 개방된 자세를 견지하라.

회원의 동원

어떤 지지기반이 앰네스티에 가장 효과적일까? 주로 중산층인 현재의 회원구성을 넘어서서 지지기반을 넓힐 필요가 있는가?

지구화 동향 쎄미나에서 표출된 가장 도발적인 생각 중의 하나는 회원들이 내부적으로 각기 다른 '회원활동 써클' 내에서 활동한다는 사실이다. 이 말은 사람들이 같은 현상에 대해 같은 수준으로 헌신하는 것이 아니라는 뜻이다. 또한 사람들은 헌신이나 회원자격의 수준을 바꾸기도 한다. 즉 단순한 회원에서 기부자로, 더 나아가 인권활동가로 옮겨간다.

☞ 멜루치 박사에 따르면, 이렇게 헌신과 동원 정도의 차이, 그리고 결과적

으로 회원 수준의 이동을 결함이 아닌 자원으로 이해해야 하며 그에 맞춰 이용해야 한다고 한다.

☞ '헌신의 써클' 개념과 유동성 및 이동성을 포용하는 경향은 특히 여성운동에서 잘 드러난다. 매우 다른 배경을 가진 여성들이 극히 다양한 채널을 통해 특정 캠페인에 개입하며, 맥락에 따라 전혀 다른 정치적 정체성을 그때그때 표방하기도 한다.

행동

우리가 일상생활 속에서 변화를 가져오지 않으면 미래의 어떤 변화도 불가능하다. 행동의 형태는 행동의 일부다. 행동은 미리 존재하는 어떤 목표를 위한 수단이 아니다. 행동은 그 자체가 목표를 경험하는 것이다.[10]

행동의 형태와 스타일이 인권메씨지의 통합된 일부임을 인식하는 것이 중요하다는 점이 많은 토론에서 예시되었다. 모든 사례연구에서 어떤 행동형태를 취할 것인가를 둘러싼 논란이 있었다.

☞ 행동의 시기와 형태가 즉각적이고 적합하며 가시적일 수 있도록 그것들을 재검토해야 한다는 제안이 있었다. 외부 접촉과 협력의 전략을 개발할 수 있는 기회를 극대화시키기 위해서 캠페인 기간과 시기를 고려해야 한다.

☞ MST는 즉각적이고 가시적인 행동, 다수 회원을 동원하는 행동을 통해 지지도와 지명도를 높였다. 반면 앰네스티는 지나치게 느리고('긴급구명활동'이 가장 빠른 형태의 행동임), 너무 신중하며(지나치게 법리적이고 공식적인 접근을 취함), 그 결과 미디어를 많이 타지 못한다. 이번 토론에서 제기된 핵심의문 중의 하나는 앰네스티가 과연 직접행동(예를 들면 시민적 불복종)에 참여할 수 있을 것인가, 그리고 참여한다면 어떻게 할 것인가였다.

---

10) Dr. Alberto Melucci.

☞ **연중캠페인에 대한 의문**: 참석자 중 일부는 앰네스티의 전통적인 캠페인 기간 설정에 의문을 제기했다. 여러가지 이유에서 연중캠페인이 너무 짧다는 것이다. 대인지뢰금지 캠페인 분과토의 참석자들은 일년만 지속되는 주제별 캠페인이 다른 NGO나 대중 전체에 어떤 인상을 줄 것인지를 고려해야 한다고 제안했다. 예컨대 소화기(small arms) 문제에 관해 앰네스티가 개입한다면 장기적인 활동이 필요할 것이다(효과가 제대로 드러나려면 10년 정도 걸릴지도 모른다).

☞ **대안적 모델**: 대안적 캠페인 모델 사례는 다음과 같다.
- 여러 NGO가 속해 있는 우산조직을 통한 5년 단위 캠페인(다소 조정 가능).
- 특정 목표를 갖춘 캠페인으로서 그 목표가 달성되었을 때에 활동을 중단함(예컨대 국제형사재판소, 사형폐지 캠페인).

☞ **국제회의 개최**: 대인지뢰금지 캠페인에서 사용한 접근방법은 국제형사재판소나 인권옹호자 선언(Declaration for Human Rights Defenders)과 같은 여타 이슈에서도 앰네스티가 고려해볼 만한 것이다. 참석자들은 대인지뢰금지 캠페인에서 어떤 방식이 효과적이었는지, 어떤 나라 그리고 얼마나 많은 나라들이 개입했는지, 시기를 고려할 때 어떤 점이 중요한지를 연구해야 할 것이라고 제안했다.

4. 지구화 동향 쎄미나에서 통합전략 계획으로

앰네스티의 방향에 관한 성찰: 삐에르 싸네(Pierre Sane) 사무총장
앰네스티가 당면한 기본적 문제는 멜루치 박사의 다음 발제에 잘 나타나 있다.

지구적 문제에 대처하기 위해서 우리는 다중적인 조력에 의존할 필요가 있다. 그러나 각 단체는 각기 정체성과 수행할 역할이 있다. 각종 운동과 단

체들은 특정 목표, 이슈, 캠페인을 위해 에너지를 합치면서, 동시에 자기 자신만의 독특한 내적 정체성을 계발하고 함양할 수 있다.

차기 통합전략 계획 덕분에 대량 인권침해의 도전에 대처하기 위해 앰네스티의 에너지를 지구적 동원 전략에 집중할 기회가 생겼다. 이러한 전략은 다음 사항의 합의와 강화에 기반을 둘 필요가 있다.

- 인권단체로서 우리의 정체성
- 인권운동 내의 우리 역할
- 다른 사회운동과의 협력

앰네스티: 수감자 지향 단체에서 인권운동으로

지난 10년간, 특히 1991년 요꼬하마 국제대의원총회 이래 앰네스티는 교도소 안팎을 막론하고 인권침해 희생자들을 보호하려고 노력해왔다. 그 결과 우리가 대상으로 하는 인권침해자에는 국가뿐 아니라 반군단체, 전통적 공동체, 기업체 등의 비국가 행위자도 포함된다. 현재 우리 활동의 상당 부분이 교육, 대중인식 제고, 핵심 인권조약의 비준 캠페인 등을 통해 모든 종류의 인권을 신장하려는 것이다. 우리는 그저 인권침해에 대응만 하는 것이 아니라, 인권예방(위기대응을 포함), 제도구축, 현지 NGO 자력화 등의 전략을 개발한다. 각국 지부에서 그룹 조직 및 활동을 위한 새로운 방식을 실험하고 있다.

앰네스티는 지방·국가·국제적 차원에 뿌리내린 다문화적 인권단체가 되었다. 그러므로 수임사항에서부터 집단구조, 그리고 행동에서부터 다른 단체와의 협력에 이르는 모든 분야에서 핵심적 아이디어가 도출되어야 한다. 향후 행동싸이클 기간 동안 다음의 실천이 필요하다.

- 우리의 대중 메씨지와 기금조성 전략을 조절하기 위한 각국 차원의 '이미지 연구'를 조직적으로 실시
- 다문화주의, 다언어주의, 성에 관한 권고사항 등 합의된 전략의 수행

• '운동상황 보고서' 제작과 그 토론의 정례화

앰네스티와 인권운동

앰네스티의 존재이유는 모든 이가 모든 종류의 인권을 향유할 수 있도록 기여하는 것으로 정의할 수 있다. 앰네스티는 이러한 기여를 다음과 같이 규정한다. 즉 활동영역을 확정하고(수임사항), 모든 중요한 인권의 장(예컨대 유엔, 지역적 정부간기구, 국가 등)에서 활동을 벌이며, 각 개인의 인간성을 부각시키기 위해 계속해서 개별 희생자에 초점을 맞추고, 다른 단체와 협력한다.

세계 최대의 인권단체로서 우리는 전체 인권운동에 대한 책임이 크다. 왜냐하면 대체적으로 우리의 행동이 공공의제를 설정하는 경향이 있기 때문이다. 게다가 우리는 전체 인권운동의 강화와 성장에 이바지해야 한다. 향후 행동싸이클 기간 동안 우리는 다음 사항이 필요하다.

• 국제적 인권에 대한 사상을 발전시키는 데 최선봉에 설 것, 그리고 현재 진행중인 인권논쟁(예컨대 기업의 책임, 비국가 행위자)에 적극적으로 참여할 것.
• 인권옹호자 패러다임을 우리의 활동프로그램에 완전히 반영할 것.
• 인권신장 및 인권침해 예방활동으로 인해 가능하게 된 활동범위를 고려에 넣고 국가적 정책설정에서 일정 역할을 담당하기 위해 자국문제에 관한 활동 정책을 우리 운동 내에서 광범위하게 수행할 것.
• 인권옹호자의 보호를 포함해서, 각 그룹의 활동 내에 외국 인권단체와의 협력을 발전시킬 것.
• 전체 인권운동과 교육 및 기술공유를 위한 종합적 프로그램을 개발할 것.

앰네스티와 다른 사회운동의 관계

우리가 살고 있는 지구적 '질서' 속에서, 한편엔 유엔 안전보장이사회·나토·지역동맹체 등이, 다른 한편엔 다보스 세계경제포럼·국제금융기구·초국적 기업질서 등이 위치한 '지구적 공치체제'가 서서히 등장하고 있다. 따라서 사회운동을 통해 각국 시민사회들이 '아래로부터의 지구화'를 위한 대안적 모델을 토론하고 제시할 수 있는 지구적 '제3쎅터'의 출현을 시급히 강구해야 한다. 이러한 노력에 의미심장한 기여를 할 수 있는 위치에 있기 위해서 우리는 향후의 행동싸이클에서 다음이 필요하다.

- 모든 권리의 불가분성과 상호관련성에 관해 분명하고도 실질적인 입장을 전달할 것.
- 인권신장 활동에 관해 분명한 지침을 개발하고 각국 지부간 경험의 교류를 촉진할 것.
- 사회·경제·문화적 권리에 관한 입장 개발.
- 인종주의에 관한 입장 개발과, 특히 2001년 예정된 유엔 세계인종주의회의를 감안하여 이 분야의 활동프로그램 범위를 명확히할 것.
- 다른 단체와의 협력과 동맹의 경험을 평가할 것.
- 연중 국가별 캠페인 또는 주제별 캠페인 기법을 재검토할 것.

국가지부 차원의 앰네스티

차기 통합전략 계획을 위한 협의과정의 일환으로, 각국 지부에게 다른 사회운동과 경험을 공유하고 협력방안을 강구하는 차원에서 자체 활동환경을 점검할 쎄미나를 개최하기를 권고한다. 그러한 쎄미나 개최를 계획하는 지부를 위한 실무지침이 『사회운동에 관한 국가별 쎄미나 개최를 위한 지부용 아이디어와 지침』(*Ideas and Guidance for Sections on holding National Seminars on Social Movements*)에 포함되어 있다.

NGO관련 인터넷 싸이트

다음은 NGO관련 인터넷 추천 싸이트이다. 연구자 또는 활동가에게 꼭 필요하다고 생각되는 대표적 싸이트만 수록했다.

국제기구 및 국제단체

- 유엔과 시민사회: www.un.org/partners/civil_society/home.htm
  유엔과 NGO 관계, ECOSOC의 협의자격, 각종 NGO관련 문헌 수록.
- Foundation for International Communication(FIC): www.comlink.apc.org/fic/
  1995년 창설되어 국제NGO, 대안미디어, 대안적 시민사회 관련 국제적 통신망 연결을 목표.
- Union of International Associations: www.uia.org/homeorg.htm
  국제기구와 NGO에 관한 각종 자료, 프로젝트, 통계, 출판물 등 수록.

연구소 및 연구단체

- Association for Research on Nonprofit Organizations and Voluntary Action (ARNOVA): www.arnova.org/
  자발적 행동, 비영리기구, 자선, 박애, 시민사회 등을 연구. 학술지(*ARNOVA: Nonprofit and Voluntary Sector Quarterly*) 발간. 인디애나대학 소재.
- Centre for Civil Society(CCS): www.lse.ac.uk/Depts/ccs/
  시민사회, 사회적 경제, 비영리기구, 비정부기구, 제3섹터, 자선 등 연구 및 교육. 『세계시민사회 연감』(*Global Civil Society Yearbook*) 2001년 9월 초판 발간 예정. 런던정경대학(LSE) 소재.
- Centre for Conflict Resolution(CCR): www.brad.ac.uk/acad/confres/index.html
  탈냉전시대의 갈등해소 이론 개발. 갈등해소를 위한 NGO의 역할과 경험 및 분쟁지역의 NGO활동 연구. 브래드포드대학 소재.
- Centre for the Study of Global Governance(CSGG): www.lse.ac.uk/Depts/global/Default.htm
  국제기구, 시민사회, 국가가 참여하는 지구적 공치체제를 위한 준거틀 연구 및 교육. 런던정경대학(LSE) 소재.
- Hauser Center for Nonprofit Organizations: www.ksghauser.harvard.edu/
  시민사회, 비영리기구 관련 연구, 교육, 활동가 양성. 하버드대학 소재.
- Human Rights Centre: www2.essex.ac.uk/human_rights_centre/
  인권NGO 활동가를 위한 교육 및 연구. 에쎅스대학 소재.
- International Center for Trade and Sustainable Development: www.ictsd.org/

지속 가능한 개발, 세계무역기구 문제 등 연구.
- International Society for Third-Sector Research(ISTR): www.jhu.edu/~istr/
  1992년 창설된 박애, 자선, 시민사회, 비영리부문의 국제연구조직. 학술지(*Voluntas: International Journal of Voluntary and Nonprofit Organizations*) 발간. 지역네트워크 가동(Asia Third Sector Network). 존스홉킨스대학 소재.
- MandE NEWS: www.mande.co.uk/news.htm
  사회개발 목적을 가진 개발NGO, 주창활동NGO의 감시 및 평가방법 연구. 옥스팸, 국제아동보호기금, 캐포드(CAFOD) 등 주요 개발NGO들 가맹.
- Mandel Center for Nonprofit Organizations: www.cwru.edu/mandelcenter/
  기금조성, 자원봉사자 관리, 비영리기구와 법 등 비영리부문 종사자의 실제 업무 관련 연구 및 교육. 학술지(*Nonprofit Management and Leadership*) 발간. 케이스웨스턴 리저브대학 소재.

NGO관련 전문서적 출판사
개발도상국, 국제개발, 지속 가능한 발전, 주창활동, 현장활동 등에 관한 서적 출판
- Earthscan: www.earthscan.co.uk
- Intermediate Technology Publications: www.oneworld.org/itdg/publications/index.html
- Kumarian Press: www.kpbooks.com/

NGO활동 싸이트
- 진보네트워크: www.jinbo.net/
  진보적 NGO활동 포괄적 소개. 진보통신연합(APS, Association for Progressive Communications)의 협력 네트워크.
- PeaceNet: www.peacenet.or.kr/index1.htm
  환경, 보건, 대인지뢰, 여성, 종군위안부 등 주요 현안의 쟁점을 다루는 국내 싸이트. 한글·영문 공용.
- Action Without Borders: www.idealist.org
  전세계 각종 NGO 소개. 국제NGO 분야의 자원봉사 기회, 인턴십 과정, 취업, 구직 정보 수록. 활동가에게 유용한 싸이트.
- One World Online: www.oneworld.org/
  제3세계 빈곤, 환경, 생태, 소수민족 권리 등 활동단체 소개.
- Policy.com(Policy News and Information Service): www.policy.com/community/advoc.html
  시민의 공공정책 참여를 표방하는 주창활동NGO 총람.
- Union of International Associations: www.uia.org/homeorg.htm
- Women Action: www.womenaction.org/
  베이징+5 과정에 참여하는 모든 NGO를 위한 싸이트. 여성의 사력화, 지구화 정보,

매스컴 네트워크 등 수록.

NGO관련 연구·자료 모음

- Avalon Project at the Yale Law School : www.yale.edu/lawweb/avalon/avalon.htm
  국제법, 세계역사, 외교에 관련된 문헌 수록. 예를 들어 1648년 10월 24일 체결된 베스트팔렌조약의 전문을 구할 수 있음.
- Commission and Non-Governmental Organizations : http://europa.eu.int/comm/secretariat_general/sgc/ong/en/communication.pdf
  유럽연합의 NGO관련 보고서.
- Foreign Policy in Focus (Internet Gateway to Global Affairs) : www.foreignpolicy-infocus.org/index.html
  지구화에 따른 무역, 군사, 마약통제, 노동, 인권, 환경, 식량, 지구적 공치, 미국의 책임 등을 다룸. 계간지 Foreign Policy가 Interhemispheric Resource Center와 Institute for Policy Studies와 공동운영.
- Global Policy Forum : www.globalpolicy.org/
  유엔에서의 NGO활동에 관한 상세한 보고와 제안. 지구화에 대응하는 지구촌 풀뿌리 운동 소개.
- Le Monde Diplomatique : www.monde-diplomatique.fr/en/
  프랑스의 국제문제 전문 월간신문. 국제분쟁, 지구화, 시민사회, 미국화 등을 심층 보도. 영문판 운영.
- UN Statistics Division : www.un.org/Depts/unsd/
  유엔이 취합한 전세계의 각종 통계자료. 국내·국제 통계자료를 연결해놓았음.

인권분야

- 유엔 인권 페이지 : www.un.org/rights/
- 유엔 인권고등판무관 : www.unhchr.ch/
- 유엔 난민고등판무관 : www.unhcr.ch/refworld/welcome.htm
- 세계인권 인터넷 데이터베이스 : www.hri.ca
- 사회과학과 인권 : www.sosig.ac.uk:80/roads/subject-listing/World/human.html

국내대학 NGO관련 학과(가나다순)

- 경희대학교 NGO대학원 : www.kyunghee.ac.kr/~ngo/
- 성공회대학교 시민사회복지대학원 NGO학과 : http://ulci9.peacenet.or.kr/ngostudy
- 한양대학교 제3섹터연구소 : www.3sector.hyu.ac.kr

지구화관련 국제기구

- 국제상공회의소(International Chamber of Commerce) : www.iccwbo.org

- 국제자유노동조합총연맹(International Confederation of Free Trade Unions): www.icftu.org
- 국제노동기구(International Labor Organization, ILO): www.ilo.org
- 국제통화기금(International Monetary Fund, IMF): www.imf.org
- 경제협력개발기구(Organization for Economic Cooperation and Development, OECD): www.oecd.org
- 유엔무역개발회의(United Nations Conference on Trade and Development, UNCTAD): www. unctad.org
- 세계은행(World Bank): www.worldbank.int
- 세계무역기구(World Trade Organization, WTO): www.wto.org

NGO관련 전문 학술지

NGO학의 학제적 성격 때문에 NGO관련 연구는 다양한 출처로부터 나오고 있다. 다음은 그중 대표적인 학술지 목록이다.

NGO관련(개발론, 국제관계학, 정치학, 사회학, 행정학 등에서 주로 다룸)
- *Foreign Affairs*: www.foreignaffairs.org/
- *Foreign Policy*: www.foreignpolicy.com/
- *Human Rights Quarterly*: http://muse.jhu.edu/journals/human_rights_quarterly/
- *International Journal of Sustainable Development and World Ecology*: www.parthpub.com/susdev/home.html
- *Journal of International Development*
- *Law, Social Justice and Global Development*: http://elj.warwick.ac.uk/global/
- *Political Quarterly*: www.blackwellpublishers.co.uk/journals/poqu
- *Third World Quarterly*: www.tandf.co.uk
- *World Development*: www.elsevier.nl/inca/publications/store/3/8/6/

NPO(비영리기구)관련
- *ARNOVA: Nonprofit and Voluntary Sector Quarterly*: www.arnova.org/ nvsq.html
- *Nonprofit Management and Leadership*: www.cwru.edu/mandelcenter/
- *Voluntas: International Journal of Voluntary and Nonprofit Organizations*: www.jhu.edu/~istr/pubs/voluntas/

NGO관련 국내 박사학위논문 총람

다음은 해방 이후부터 2000년 상반기까지 국내대학에서 나온 NGO관련 박사학위논문 총람이다. 국회도서관의 전자 데이터베이스를 대상으로 '비정부' 'NGO' '비영리' 'NPO' '시민' 등 다섯개 키워드를 써서 검색하였다. 이 중 학교명이나 연도가 불분명한 논문은 제외했으며 석사논문을 포함한 전체 논문목록은 성공회대학교 NGO학과 홈페이지에 게시되어 있다.

강삼구 (1992) 「소련 社會主義 體制의 變化에 관한 연구: 國家와 市民社會의 關係를 中心으로」, 전북대 대학원.

강행남 (1993) 「地方自治行政에의 市民參與 態度分析: 서울市民과 公務員을 중심으로」, 명지대 대학원.

강형기 (1984) 「地方行政에 있어서 市民參與의 決定要因에 관한 研究」, 건국대 대학원.

고성철 (1982) 「참여적 정치문화와 시민교육: 참여의 교육적 기능을 중심으로」, 연세대 대학원.

구갑문 (1999) 「변혁적 리더십이 구성원의 직무만족과 조직시민행동에 미치는 영향에 관한 연구: 육군직을 중심으로」, 상지대 대학원.

권병준 (1992) 「Carl Sternheim 연구: 특히 市民喜劇 『팬티』 『금고』 『시민 쉽펠』에 나타난 '固有性'을 중심으로」, 충남대 대학원.

김구현 (1999) 「한국에서 시민운동단체의 성장과 쇠퇴: 경제정의실천시민연합의 사례」, 서울대 대학원.

김도희 (1999) 「레저활동이 생활만족에 미치는 영향」, 한양대 대학원.

김민수 (1999) 「주민복지 향상을 위한 비영리 민간 사회체육센터 모형개발」, 한국체육대 대학원.

김상수 (2000) 「청소년 여가와 비행의 상관관계 및 NGO의 역할에 관한 연구」, 동국대 대학원.

김성철 (1998) 「독일시민비극에 나타난 갈등과 이념」, 한국외국어대 대학원.

김원규 (1996) 「道路交通運用에 대한 市民의 意識과 滿足度에 관한 研究: 大田廣域市를 中心으로」, 건국대 대학원.

김원명 (1998) 「비영리 공연예술조직의 운영 및 경제성에 관한 연구」, 서울대 대학원.

김재복 (1998) 「組織市民行動의 決定모델에 關한 實證的 研究: 시티즌십의 개념을 중심으로」, 중앙대 대학원.

김재열 (1997) 「非營利組織에서 部署管理者의 豫算關聯 行動과 部署成果간의 關係에 관한 研究」, 서강대 대학원.

김해성 (1994) 「市民社會의 道德原則으로서 合理的 利己主義와 그 價置: 道德教育的 含意」, 서울대 대학원.

김현소 (1994) 「한국의 지방의회 의원선거 제도에 관한 연구: 서울시민과 의원에 대한 조사분석」, 명지대 대학원.

남기범 (1995)「지방정부의 생산성 측정체계에 관한 연구: 서울특별시 구청 시민국을 중심으로」, 연세대 대학원.

노용호 (2000)「리더 구성원 교환관계와 직무특성이 조직시민행동에 미치는 영향」, 경원대 대학원.

류영달 (1994)「한국의 도시공동체와 관용성: 시민사회 형성과의 연관성을 중심으로」, 부산대 대학원.

문병주 (1996)「한국 민주주의로의 이행과 공고화 1979~1994: 국가-정치사회-시민사회의 관계 및 내부동학을 중심으로」, 건국대 대학원.

박상임 (1993)「非營利組織會計에 관한 연구: 財務報告·稅務會計·成果測定을 중심으로」, 홍익대 대학원.

박상필 (1998)「시민단체의 자주성과 공익활동능력」, 경북대 대학원.

박선희 (1998)「시민적 관여(civic engagement)가 컴퓨터 매개 정치커뮤니케이션에 미치는 영향」, 서울대 대학원.

박성균 (1980)「英國 市民政治理論의 形成에 관한 硏究: 로크의 시민정치 이론을 중심으로」, 동아대 대학원.

박용수 (1995)「중국의 시민사회적 특성과 언론체계의 변화」, 고려대 대학원.

박호성 (1993)「루소(Jean-Jacques Rousseau)의 정치사상: 시민사회와 개인의 문제를 중심으로」, 경희대 대학원.

백정하 (1998)「大學 總長의 變革的·去來的 指導性이 組織市民行動에 미치는 影響」, 한양대 대학원.

서범석 (1995)「한국의 광고 시민운동 사례 연구: Habermas의 신사회운동 이론을 중심으로」, 경희대 대학원.

서임수 (1998)「자유주의적 덕을 통한 민주시민교육에 관한 연구」, 한국교원대 대학원.

소재진 (2000)「우리나라의 환경정책 결정과정에서 NGO참여에 관한 실증적 연구」, 경희대 대학원.

손동원 (1988)「美國 環境法上의 市民訴訟에 관한 硏究」, 전남대 대학원.

송경수 (1996)「조직시민행동에 대한 직무만족·조직몰입 및 조직정당성의 매개역할」, 계명대 대학원.

송필수 (1997)「호텔 從事員의 組織市民行動 模型에 관한 硏究: 서비스행동을 중심으로」, 동덕여대 대학원.

심재범 (1990)「公共政策信賴性의 影響要因 및 形成經路에 관한 연구: 住宅政策에 대한 서울市民의 反應을 중심으로」, 연세대 대학원.

여현덕 (1994)「한국의 시민사회형 정권과 국가주도형 정권의 비교연구: 권력연합의 변이과정을 중심으로(1960.8~1964.6)」, 연세대 대학원.

옥양련 (1983)「韓國都市住民의 價値觀의 近代性: 釜山市民의 態度調査」, 경북대 대학원.

유병열 (1991)「民主市民敎育에서의 批判的 體系倫理에 관한 연구」, 서울대 대학원.

유희숙 (1994)「한국 중소도시민의 자발적 행정접촉(Citizen-Initiated Contacts)에 관한 실증적 연구」, 경희대 대학원.

윤석인 (2000)「한국 여성NGO의 민주성과 조직활동의 적절성에 대한 연구」, 연세대 대학원.

윤윤석 (1985)「非營利事業業體會計의 槪念體系에 관한 硏究」, 성균관대 대학원.

윤주명 (1992)「一線官僚制와 市民間의 公的 相互作用에 관한 연구: 市民의 官僚制 對應을 중심으로」, 연세대 대학원.

이긍렬 (1997)「社會住宅 政策의 執行過程에 관한 실증적 연구: 官僚와 市民의 정책반응을 중심으로」, 국민대 대학원.

이병직 (1999)「교사들의 조직시민행동에 관한 연구: 조직몰입을 통한 매개효과를 중심으로」, 상지대 대학원.

이원웅 (1997)「國際人權레짐의 特性 및 動態에 관한 硏究: 非政府機構(NGO)의 役割을 中心으로」, 서강대 대학원.

이인규 (1998)「한국교육의 시민 개념 구체화를 위한 탐구」, 동국대 대학원.

이장현 (1998)「비정부조직의 볼론티어 활용 방안에 관한 연구」, 대구대 대학원.

이정규 (2000)「한국 시민단체의 역할에 관한 연구」, 동국대 대학원.

이행봉 (1994)「現代市民社會論에 대한 批判的 硏究: 市民社會와 民主主義 관계를 中心으로」, 부산대 대학원.

전수일 (1983)「官僚腐敗에 관한 硏究: 韓國官僚와 市民의 行態分析을 中心으로」, 고려대 대학원.

전숙자 (1990)「韓國의 民主市民性敎育 變遷에 관한 연구: 社會科 敎育 內容分析을 중심으로」, 성신여대 대학원.

정기수 (1998)「變革的 리더십과 부하의 革新意識이 組織市民行動에 미치는 影響」, 한양대 대학원.

정대화 (1995)「한국의 정치변동 1987~1992: 국가-정치사회-시민사회의 관계를 중심으로」, 서울대 대학원.

정선영 (1993)「科學的 歷史說明論理와 歷史敎育에의 適用: 市民革命에 關한 說明을 中心으로」, 서울대 대학원.

정연춘 (1989)「韓國豫算決定에서의 市民參與에 관한 硏究」, 단국대 대학원.

정용준 (1995)「1990년대 한국방송구조의 공익성에 관한 연구: 국가·시장·시민사회의 관계를 중심으로」, 서울대 대학원.

정환담 (1988)「獨逸 團體法論의 硏究: Otto v. Gierke의 非營利 協同團體論을 中心으로」, 원광대 대학원.

조성윤 (1992)「조선후기 서울 주민의 신분구조와 그 변화: 근대 시민 형성의 역사적 기원」, 연세대 대학원.

조영제 (1998)「다원주의 사회의 기본 덕목으로서의 관용과 그 시민교육적 함의」, 서울대 대학원.

주삼식 (1991)「韓國 地方公務員의 行政倫理水準에 관한 經驗的 分析硏究: 首都圈地域의 市公務員과 市民의 態度測定을 중심으로」, 청주대 대학원.

최삼철 (1991)「非營利法人에 대한 租稅賦課制度」, 경북대 대학원.

최호준 (1983)「도시정책에서 시민참여와 행정능률의 상관성 연구」, 연세대 대학원.

하일민 (1994)「시민사회론에 관한 사회철학적 연구」, 경북대 대학원.

하재구 (1986)「서울市民의 삶의 質의 實態와 市政府의 公共政策의 發展方向에 관한 硏究」, 한양대 대학원.

하홍준 (1996)「租稅法上 非營利法人에 관한 硏究」, 영남대 대학원.

한병선 (1996)「서울市民의 國立公園 知覺에 관한 硏究」, 성신여대 대학원.

한상수 (1990)「市民的 不服從에 관한 연구」, 부산대 대학원.

함상호 (1988)「Hegel의 변증법적 노동개념과 시민사회에 관한 연구: 영국 고전학파 경제학의 수용·변형 및 확장을 중심으로」, 고려대 대학원.

홍 철 (1999)「한국 시민사회의 정치사회에 대한 저항유형 연구: 6공화국을 중심으로」, 경북대 대학원.

찾아보기

NGO의 시대
지구시민사회를 향하여

초판 1쇄 발행 / 2000년 10월 20일
초판 7쇄 발행 / 2010년 2월 25일

엮은이 / 조효제
펴낸이 / 고세현
편집 / 김정혜 · 김미정 · 김민경 · 이명애
펴낸곳 / (주)창비

펴낸곳 • (주)창비
등록 • 1986년 8월 5일 제85호
주소 • 우편번호 413-756 경기도 파주시 교하읍 문발리 513-11
전화 • 031-955-3333
팩시밀리 • 영업 031-955-3399 편집 031-955-3400
홈페이지 • www.changbi.com
전자우편 • human@changbi.com

ⓒ (주)창비 2000
ISBN 978-89-364-8508-5 03300